A Meditation on the Book of Revelation

요한계시록 묵상

이기는 자에게

다니엘 제이 왕 지음

기독교문서선교회

기독교문서선교회(Christian Literature Center: 약칭 CLC)는 1941년 영국 콜체스터에서 켄 아담스에 의해 시작되었으며 국제 본부는 미국의 필라델피아에 있습니다.

국제 CLC는 59개 나라에서 180개의 본부를 두고, 약 650여 명의 선교사들이 이동도서차량 40대를 이용하여 문서 보급에 힘쓰고 있으며 이메일주문을 통해 130여 국으로 책을 공급하고 있습니다.

한국 CLC는 청교도적 복음주의 신학과 신앙서적을 출판하는 문서선교 기관으로서, 한 영혼이라도 구원되길 소망하면서 주님이 오시는 그날까지 최선을 다할 것입니다.

A Meditation on the Book of Revelation

To him that overcometh

Written by
Daniel J. Wang

Korean Edition
Copyright ⓒ2018 by Christian Literature Center
Seoul, Korea

추천사 1

김종원 목사
『뷰티풀 천국 쇼킹지옥』 저자 / 하늘교회 담임

제자들은 마태복음 24장 3절에서 예수님께 마지막 때에 일어날 징조를 구합니다.

> 예수께서 감람 산 위에 앉으셨을 때에 제자들이 조용히 와서 이르되 우리에게 이르소서 어느 때에 이런 일이 있겠사오며 또 주의 임하심과 세상 끝에는 무슨 징조가 있사오리이까(마 24:3).

마지막 때에 일어날 징조에 대한 관심은 이 시대를 살아가는 우리 또한 예수님의 제자들과 다를 바가 없을 것입니다. 하나님께서는 성경을 통해 많은 곳에서 마지막 때에 대한 징조를 말씀하시면서 "깨어 있으라" 하셨습니다. 우리가 조금만 믿음의 눈으로 세상을 바라보면 성경에 예언된 시대의 징조와 오늘날 진행되는 상황들이 놀랍게도 너무나 일치해 가고 있다는 것을 알게 됩니다.

그러므로 깨어있는 성도들이 되어야 합니다.

지금이야 말로 주님의 시간 계획에 예민해야 합니다. 마지막이 가까워 올수록 성도의 구원을 위한 성령님의 역사에 비례해서 성도들의 구원을 방해하는 악한영도 더 강하게 일어나게 됩니다. 마지막 때는 치열한 영적인 전쟁을 겪어야 합니다.

이 영적인 전쟁에서 구원의 승리를 쟁취하는 자가 되려면 성경을 통해 시대를 분별하는 지혜와 올바른 지식을 가져야 합니다. 무엇보다도 요한계시록을 바르게 이해해야 합니다. 요한계시록은 우리 모두에게 마지막 때를 준비하게 하는 기준이 되는 하나님의 말씀입니다.

많은 사람들이 요한계시록은 성경가운데서 가장 난해한 책이라 읽고 이해하기가 어렵다고 멀리합니다. 하지만 그것은 요한계시록을 계시로 보기 보다는 그동안 많은 주석가들이 묵시문학으로 보았기 때문이라 생각해 볼 수 있습니다. 묵시는 되도록 사람들이 알지 못하도록 암호화하기 위해 상징과 위조된 이야기를 다룹니다. 그러나 계시는 드러내어 사람들에게 알게 하고 준비하게 하기 위한 목적이 있습니다.

닫혀있는 것을 열어 보여주는 것이 계시가 묵시와 다른 차이입니다.

이러한 관점에서 볼 때 그 동안 신실하게 주님을 섬기며 기도와 전도로 복음의 열정을 지닌 평신도로서 오랫동안 성경을 읽고 연구하던 중 요한계시록의 어려움을 평신도 입장에서 너무나 잘 알기에 누구나 쉽게 읽고 이해하고 마음에 새 길수 있도록 요한계시록이 정리되었음에 기쁨으로 추천합니다.

『요한계시록 묵상』은 많은 사람들에게 요한계시록을 읽을 때 말씀의 전후 관계, 의미와 내용을 쉽게 파악하고 요한계시록을 통해 하나님께 말씀하시고자 하는 계시록의 맥을 쉽게 이해 할 수 있도록 만들어 주는 등불이 되리라 생각합니다.

소망하기는 이 책을 통해 세상 모든 사람들과 성도들 그리고 신학생 및 목회자, 특히 요한계시록을 연구하는 이들에게 시대를 분별하며 영적인 싸움에서 분초마다 승리하고 항상 깨어 준비하는 예수그리스도의 신부로서 신랑 맞을 준비를 하는데 에너지 역할을 하리라 희망합니다.

> 예수 그리스도의 계시라 이는 하나님이 그에게 주사 반드시 속히 일어날 일들을 그 종들에게 보이시려고 그의 천사를 그 종 요한에게 보내어 알게 하신 것이라 요한은 하나님의 말씀과 예수 그리스도의 증거 곧 자기가 본 것을 다 증언하였느니라(계 1:1-2).

추천사 2

박 훈 식 목사
성좌산기도원 원목, 주향한교회 담임(경기도 오산)

사랑하고 축복하고 축하합니다.
평신도의 눈으로 계시록을 열었다는 것은 하나님의 마지막 때가 가까웠다는 것을 말씀하신 것이라 생각합니다.
성경 자체를 목회자의 독점으로 여겼던 시대에서 이제는 이 성경이 누구에게나 읽혀지게 되었고 계시록을 아무나 해석할 수 없는 특별한 책으로만 여겨졌던 것을 평신도의 한 사람으로 오랫동안 기도하면서 묵상하고 주신 성령님의 음성을 들어가며 주신 마음을 가지고 하나하나 열었다는 것에 의의를 두고 싶습니다. 이것은 사람의 글 솜씨로 풀어지는 것이 아니라 사도 요한을 통해 이미 계시되었던 것을 성령의 조명하심을 통해서 조금이나마 평신도의 시각에서 쉽게 요약, 정리가 잘 되어진 것으로 여겨집니다.
성령님께서 계시록을 누구에게나 열어서 볼 수 있고, 듣게하시고, 그 말씀을 지키게 하시는 일에 우리 모두를 사용하고 계시다는 것에 감사드리고 더 많은 평신도들이 계시록에 관심을 가지고 이와 같은 책을 만들었으면 하는 바램으로 많은 분들에게 관심과 사랑을 받고 또한 평신도들에게 도전이 되어지는 책으로 추천하고 싶습니다.

추천사 3

신 현 찬 목사
기쁨충만교회 담임

    어떻게 보면 평신도로써 요한계시록에 대하여 책을 쓴다는 것에 큰 도전일 수 있는데 다니엘 제이 왕 집사님이 이렇게 책을 쓰신 것에 찬사를 드립니다. 그 조용한 성품에서 묵상을 통한 삶이 그대로 반영이 된 책입니다. 저는 이 책을 보고 그리스의 해변의 한 팬션에서 바다에서 거친 파도와 싸우며 수영하고 돌아와 작은 수영장에서 여유를 가지며 맑은 하늘을 바라보며 쉼을 얻은 것 같은 느낌을 받았습니다.

    요한계시록의 난해하고 이해가 쉽지 않은 부분을 오직 구약과 신약의 말씀으로 그리고 우리가 가장 쉽게 접근이 가까운 영어를 통해 이해하고 분석하는 모습에서 말입니다.

    이것이 귀납적 성경 연구를 하여 하나님의 마음이 원독자들에게 어떻게 적용되며 그러면 우리들에게 어떻게 적용을 할 것인가?

    찾아낸 귀한 책입니다. 부디 이 책을 접하는 모든 분들에게 이런 평안함과 자유를 성경에서 누리는 길을 찾으시길 바라며 이책을 추천합니다.

추천사 4

"평신도를 통해 열어주신 요한계시록"

최 양 자 원장
성좌산기도원

> 이 예언의 말씀을 읽는 자와 듣는 자와 그 가운데 기록한 것을 지키는 자는 복이 있나니 때가 가까움이라(계 1:3)

주님께는 믿음의 신실한 형제요. 세상에는 불의와 타협하지 않고 죽(竹)도의 성품으로 주님을 영화롭게 하는 일에만 전심전력한 형제, 다니엘 제이 왕 집사가 세상 속에서, 가정이라는 울타리 안에서, 또한 교회라는 공동체에서 늘 하나님의 말씀을 기다리고 묵상하며 주신 성령의 감동 감화 내주 역사 충만함으로 주의 말씀을 묵상하는 중 요한계시록이라는 보석을 우리에게 쉽게 볼 수 있도록 만들어 내 놓았습니다.

다니엘 제이 왕 집사님의 삶을 가까이에서 보아 왔기에 삶의 열매라고 할 수 있을 책, 요한계시록은 어느 누구의 것보다 더 값진 것이라 여겨집니다. 하나님 나라의 집사라는 직분을 가지고 집필한 이 책이 여러 목회자들에게 또한 그 길을 걸어가기를 준비하는 훈련생도들에게와 교회 안에서 제자훈련을 하고 있는 여러 성도들에게 귀한 참고서로 조금도 부족함이 없으리라 생각됩니다. 한국교회와 하나님의 나라 건설에 열방까지 쓰임받는 책이 되기를 간절히 소망합니다.

머리말
[시작하기에 앞서]

다니엘 제이 왕

    그동안 성경책을 대하면서 난해하고 어려웠던 말씀들이 참 많았습니다. 그 중에서 손 꼽으라면 욥기와 요한계시록입니다.
    먼저 욥기에서는 욥과 세 친구들과의 대화에서 각자의 말이 모두 옳은 것처럼 보였기에, 그들을 향한 하나님의 질책에 궁금증이 생겼습니다. 그러는 중에 경건의 시간을 가지며 천천히 묵상하다보니 차츰 깊이 이해할 수 있게 되었습니다.
    이처럼 요한계시록을 정리하기 전까지는 읽어도 읽어도 이해되지 않았던 부분들이 많았습니다. 특히, 음녀, 짐승 등 읽어도 알 수 없는 내용들로 가득 차 있었습니다.
    그리고 많은 이단들이 요한계시록을 왜곡하고 잘못 전파하여 혼탁하게 해서인지 접근하는데 두려운 마음도 있었습니다. 그러나 두려움보다는 알고 싶은 마음이 더 컸기에 요한계시록을 묵상하고, 그 묵상의 내용을 노트에 기록하면서부터 조금씩 알아가는 기쁨이 있었습니다. 묵상하는 가운데 이해되지 않거나 궁금한 사항이 있을 때마다 성령님께서는 주석이나 강해설교 등을 참고하지 않도록 하셨고 오직 성경을 읽게 하셨습니다. 그리고 제 눈을 열어서 그 궁금했던 것들을 성경에서 발견하도록 하셨습니다.
    되돌아보면 하나님이 저에게 궁금증을 넣어주시면서 그에 대한 답까지 찾을 수 있도록 해주신 것이라고 믿습니다. 다시 말하면, 제가 요한계시록을 정리한 것이 아니라, 하나님께서 이 모든 과정들을 풀어 가셨으며, 저는 도구에 불과했을 뿐입니다. 그리고 요한계시록을 정리한 후 가장 큰 은혜는 '예수님이 사탄을 이기시고, 용을 가두고, 둘째 사망에 넣어버리는 등의 사건을 통해서 예수님이 이기시고, 예수님이 친히 우리를 위해서 "새 예루살렘 성"을 준비해 주셨다'는 말씀이 제게 깊은 감동으로 다가왔습니다. "예수님이 이기셨다. 그래서 내가 그분(예수님)의 힘으로 이긴다."는 것을 진정으로 확신하게 되었습니다. 그리고 앞으로 우리에게 다가올 마지막 시대(마지막 환난)에 대해서 더 이상 두려워할 이유가 없다는 확신이 들었습니다.

   요한계시록의 내용을 정리하면서 참고한 성경은 쉬운 성경, 개역한글, 개역성경, NIV, KJV이고, 그 중에서도 KJV을 통해 많은 것을 발견하고, 깨닫게 되었습니다. 성경에 기록되어 있는 '읽는 자, 듣는 자, 지키는 자가 복이 있다'는 말씀(계1:3, 22:7)이 믿어짐으로 인해 요한계시록을 강력하게 추천할 수 있게 되었습니다. 그래서 제가 느끼고 경험했던 것 이상으로 하나님의 은혜를 누렸으면 좋겠습니다.

   이해되지 않았던 요한계시록의 내용들을 깨닫게 된 계기는 전라남도 나주의 최양자 원장님이 계신 '성좌산기도원'을 왕래하면서 부터입니다. 원장님은 '거저 받았으니 거저 주어라'는 모토로 하나님으로부터 받은 사랑과 은혜를 모든 분들에게 나누어 주고 계십니다. 저는 성좌산기도원의 예배를 통해서 성령님의 역사와 예수님의 이름에 있는 권세와 권능과 능력을 확실하게 체험하면서 예수님을 깊이 만나게 되었습니다. 또한 천국과 지옥에 대해 문자적으로만 이해하면서 막연하게 생각했던 것들이 원장님의 사역을 통해서 깊은 확신을 가지게 되었으며, 요한계시록과 성경 전체를 더 깊이 이해할 수 있게 되었습니다. 그리고 "각 개인은 하나님과 일대일 관계"라고 하신 원장님의 말씀이 제 마음에 와 닿으면서 제가 얼마나 하나님과의 친밀함을 유지하면서 살았는지를 돌아보게 되었습니다.

   저는 하나님, 예수님, 성령님과 함께하고 동행하는 삶이 이 땅에서 저 천국까지 동일하게 이루어지길 원하며, 하나님께 영원히 영광과 찬양을 드리기를 원합니다.

차 례

추천사 1 김 종 원 목사(하늘교회 담임) _5

추천사 2 박 훈 식 목사(성좌산기도원 원목, 주향한교회 담임) _7

추천사 3 신 현 진 목사(기쁨충만교회 담임) _8

추천사 4 최 양 자 원장(성좌산기도원) _9

머리말(시작하기에 앞서) _10

제1부 | 요한계시록 장별 분석 및 적용 _20

제1장 요한계시록 1장 예수 그리스도의 계시 _21

제2장 요한계시록 2장 일곱 교회에 전하는 계시(1) _29

제3장 요한계시록 3장 일곱 교회에 전하는 계시(2) _37

제4장 요한계시록 4장 하늘나라 보좌에 대한 계시 _41

제5장 요한계시록 5장 한 권의 두루마리(책)에 대한 계시 _46

제6장 요한계시록 6장 일곱 봉인 중 여섯 봉인에 대한 계시 _51

제7장 요한계시록 7장 144,000명과 셀 수 없는 무리에 대한 계시 _55

제8장 요한계시록 8장 일곱 나팔에 대한 계시(1) _60

제9장 요한계시록 9장 일곱 나팔에 대한 계시(2) _64

제10장 요한계시록 10장 다른 힘센 천사의 손에 펼쳐져 있는 작은 책에 대한 계시 _70

A Meditation on the Book of Revelation: To him that overcometh

제11장 요한계시록 11장 두 증인과 일곱 번째 나팔에 대한 계시 _74
제12장 요한계시록 12장 일곱 인물에 대한 계시(1) _82
제13장 요한계시록 13장 일곱 인물에 대한 계시(2) _90
제14장 요한계시록 14장 추수하는 낫에 대한 계시 _95
제15장 요한계시록 15장 마지막 재앙(일곱 재앙)의 서곡에 대한 계시 _103
제16장 요한계시록 16장 하나님의 진노의 일곱 대접에 대한 계시 _106
제17장 요한계시록 17장 음녀와 짐승에 대한 계시 _114
제18장 요한계시록 18장 바벨론의 심판에 대한 계시 _121
제19장 요한계시록 19장 할렐루야 음성과 백마 탄 자에 대한 계시 _130
제20장 요한계시록 20장 마귀의 심판, 천년 왕국, 책(행위, 생명)에 대한 계시 _138
제21장 요한계시록 21장 새 예루살렘 성에 대한 계시 _145
제22장 요한계시록 22장 속히 오리라, 아멘 주 예수여 오시옵소서 _154

제2부 | 요한계시록의 심화 해석 _162

제1장 요한계시록 1장 _164
1. 요한계시록에서의 복(계 1:3; 14:13; 16:15; 19:9; 20:6; 22:7; 22:14) _164
2. 요한계시록에 나타난 상급(계 2:7, 11, 17, 26~28; 3:5, 12, 21) _166
3. 재림과 부활(계 1:7; 14:14~16) _168
4. 좌우에 날 선 검 = 이한 검 = 두 날 가진 칼(양날 가진 검) (계 1:16; 2:12; 19:15) _170

제2장 요한계시록 2장 _172

  5. 이기는 자가 되어라(계 2:7,11,17,26 ; 3:5,12,21 ; 21:7) _172

  6. 발람, 이세벨, 니골라당의 비교(계 2:14, 15, 22) _178

  7. 각 사람의 행위대로 갚아 주신다(계 2:23) _186

  8. 철장으로 다스리는 권세(계 2:27 ; 12:5 ; 19:15) _191

  9. 새벽별(계 2:28 ; 22:16) _192

제3장 요한계시록 3장 _195

  10. 도적같이 임할 것이요(계 3:3) _195

  11. 시인함을 얻음(계 3:5) _197

  12. 토하여 내치리라(계 3:16) _199

  13. 불로 단련된 금을 사서 부요하게 되고(계 3:18) _200

제4장 요한계시록 4장 _203

  14. 무지개(계 4:3) _203

  15. 일곱 등불인 하나님의 일곱 영(계 4:5 ; 5:6) _204

  16. 유리 바다(계 4:6)와 생명수의 강(계 22:1) _209

제5장 요한계시록 5장 _213

  17. 왕 노릇하리라(계 5:10, 20:4~6) _213

  18. 천사의 수 = 마병대의 수(계 5:11, 9:16) _214

A Meditation on the Book of Revelation: To him that overcometh

제6장 요한계시록 6장 _216

19. 흰말, 붉은말, 검은말, 청홍색말 / 하늘의 네바람(계 6:2~8) _216
20. 감람유와 포도주는 해치 말라(계 6:5, 6) _219
21. 전염병 ; 하나님의 심판 도구(계 6:8; 11:6) _222

제7장 요한계시록 7장 _226

22. 네 모퉁이에 서 있는 천사는 누구인가?(계 7:1) _226
23. 머리에 인 치시는 분은 누구인가?(계 7:2~4) _227
24. 셀 수 없는 무리(계 7:9) _229
25. 흰 옷 – 어린양의 피로 씻어 희게 함(계 7:9, 14) _230

제8장 요한계시록 9장 _238

26. 무저갱(the bottomless pit, 깊은 구렁, 계 9:1 ; 11:7 ; 17:8 ; 20:1) _238

제9장 요한계시록 11장 _242

27. 마흔 두 달은?(계 11:2,3,11 ; 12:14) _242
28. 두 감람나무와 두 촛대는 무엇인가?(계 11:3~4) _244
29. 두 증인의 부활 모습(계 11:11,12) _245

제10장 요한계시록 12장 _252

30. 여인은 누구인가?(계 12:1,2,5) _252
31. 하늘의 별은 무엇을 의미하는가?(계 12:4) _254

제11장 요한계시록 13장 _256
　32. 생명책과 행위 책들(계 13:8; 20:12,15; 21:27) _256
　33. 짐승의 표는 무엇인가?(계 13:16~18) _263

제12장 요한계시록 14장 _273
　34. 처음 익은 열매(계 14:4) _273
　35. 진노의 포도주 잔의 의미는 무엇인가?(계 14:8) _281
　36. 밤낮 괴로움을 받으리라(계 14:11; 20:10) _283
　37. 포도주 틀(계 14:19; 19:15) _285

제13장 요한계시록 19~21장 _287
　38. 거짓 선지자는 누구인가?(계 19:20) _287
　39. 바다에서 죽은 자와 음부도 내어주매(계 20:13,14) _289
　40. 새 하늘과 새 땅(계 21:1) _289
　41. 장막(계 21:3~4; 7:13~17: 13:6, 15:5) _291
　42. 생명수 샘물로 목마른 자에게 값없이 주심(계 21:6) _297
　43. 해나 달의 비췸이 쓸데없음(계 21:23,25) _299
　44. 속된 것들이 그리로(성 안으로) 들어가지 못하되(계 21:27; 22:15) _300

제14장 요한계시록 22장 _302
　45. 그의 얼굴을 볼 터이요(계 22:4) _302
　46. 개들(dogs)은 누구를 말하는가?(계 22:15) _303
　47. 성 밖(성 바깥)은 어떤 곳인가?(계 22:15) _304
　48. 용과 짐승은 무엇을 나타내는가? _307

A Meditation on the Book of Revelation: To him that overcometh

부록 | 요한계시록 이해 도구들 _322

1. 성경 _323
2. 성경에 나오는 면류관 _325
3. 새 예루살렘 성과 에덴동산 비교 _329
4. 요한계시록의 12지파와 구약의 12지파 비교 _332
5. 셀 수 없는 명사를 복수로 사용한 의미 _338
6. 천국은 어떤 곳인가? _343
7. 성경에 나오는 천사 _354
8. 최초의 바벨(창 10:1~11:9) _357
9. 인자가 들려야 하리니(요 3:14; 눅 23:39~43; 민 21:4~9) _359
10. 육신의 정욕과 안목의 정욕과 이생의 자랑(창 3:6; 마 4:4~12; 요일 2:16) _362
11. 이방인의 구원 _365
12. 애굽에 나타난 10가지 재앙 _374
13. 광야에서의 이스라엘 백성의 불순종(성경 기록순서) _377
14. 요셉의 인생 _383
15. 대홍수 이전 세대 _388
16. 숫자의 의미 _390
17. 일곱 교회 _391
18. 일곱 봉인, 일곱 나팔, 일곱 대접, 일곱 인물(요약) _392
19. 일곱 봉인: 요한계시록 6장, 8장 _394
20. 일곱 나팔: 요한계시록 8장~9장 _395
21. 진노의 큰 날, 큰 지진, 천체의 변화, 피 섞인 우박과 불, 불 · 연기 · 유황 _396
22. 공관 복음의 재앙 _400

A Meditation on the Book of Revelation:

To him that overcometh

[일러두기]

❖ 『요한계시록묵상』의 성경 본문은 개역한글과 영어성경 KJV(흠정역)로 수록하였습니다. 이 책은 크게 제1부, 제2부, 그리고 부록으로 나누어집니다. 제1부는 요한계시록을 각 장별로 정리하였으며, 나아가 귀납법적인 방식으로 묵상 적용하였습니다. 제2부는 요한계시록을 좀 더 세부적으로 심화연구 형태로 구약부터 신약까지의 흐름과 비교하며 탐구하였습니다. 마지막으로 부록은 요한계시록을 해석하는데 필요한 도구와 주요 내용을 설명하였습니다.

❖ 제1부는 각 장별로 핵심적인 내용을 쉽게 파악할 수 있도록 핵심 질문과 주제, 주요 단어 등을 정리하였습니다. 특히 귀납법적 성경공부 방식을 적용하여, 묵상과 적용을 통해 누구나 각 장별 적용점들을 쉽게 삶 속에 대입하여 활용할 수 있도록 만들었습니다.

❖ 제2부는 요한계시록을 각 장별로 나누어 요한계시록과 연관된 말씀을 하나님의 은혜로 성경 안에서 발견(창세기~유다서)되어 성경을 성경으로 해석하고, 가급적 성경 안에서만 설명하고자 노력하였습니다. 그리고 독자들이 성경을 별도로 찾지 않아도 읽을 수 있도록 발췌하여 놓았으므로 더 쉽게 이해할 수 있을 것입니다.

❖ 부록은 요한계시록을 연구하는데 관련된 숫자와 용어들, 그리고 기타 부분을 정리한 내용으로 요한계시록을 이해하는데 있어서 도움이 될 부분을 22가지로 발췌하여 설명해 놓았습니다.

❖ 이 책을 출판함에 있어서 바라는 마음은 요한계시록을 읽는데 있어서 예전의 저의 모습처럼 어렵고, 난해하다고만 하여 하나님의 뜻과 의미를 헤아리기보다 그냥 읽으셨던 분들에게 작은 도움이 되었으면 하는 마음으로, 요한계시록을 누구나 읽기 쉽고, 친근하게 다가갈 수 있도록 하나의 안내자 역할을 할 수 있는 가이드북과 같은 책이 되기를 바랄 뿐입니다. 그래서 모든 그리스도인들이 요한계시록을 직접 읽으면서 제가 느꼈던 감동이상으로 하나님의 뜨겁고 무한하신 사랑과 우리에게 원하시는 것이 무엇인지를 직접 체험하시길 원합니다.

감사합니다.

제1부

요한계시록 장별 분석 및 적용

제 1 장   요한계시록 1장   예수 그리스도의 계시
제 2 장   요한계시록 2장   일곱 교회에 전하는 계시(1)
제 3 장   요한계시록 3장   일곱 교회에 전하는 계시(2)
제 4 장   요한계시록 4장   하늘나라 보좌에 대한 계시
제 5 장   요한계시록 5장   한 권의 두루마리(책)에 대한 계시
제 6 장   요한계시록 6장   일곱 봉인 중 여섯 봉인에 대한 계시
제 7 장   요한계시록 7장   144,000명과 셀 수 없는 무리에 대한 계시
제 8 장   요한계시록 8장   일곱 나팔에 대한 계시(1)
제 9 장   요한계시록 9장   일곱 나팔에 대한 계시(2)
제10장   요한계시록 10장   다른 힘센 천사의 손에 펼쳐져 있는 작은 책에 대한 계시
제11장   요한계시록 11장   두 증인과 일곱 번째 나팔에 대한 계시
제12장   요한계시록 12장   일곱 인물에 대한 계시(1)
제13장   요한계시록 13장   일곱 인물에 대한 계시(2)
제14장   요한계시록 14장   추수하는 낫에 대한 계시
제15장   요한계시록 15장   마지막 재앙(일곱 재앙)의 서곡에 대한 계시
제16장   요한계시록 16장   하나님의 진노의 일곱 대접에 대한 계시
제17장   요한계시록 17장   음녀와 짐승에 대한 계시
제18장   요한계시록 18장   바벨론의 심판에 대한 계시
제19장   요한계시록 19장   할렐루야 음성과 백마 탄 자에 대한 계시
제20장   요한계시록 20장   마귀의 심판, 천년 왕국, 책(행위, 생명)에 대한 계시
제21장   요한계시록 21장   새 예루살렘 성에 대한 계시
제22장   요한계시록 22장   속히 오리라, 아멘 주 예수여 오시옵소서

제1장 | 요한계시록 1장

예수 그리스도의 계시

대표질문

1. 요한계시록은 무엇에 대한 계시입니까?(계 1:1)

2. 사도 요한은 누구입니까?(계 1:2)

3. 복 있는 자는 누구이며, 왜 복이 있다고 말씀하십니까?(계 1:3)

4. 예수는 누구이며, 사도 요한이 본 예수는 어떤 분이십니까?(계 1:4~20)

5. 사도 요한이 기록한 세 가지 부분은 무엇입니까?(계 1:19)

6. 만약, 예수님 또는 성령님이 당신에게 찾아와 "너는 나를 누구라고 생각 하느냐"고 묻는다면 당신은 예수 그리스도에 대해 어떤 분이라고 대답 하시겠습니까?

7. 1장의 주제(제목)를 정하시고, 1장을 통해서 깨달은 부분은 무엇입니까?

1장의 핵심

○ 예수 그리스도에 대한 계시. 사도 요한, 복 있는 자, 예수, 사도 요한이 기록한 세 가지

1. 요한계시록: 예수 그리스도에 관한 계시(계 1:1)

1) 하나님께서 예수님의 종들에게 보이시려고 요한에게 알게 하신 것이다

2) 계시의 성취는 하나님에 의해 반드시 이루어질 것이고, 속히 일어날 것이다

3) 하나님의 천사를 통해 요한에게 보내어 알게 하신 것이다

2. 요한: 요한계시록을 기록한 자(계 1:2,4~10)

1) 하나님의 말씀과 예수 그리스도의 증거와 자기가 본 것을 모두 증거 하였다

2) 아시아에 있는 일곱 교회에 편지를 썼다

3) 일곱 교회에 예수님으로부터 나오는 은혜와 평강이 있기를 원했다

4) 예수 그리스도의 환난과 나라와 참음에 동참한 자이다(companion in the tribulation and in the kingdom and patience of Jesus Christ)

5) 일곱 교회의 형제인 분

6) 밧모(Patmos)섬에 갇힌 자

(1) 하나님의 말씀과 예수그리스도의 증거로 갇히게 된다.

(2) 밧모 섬에 있을 때 예수님이 오셔서 환상을 보여 주시고 책을 쓰도록 하셨고, 일곱 교회에 편지를 써서 보내게 하셨다.

(3) 주의 날(on the Lord's day)에 성령에 감동 되었을 때(I was in the Spirit, 성령 안에 있을 때) 예수님이 나타나셔서 말씀하셨다.

3. 복 있는 자: 예언의 말씀(요한계시록)을 읽는 자(단수), 듣는 자들(복수), 기록된 것을 지키는 자들(복수)이 복[1]이 있다(계 1:3)

[질문] 왜 복이 있다고 하는가?
[참조] 제2부 제1장 1. 요한계시록의 복

4. 예수 Ⅰ: 요한이 증언하는 예수(1:4~8)

1) 지금도 계시고, 전에도 계셨고, 앞으로 오실 분(2번 반복, 4절,8절)

2) 충성된 증인(the faithful witness, 신실한 증인)

3) 죽은 자들 가운데 먼저(the first begotton, 첫째로) 나신 분

4) 땅의 임금의 머리가 되신 분(the prince of kings of the earth, 땅의 왕들의 통치자)

5) 우리 인간(사람)을 사랑하여 자신(예수)의 피로 우리의 죄(sins, 죄들)에서 우리를 해방하신 분(washed, 씻기신 분)

---

1 복: 제2부 제1장 1 참조 [요한계시록에서의 복 / 계 1:3; 14:13; 16:15; 19:9; 20:6; 22:7; 22:14]

6) 하나님 아버지를 위하여 우리를 나라와 제사장으로 삼으신 분(kings and priests 왕들과 제사장들로 삼으신 분, 복수명사)

7) 예수님에게 영광과 권세가 영원 무궁히 있을 것이다

8) 구름타고 오실 것이다[2]

9) 각 사람의 눈(every eyes, 모든 눈)이 예수님을 볼 것이다 (예수님을 찌른 자도 보게 될 것이다)

   * 과거 2000년 전에 예수님을 죽였던 자들도 보게 된다는 것이다 ; 땅의 모든 족속이 애곡하게 된다; (반드시) 그렇게 된다.

5. 예수: 예수님이 자신에 대하여 말씀하신 예수(계 1:8)

1) 알파와 오메가 되신 분

2) 시작과 끝이신 분(the beginning and ending, 개역한글에는 표현 생략)

3) 전능하신 분(지금도 있고, 전에도 있었고, 장차 오실 분)

---

[2] 구름타고 오실 것이다: 제2부 제1장 3 참조(재림과 부활)

6. 예수 II : 요한이 만난 예수(계 1:10~18)

   1) 나팔 소리 같은 큰 음성으로 말씀하신 분

   2) 자신을 처음과 마지막이라고 소개하신 분

   3) 요한에게 (환상을) 보여주고, 책을 써서 일곱 교회에 보내라고 명령하신 분

   4) 일곱 촛대 가운데 인자같이 서 계셨던 분(인자, the Son of man)

   5) 사망과 음부의 열쇠들(the keys of hell and of death, 지옥과 사망의 열쇠들, 복수명사)을 가지신 분

7. 예수 III : 요한이 본 예수님의 모습(계 1:13~16)

   1) 발까지 닿는 옷을 입고 계시고,

   2) 가슴에는 금으로 만든 띠를 두르고 계시고,

   3) 머리와 머리털은 희고(양모처럼 하얗고),

   4) 눈은 불꽃같고,

   5) 발은 빛나는 놋이며(fine brass: 용광로에 달군 모습을 보인 빛나는 놋),

   6) 음성은 많은 물소리 같고(the sound of many waters ⇒ waters, 복수),

7) 오른 손에는 일곱별을 가지고(had) 계시고,

8) 입에는 날카로운 양날 가진 칼[3]이 나오고,

9) 용모는 해가 맹렬한 기세로 비추는 모습임

8. 요한이 예수님을 만났을 때의 느낌(계 1:17~18)

1) 요한 자신은 죽은 것처럼 예수님의 발아래 엎드려졌다

2) 예수님은 엎드린 요한을 안심시켰다

　(1) 예수님이 오른손을 요한에게 얹으시고, 두려워 말라고 말씀하셨다.
　(2) 예수님께서 자신을 소개하다(처음이요, 나중이니, 살아 있는 자이며, 전에 죽었으나 영원무궁토록 살아있는 자) ☞ (묵상) 부활하여 영원히 살고 계신 분.

9. 예수님이 요한에게 기록하라는 세 가지 내용(계 1:19~20)

1) 요한이 본 것(things, 요한이 본 것들, 복수)

2) 이제 있는 일(things, 현재 있는 일들, 복수)

3) 장차 될 일(things, 이후에 일어날 일들, 복수)

3　양날 가진 칼: 제2부 제1장 4 참조(좌우에 날선 검, 이한 검, 두 날 가진 검, sharp two-edged sword)

* 요한이 본 것들(A)은 예수님의 오른손에 일곱 별과 일곱 금 촛대의 신비이다.
  - 일곱 별들(seven stars): 일곱 교회의 천사들(angels).
  - 일곱 금 촛대: 일곱 교회(seven churches).

> 요한의 기록 내용(예수님이 말씀하신 내용)
>
> A: 요한이 본 것들: 예수님의 모습(일곱 별, 일곱 금 촛대)(계 1:1~1:20)
> B: 현재 있는 일들: 일곱 교회의 모습(계 2:1~3:22)
> C: 이후에 일어날 일들: 하늘나라, 심판, 천년왕국 등(계 4:1~22:21)

[질문] 요한계시록 1:6에서의 나라(kings, 왕들)와 제사장(priests, 제사장들), 요한계시록 1:18의 사망과 음부의 열쇠(the keys of hell and of death, 지옥과 사망의 열쇠들) 라고 할 때 복수로 사용한 의미는 무엇인가?

[참조] 부록 5. 셀 수 없는 명사를 복수로 사용한 의미

> [묵상] 주의 날(on the Lord's day)은 무엇일까?(계 1:10)
>
> 요즘 사는 우리 현대인들은 주일(일요일)을 주님의 날로 생각하겠지만 사도 요한에게 있어서 주의 날은 주님께서 자신에게 임재한 날을 가리키고 있는 것 같고, 그런 의미로 강조한 것으로 사용되어진 듯하다.

[묵상] 성령 안에 있을 때(I was in the Spirit)는 무엇일까?(계 1:10)

사도 바울과 베드로는 성경을 하나님의 감동으로 쓴 책(딤후 1:16; 벧후 1:21)이라고 이야기 했듯이, 사도 요한이 '말한 '성령 안에 있을 때'는 곧 이와 같이 하나님의 감동으로 충만한 때를 말하는 것으로서, 하나님이 사도 요한에게 임재 했을 때를 말하는 것 같다. 즉 성령 안에 있을 때는 본인의 육체와 육신의 생각과 감정이 없는 상태로서, 오직 주의 영으로 가득 찬 때를 말하는 것 같다.

> 모든 성경은 하나님의 감동으로 된 것으로 교훈과 책망과 바르게 함과 의로 교육하기에 유익하니(딤후 3:16)
> 예언은 언제든지 사람의 뜻으로 낸 것이 아니요 오직 성령의 감동하심을 입은 사람들이 하나님께 받아 말한 것임이니라(벧후 1:21)

[기록 연대] A.D. 95~96년경

[밧모섬] 정치범 수용소로 악명 높았던 유배지임

[시대적 배경] 당시 시대적 상황은 기독교에 대한 박해가 심했던 시기였는데, 이때 로마 제국 황제는 도미티아누스(Domitianus, A.D. 81~96년경)였고, 그는 자신을 '주와 신'(Dominus et Deus)으로 호칭하였다. 그리고 그의 박해는 네로 황제 이상의 교회와 성도에게 심한 박해를 가했던 인물로서, 네로 황제는 로마 중심으로 박해가 이루어졌지만, 도미티아누스는 로마 지역 이외에 전 로마 제국 전체로 박해를 가했던 인물이다. 사도 요한은 이 시기에 에베소교회에서 목회하였던 시절이기도 하다. 그리고 사도 요한은 유배지인 밧모섬으로 가서 약 18개월 동안 광산 또는 채석장에서 강제 노동한 것으로 보여진다(출처: 라이프성경사전).

제2장 | 요한계시록 2장

일곱 교회에 전하는 계시(1)

대표 질문

1. 일곱 교회에 편지를 쓰라고 말씀하시는 분의 모습이 다릅니다. 일곱 교회에 말씀하신 분의 특징을 설명하시고, 이 분이 누구라고 생각하십니까?(계 2:1,8,12,18; 3:1,7,14)

2. 에베소교회는 첫 사랑을 기억하라고 말씀하고 있습니다. 여러분도 현재 첫 사랑을 소유하며 살고 있습니까?
   그리고 첫 사랑을 유지하며 살기 위해서는 어떻게 삶을 살아가야 하는지 이야기해보십시오(계 2:5)

3. 서머나교회에서는 유대인의 훼방이 있었다고 합니다. 그러면서 이들은 사탄의 훼방이라고 표현하고 있습니다. 이에 대해 어떻게 생각하는지 이야기해보십시오(계 2:9)

4. 버가모교회에서는 발람의 교훈을 따르는 자들을, 두아디라교회에서는 여자 이세벨을 책망하고 있습니다. 발람과 이세벨은 누구이며, 왜 책망 받고 있습니까?(계 2:14, 20)

5. 두아디라교회에게는 이기는 자에게 새벽별을 주신다고 말씀하고 있습니다. 이 새벽별은 무엇인지 이야기해보십시오(계 2:28과 사 14:16 비교하십시오)

6. 사람은 두 개의 귀를 가지고 있습니다. 그런데 요한계시록에서는 각 교회들마다 공통적으로 귀 있는 자(ear 단수)는 들으라고 하면서, 단수로 표현하고 있습니다.
   단수로 말한 의미는 무엇이라고 생각하십니까?(계 2:7,11,17,29; 3:6,13,22)

7. 2장의 주제(제목)를 정하시고, 2장을 통해서 깨달은 부분은 무엇입니까?

일곱 교회

교회	행위	책망	경고	약속(상급)	공통
1. 에베소	악한 자 용납 안함, 자칭사도 시험, 인내, 수고, 열심	첫 사랑 버림	회개하라, 처음 행위를 하라	생명나무	■ 네 행위를 안다 ■ 회개하라 ■ 귀 있는 자는 들으라 ■ 이기는 자가 되어라 ■ 이기는 자에게 상급을 준다
2. 서머나	환난과 궁핍, 사탄의 훼방	(없음)	(경고) 없음 (부탁) 죽도록 충성하라	생명의 면류관 (둘째사망없음)	
3. 버가모	예수를 붙듦, 안디바는 순교자	거짓을 따름 (발람과 니골라당의 교훈)	회개하라	만나와 흰 돌	
4. 두아디라	사업, 사랑, 믿음, 섬김, 인내 (나중 행위가 더 많음)	이세벨 용납 (음행 행위)	회개하라	민족을 다스리는 철장의 권세와 새벽별	
5. 사데	살아있다 하나 죽은 것이고, 온전함이 없음 (몇 사람은 흰옷 입음)	죽은 신앙	회개하라 죽게 된 것에 힘을 돋우라	흰 옷, 생명책에 기록, 시인함을 받음	
6. 빌라델비아	(칭찬)적은 능력으로 승리 (칭찬보상)열려있는 문, 자칭유대인에게 경배 받음, 시험의 때 지켜줌	(없음)	면류관을 빼앗기지 않도록 하라	성전의 기둥	
7. 라오디게아	미지근한 신앙	차든지 덥든지 하라, 금과 흰 옷을 사라	열심을 내고 회개하라	보좌에 앉음	

(사진출처: 한국컴퓨터선교회)

[2장의 핵심]

○ 일곱 교회 모두 동일하게 언급된 단어
  (네 행위를 안다 / 회개하라 / 귀 있는 자 / 이기는 자 / 상급)
○ 첫 사랑, 유대인의 훼방, 발람의 교훈, 여 선지자 이세벨, 니골라당의 교훈

1. 첫 번째 교회: 에베소교회(2:1~7)

구분	내용
누가?	• 예수 ➡ 에베소교회의 사자(angel, 천사)에게 편지를 쓰라함 ↳ 오른 손에 일곱별을 가지고, 일곱 금 촛대 가운데 다니시는 분 ↳ (질문) 사자(angel)는 누구인가? 교회의 지도자를 가리킨다
예수님이 알고 계신 것	• 에베소교회(교인)의 행위와 수고와 인내 • 악한 자를 용납하지 않은 것 • 자칭 사도라 하는 자를 시험하여 거짓말쟁이로 분별한 것 • 참고, 예수의 이름을 위하여 견디고, 게으르지 아니한 것 　　* 참　고: patience, 인내하고 　　* 견디고: laboured, 수고하고 　　* 게으르지 아니한 것: fainted, 지치지 않는 것
예수님의 책망	• 첫 사랑을 버린 것
예수님의 경고	• 첫 사랑이 어디서 떨어졌는지 생각(remember, 기억)하고 회개하라 　그리고 처음에 행했던 일을 가지라(do the first works, 행하라) • 회개하지 않으면 속히 와서 촛대(교회)를 그 자리에서 옮길 것이다
다가올 일	
예수님이 미워하는 것	• 니골라당(Nicolaitans)[1]의 행위 ↳ 에베소교회(교인)도 니골라당의 행위를 미워함
예수님이 주시는 상급	• 귀 있는 자는 성령님께서 교회들에게 말씀하신 것을 들으라 하신다 ↳ 귀 있는 자(an ear)는 단수로 표시하였다 • 이기는 자가 상급을 예수님으로부터 받는다 ※ 상급: 하나님의 낙원에 있는 생명나무의 과실을 주어서 먹게 된다 ↳ 생명나무: 하나님의 낙원(paradise) 가운데 있다 　(the tree of life, which is in the midst of the paradise of God) 　* 이기는 자: overcometh(극복하는 자)[2]

1　니골라당(Nicolaitans) : 부록 13 참조(발람, 이세벨, 니골라당 비교)
2　이기는 자 : 부록 12 참조(이기는 자가 되어라)

2. 두 번째 교회: 서머나교회(2:8~11)

구분	내용
누가?	• 예수 ➡ 서머나교회의 사자(angel, 천사)에게 편지를 쓰라 함 　↳ 처음과 마지막이요, 죽었으나 살아 계신 분
예수님이 알고 계신 것	• 서머나교회(교인)의 행위와 환난과 궁핍과 자칭 유대인이라는 하는 자들의 훼방 　- 궁핍한 것이 아니라 실상은 부요한 것이다 　- 유대인의 훼방은 유대인이 아니라 사탄의 회이다 　　↳자칭 유대인이라고 말하는 이들이 훼방(신성모독)한다 　　　* 훼방: 신성모독(blasphemy) 　　　* 사탄의 회: 사탄의 회당(synagogue of Satan)
예수님의 책망	
예수님의 경고	
다가올 일	• 고난 받게 될 일을 전혀 두려워 말라 　↳ 마귀가 몇 사람을 감옥에 던져 시련을 당하게 한다 　↳ 그 시련은 10일(10days) 동안 환난을 당한다 　↳ 죽도록 충성하라(명령문), 그러면 생명의 면류관(a crown of life)[3]을 예수님으로부터 받는다 　　* 죽도록 충성하라: be thou faithful unto death, 죽기까지 신실하라
예수님이 미워하는 것	
예수님이 주시는 상급	• 귀 있는 자는 성령님께서 교회들에게 말씀하신 것을 들으라 하시다 • 이기는 자가 상급을 예수님으로부터 받는다 　※ 상급: 둘째 사망[4]으로부터 해를 받지 않는다

3　생명의 면류관: 성경에 나오는 5개의 면류관 중 하나(부록 2 참조: 성경에 나오는 면류관의 종류) – 5개의 면류관: 썩지 않을 면류관, 자랑의 면류관, 의의 면류관, 영광의 면류관, 생명의 면류관

4　둘째 사망은? 불과 유황이 타는 못이며, 마귀, 짐승, 거짓선지자 등이 있게 될 곳이며, 영원히 형벌을 받게 되는 곳(계 19:20; 20:10,14; 21:8 참고)

3. 세 번째 교회: 버가모교회(2:12~17)

구분	내용

누가?	• 예수 ➡ 버가모교회의 사자(angel, 천사)에게 편지를 쓰라함
	  ↳ 좌우에 날선 검을 가진 분
	    * 좌우에 날선 검: 양날 칼(the sharp sword with two edges)

예수님이
알고 계신 것
	• 버가모교회(교인)의 행위와 교회가 사는 곳(dwellest, 거하는 곳)
	  - 교회가 있는 곳(장소)은 사탄의 자리가 있는 곳이다
	  - 버가모교회가 예수님의 이름을 굳게 붙들고 있다
	  - 안디바는 신실한 순교자이며, 사탄이 거하는 곳(장소)에서 죽임을 당했으며, 그 순간에도 예수 믿는 믿음을 부인하지 않았다

예수님의 책망	• 두 어 가지(a few things)의 책망
	① 발람의 교훈(doctrine, 교리)을 지키는 자들이 있는 것을 책망
	  - 발람의 교훈: 발람이 발락에게 가르쳐 이스라엘 자손 앞에 거치는 것(올무)을 놓아 우상에게 바친 제물을 먹게 하고 행음하게 함.[5]
	  *행음: to commit fornication, 간음, 우상숭배
	② 니골라당의 교훈을 지키는 자들이 있음을 책망
	  - 예수님은 이것을 미워함(which thing I hate)

예수님의 경고	• 회개하라 ↳ 회개하지 않으면, 예수님이 속히 와서 예수님의 입(mouth)에서 나오는 칼로 그들과 싸우시겠다고 함
다가올 일	
예수님이 미워하는 것	• 예수님이 니골라당의 교리를 미워함
예수님이 주시는 상급	• 귀 있는 자는 성령님께서 교회들에게 말씀하신 것을 들으라 함 • 이기는 자가 상급을 예수님으로부터 받는다 ※ 상급: 감추었던 만나를 먹게 하고, 흰 돌을 주신다 - 흰 돌(a white stone): 흰 돌에 새로운 이름이 기록되어 있는데, 흰 돌을 받는 사람만이 새로운 이름을 알 수 있으며, 다른 사람은 알 수 없다

---

[5] 발람의 교훈: 제2부 제2장 6 참조(발람, 이세벨, 니골라당 비교)

4. 네 번째 교회: 두아디라교회(2:18~29)

구분	내용
누가?	• 예수 ➡ 두아디라교회의 사자(angel, 천사)에게 편지를 쓰라함 ↳ 그의 눈은 불꽃같고, 그의 발은 빛난 주석(fine brass, 놋) 같은 하나님의 아들
예수님이 알고 계신 것	• 두아디라교회(교인)의 사업과 사랑과 믿음과 섬김과 인내 ↳ 행위: 나중의 행위가 처음 것보다 많음(예수님이 알고 계심) * 사업과 사랑과 믿음과 섬김과 인내: works, charity, service, faith, patience(행위, 자선, 봉사, 믿음, 인내)

예수님의 책망	• 두 어 가지(a few things)의 책망
	① 자칭 여선지자 이세벨[6]을 용납한 것을 책망함
	  - 이세벨이 내 종들(예수님의 종들)을 가르쳐 꾀고 유혹하여 행음하게하고 우상에게 바친 제물을 먹게 함
	  - 예수님이 이세벨에게 자신의 음행을 회개할 기회를 주었으나 그녀는 회개하지 않음 결국 심판을 받게 됨
	  ※ 이세벨이 받을 심판의 내용은?
	  ↳ ⓐ 이세벨은 침상에 던져질 것이고
	      ⓑ 그녀와 더불어 간음하는 자들도 그들의 행위를 회개하지 않으면 대 환난에 던져지게 된다
	      ⓒ 이세벨의 자녀는 죽게 된다
	      * 이세벨의 자녀의 죽음으로 모든 교회들이 예수님께서 사람의 속과 마음을 살피는 자임을 알게 된다
	      * 예수님은 각 사람의 행위대로 갚아 주신다[7]
	② 두 번째는 언급하지 않음

예수님의 경고	• 회개하라 ☞ 심판을 받게 된다
다가올 일	
예수님이 미워하는 것	

예수님이
주시는
상급
	• 이미 가지고 있는 것을 예수님이 올 때까지 굳게 잡고 있으라
	• 귀 있는 자는 성령님께서 교회들에게 말씀하신 것을 들으라 하신다
	• 이기는 자에게, 그리고 나(예수님)의 일들을 끝까지 지키는 자에게 상급을 예수님으로부터 받는다
	※ 상급
	① 민족들을 다스리는 권세를 받는다
	  ↳ 다스리는 권세: 철장(a rod of iron)[8]으로 그들을 다스릴 것이요, 그들이 질 그릇처럼 산산조각으로 부서질 것이다
	  ↳ 이 권세는 예수님도 하나님 아버지께 받은 것이고, 그 권세를 이기는 자에게 주신다는 것
	② 새벽별(the morning star)[9]을 받는다

1) 예수님이 두아디라교회의 나머지 사람들에게 말씀하신 내용

　(1) 나머지 사람은?
　　　이세벨의 교리를 받지 않고, 그들이 말하는 사탄의 깊은 것을 알지 못하는 자들.
　(2) 예수님이 어떠한 다른 짐도 그들에게 지울 것이 없다고 말씀하심.

[질문] 좌우에 날선 검(이한 검, 두 날 가진 칼)은 무엇인가요?(계 1:16; 2:12)
[참조] 제2부 제1장 4. 좌우에 날선 검

[질문] 철장으로 다스리는 권세는 무슨 뜻인가요?(계 2:27)
[참조] 제2부 제1장 8. 철장으로 다스리는 권세

6　이세벨: 제2부 제2장 6 참조(발람, 이세벨, 니골라당 비교)
7　각 사람의 행위대로 갚아주신다: 제2부 제2장 7 참조(각 사람의 행위대로 갚아 주신다)
8　철장으로 다스리는 권세: 제2부 제2장 8 참조(철장으로 다스리는 권세)
9　새벽별: 제2부 제2장 9 참조(새벽별)

제3장 | 요한계시록 3장

일곱 교회에 전하는 계시(2)

> 대표질문

1. 사데교회에 대해서는 살았으나 실상은 죽었다고 말씀하고 있습니다. 이 의미는 무엇이라고 생각합니까?(계 3:1)

2. 일곱 교회 중 빌라델비아교회는 유일하게 칭찬을 받고 있습니다. 그 이유는 무엇입니까? 그리고 믿음의 성도가 칭찬을 받기 위해서는 어떻게 해야 할까요?(계 3:7~13)

3. 라오디게아교회는 차지도 덥지도 않는 신앙생활을 하고 있다고 합니다.
   이에 대해 이야기해보십시오(계 3:15~16)

4. 일곱 교회를 읽어보면 동일하게 각 너희 행위를 알고 있다, 회개하라, 귀 있는 자는 들어라, 이기는 자에게는 상급이 있다고 말씀하고 있습니다
   이에 대해 왜 동일한 언어로 표현을 하였는지 이야기해보십시오(계 2~3장)

5. 일곱 교회에 대해서 공통적으로 이기는 자에게는 상급을 준다고 말씀하고 있습니다.
   여기서 상급은 무엇들이 있습니까?
   그리고 성경에서는 각자가 행한 대로 보상을 받는다는 말씀하고 있는데 보상받는다는 것과 상급과는 어떤 연관이 있는지, 그리고 상급 간의 차별이 있는지 대해 이야기해보십시오(계 2~3장)

6. 3장의 주제(제목)를 정하시고, 3장을 통해서 깨달은 부분은 무엇입니까?

7. 일곱 교회를 바라보면서, 오늘날 우리가 살고 있는 이 시대의 교회들이 어떠한 모습으로 있는지 살펴봅시다. 교회와 성도가 어떻게 해야 할지에 대해 고민 하십시오.

[3장의 핵심]

○ 일곱 교회 모두 동일하게 언급된 단어
 (네 행위를 안다 / 회개하라 / 귀 있는 자 / 이기는 자 / 상급)
○ 실상은 죽었다, 적은 능력, 차갑지도 않고 덥지도 않다

1. 다섯 번째 교회: 사데교회(3:1~6)

구분	내용
누가?	• 예수 ➡ 사데교회의 천사(angel, 천사)에게 편지를 쓰라함 ↳ 하나님의 일곱 영과 일곱별을 가지신 분
예수님이 알고 계신 것	• 사데교회의 행위 ➡ 살아 있다는 이름은 있으나 (실상은) 죽은 것이고, 행위의 온전함을 하나님 앞에서(works perfect before God) 찾지 못했다(I have not found, 발견되지 않았다) ↳ 가치판단의 기준은 하나님 • 사데교회에 자기들의 옷을 더럽히지 않은 몇 사람이 있다 ↳ 이들은 합당한 자들이고 ↳ 이들은 흰 옷[1]을 입고 예수님과 함께 다니게 된다
예수님의 책망	
예수님의 경고	• 남아 있으나 죽어가는 것들에게 힘을 돋우어 주라(strengthen)
다가올 일	• (처음 것을) 어떻게 받았는지, 어떻게 들었는지 생각(remember, 기억)하고, 회개하라 ↳ 만일 일깨지 아니하면(shalt not watch) 예수님이 도적(a thief, 도둑)같이 임할 것이다[2] ↳ 도적은 언제 올지 모른다는 의미(즉, 불시에 오시겠다고 하신 것)
예수님이 미워하는 것	
예수님이 주시는 상급	• 귀 있는 자(단수, an ear)는 성령님께서 교회들(churches, 복수)에게 말씀하신 것을 들으라 하신다 • 이기는 자가 상급을 예수님으로부터 받는다 ※ 상급: ① 흰 옷을 입게 되고 ② 생명책[3]에 기록(blot out, 기록되어 지워지지 않음)되며 ③ 예수님이 하나님과 그의 천사들 앞에서 시인(confess)함을 얻음[4]

2. 여섯 번째 교회: 빌라델비아교회(3:7~13)

구분	내용
누가?	• 예수 ➡ 빌라델비아교회의 천사(angel, 천사)에게 편지를 쓰라함 ↳ 거룩하신 분, 진실하신 분, 다윗의 열쇠를 가지신 분. 그분이 열면 아무도 닫을 수 없고, 닫으면 아무도 열수 없다

예수님이
알고 계신 것
	• 빌라델비아교회의 행위(칭찬)
	↳ 칭찬의 내용: 적은 능력을 가지고도 예수님의 말씀과 예수의 이름을 부인하지 않았음
	↳ 칭찬의 보상
	  ① 열린 문을 두었음(열려 있는 문은 아무도 못 닫음)
	  ② 자칭 유대인들에게 경배 받게 함
	   - 경배를 통해 예수님의 사랑의 징표가 되게 함
	   - 자칭 유대인은 거짓말 하는 자요, 사탄의 회당이다
	  ③ 시험의 때에 빌라델비아교회를 지켜 줌
	   - 시험의 때는 온 세상에 미칠 땅위에 있는 사람들을 시험하는 때임
	   - 빌라델비아교회가 인내의 말을 지켰기에 예수님도 지켜줄 것이라고 약속함

예수님의 책망	
예수님의 경고	• 굳게 붙들어서 면류관을 빼앗기지 않도록 하라 ↳ 예수님이 속히 오실 것이다
다가올 일	
예수님이 미워하는 것	

예수님이
주시는
상급
	• 귀 있는 자는 성령님께서 교회들에게 말씀하신 것을 들으라 하신다
	• 이기는 자가 상급을 예수님으로부터 받는다
	※ 상급: 예수님이 이기는 자를 하나님의 성전의 기둥으로 세우심
	  ① 결코 나가지 않음(he shall go no more out)
	  ② 그 사람 위에 세 가지 이름을 기록한다
	   ⓐ 하나님의 이름을 기록하고
	   ⓑ 하나님으로부터 내려오는 새 예루살렘인 하나님의 성의 이름
	     (the name of the city of my God)을 기록하고
	   ⓒ 예수님의 새 이름을 기록한다.

----

1 흰 옷: 제2부 제7장 25 참조(흰 옷 – 어린양이 피로 씻어 희게 함)
2 도적같이 임할 것이요: 제2부 제3장 10 참조(도적같이 임할 것이요)
3 생명책: 제2부 제11장 32 참조(생명책과 행위 책들)
4 시인함을 얻음: 제2부 제3장 11 참조(시인함을 얻음)

3. 일곱 번째 교회: 라오디게아교회(3:14~22)

구분	내용
누가?	• 예수 ➜ 라오디게아교회의 천사(angel, 천사)에게 편지를 쓰라함 ↳ 아멘이시오, 충성되고, 참된 증인, 하나님의 창조의 근본이신 분 (아멘이시고, 신실하고 진실한 증인, 하나님이 창조를 시작하신 분, The Amen, the faithful and true Witness, the beginning of the creation of God)
예수님이 알고 계신 것	• 라오디게아의교회의 행위(책망) ① 차지도, 덥지도 않음(냉담자) ② 자신을 부자요, 부요하여 아무것도 부족한 것이 없다 한다 - 예수님이 보는 이런 시각은? 곤고하고, 가련하고, 가난하고, 눈멀고, 벌거벗었음을 알지 못한다 하심(wretched, and miserable, and poor, and blind, and naked, 비참하고 가련하고, 가난하고, 눈멀고, 헐벗은 것)
예수님의 책망	
예수님의 경고	① 차든지 덥든지 하라 ↳ 그렇지 않으면 예수님의 입에서 토해낼 것이다.[5] ② 불로 단련된 금을 사서 부요하게 되고[6] ③ 흰 옷을 사서 입어라 ↳ 벌거벗은 것은 드러내지 않게 하라, 안약을 사서 눈에 발라 보게 하라 ④ 사랑하는 자마다 책망하고 징계한다 ↳ 열심을 내고(be zealous) 회개하라
다가올 일	
예수님이 미워하는 것	
예수님이 주시는 상급	• 귀 있는 자는 성령님께서 교회들에게 말씀하신 것을 들으라 하신다 • 이기는 자가 상급을 예수님으로부터 받는다 ※ 상급: 예수님의 보좌에 함께 앉은 자격을 주심 ↳ 앉을 보좌는 마치 예수님이 이겨서 하나님의 보좌에 함께 앉아 있는 것처럼 앉게 된다는 것임 ※ 예수님은 문 밖에서 두드리고 있기에 누구든지 (마음의) 문을 열면 예수님이 그 문에 들어가고, 예수님은 그와, 그는 예수님과 더불어 먹게(sup) 된다

---

[5] 토해낼 것이요(계 3:16): 제2부 제3장 12 참조(토하여 내치리라)
[6] 불로 단련된 금을 사서 부요하게 되고(계 3:18): 제2부 제3장 13 참조(불로 단련된 금을 사서 부요하게 하고)

제4장 | 요한계시록 4장

하늘나라 보좌에 대한 계시

대표질문

1. 하늘 보좌에는 어떤 분들이 계시며, 또한 무엇이 있습니까?(계 4:1~5:11)

2. 경배의 대상은 누구이며, 어떻게 경배 드리고 있습니까?(계 4:8~11)

3. 면류관은 무엇을 뜻하며, 누가 이 면류관을 쓰는지 말씀하여주시고, 우리가 살고 있는 이 시대의 면류관의 모습을 찾아 이야기 해보십시오(계 4:4)

4. 일곱 등불은 하나님의 일곱 영이라고 말씀하고 있습니다.
   그러면 일곱 영은 무엇입니까?(계 4:5; 5:6)

5. 하나님의 보좌 주위에 있는 네 생물은 어떤 모습을 가지고 있으며, 무엇을 외치고 있는지 에스겔서와 비교해보십시오?(계 4:6~8; 겔 1장)

6. 24장로가 보좌에 계신 분께 경배드릴 때 무엇을 던지고(cast) 있습니까?
   그리고 왜 던지고 있다고 생각하십니까?(계 4:10)

7. 4장의 주제(제목)를 정하시고, 4장을 통해서 깨달은 부분은 무엇입니까?

> [4장의 핵심]
>
> ○ 하늘 보좌에 있는 것은 무엇이고, 모습은 어떠한가?
>   (보좌와 하나님, 24장로, 일곱 등불, 유리바다, 네 생물, 한 권의 책, 수많은 천사)
> ○ 경배는 누구에게 하는가?
>   그리고 경배는 어떻게 드리는가?

1. 하늘(in heaven, 단수)에 열린 문(a door way opened)이 있다(계 4:1~2)

   1) 처음에 들었던 나팔소리 같은 음성(계1:10)이 있었으며 사도 요한에게 올라오라고 하였다

   2) 이후에 (예수님이) 마땅히 될 일(일어날 일)을 보여 주시겠다고 하였다

   3) 그 이후 사도 요한은 성령에 감동 되었다(I was in the spirit, 성령 안에 있다)

2. 하늘 보좌에 있는 것(계 4:2~5:11)

   * 하늘에 한 보좌(a throne)가 있고, 그 위에 한 분이 앉아 계신다(계 4:2~3,5).
     (1) 앉으신 분의 모양(모습): 벽옥(a jasper)과 홍보석(a sardine stone) 같다.
        ① 무지개[1]가 보좌를 둘러쌓는데, 모습이 마치 녹보석(an emerald) 같다.
        ② 보좌에서 번개들, 천둥들, 음성들[2]이 나온다.
          * 복수명사 사용: 번개들(lightnings), 천둥들(thunderings), 음성들(voices).

---

[1] 무지개: 하나님의 언약 상징(제2부 제4장 14 참조: 무지개)
[2] 번개들, 천둥들, 음성들(계 4:5): 부록 5 참조(셀 수 없는 명사를 복수로 사용한 의미)

[질문] 무지개는 무엇을 상징하는가?(계 4:3).

[참조] 제2부 제4장 14. 무지개

[질문] 요한계시록 4:5에서의 번개, 천둥, 음성(lightnings, thunderings, voices)은 셀 수 없는 명사인데 복수로 사용한 의미는 무엇인가?

[참조] 부록 5: 셀 수 없는 명사를 복수로 사용한 의미

[질문] 보좌에 앉으신 분은 누구신가요?

보좌에 앉으신 분은 하나님이라는 것을 금방 알 수 있을 것이다. 그 이유는 보좌 앞과 주위를 둘러선 인물과 환경들을 보면 금방 알기 때문이다. 그 중에서도 가장 큰 특징은 보좌 앞에 일곱 등불로서 일곱 영이 있고, 보좌에 앉으신 분의 오른손에 두루마리 책이 있는데, 이 책을 펴거나 볼 수 있는 분은 오직 예수님 밖에 없다는 것을 알 수 있다. 이 외에도 몇 가지를 살펴보면 의자도 thoron으로 장로가 앉는 의자와 다르기도 하며, 주위에 있는 모든 피조물들(네 생물, 장로, 셀 수 없는 무리, 천사 등)이 보좌에 앉으신 분을 찬양하고 있는 것으로 보아 보좌에 앉으신 분이 곧 하나님이라는 것을 알게 된다.

(사진출처: pixabay)

보좌	하나님이 앉는 자리	24장로들이 앉는 자리	짐승이 앉는 자리
개역한글	보좌(계 4:2)	보좌(계 4:4)	보좌(계 16:10)
KJV	a throne	seats	the seat
단어 뜻	왕좌, 옥좌, 왕위, 보위	자리, 좌석, 걸상	자리, 좌석, 걸상

3. 하늘 보좌 옆에 24보좌가 있으며, 장로들이 앉아 있다(계 4:4)

   1) 장로는 하나님의 보좌 좌우에 12명씩, 24명의 장로가 의자에 앉아 있다

      (1) 24장로(four and twenty elders).
      (2) 장로들은 흰 옷을 입고 있으며, 금으로 만든 면류관[3]을 쓰고 있음.
         * 면류관은 영어로 Crown이며, 한글로 다시 번역하면 왕관이다.

4. 하늘 보좌 앞에 일곱 등불[4]이 있다(계 4:5)

   1) 일곱 등불은 불타고 있는 모습이다(lamps of the fire burning)

   2) 일곱 등불은 하나님의 일곱 영(the seven Spirits of God)이다

5. 하늘 보좌 앞에 유리바다가 있다(유리바다, a sea of glass)[5](계 4:6)

   1) 유리바다의 모습은 수정(crystal)과 같다

6. 하늘 보좌 가운데와 주위에 네 생물(four beasts)이 있다(계 4:6~8)

   1) 네 생물의 밤낮 쉬지 않고 외침의 소리: 거룩하다×3, 전에도 계셨고, 지금도 계시며 앞으로 오실 전능하신 하나님이라 외친다

---

3 면류관: 부록 2 참조(성경에 나오는 면류관)
4 일곱 등불: 제2부 제4장 15 참조(일곱 등불인 하나님의 일곱 영)
5 유리바다: 제2부 제4장 16 참조(유리바다와 생명수의 강)

	네 생물	얼굴 모습	공통 모습
요한계시록의 네 생물	첫째 생물	사자 같음	• 여섯 날개를 가지고 있음 • 날개 안과 주위에 눈들로 가득함 (they were full of eyes within) • 밤낮 쉬지 않고 외침*
	둘째 생물	송아지 같음	
	셋째 생물	얼굴이 사람 같음	
	넷째 생물	날아가는 독수리 같음	

에스겔의
네 생물
(겔 1장)
	첫째~넷째
	생물
		• 생물 넷이 각각 네 개의 얼굴과 네 개의 날개를 가지고 있음
		  ↳ 앞은 사람의 얼굴, 오른쪽은 사자의 얼굴
		     왼쪽은 소의 얼굴, 뒤쪽은 독수리의 얼굴
		  ↳ 날개는 서로 연결되어 있다
		   - 날개 둘은 들어서 펴 있으며 그 끝이 서로 붙어 있고
		   - 날개 둘은 몸을 가리고 있음
		• 날개 밑에는 각각 손이 있다
		• 다리는 곧은 다리이며, 발바닥은 송아지 발바닥 같음
		   - 광낸 구리같이 빛나고 있음
		• 생물 곁에 바퀴가 있음, 생물들 곁에 하나씩 있음
		   - 바퀴 둘레로 눈이 가득함	

2) 보좌에 앉아 계신 분께 경배(계 4:9~11)

   (1) 네 생물의 경배: 보좌에 앉으사 세세토록(for ever and ever) 사신 분께 영광과 존귀와 감사를 올려 드림.

   (2) 24 장로들의 경배: 보좌에 앉으사 세세토록 사시는 분께 엎드려 경배함. 그리고 자신의 면류관(금 면류관)을 보좌 앞에 던지며(cast) 말함.

   (3) 24 장로들의 외침: "우리 주 하나님이여 영광과 존귀와 권능을 받으시는 것이 합당하오니 주께서 만물을 지었고, 만물이 주의 뜻대로 있었고 또 지으심을 받았나이다"라고 외침(for thou hast created all things, and for thy pleasure they are and were created).

7. 하늘 보좌에 앉으신 분의 오른 손에 책(두루마리 책)이 있다(계 5:1)

8. 수많은 천사가 있다(천사의 수는 만만이요, 천천이다, 계 5:11)

제5장 | 요한계시록 5장

한 권의 두루마리(책)에 대한 계시

대표질문

1. 보좌에 앉으신 분이 가지고 계신 한 권의 두루마리 책을 펼 수 있는 분은 누구입니까? (계 5:5)

2. 보좌에 앉으신 분이 가지고 계신 한 권의 책은 무엇이며, 어떤 모습으로 되어 있습니까?(계 5:1)

3. 어린양과, 경배하는 자는 누구이며, 경배 받는 분은 누구입니까?(계 5:9~14)

4. 당신은 예수님을 어떤 분이라고 고백하고 계십니까?
   그리고 그분에게 어떻게 경배하고 있습니까?

5. 네 생물과 24장로가 경배 드렸을 때 드렸던 금 대접에는 무엇이 담겨져 있습니까?
   그리고 그 향기를 누가 받으십니까?(계 5:8)

6. 온 땅에 보내심을 받은 하나님의 영은 무엇입니까?(계 5:6; 슥 4:2,10)

7. 5장의 주제(제목)를 정하시고, 5장을 통해서 깨달은 부분은 무엇입니까?

제1부 ◆ 제5장 | 요한계시록 5장 한 권의 두루마리(책)에 대한 계시   47

[5장의 핵심]

한 권의 두루마리, 어린양, 어린양께 경배하는 자들, 경배의 노래

1. 보좌에 앉으신 분이 계시고, 그의 오른 손에 책(두루마리 책)이 있다(계 5:1~5)

   1) 두루마리 책

   (1) 이 책은 한 권(a book)으로 되어져 있고(1~3절).
   (2) 안과 밖에 (글로) 씌어져 있고(written within and on the backside),
   (3) 7개의 인(seven seals)으로 봉해져 있다.
   (4) 하늘 위, 땅 위, 땅 아래 어느 누구도 펼치거나 볼 수 있는 사람이 없다.
      * 힘 있는 천사가 큰 음성으로 외침(a strong angel proclaiming).

   2) 사도 요한은 이 두루마리 책으로 인해 크게 울었다(wept much)(4~5절)

   (1) 크게 우는 이유: 이 책을 펴거나 볼 수 있는 합당한 분이 없어서 운다.
   (2) 24장로 중 한 명이 나와서 사도 요한을 달래주고 그 책을 펴고, 인을 뗄 분을 알려 준다.
      * 누가 책을 펴시고 인을 떼는가?
      유대 지파의 사자이고, 그가 다윗의 뿌리로 이기었다(the Lion of the tribe of Juda, the Root of David, hath prevailed) ⇒ 즉, 예수이다.

[질문] 한 권의 두루마리는 무엇인가?
[참조] 제2부 제11장 32. 생명책과 행위 책들.

2. 어린양(계 5:6~7)

1) 보좌에 앉으신 분의 오른손에서 책을 취하시는 분이다

2) 유대 지파의 사자이고, 두루마리의 봉인을 뗄 수 있는 분이다
  * 하나님의 오른 손에 가지고 계신 책을 펴거나 볼 수 있는 분이다.

3) 어린양의 모습

  (1) 보좌(in the midst of the throne)와 네 짐승과 장로들 한 가운데 서 계시다.
  (2) 일찍 죽임을 당한 것 같다.
  (3) 일곱 뿔[1]과 일곱 눈을 가지고 있다.
   * 일곱 눈은 온 땅에 보내심을 받은 하나님의 일곱 영이다.
    (seven eyes, the seven Spirits of God sent for into all the earth)

3. 어린양이 책을 취할 때 어린양께 경배 드리는 무리들(계 5:8~14)

1) 네 생물과 24장로가 경배를 드린다(8~10,14절)

  (1) 어린양께 엎드려 경배 드린다.
   ① 각각 거문고(harps, 하프)와 향(기)이 가득한 금 대접을 가지고 경배드린다.
   ② 향(기)이 가득한 금 대접(golden vials full of odours)은 성도들의 기도들이다.

---

[1] 일곱 뿔: 뿔의 의미는 왕(단 7:24; 계 12:3)과 같은 권세를 가진 의미를 가지고 있으므로 하나님의 일곱 영을 나타내고 있다고 보여진다
그 열 뿔은 이 나라에서 일어날 열 왕이요 그 후에 또 하나가 일어나리니 그는 먼저 있던 자들과 다르고 또 세 왕을 복종시킬 것이며(단 7:24)
하늘에 또 다른 이적이 보이니 보라 한 큰 붉은 용이 있어 머리가 일곱이요 뿔이 열이라 그 여러 머리에 일곱 면류관이 있는데(계 12:3)
내가 보매 또 다른 짐승이 땅에서 올라오니 새끼양 같이 두 뿔이 있고 용처럼 말하더라(계 13:11)

(2) 새 노래를 부른다.
　＊ 새 노래의 내용.
　　① 책을 가지고,
　　② 봉인 떼기(open the seals)에 합당하고,
　　③ 일찍 죽임을 당하사(wast slain, 살해당하다),
　　④ 주의 피로 사람들[2](us, 우리들)을 사서(redeemed, 상환하다) 하나님께 드리고,
　　⑤ 피로 산 사람들을 하나님 앞에서 왕과 제사장 삼으시고(made, 만들고),
　　⑥ 그들이 땅에서 왕 노릇(reign on the earth, 통치, 지배)[3]하리라.

(3) 네 생물이 "아멘"으로 화답하고 엎드려 경배한다(14절).
　　① 수많은 천사의 음성과 모든 피조물들이 경배를 외칠 때 네 생물은 아멘 하고, 장로들은 엎드려 경배한다.

2) 수많은 천사가 큰 음성으로 경배를 드린다(11,12절)

(1) 수많은 천사는 (하나님) 보좌와 생물들과 장로들을 둘러 서 있다.
(2) 천사의 숫자: 만만이요 천천이다(ten thousands times ten thousand, and thousands of thousands, 2억명).[4]
(3) 천사들의 큰 음성: 어린양의 능력과 부와 지혜와 힘과 존귀와 영광과 찬송을 받으시기에 합당하신 분(power, riches, wisdom, strength, honour, glory, blessing).

2　사람들: 각 족속과 방언과 백성과 나라 가운데 있었던 사람들이다(every kindred, and tongue, and people, and nation)
3　왕 노릇: 제2부 제5장 17 참조(왕 노릇 하리라)
4　천사의 수: 만만이요 천천이다 (2억명), 제2부 제5장 18 참조(천사의 수 = 마병대의 수)

3) 모든 피조물(every creature)이 경배를 드린다(13절)

 (1) 피조물: 하늘(in heaven), 땅 위(on the earth), 땅 아래(under the earth), 바다 위(in the sea, 바다 안에), 그것들 안에 있는 피조물.
 (2) 피조물의 음성: 보좌에 앉으신 분과 어린양에게 찬송과 존귀와 영광과 권세가 세세토록(for ever and ever, 영원무궁) 있을 것이라 함.

[질문] 경배의 대상은 누구인가요?
[답변] 오직 하나님과 어린양뿐.

제6장 | 요한계시록 6장

일곱 봉인 중 여섯 봉인에 대한 계시

대표질문

1. 첫 번째 봉인을 뗄 때 나타난 현상은 무엇입니까?(계 6:1,2)
2. 두 번째 봉인을 뗄 때 나타난 현상은 무엇입니까?(계 6:3,4)
3. 세 번째 봉인을 뗄 때 나타난 현상은 무엇입니까?(계 6:5,6)
4. 네 번째 봉인을 뗄 때 나타난 현상은 무엇입니까?(계 6:7,8)
5. 다섯 번째 봉인을 뗄 때 나타난 현상은 무엇입니까?(계 6:9~11)
6. 여섯 번째 봉인을 뗄 때 나타난 현상은 무엇입니까?(계 6:12~17)
7. 6장의 주제(제목)를 정하시고, 6장을 통해서 깨달은 부분은 무엇입니까?

[6장의 핵심]

일곱 봉인을 뗄 때 나타나는 현상은 무엇인가?(6장, 8장)

1. 일곱 개의 봉인을 뗄 때의 공통점

1) 일곱 개의 봉인을 떼는(opened) 분은 오직 예수님이시다.
2) 사도 요한은 예수님이 봉인을 떼는 것을 보았고 그것을 기록한 것이다.

봉인(seals)	사도 요한이 본 것

첫째 봉인
(6:1~2)
	○ 누가? 네 생물(the four beasts) 중 하나(우레 같은 소리)
	   - 우레 같은 소리: the noise of thunder, 천둥
	○ 본 것? 흰 말(a white horse)[1]과 그 위에 탄 자
	   - 특징: 말위에 탄 자는 활을 가지고 있음
	   - 받은 권세: 면류관을 받고(a crown was given) 나감
	   - 결과: 이기고 이기려 함(conquer, 정복하고 정복하려 함)

둘째 봉인
(6:3~4)
	○ 누가? 두 번째 생물.
	○ 본 것? 붉은 말(another horse, red)과 그 위에 탄 자
	   - 특징: 없음
	   - 받은 권세: ① 허락(power 능력, 권한)을 받고서 나감
	               ② 큰 칼을 받음(a great sword)
	   - 결과: 땅에서 평화를 제하여 버리며, 서로 죽이게 함
	  * 허락받은 칼로 서로 죽이게 하는 것일까?
	  * 서로 죽인다는 것은 전쟁을 의미할까?

셋째 봉인
(6:5~6)
	○ 누가? 세 번째 생물
	○ 본 것? 검은 말(a black horse)과 그 위에 탄 자
	   - 특징: 손에 저울을 가지고 있음(a pair of balances)
	   - 받은 권세: 없음
	   - 결과: 한 데나리온[2]에 밀 한 되[3] 또는 보리 석 되
	        ↳ 감람유와 포도주는 손상하지 말라는 명령을 받음[4]

넷째 봉인
(6:7~8)
	○ 누가? 네 번째 생물
	○ 본 것? 청황색 말(a pale horse, 핼쑥한, 창백한)과 그 위에 탄 자
	   - 특징: 말 탄 자의 이름이 있다. 이름은 사망(Death)
	      * 음부(hell, 지옥)가 말 탄 자를 따라감
	   - 받은 권세: 땅의 1/4의 권세를 얻음
	   - 결과: (땅의 1/4를) 죽임
	      * 검, 흉년, 사망[5], 땅의 짐승으로 죽임
	      (sword, hunger, death, beasts of the earth)

---

[1] 흰 말: 제2부 제6장 19 참조(흰말, 붉은말, 검은말, 청홍색말 / 하늘의 네 바람)

[2] 한 데나리온(a penny): 1일 노동 품삯(출처: 라이프성경사전)

[3] 한 되(a measure): 1L 정도
   2018년 최저 임금: 시간당 7,530원(최저 1일 임금: 시간당 7,530원 × 8시간 = 60,240원)
   - 보리 1kg 가격: 2,800원(2017년 기준)→보리 3kg(보리 석되) = 8,400원
   즉, 한 데나리온에 보리 석 되(3kg, 8,400원)는 1일 품삯의 약 1/7수준

[4] 감람유와 포도주는 손상하지 말라는 명령을 받음: 제2부 제6장 20 참조(감람유와 포도주는 해치 말라, 계 6:5,6)

[5] 사망 : KJV - death(사망) / NIV - plague(전염병)(제2부 제6장 21 참조 ; 전염병 ; 하나님의 심판 도구)
   * 흑사병을 plague로 되어 있다. 즉 전염병을 plague로 사용함(출처 : 서울대학병원 의학정보)

봉인(seals)	사도 요한이 본 것

다섯째 봉인
(6:9~11)
	○ 순교자들이 큰 음성으로 외침
	  - 특징 : 하나님의 말씀과 그들의 가진 증거로 죽임을 당한 영혼들
	  ① 제단 아래에 있으면서 큰 소리로 외침(cried with a loud voice)
	  ② 외침 : 거룩하고 참되신 대 주재여(O Lord, holy and true) 땅의 거하는 자들을 심판하여 달라고, 그리고 우리의 피 값을 (왜) 신원(avenge our blood, 복수·앙갚음하다)하여 주지 않느냐고 외침 ⇒ 즉 자신의 피 값을 갚아 달라고[6]
	  ③ 예수님의 화답 : 순교자들에게 흰 두루마기를 주시고, 잠시 동안(a little season) 쉬고 있으라고 한다. 동료 종들(fellow-servants)[7]과 형제들도 자기처럼 죽임을 받아 그 수가 찰 때까지 기다리라 한다
	  (묵상) 순교자들이 다섯째 봉인을 떼는 시기 이후에도 있을 것이며, 예수님께서 예정하신 숫자가 있다. 즉 순교자들이 더 있을 것이다

여섯째 봉인
(6:12~17)
	① 지구천체의 변화
	  ⓐ 큰 지진이 일어나고
	  ⓑ 해는 검어짐(black as sackcloth of hair, 총담같이)[8]
	  ⓒ 달은 피같이 되며
	  ⓓ 하늘(heaven)의 별들이 땅에 떨어지고
	    ↳ 무화과나무(fig-tree casteth)가 대풍에 흔들려서 과실 떨어지듯
	  ⓔ 하늘(heaven)은 떠나가고(종이 축이 말리는 것 같이 떠나감)
	    * departed as a scroll when it is rolled together, 두루마리 같이 말려서 사라지고.
	  ⓕ 각 산과 섬이 제자리에서 옮겨짐
	    * (every mountain and island were moved our of their places, 모든 산과 섬이 각기 제자리에서 옮겨짐)
	    ☞ 마치 평탄하게 될 것 같음(계 16:20 참조 : 섬과 산악이 없어짐)
	② 땅의 모든 사람들의 탄성의 목소리
	  ⓐ 가리워 달라고 한다
	    ↳ 굴, 산과 바위틈에 숨어서 산과 바위에게 말하여 자신들에게 덮쳐서라도 하나님의 진노로부터 가리워 달라한다
	    * 가리워: hid(숨다)
	    * 진노 : 보좌(throne)에 앉으신 분의 얼굴과 어린양의 진노
	    [묵상: 하나님의 진노가 산과 바위에 깔려 죽는 것보다 더 무섭다]
	  ⓑ 그들이 진노의 큰 날(the great day of his wrath)[9]이 이르렀으니 능히 누가 서겠느냐고 함
	    * 땅의 모든 사람들은? 땅의 임금들, 왕족들, 장군들, 부자들, 강한 자, 각 종과 자주자
	      (kings, the great men, rich men, chief captain, mighty men, every bond-men, every free-man)
	    * 어디서 탄성의 목소리가 나오는가? 사람들이 굴, 산과 바위틈에 숨어서 탄성의 목소리[10]를 낸다

---

6 자신의 피 값을 갚아 달라: 원수 갚는 것이 주님께 있다(히 10:30; 롬 12:19; 렘 46:10 참조)

7 동료 종들(fellow-servant): (법학) 동료 고용인으로서, 같은 고용주 밑에서 일하는 고용인

8 총담 같이: '검은 천' 혹은 '염소의 검은 털'이나 '말의 긴 꼬리털'을 말한다(라이프성경사전)

일곱째 봉인 (8장, 9장 11:15~19)	○ 어린양이 뗄 때 하늘에서 고요(silence)함이 있었으며, 그 시간은 반시간(30분, half an hour) 가량이다 ○ 일곱 천사가 하나님으로부터 일곱 나팔을 받아서 나팔을 붐 ↳ 땅, 바다, 강, 태양의 1/3 피해, 5개월간 황충의 고통, 사람 1/3죽음, 추수 심판, 새 예루살렘 성

[요약]

일곱 봉인	내용	
첫째 (6:1~2)	• 활, 면류관을 가지고 이기려함(conquer, 정복)	(승리 / 흰말 탄 자)
둘째 (6:3~4)	• 칼로 땅에 평화 제거 (서로 죽이게 함)	(전쟁 / 붉은 말 탄 자)
셋째 (6:5~6)	• 손에 저울을 가짐(한 데나리온에 밀 한되, 보리 석되) - 기름과 포도주는 손상하지 말라	(기근 / 검은 말 탄 자)
넷째 (6:7~8)	• 사망, 음부(지옥, Hell) ; 땅의 1/4를 죽임 (칼, 굶주림, 사망, 짐승)	(죽음 / 청황색 말 탄 자)
다섯째 (6:9~11)	• 외침 ⇒ 핏값(신원) ⇒ 쉬라(동료 종 순교: 수가 찰 때까지)	(순교자)
여섯째 (6:12~17)	• 지구천체의 변화: 큰 지진, 해는 검게, 달은 피로, 별은 떨어지고 하늘은 떠나가고, 산과 섬은 제자리에서 옮겨짐 • 땅의 모든 사람의 울부짖음: 산과 바위가 자신에게 닥치더라도 하나님의 진노로부터 숨겨 달라 하며, 진노의 큰 날에 누가 능히 서리요 함	
일곱째 (8~9장,11:15~19)	• 반 시간 동안 고요, 일곱 나팔을 붐 (땅, 바다, 강, 태양, 사람 1/3 피해, 황충,추수, 심판, 새 예루살렘 성)	

---

9 진노의 큰 날: 부록 21 참조(진노의 큰 날, 큰 지진, 천체의 변화, 피 섞인 우박과 불)
   − 진노의 일곱 대접(계 16장 참조)
   − 큰 환난에서 나온 자들(p.31 각주 참조, 계 7:14)
10 탄성의 목소리: "누가 능히 그 분하신 앞에 서며 누가 능히 그 진노를 감당하랴 그 진노를 불처럼 쏟으시니 그를 인하여 바위들이 깨어지는도다"(나 1:6), "아침에는 저녁이 되었으면 하고, 저녁이 되면 아하 아침이 되었으면 좋겠다함"(신 28:67)

제7장 | 요한계시록 7장

144,000명과 셀 수 없는 무리에 대한 계시

대표질문

1. 네 천사의 권세와 역할은 무엇입니까?(계 7:1~3)
2. 하나님이 인 치신 144,000명은 누구입니까?(계 7:4~8; 14:1~5)
3. 구약에서 이스라엘 12지파와 요한계시록에서의 12지파는 무엇이 다르며, 왜 다르다고 생각하십니까?(창 35:28; 계 7:4, 부록 4 참조: 요한계시록의 12지파와 구약의 12지파 비교)
4. 144,000명과 셀 수 없는 무리에 대해 비교해 보시고, 구원받은 자의 수에 대해 이야기 하십시오(계 7:4,9; 14:1~5)
5. 흰 옷을 입은 자들은 누구이며, 어떻게 해야 흰 옷을 입을 수 있을까요?(계 7:9,13~17)
6. 현재 이 땅에 사는 예수를 믿는 믿음의 성도가 흰 옷을 입기 위해 무엇을 해야 할까요?
7. 7장의 주제(제목)를 정하시고, 7장을 통해서 깨달은 부분은 무엇입니까?

[7장의 핵심]

여섯 가지 장면
① 네 천사 ② 하나님의 인(인장)을 가진 천사 ③ 144,000명
④ 셀 수 없는 무리의 경배 ⑤ 모든 천사의 경배 ⑥ 흰 옷 입은 자

1. 첫 번째 봉인부터~여섯 번째 봉인을 떼고 나서 일어난 것을 기록한 내용

   1) 첫 번째 장면: 네 천사(계 7:1~2)

      (1) 네 천사가 네 모퉁이에 서 있다(four angels standing on the four corners of the earth).
      (2) 네 천사의 역할: 땅의 사방(four winds of the earth)의 바람을 붙잡아 둬서 땅, 바다, 나무에 바람을 불지 못하도록 막는 일을 하고 있다.
      (3) 네 천사의 권세: 바람을 통해 땅, 바다를 손상시킬 권세를 가지고 있다.

[질문] 네 모퉁이에 서 있는 천사는 누구인가?(계 7:1).
[참조] 제2부 제7장 22. 네 모퉁이에 서 있는 천사는 누구인가?

   2) 두 번째 장면: 하나님의 인장을 가진 천사(계 7:2~4)

      (1) 다른 천사가 해 돋는 데로부터 올라온다(ascending from the east, 동쪽에서).
      (2) 다른 천사의 손에 하나님의 인을 가지고 있다(having the seal of the living God).
      (3) 다른 천사가 네 천사에게 큰 소리로 외친다.
         ① 땅·바다·나무를 해(hurt, 손상)하지 말아달라고 한다.
         ② 기한은?
            하나님의 종들의 이마에 인 칠 때까지 해하지 말라고 한다.

* 하나님의 인장을 가진 천사의 역할은? 하나님의 종들의 이마에 인(도장)을 찍는 일이다(the servants of our God in their foreheads).
  ⓐ 백성의 이마에 인 맞은 수는 이스라엘 12지파의 12,000명씩 144,000명이다.
  ⓑ 하나님의 인은 이마 위가 아니라 안이다(in their foreheads).

[질문] 머리에 인치시는 분은 누구인가?
[참조] 제2부 제7장 23. 머리에 인치시는 분은 누구인가?

3) 세 번째 장면: 144,000명(계 7:4~8)

   ⑴ 이스라엘 12지파의 12,000명씩 144,000명[1]이다.
   ⑵ 12지파: 유다, 르우벤, 갓, 아셀, 납달리, 므낫세, 시므온, 레위, 잇사갈, 스불론, 요셉, 베냐민.

[질문] 요한계시록에서의 12지파(계 7:4~8)와 구약의 12지파와 무엇이 다른가?
[답변] 구약의 야곱자손 중 단지파는 빠져있고, 요셉의 아들 므낫세 지파가 포함되어 있다(부록 4 참조: 요한계시록의 12지파와 구약의 12지파 비교).

4) 네 번째 장면: 셀 수 없는 무리의 경배(계 7:9~10)

   ⑴ 시기: 하나님의 백성 144,000명에게 이마에 인 친 이후 일어날 일.
   ⑵ 아무라도 능히 셀 수 없는 큰 무리는?
      ① 각 나라와 족속과 백성과 방언이다(all nations, kindreds, people, tongues, 모든 민족들, 족속들, 백성들, 언어들의 무리).
      ② 흰 옷을 입고 있으며(cloth with white robes, 흰 예복),
      ③ 손에 종려나무 가지(palms)를 들고 있으며,

---

[1] 144,000명: 제2부 제12장 34 참조(처음 익은 열매)

④ 보좌 앞과 어린양 앞에 서 있으며,

⑤ 큰 소리 외침(cried with a loud voice, 큰 음성).

　* "구원이 보좌에 앉으신 우리 하나님과 어린양에게 있다."

　* 흰 옷을 입은 자는 누구인가?(계 7:9) ➡ 계 7:13~17에서 설명.[2]

　※ 셀 수 없는 무리(제2부 제7장 24 참조).

5) 다섯 번째 장면: 모든 천사의 경배(계 7:11~12)

(1) 모든 천사는?

　① 천사가 모두 나와 있다(all the angels).

　② 보좌(throne, 하나님 보좌)와 장로들과 네 생물 주위에 둘러서 있다.

　③ 보좌 앞에 엎드려 하나님께 경배드린다.

　　* 말함(saying): "아멘, 찬송과 영광과 지혜와 감사와 존귀와 권세와 능력이 우리 하나님께 영원무궁토록 있나이다, 아멘" 함.

(2) 모든 천사의 숫자(계 5:11, 만만이요 천천이라).

6) 여섯 번째 장면: 장로 중 한 명이 사도 요한에게 질문(계 7:13~17)

(1) (장로의 질문): 흰 옷 입은 사람이 누구냐고 물어본다.

(2) (요한의 답변): 사도 요한은 모르나 질문하는 장로(Sir)가 안다고 되물어본다.

(3) (장로의 설명): 그 장로가 사도 요한에게 알려준다.

　* 흰 옷 입은 사람은 누구인가?

　　① 큰 환난(great tribulation)에서 나온 사람들이다.[3]

2　흰 옷: 제2부 제7장 25 참조(흰 옷 ; 어린양의 피로 씻어 희게 함)
3　큰 환난에서 나온 사람들
　- 그러나 그가 먼저 많은 고난을 받으며 이 세대에게 버린바 되어야 할찌니라(눅 17:25)
　- 또 너희가 내 이름을 인하여 모든 사람에게 미움을 받을 것이나 [18]너희 머리털 하나도 상치 아니하리라 너희의 인내로 너희 영혼을 얻으리라(눅 21:17~19)
　- 우리의 잠시 받는 환난의 경한 것이 지극히 크고 영원한 영광의 중한 것을 우리에게 이루게 함이니 우리의

② 자기들의 옷을 씻어 어린양의 피로 희게 한 사람들이다.
③ 하나님의 보좌 앞에 있고,
④ 하나님의 성전(temple)에서 하나님을 밤낮 섬기고(day and night),
⑤ 보좌에 앉으신 분께서 그들 위에 장막을 치시고(dwell, 거하시고),
⑥ 그들이 다시는 굶주리지 않으며,
⑦ 그들이 다시는 목마르지 않고,
⑧ 해(sun light 태양)나 아무 뜨거운 기운(any heat, 어떤 열기)에도 상하지 않는다.

이것이 가능한 이유는? 보좌에 계신 어린양이 목자가 되시기에 가능한 것이다.

ⓐ 어린양이 이들의 목자가 되시고(feed them, 먹이시고),
ⓑ 생명수의 샘들로 인도하시고(lead, living fountains of waters),
ⓒ 하나님께서 그들의 눈에서 모든 눈물을 씻어주시기 때문이다.

❖ 종려나무 [棕櫚, palm tree 계 7:9]

야잣과(科)에 속하는 3-7m의 상록 교목으로 시내 반도의 오아시스에서 주로 발견된다. 성경에 언급된 종려나무는 '대추야자'를 말한다(출 15:27; 시 92:12; 아 7:7-8) 나무는 건축용으로 사용되며 열매는 식용이 가능하다. 특히, 종려나무 가지는 곧고 수려하게 뻗은 아름다운 외형 때문에 '영광'과 '아름다움', '기쁨과 승리' 등을 상징하여 개선하는 전쟁 영웅들을 환영하는 행사에 많이 사용되었고(요 12:13; 계 7:9), 또 귀인들(사 9:14)을 뜻하기도 했다. 더욱이 이런 상징성 때문에 종려나무 가지는 초막절이나 수전절에 널리 사용되었으며(레 23:40; 느 8:15), 제1차 유대 전쟁(A.D. 66-70년) 후 반세겔 청동 화폐에, 로마 황제 베스파시아누스(Vespasianus, A.D. 69-79년)의 예루살렘 점령 기념 주화에, 또 현재 이스라엘 공화국 니켈화에 종려나무 가지가 새겨져 있다. 이외에도 성경에는 종려나무가 '의인'(시 92:12), '신부의 품위와 미모'(아 7:7-8), '영화로운 통치자'(사 9:14), '멸망'(욜 1:12) 등을 상징하기도 한다(라이프성경사전 출처).

돌아보는 것은 보이는 것이 아니요 보이지 않는 것이니 보이는 것은 잠간이요 보이지 않는 것은 영원함이니라(고후 4:17,18)

제8장 | 요한계시록 8장

일곱 나팔에 대한 계시(1)
1,2,3,4번째 나팔 재앙에 대한 계시

대표질문

1. 일곱째 봉인을 뗄 때 나타난 현상은 무엇입니까?(계 8:1~5)

2. 첫 번째 나팔을 불 때 나타난 현상은 무엇입니까?(계 8:7)

3. 두 번째 나팔을 불 때 나타난 현상은 무엇입니까?(계 8:8,9)

4. 세 번째 나팔을 불 때 나타난 현상은 무엇입니까?(계 8:10,11)

5. 네 번째 나팔을 불 때 나타난 현상은 무엇입니까?(계 8:12,13)

6. 나팔을 불 때 나타난 재앙과 구약의 이스라엘 백성이 출애굽 할 때 애굽에 나타난 재앙에 대해 비교해보십시오(계 8~9장; 출 7:14~12:36, 부록 12 참조: 애굽에 나타난 10가지 재앙).

7. 8장의 주제(제목)를 정하시고, 8장을 통해서 깨달은 부분은 무엇입니까?

[8장의 핵심]

일곱 나팔을 불 때 나타나는 현상, 금향로

[일곱 나팔 요약표]

나팔	재난		방법	결과	피해
첫째 나팔	땅	1/3 피해	우박(피와 불이 섞인 우박)	불에 탐	땅, 수목 1/3
둘째 나팔	바다		큰 산(불붙은 큰산)	피로 변함	바다 피조물 1/3 죽음
셋째 나팔	강		큰 별(햇불처럼 타는 큰별)	쑥으로 변함	사람이 죽음
넷째 나팔	태양		타격(smitten) 받음	빛을 잃음	암흑(낮,밤 중 8시간)
〈천사〉	"화로다" 외침		천사(독수리)의 외침		
다섯째 나팔	첫 번째 화(사람)		황충(전갈 같은 메뚜기)	고통(사람)	죽고 싶은 고통(5개월)
여섯째 나팔	두 번째 화(사람)		네 천사와 마병대	죽음(사람)	사람 1/3 죽음
일곱째 나팔	세 번째 화(사람)		진노의 일곱대접	심판과추수	심판, 새 예루살렘 성

1. 일곱째 인(봉인): 어린양이 봉인을 떼다(opened, 열다)(계 8:1~3)

1) 봉인을 연 순간

(1) 하늘에 고요(silence in heaven)함이 있었다.
  * 고요한 시간은 반시간(the space of half an hour, 30분) 가량이다.
(2) 일곱 천사가 하나님 앞에 서 있었으며(stood) 일곱 나팔을 하나님으로부터 받는다.
(3) 다른 천사가 금향로를 가지고 왔고, 많은 향기를 받는다.

2. 금향로에 많은 향기를 받은 다른 천사(another angel)(계 8:3~5)

1) 천사가 금향로를 가지고 왔고, 제단 앞에 섰다
(came and stood at the alter, having a golden censer)

(1) 천사는 (어린양으로부터) 금향로에 많은 향(much incense)을 받는다.
(2) 천사는 성도들의 기도와 금향로에 담긴 향과 함께 제단에 드리려 한다.
(3) 제단은 금으로 된 제단이다(the golden altar).
(4) 향연(the smoke of the incense)이 성도의 기도와 함께 천사의 손으로부터 하나님께 올라간다.
(5) 천사가 향로를 가지고 단 위에 불을 담아서 땅에 쏟아버린다.
 ① 땅에 쏟아지고 나서, 뇌성과 음성과 번개와 지진이 일어난다(voices, thunderings, lightnings, earthquake).

3. 일곱 나팔 가진 일곱 천사가 나팔 불기를 예비하다(계 8:6)

4. 첫 번째 나팔 소리부터 네 번째 나팔 소리(계 8:7~13)

나팔	재난	내용
첫째 나팔 (8:7)	땅의 1/3	• 땅의 1/3, 수목의 1/3, 각종 푸른 풀이 불에 타 버림 ↳어떻게? 우박을 통해 타 버림(우박이 피와 불이 섞임)[1]
둘째 나팔 (8:8~9)	바다의 1/3	• 바다의 1/30이 피로 변해 버리고, 바다의 생명 가진 피조물 1/30이 죽고, 배들의 1/30이 깨어짐 (ships, destroyed, 파괴됨) ↳어떻게? 거대한 불붙은 큰 산과 같은 것이 바다로 던져짐. *불붙은 산: a great mountain burning with fire
셋째 나팔 (8:10~11)	강의 1/3	• 강(샘의 근원)의 1/3이 쑥으로 변해 버리게 되고, 사람이 쑥으로 인해 죽게 됨. ↳어떻게? 하늘에서 횃불(lamp)같이 타는 큰 별이 강들과 여러 물샘에 떨어지게 되고, 그 이후 쑥이 되어버림 * 쑥: wormwood * 큰 별의 이름은 쑥(Wormwood)이다

넷째 나팔 (8:12)	해(sun) 의 1/3	• 해가 침을 받아(smitten) 낮 1/3, 밤 1/3 비침이 없음(암흑) ↳어떻게? 해(sum)가 침을 받음(smitten 타격을 받음) - 태양의 1/3 타격(파괴)되어, 태양과 달과 별의 1/3 비침이 없음. 즉 1/3이 어두워져서 암흑처럼 되어버림 (낮에도, 밤에도 암흑)[2] [묵상] 결국 암흑이 되는 것인데, 하루 24시간을 기준으로 할 때 1/3은 하루 중 8시간이 암흑이 될 것이다 (낮 4시간, 저녁 4시간 또는 낮 8시간 또는 밤 8시간 동안 암흑처럼 되어 버린다)
〈천사〉 (8:13)	"화로다" 외침 (wo, wo, wo)	• 하늘 한 가운데 날아가는 천사가 큰 음성으로 외침 ↳땅에 사는 사람들에게 앞으로 "화 있으리라고(Wo, wo, wo)" 3번 외침 - 화로다 외침의 이유: 5,6,7번째의 나팔소리 때문 * 독수리 ↳천사(KJV: an angel flying, NIV: an eagle flying) ↳천사 하늘 한 가운데 날아감(the midst of heaven)

[애굽에 나타난 10가지 재앙: 부록 12 참조(애굽에 나타난 10가지 재앙)].

① 물이 피로 변함.

② 개구리.

③ 티끌이 이로 변함.

④ 파리.

⑤ 돌림병(가축).

⑥ 악성 종기.

⑦ 우박.

⑧ 메뚜기.

⑨ 흑암.

⑩ 처음 난 것(장자)의 죽음.

---

1   우박 재앙: 애굽의 재앙과 비슷(우박이 내릴 때 불덩이가 섞여 내림, 출 9:24 참조)
    – 소돔과 고모라 땅이 심판받을 때 나타난 현상: 유황과 불이 비같이 내림(창 19:26)
2   암흑 재앙: 애굽의 재앙과 비슷(애굽에 어둠이 있었으나 고센 땅은 없었음, 출 10:20 참조)

제9장 | 요한계시록 9장

일곱 나팔에 대한 계시(2)
5, 6번째 나팔 재앙에 대한 계시

대표질문

1. 다섯 번째 나팔을 불 때 나타난 현상은 무엇입니까?(계 9:1~12)

2. 요한계시록에서의 황충의 재앙과 구약 출애굽기에 나타난 메뚜기 재앙에 대해 비교해보십시오(계 9:1~12; 출 10:1~20).

3. 황충은 어디에서 올라오는지 이야기 하시고, 그곳이 어디라고 생각하십니까?(계 9:2)

4. 여섯 번째 나팔을 불 때 나타난 현상은 무엇입니까?(계 9:13)

5. 마병대의 숫자와 말 위에 탄 자의 능력은 무엇입니까?(계 9:14~21)

6. 두 가지 재앙으로 죽지 않고 살아남은 자들이 회개하지 않는 이유는 무엇이라고 생각하십니까?(계 9:20,21)

7. 9장의 주제(제목)를 정하시고, 9장을 통해서 깨달은 부분은 무엇입니까?

[9장의 핵심]

다섯 번째 나팔, 별, 무저갱, 황충(첫 번째 화)
여섯 번째 나팔, 네 뿔, 네 천사, 마병대(두 번째 화)
남아 있는 자들의 행동

1. 다섯 번째 나팔소리(계 9:1~12)

나팔	재난	내용
다섯째 나팔 (9:1~12)	첫 번째 화(Wo) (5개월간 고통)	• 사람들은 5개월간 황충으로 죽고 싶을 정도로 고통 받음(사람은 황충으로 죽고 싶어 하지만 죽지는 못함) ↳ 어떻게? 황충이 사람을 물어 버림 ↳ 황충은 어디서? - 하늘(heaven)에서 별(a star) 하나가 땅에 떨어짐 - 별이 무저갱(the bottomless pit, 깊은 구렁)의 열쇠를 받았음 - 별이 무저갱을 열어버리자 황충이 올라옴 ① 무저갱에서 올라온 연기로 해와 공기(the sun and the air)가 어두워지고 ② 그 연기 가운데 황충들이 땅 위로 나옴 ③ 황충은 전갈의 권세와 능력을 가지고 있음 * 황충: the smoke locusts(메뚜기, 독충)

1) 황충은 권세를 받았다(3~4절)

    (1) 땅의 풀이나 푸른 것이나 각종 수목을 해치지 말라(hurt).

    (2) 하나님의 인침을 받지 않은 자들만 해롭게 하라(hurt).

2) 황충에게 물리면 고통을 받는다(5~6절)

    (1) 황충으로 사람을 죽이지는 못하게 한다.

    (2) 황충으로 고통 받는 기간은 5개월이다.

    (3) 황충에게 물리면 전갈에 쏘인 것처럼 고통을 느낀다.

    (4) 사람은 황충으로 죽고 싶으나 죽을 수 없다.

* 죽기를 구하여도 얻지 못하고, 죽고 싶으나 죽음이 저희를 피해감.

3) 황충의 모양(7~11절)

(1) 전쟁을 예비한(prepared, 준비한) 말들 같고,
(2) 머리에는 금 면류관(crowns like gold) 같은 것을 썼고,
(3) 그 얼굴은 사람들의 얼굴과 같고,
(4) 여자의 머리털 같은 머리털이 있고,
(5) 이빨은 사자의 이빨 같으며,
(6) 흉갑은 철 흉갑(breastplate of iron, 철 흉배) 같으며,
(7) 날개 소리는 전쟁터로 달려가는 병거와 많은 말들의 소리 같으며,
(8) 전갈 같은 꼬리가 있고,
(9) 꼬리에는 쏘는 침이 있으며,
(10) 5개월간 사람을 해치는 권세를 가지고 있으며,
(11) 황충들을 다스리는 임금(king, 왕)이 있다.
   ① 다스리는 임금은 무저갱의 사자(the angel, 천사)이다.
   ② 다스리는 임금의 이름은 히브리어로는 아바돈(Abbadon)이고, 헬라어로는 아볼루온(그리스어, Apollyon)이다.

4) 황충의 고통은 첫 번째 화이다

(1) 화라고 표현하는 것은 사람에게 직접적인 영향을 주는 것을 말한다.
(2) 이 후에도 사람에게 직접적인 영향을 주는 두 개의 화가 있을 것이다.

[질문] 무저갱은 어떤 곳인가?
[참조] 제2부 제8장 26. 무저갱 (the bottomless pit, 깊은 구렁).

> ❖ 메뚜기
>
> 애굽에 여덟 번째 발생한 재앙이 메뚜기 재앙이다. 이때 발생한 메뚜기는 애굽 역사에 없었던 일로 땅이 어둡게 될 정도로 많았고, 채소, 나무 열매를 다 먹어치웠다. 그래서 바로의 신하들이 애굽이 망하게 되었다고 하면서 이스라엘 백성을 보내주라고 말한다(출 10:1~20) 하지만 요한계시록에 나온 황충은 메뚜기과로 보이지만, 채소나 나무 열매는 상하게 하지 않고 오직 사람만 물어버리게 되는 것이 구약에서 발생한 것과 다르다.

2. 여섯 번째 나팔소리(계 9:13~19)

나팔	재난	내용

여섯째나팔
(9:13~19)
	두 번째 화
	(1/3 죽음)
		• 사람 1/3이 죽음
		↳ 어떻게? 네 천사가 사람을 죽임(slay, 살해함)
		↳ 하나님 앞에 있는 금 제단의 네 뿔(four horns)에서 한 음성(a voice)이 나옴
		  - 그 음성은 여섯 번째 천사에게 명령하는 소리임
		  - 유프라테스 강(큰 강이라 호칭)에 결박하여 있는 네 천사(four angels)를 풀어주라(loose)고 함
		* 네 천사: 사람들의 1/3을 죽이려고(slay) 예비하여 둔 자들
		  (년, 월, 시를 위해) ➜ 아마도 하나님의 때를 가리키는 것 같음
		    ↳ 마병대가 있으며 그 수는 이만만(2억)이다
		    ↳ 마병대로 사람의 1/3이 죽음
		* 네 천사와 마병대(2억)로 사람의 1/3이 죽음

1) 마병대의 수는 이만만[1]이다(계 9:16~19)

    (1) 사도 요한은 귀로 마병대의 수(숫자)를 들어서 규모를 알 수 있었음.

    (2) 사도 요한은 말들과 말 위에 탄 자를 보게 됨.

---

[1] 마병대의 수는 이만만: 영어 성경(KJV)으로는 two hundred thousand thousand이며, 이것을 번역하면 2억 명이 된다(제2부 제5장 18 참조: 천사의 수 = 마병대의 수)

① 말 위에 탄 자: 흉갑이 있는데 불(빛)과 자주(빛)와 유황(빛)이 있다
(breastplates of fire, and of jacinth, and brimstone).
② 말들.
ⓐ 말들의 머리는 사자 머리 같고,
ⓑ 그 입에서 불과 연기와 유황이 나온다.
ⓒ 말들의 힘은 입과 꼬리에 있다.
ⓓ 꼬리는 뱀 같으며, 꼬리에 머리가 있어서 꼬리로 사람을 해한다
(hurt).
(3) 세 가지 재앙으로 사람의 1/3이 죽는다.
① 세 가지 재앙: 불, 연기, 유황.
② 이 세 재앙은 말들의 입에서 나와 사람을 죽이게 된다
(말의 입과 꼬리로 죽임).

3. 이 재앙으로 죽지 않고 남은 사람은 회개하지 않는다(계 9:20~21)

1) 사람의 1/3이 죽는 것을 보았던 사람들이고, 죽음을 면한 자들이다

2) 죽음을 면한 자들이 자기들의 손으로 행하는 일을 회개하지 않는다
 * 자기들의 손으로 행한 일들: 살인, 복술(sorceries, 마술), 도적질을 말한다.

3) 오히려 귀신(devil)과 우상에게 절을 한다

(1) 우상은 금, 은, 동, 나무로 만든 것이다.
(2) 우상은 보거나, 듣거나, 다니지도(걷지도) 못하는 것이다.
 * 우상은 사람이 만든 물질일 뿐이다

[묵상] 남아 있는 자들

남아 있는 자들은 사람의 1/3이 죽는 것을 보면서도 이것이 하나님의 뜻인지 깨닫지 못하고 있다. 그래서인지 자신의 잘못을 인정하지도 않으며, 단지 죽음이 자신을 비켜가길 원해서 귀신(devil)을 찾아가 절을 하고, 또한 우상을 만들고, 사람이 만든 우상에게 절을 하고, 사람이 만든 그 우상이 자기를 보호해 줄 것이라는 착각 속에 빠져 있다.

제10장 | 요한계시록 10장

다른 힘센 천사의 손에 펼쳐져 있는 작은 책에 대한 계시

대표질문

1. 다른 힘센 천사의 모습은 어떠합니까?(계 10:1)

2. 다른 힘센 천사가 큰 소리에 외칠 때 일곱 우레가 있었습니다. 이 일곱 우레에 대해 무엇이라고 말씀하고 있으며, 해석은 어떻게 해야 합니까?(계 10:4; 벧후 3:14~18)

3. 천사가 하늘을 향해 맹세하고 있는 것은 무엇입니까?(계 10:6)

4. 하나님의 비밀이 언제 이루어집니까?(계 10:7)

5. 하나님의 비밀은 하나님의 종들에게 전하였던 복음이라고 말씀하고 있습니다. 여러분은 그 비밀을 간직하고 계십니까?(계 10:7)

6. 힘센 천사의 손에 들려있는 책은 무엇이라고 생각하십니까?(계 10:8~11)

7. 10장의 주제(제목)를 정하시고, 10장을 통해서 깨달은 부분은 무엇입니까?

[10장의 핵심]

○ 다른 힘센 천사의 모습과 행동: 모습, 책 한권, 큰 음성과 일곱 우레, 맹세
○ 사도 요한이 받아 먹은 책

1. 다른 힘센 천사(another mighty angel)[1]가 하늘(heaven)에서 내려온다(계 10:1~7)

1) 천사의 모양(용모)

(1) 구름으로 옷 입고,
(2) 머리에 무지개가 있고,
(3) 얼굴은 해와 같고,
(4) 그의 발은 불기둥 같다.

2) 천사의 모습(행동)

(1) 손에 펼쳐진 작은 책 한권(a little book)을 가지고 있다.
(2) 오른 발은 바다를, 왼쪽 발은 땅을 밟고 있다.
(3) 사자가 부르짖는 것 같이 큰 음성으로 외친다.
  * 큰 음성이 있을 때 **일곱 우레**가 있었다.
(4) 천사가 오른 손을 들고 하늘을 향해 맹세한다(sware).
  (하늘을 향해, lifted up his hand to heaven).
  ① 맹세의 내용: 더 이상 지체하지 않는다.[2]
    (there should be time no longer).

---

1 힘센 천사: 영어 성경으로는 a strong angel(계 5:2)과 a mighty angel(계 10:1; 18:21)로 표현함
2 지체하지 않는다. : 지체하지 않는다는 것은 하나님의 마지막 심판과 부활 등을 말한다(계 11장 이하)
  - 나는 여호와라 내가 말하리니 내가 하는 말이 다시는 더디지 아니하고 응하리라 패역한 족속아 내가 너희 생전에 말하고 이루리라 나 주 여호와의 말이니라 하셨다 하라(겔 12:25)

② 왼손에는 책을 들고 있는 것 같음.

> [일곱 우레(seven thunders, 천둥)는 봉인되어 있어 비밀로 붙여졌다]
> 일곱 우레를 사도 요한이 기록하려고 하였으나, 하늘에서 인봉(seal up, 봉인)하고, 기록하지 말라는 음성으로 인해 결국 해석되어지지 못해 무엇인지 알 수 없다.
> [천사가 하늘을 향해 맹세하고, 맹세의 대상은 창조주이다(세세토록 살아계신 자)]
> 대상: 세세토록 살아계신 자, 창조주(하늘, 땅, 바다, 피조물의 창조주)
> ⓐ 하늘과 그 가운데 있는 물건과
> ⓑ 땅과 그 가운데 있는 물건과
> ⓒ 바다와 그 가운데 있는 물건을 창조하신 분이라 한다

2. 하나님의 그 비밀이 이루어진다(the mystery of God should be finished, 끝나게 된다, 완성된다 - 7절)

1) 일곱 번째 천사(the seventh angel)의 나팔 소리가 나는 날이 하나님의 비밀이 이루어지게 되며, 하나님의 비밀은 하나님의 종들에게 전하였던 복음이고 이 복음이 이루어지게(finished) 되어지는 것이다

[질문] 하나님의 비밀, 즉 선지자들에게 전하신 복음은 무엇인가?
[답변] 성경의 여러 선지자를 통해 하나님의 마지막 때(심판, 환난, 부활 등)를 말씀하신 부분으로서 이사야, 예레미야, 다니엘, 요엘, 에스겔, 호세야, 아모스, 미가, 말라기 등 구약의 선지자뿐만 아니라, 마태, 마가, 누가, 베드로, 바울, 요한 등 예수님의 제자들을 통해 말씀하신 부분도 해당한다.

3. 하늘(heaven)에서 사도 요한에게 음성을 들려준다(계 10:8~11)

1) 힘센 천사의 손에 있는 펼쳐진 책을 가지라고 한다

2) 사도 요한은 힘센 천사에게 책을 달라고 요구한다

3) 힘센 천사는 책을 집어서 먹으라고 한다
   * 먹을 때 입에서는 꿀처럼 달지만, 뱃속에서는 쓰다(bitt)고 하였고, 실제로 먹은 사도 요한은 천사의 말한 것처럼 느껴진다.

4) 힘센 천사는 사도 요한에게 "네가 많은 백성과 나라와 방언과 임금 (peoples, nations, tongues, kings, 백성들, 민족들, 언어들, 왕들) 앞에서 다시 예언하리라" 한다.

[질문] 힘센 천사의 손에 들려 있는 펼쳐진 책은 무엇인가?
[참조] 제2부 제11장 32. 생명책과 행위 책들

To him that overcometh

제11장 | 요한계시록 11장

두 증인과 일곱 번째 나팔에 대한 계시

대표질문

1. 사도 요한이 천사로부터 받은 갈대는 무엇이며, 천사는 무엇을 지시하고 있습니까?(계 11:1)
2. 예루살렘의 성전이 42개월 동안 짓밟힌다고 말씀하고 있습니다. 그러나 우리가 살고 있는 현재는 예루살렘 성전이 없습니다. 이 성전이 지어져야만 이 말씀이 성취될 수 있을 겁니다. 이 말씀이 이루어지리라 생각하십니까?(계 11:2)
3. 예루살렘에 두 증인이 나타날 것이라고 말씀하고 있습니다. 이 두 명의 증인이 받은 능력은 무엇입니까?(계 11:3~13)
4. 예루살렘의 두 증인이 언제, 누구에 의해 순교하는지, 그리고 순교이후 어떤 일이 벌어지는지 이야기하십시오(계 11:3~13).
5. 두 증인이 순교할 때 땅에 사는 자들이 기뻐하며, 서로 선물을 준다고 합니다. 왜 그렇게 하는지 생각해 보십시오(계 11:10).
6. 일곱 번째 나팔을 불 때 나타는 현상은 무엇입니까?
7. 11장의 주제(제목)를 정하시고, 11장을 통해서 깨달은 부분은 무엇입니까?

[11장의 핵심]
○ 갈대
○ 두 증인의 권세 · 죽음 · 부활 · 하늘 승천
○ 일곱 번째 나팔

1. (다른 힘센 천사가) 지팡이 같은 갈대를 사도 요한에게 준다(계 11:1~2)

   1) 하나님의 성전과 제단과 그 안에서 경배하는 자들을 척량(measure, 측량)하라 한다

   2) 성전 밖 마당은 척량(측량)하지 말라 한다

   (1) 갈대(지팡이 같은): 척량하는 도구이다.
      ① 성전.
      ② 제단.
      ③ 성전 안에서 경배하는 자.
   (2) 성전 밖 마당을 척량(측량)하지 말라는 이유?(하나님이) 이방인들에게 성전 밖 마당을 주었고, 이들이 42개월 동안 짓밟게 될 것이기 때문이다.

2. (다른 힘센 천사가) 두 증인(two witnesses)에게 권세(power)를 준다(계 11:3~6)

   1) 두 증인은 굵은 베옷(sackcloth)을 입으며, 1,260일[1] 동안 예언한다

   2) 두 증인은 이 땅의 하나님(the God of the earth) 앞에 서 있는 두 감람나무(two olive trees)와 두 촛대(two candlestick)[2]이다

---

1 1,260일: 약 42개월(제2부 제9장 27 참조: 마흔 두 달은?)
2 두 감람나무와 두 촛대: 기름 발리운 자(제2부 제9장 28 참조: 두 감람나무와 두 촛대는 무엇인가?)

3) 두 증인은 권세를 가지고 있다(power to shut heaven)

(1) 권세.
① 예언하는 권세를 받다.
② 두 증인을 해치려고 하는 자는 두 증인의 입에서 나오는 불로 그들의 원수를 삼켜버리게 되고,
　* 즉 해치려고 하는 자가 오히려 죽게 된다.
③ 하늘을 닫는 권세(shut heaven)가 있다(예언 하는 날 동안 비가 오지 못하게 하고).
④ 물을 피로 변하게 하는 권세가 있다.
⑤ 여러 가지 재앙(all plagues, 전염병)[3]을 땅을 쳐서 일으키는 권세가 있다.
　* 아무 때나 원하는 것은 뭐든지 땅에 재앙을 일으킬 수 있다.
　　(to smite the earthe with all plagues, as often as they will).

❖ **베옷 [linen garment]**

성경에서는 두 종류의 베옷을 볼 수 있다. 첫 번째는, 세마포(fine linen)로 만든 옷, 즉 커다란 직사각형 모양의 아마 천을 말하는데 이것으로 옷이나 덮개(이불)를 삼았다. 삼손이 수수께끼로 내기를 걸었던 30벌의 베옷(삿 14:12-13), 현숙하고 부지런한 아내가 만들어 내다 판 베옷(잠 31:24), 예루살렘 여인들의 사치품 중에 하나(사 3:23) 등에서 볼 수 있다.
두 번째로, 염소나 낙타의 털로 만든 올이 거칠고 색상이 어두운 천 곧 '굵은 베'(sackcloth)를 말한다(창 37:34) 이것은 참회하거나 심히 애통하는 자들이 재를 머리에 뒤집어 쓸 때 (삼하 3:31; 왕상 21:27; 왕하 19:1-2; 시 35:13; 마 11:21), 심판을 선포하는 선지자들(사 20:2; 단 9:3; 계 11:3), 포로들(왕상 20:31) 등이 착용하였다.
〈출처: 라이프성경사전, 2006. 8. 15., 생명의말씀사〉

---

[3] 여러 가지 재앙: all plagues, 모든 전염병(제2부 제6장 21 참조: 전염병 ; 하나님의 심판도구)

⟨사진출처: pinterest⟩

3. 두 증인의 증인사역의 마감(계 11:7~10)

1) **무저갱**(bottomless pit, 끝없는 깊은 구멍)에서 올라온 짐승이 두 증인을 죽이다

(1) 시기: 증인의 사역을 마칠 때. 즉, 증인의 예언사역 3년 6개월 시점, 비가 오지 않는 기간 3년 6개월.
(2) 어떻게: 짐승(the beast, 단수)이 전쟁을 일으키고(make war), 짐승이 두 증인과 싸워서 죽인다(kill).
(3) 증인의 죽음 이후: 짐승이 죽인 두 증인의 시신을 큰 성의 길거리(in the street of the great city, 큰 도성의 길거리)에 있게 하다.
  ① 짐승이 증인들의 시신을 장사 못 지내게 하다.
  ② 짐승이 증인들의 시신을 사람들의 구경거리로 만들어 버리다.
   * 사람들: 백성들, 족속, 방언, 나라.
    (the people, kindreds, tongues, nations, 백성들, 족속들, 언어들, 민족들).
(4) 구경거리 기간: 삼일(3일)하고 반나절(three days and an half)
  * 삼일하고 반나절: 증인 사역(예언) 기간인 3년 6개월 상징.
   ① 증인이 죽임 당한 곳: 영적으로 소돔, 애굽(이집트)이고, (지형적)예수님께

서 십자가에 못 박히신 곳, 예루살렘.
② 증인의 죽음을 좋아하는 자들: 땅에 사는 자들이 즐거워하고 기뻐한다.
　ⓐ 왜 즐거워하고, 기뻐하는가?
　　증인(선지자이다)이 땅에 거하는 자들을 3년 6개월간 괴롭게 하였기 때문이다. 그래서 증인의 죽음으로 기뻐서 서로에게 선물을 보낸다.
　ⓑ 땅에 사는 자들은?
　　증인의 시신을 구경한 사람들(백성들, 족속, 방언, 나라).
　ⓒ 사람들을 괴롭게 한 방법은?
　　물이 피로 변하고, 가뭄(3년 6개월), 재앙(plagues, 질병) 등등.

4. 두 증인의 부활[4](계 11:11~13)

1) 부활 시기: 죽임을 당한지 삼일(3일)하고 반나절 이후(사흘째)

2) 부활 과정

　(1) 하나님께로부터 온 생기(Spirit of life from God, 생명의 영)가 두 증인에게 들어가고,
　(2) 그 이후 두 증인이 자신의 발로 서 있게 된다.

3) 부활을 목격한 자: 두 증인이 부활하여 일어선 모습을 구경한 자들이 있으며, 이들은 크게 두려움을 갖게 된다

4) 두 증인의 하늘 승천: 하늘로부터 큰 음성(a great voice form heaven)을 듣고 구름 타고 하늘(heaven)로 올라간다

---

[4] 두 증인의 부활: 제2부 제9장 29 참조(두 증인의 부활 모습)

5) 하늘 승천하는 목격자들: 목격자들 가운데 원수들(enemies)도 포함되어 있다

6) 하늘 승천 시 지진 발생: 그 시간(the same hour, 승천하는 그 시간) 큰 지진이 발생한다

 (1) 지진으로 성(도성, the city)의 1/10이 무너지고,
 (2) 사람 7,000명이 죽음(둘째 화).
 (2) 도성에서 지진으로 죽지 않고 살아남은 자는 두려워하고, 하늘의 하나님께 영광을 돌린다.

[질문] 두 명의 증인이 사역하는 곳이 예루살렘 성전이라고 하는데, 현재는 예루살렘 지역에는 성전이 없다. 그렇다면 어디를 두고 말하는 것인가?

[답변] 현재(2018년) 예루살렘 지역에는 성전이 없고 다만, 이슬람의 모스크가 있을 뿐이다. 그리고 이 지역을 두고 이스라엘과 이슬람국가 간 분쟁, 다툼, 전쟁 등이 일어나고 있다. 다시 말하면 오늘날까지 예루살렘 지역에는 성전이 없지만 유대인들은 다시 성전이 세워질 것을 기대하고 있는데, 이들은 이스라엘이라는 국가가 약 2천년간 세상에 존재하지 않았다가 1948년 세상을 깜짝 놀라게 하면서 이스라엘이라는 국가를 세웠던 것처럼, 예루살렘에 다시 성전이 세워지길 기다리고 있다. 그들이 바라는 것이 현실로 이루어질 때 그 성전은 제 3성전이 될 것이며, 현재 제 3성전을 짓기 위한 설계도, 성전그릇과 성전기구 등 모든 필요 물품들을 준비해 놓은 상태라고 한다. 성전을 지을 수 있도록 허용된다면 바로 건축할 수 있다고 한다(유튜브 참조: 제 3성전).

5. 둘째 화(wo)는 지나가고 세 번째 화(wo)가 속히 이룰 것이다(계 11:14)

1) 증인이 하늘 승천 후 지진으로 인한 7천명의 죽음은 사람에게 미치는 화(재앙)이며, 이 화는 두 번째 화(재앙) 중의 하나이다

2) (해석) 요한계시록 9:13~19절에서 사람의 1/3이 죽는 것이 두 번째 화로 말씀하셨기에, 두 증인의 사역도 이 기간 안에 이루어지는 것으로 봐야 한다

6. 일곱 번째 나팔을 불 때(계 11:15~19)

나팔	재난	내용

일곱째 나팔 (11:15~19) (10:7)	세 번째 화 (일곱 대접, 추수, 새 예루살렘 성)	• 하늘에 큰 음성 ➜ 24장로 경배 ➜ 하늘의 성전 열림
		• 하나님의 비밀이 선지자들에게 전한 복음같이 이루어진다(계 10:7)
		  - 이루어진다(be finished, 끝나게 된다, 완성되다)
		  ↳ 진노의 일곱 대접을 부을 때 "다 이루었다" (It is done, 계 16:17)

1) 하늘에서 큰 음성(great voices)으로 말을 하다

   (1) 세상 나라(the kingdoms of this world, 이 세상 나라들)가,
   (2) 우리 주와 그리스도의 나라(the kingdoms, 왕국)가 되어,
   (3) 하나님이 영원무궁토록 통치하시리라 한다.

2) 큰 음성이후 24장로가 엎드려 하나님께 경배하다

   (1) 24장로는 하나님 앞에 있는 그들의 좌석에 앉은 장로이다.
   (2) 24장로들이 감사의 고백을 하나님께 드린다.

① 감사의 고백.

　ⓐ 옛적에도 계셨고, 시방도 계신 주 하나님, 전능하신 하나님.

　　(O LORD God Almighty, which art[5], and wast, and art to come, 지금도 계시고,

　　전에도 계셨고 앞으로 오실 오! 전능하신 하나님이라 하고).

　ⓑ 주께서 친히 권능을 잡으시고 왕노릇 하신다.

　　(thy great power and hast reigned, 권세를 가지고 다스린다).

　ⓒ 이방인들(the nations, 민족들)이 분노하지만 주의 진노가 임할 것이다.

　ⓓ 주의 종들, 선지자들, 성도들, 주의 이름을 경외하는 크고 작은 자들

　　에게는 상을 주시고(give reward),

　ⓔ 땅을 망하게 하는(훼손) 자들에게 멸망시킬 때라고 말함.

3) 하늘에서 하나님의 성전이 열리고, 성전 안에 하나님의 언약궤가 보임

　* 성전 안에는 번개들, 음성들, 천둥들, 지진과 큰 우박이 있음.

　　(lightnings, voices, thunderings, earthquake, great hail).

To him that overcometh

5　art: (고어 · 시어) BE의 제2인칭 · 단수 · 직설법 · 현재형(thou를 주어로 함)

제12장 | 요한계시록 12장

일곱 인물에 대한 계시(1)
1,2,3,4,5번 인물에 대한 계시

대표질문

1. 여인의 특징은 무엇이며, 누구를 가리키는지 생각해 보십시오(계 12:1,2,5,6).

2. 여인이 낳은 아들의 특징은 무엇이며, 누구를 가리키는지 생각해 보십시오(계 12:5).

3. 붉은 용의 이름은 무엇입니까?

    그리고 그가 밤낮으로 하는 일은 무엇입니까?(계 12:9)

4. 붉은 용의 특징은 무엇이며, 누구를 가리키는지 생각해 보십시오(계 12:3,4,7~17).

5. 용은 누구를 죽이려 합니까?

    그리고 또 누구와 싸우려고 합니까?(계 12:4,5~17)

6. 용과 미가엘이 전쟁을 합니다. 그리고 승리한 자는 누구이며 그 결과를 이야기 해보십시오(계 12:7~9).

7. 12장의 주제(제목)를 정하시고, 12장을 통해서 깨달은 부분은 무엇입니까?

[12장의 핵심]

일곱 인물 중 다섯 인물: 여인, 붉은 용, 사내 아이, 미가엘, 남은 자손

[일곱 인물 요약표]

구분	인물	의미
첫 번째 인물	여인	회복된 이스라엘
두 번째 인물	붉은 용	사탄
세 번째 인물	사내 아이	예수 그리스도
네 번째 인물	미가엘	미가엘
다섯 번째 인물	남은 후손	예수를 믿는 성도
여섯 번째 인물	짐승(바다)	신 바벨론제국, 음녀, 신흥 10명의 왕
일곱 번째 인물	짐승(땅)	땅의 상인(왕족, 거짓 선지자)

1. 일곱 인물 중 첫 번째 인물: 한 명의 여인(a woman) (계 12:1~2,5)

1) 하늘에서 큰 이적이 나타나다(appeared a great wonder in heaven)

(1) 큰 이적: 한 여인의 등장.
(2) 여인의 특징.
  ① 해(sun)로 옷 입고,
  ② 달은 그녀의 발밑에 있고,
  ③ 머리에 12개의 별이 있는 면류관(a crown of twelve stars, 왕관)을 썼으며(면류관 즉 왕관에는 12개의 별이 있음),
  ④ 아이를 배고 있는 중이었고,
  ⑤ 산고로 울부짖고, 아파하고,
  ⑥ 아들을 낳는다.

[질문] 여인은 누구인가?(계 12:1,2,5)
[참조] 회복된 이스라엘을 가리킨다(제2부 제10장 30. 여인은 누구인가?).

2. 일곱 인물 중 두 번째 인물: 하나의 큰 붉은 용(a great red dragon) (계 12:3~4)

1) 하늘에 또 다른 이적(another wonder in heaven)이 나타나다

(1) 이적: 커다란 붉은 용 한 마리[1]의 등장.
(2) 붉은 용의 특징.
① 머리는 일곱 개이고, 머리 위에 일곱 왕관이 있다.
ⓐ 즉, 머리 하나에 하나의 왕관을 쓰고 있다.
ⓑ 즉, 머리에 각 면류관을 쓰고 있다.
② 열 개의 뿔이 있다.
③ 붉은 용의 꼬리로 하늘의 별 1/3을 땅에 던져 버리다.
④ 붉은 용은 해산하는 여인(12:2) 앞에 있다.
⑤ 붉은 용은 여인이 낳을 아이를 삼키려고 하다.

[질문] 용은 누구인가?
[참조] 제2부 제14장 48. 용과 짐승은 무엇을 나타내는가?

[질문] 하늘의 별은 무엇을 의미하는가?(계 12:4).
[참조] 제2부 제14장 31. 하늘의 별은 무엇을 의미하는가?

---

1 붉은 용: 큰 용, 옛 뱀, 마귀, 사탄, 온 세상을 미혹하던 자(계 12:9)
 - 사탄(Satan, 사탄)의 의미: 대적자의 뜻을 갖고 있음(제2부 제14장 48 참조: 용과 짐승은 무엇을 나타내는가?)

> [넌센스 퀴즈] 열 개의 뿔은 어디에 있으며, 총 몇 개 있을까?
> ① 용의 머리에는 없고, 등짝에 10개의 뿔이 있다
> ② 용의 머리에 각각 10개씩 있고, 총 70개이다

3. 일곱 인물 중 세 번째 인물: 여인이 낳은 사내아이(계 12:5~6)

1) 여인이 아들(a man, 남자)을 낳다

2) 아들의 특징

   (1) 만국(all nations, 모든 민족들)을 다스릴 것이다.
   (2) 다스릴 때는 철장(a rob of iron)으로 다스린다.
   (3) 아들은 하나님과 그의 보좌로 올려간다.

3) 여인은 광야(into the wilderness)로 도망가다

   (1) 도망한 기간: 1,260일(3년 6개월, 42개월).
   (2) 도망한 지역: 광야이고, 이 광야는 하나님이 여인을 양육하기 위하여 예비하여 둔 곳이다.

[질문] 사내아이는 누구인가?
[답변] 예수 그리스도를 가리킨다.

4. 일곱 인물 중 네 번째 인물 : 미가엘(계 12:7~9)

1) 하늘에 전쟁이 있다

(1) 하늘의 전쟁: 미가엘과 그의 천사들 vs 큰 용과 그의 천사들.
   (Michael and his angels vs the dragon and his angels).
(2) 전쟁의 승리: 미가엘과 그의 천사들이 이기다.
(3) 전쟁의 결과.
   ① 용이 하늘에 있을 곳을 얻지 못함.
   ② 그래서 용과 그의 천사들이 하늘에서 쫓겨나서 땅으로 내어 쫓기다.

5. 용이 쫓겨 난 뒤 하늘에 한 큰 음성이 있었음(계12:10~12)

1) 용이 쫓겨났기에 이제(now 지금) 하나님의 구원과 능력과 나라와 그리스도의 권세가 이루어졌다

(Now is come salvation, and strength, and the kingdom of our God, and the power of his Christ)

2) 우리 형제들을 참소하던 자(용)가 쫓겨났다

(1) 용은 하나님 앞에서 믿음의 형제들을 밤낮 고소하던 자이다(day and night).
(2) 용은 믿음의 형제들을 고소하는 자이다.

> **[사탄의 고소]**
>
> 사탄은 밤낮 고소를 하는 자라고 설명하듯이 그의 특성을 잘 보여주는 사건을 성경에서 찾을 수 있는데, 죄가 없었던 온전하고 정직하며 하나님을 경외하는 욥을 모함한다 (욥 1:1,6~9; 2:3,4).

3) 믿음의 형제들이 용을 이겼다(overcame)

  (1) 믿음의 형제들이 이길 수 있었던 비결은?
    ① 예수님의 피.
    ② 믿음의 형제들의 증거한 말로 용을 이길 수 있었음.
  (2) 믿음의 형제들은 자신이 죽기까지 자신의 생명을 아끼지 않았던 자들이다.

4) 너희 하늘들(heavens, 복수)과 그 안에 거하는 자들은 즐거워하라 한다

5) 땅과 바다(inhabiters, 땅과 바다에 사는 자들)는 화가 있을 것이다

  (1) 왜 화가 미치는가?
    마귀가 전쟁에 패해서 땅에 내려갔고, 자신의 때가 얼마 남지 않았다는 것을 알고 있어서 분노하며 믿음의 형제들에게 내려가다(믿음의 형제들을 괴롭게 하려고 함).
  (2) 용이 마지막 때인 것을 알고 있어서 땅과 바다에 사는 자들에게 분노를 쏟아 버리다.

6. 용이 땅으로 쫓겨난 것을 안 뒤 여인을 핍박하다(persecuted) (계 12:13~16)

1) 용이 핍박한 여인은 남자 아이를 낳은 여인이다(계 12:5)

2) 용이 여인을 핍박한 시기는 미가엘과의 전쟁에서 패한 뒤, 땅으로 쫓겨 난 것을 안 시점이다

3) 여인은 독수리의 두 날개를 받아 광야에 있는 자기 곳(into her place)으로 가다

   (1) 광야에서 뱀의 낯을 피할 수 있었고,
   (2) 광야에서 3년 6개월(a time, times, half a time, 한 때, 두 때와 반 때)동안 양육(is nourished) 받는다.
     * nourish : 영양분을 공급받다. (감정·생각 등을)키우다.
   (3) 뱀이 물로(홍수) 여인을 죽이려 하나 실패하다.
     ① 어떻게 죽이려 하는가?
        뱀(serpent, 뱀, 사탄)이 자신의 입으로 물을 강같이 토해 냄(홍수)
     ② 왜 실패하는가?
        땅이 여자를 도와서 뱀의 계획이 실패한다.
     ③ 어떻게 도왔는가?
        땅이 입을 벌려서 강물을 삼켜버림(아마도 땅이 갈라짐).

7. 일곱 인물 중에 다섯 번째 인물: 여인의 남은 후손(계 12:17)

1) 용이 여인을 죽이려는 계획에 실패하자 여인에게 분노하고 돌아가다

2) 용이 여인을 죽이는 것을 실패한 뒤 여인의 남은 자손과 싸우러 가다(make war)

3) 용이 싸우려고(war) 서 있는 곳은 바다 모래 위라고 표현을 하고 있지만(개역한 글, 표준새번역, 현대인의 성경), 영어 성경(KJV, NIV)에서는 바닷가 또는 바다 모래 위라는 표현은 없고 단지 싸우러 갔다고만 표현하고 있다

(And the dragon was wroth with the woman, and went to make war with the remnant of her seed, which keep the commandments of God, and have the testimony of Jesus Christ(계 12:17, KJV)

[질문] 여인의 자손 중 남은 자들(the remnant of her seed)은 누구인가?
[답변] 하나님의 계명(commandments, 계명들)을 지키며, 예수 그리스도의 증거를 가진 자들이다.

제13장 | 요한계시록 13장

일곱 인물에 대한 계시(2)
6, 7번 인물에 대한 계시

대표질문

1. 바다에서 올라온 짐승은 어떤 모습입니까?(계 13:1,2)
2. 짐승은 누구로부터 권세를 받으며, 짐승이 일하는 기간은 얼마이며, 이 기간 동안 어떤 일이 벌어집니까?(계 13:3~10)
3. 용과 짐승에게 경배하는 자들은 누구입니까?(계 13:8,12)
4. 땅에서 올라온 짐승의 모습은 어떠하며, 이 짐승의 권세는 무엇입니까?(계 13:11~18)
5. 바다에서 올라온 짐승과 땅에서 올라온 짐승은 누구를 가리킵니까?(계 13장; 17~18장)
6. 성도들에게 당부의 말씀은 무엇이며, 그 뜻은 무엇이라고 생각하십니까?(계 13:9~10)
7. 13장의 주제(제목)를 정하시고, 13장을 통해서 깨달은 부분은 무엇입니까?

[13장의 핵심]
○ 일곱 인물 중 두 인물: 바다에서 올라온 짐승, 땅에서 나온 또 다른 짐승
○ 귀 있는 자, 짐승의 표

1. 일곱 번째 인물 중 여섯 번째 인물: 바다에서 올라온 짐승(a beast)(계 13:1~10)

1) 짐승의 모습(1~3절)

(1) 일곱 머리가 있으며, 그 머리들에는 하나님의 참람된 이름이 있다(the name of blasphemy, 모독하는 이름).

(2) 열 뿔이 있고, 그 뿔들에는 열 개의 왕관(ten crowns)이 있다.
   * 각 뿔에 각 하나의 왕관이 있다. 그래서 10개의 뿔에 10개의 왕관이 있다.

(3) 짐승은 표범 같고,

(4) 발은 곰의 발 같으며,

(5) 입은 사자의 입 같다.

2) 짐승은 용으로부터 권세를 부여 받다(4~8절)

(1) 용이 짐승에게 자기의 능력과 보좌와 큰 권세를 주다(his power, his seat, great authority).

(2) 짐승의(7개의) 머리 중 하나가 상하여 죽은 것처럼 되었으나 상처가 나아 회복되다.
   * 온 땅(all the world, 온 세계)이 이를 보게 되고 이상하게 여기며 짐승을 따르게 되다.

(3) 땅에 사는 모든 자들이 용과 짐승에게 경배하다(4,8절).
   * 모든 자: 4절, they(= all the world) / 8절, all that dwell upon the earth.

① 누가 이 짐승과 같으며, 그리고 누가 능히 짐승과 싸울 것인가 한다.
② 경배하는 자들은 생명책에 녹명(기록)되지 못한 자들이다.
  ⓐ 생명책[1]: 창세 이후부터 (기록된) 어린양의 생명의 책이다.
  ⓑ 창세 이후: from the foundation of the world.
(4) 짐승이 참람된 말을 하게 되고(5,6절),
  ① 큰 말과 참람된 말하는 입을 받다.
    (a mouth speaking great things and blasphemies).
  ② 하나님을 향하여 훼방하다.
    ⓐ 하나님의 이름, ⓑ 장막(tabernacle, 장막, 예배당), ⓒ 하늘에 거하는 자들을 훼방함(모독함).
(5) 42개월(3년 6개월) 동안 일하다.
(6) 성도들과 싸우게 되고, 이기게(overcome) 되다.
  * 성도들이 순교를 당하거나 고난을 받게 되는 듯하다(계 6:11참조).
    - 각각 저희에게 흰 두루마기를 주시며 가라사대 아직 잠시 동안 쉬되 저희 동무 종들과 형제들도 자기처럼 죽임을 받아 그 수가 차기까지 하라 하시더라(계 6:11).
(7) 모든 족속, 백성, 방언, 나라를 다스리게 되다(all kindreds, tongues, nations).

[질문] 바다에서 올라온 짐승은 누구인가?
[참조] 제2부 제14장 48. 용과 짐승은 무엇을 나타내는가?

---

[1] 생명책: 제2부 제11장 부록 32 참조(생명책과 행위 책들)

2. 성도들에게 당부의 말씀(9~10절)

1) 누구든지 귀가 있거든 들어라(if any man an ear, let him hear, 단수, 명령형)

* 당부의 말씀: 여기에 성도들의 인내와 믿음이 달려 있다.
   ① 사로잡는 자는 사로잡힐 것이고, 칼로 죽이는 자는 칼로 죽임을 당한다.
   ② (해석) 짐승이 주는 고난(죽음, 포획)에 대해 인내하고 믿음을 지키라 한다. 고난의 기간은 끝이 있고, 그 기간은 3년 6개월이라는 것이다.

> **[묵상] 짐승의 시대**
>
> 짐승이 용으로부터 권세를 받고, 머리 하나가 죽었다가 다시 살아나자 사람들은 이상하게 여기면서 그 짐승을 따르게 된다. 이 짐승은 하나님을 모독하고, 이적을 통해 사람들을 미혹하고, 짐승의 표를 받게 하고, 우상을 만들어 짐승과 우상에게 경배하도록 만들 것인데, 짐승의 표가 없거나 경배하지 않는 자들 즉 하나님의 백성들을 죽이거나 고난을 주게 된다. 그리고 이 기간은 3년 6개월이다.

3. 일곱 번째 인물 중 마지막 인물: 땅에서 나온 또 다른 짐승(a beast, 13:11~18)

1) 짐승의 모습(11절)

   (1) 두 개의 뿔을 가지고 있으며 모양은 어린양의 뿔처럼 보인다.
   (2) 용과 같이 말을 한다.

[질문] 두 개의 뿔의 의미?
[답변] 바다에서 올라온 짐승의 모습을 보면 10개의 뿔을 가지고 있고, 뿔에는 왕관을 가지고 있다고 설명하고 있다. 따라서 뿔의 의미는 왕의 권한을 가지고 있는 자라고 보여지며,

뿔이 두 개이므로 두 명의 왕 또는 왕의 권한을 가진 자라고 보여지는데, 요한계시록 18:15,23에서 땅의 상인들, 왕족이라 하였다.

2) 짐승의 행위(12~18절)

　(1) 첫 번째 짐승처럼 모든 권세를 행세하고.
　(2) 땅에 사는 자들에게 명령하여 첫 번째 짐승에게 경배하도록 한다.
　　＊ 경배 받는 짐승은 머리 하나가 죽게 되었다가 살아난 자이다.
　(3) 사람 앞에서 큰 이적을 행함(하늘에서 땅으로 불을 내리게 함).
　(4) 이적을 행하여 땅에 사는 자들을 미혹한다.
　(5) 첫 번째 짐승의 형상(우상)을 만들라 한다.
　(6) 부여 받은 권세로 땅에 사는 사람들이 만든 우상(첫 번째 짐승의 형상)에게 생명(to give life)을 주어 말하게 만든다.
　(7) 우상에게 경배하지 않는 자는 다(many) 죽인다.
　(8) 모든 사람에게 "표"를 받게 한다(16~18절).
　　① 모든 사람: 작은 자, 큰 자, 부자, 가난한 자, 자유 한 자, 종들.
　　② 표는 어디에 받게 하나? 오른 손이나 이마에 표를 받게 함(KJV에서는 "in"이라 하였으나, NIV에서는 "on"으로 표현되어 있음).
　　③ 표의 기능: 매매하는데 필요하고, 이 표를 받지 않으면 매매 할 수 없음, 즉 경제 활동을 할 수 없다.
　　④ 표의 이름: 짐승의 이름, 짐승의 수, 사람의 수, 666(곧, 짐승의 표).
　　※ 짐승의 표의 숫자를 세어보는 것이 지혜가 있다 한다.
　　　ⓐ 총명한 자가 숫자를 세어보라 한다.
　　　ⓑ 한 사람의 숫자이다(the number of a man).
　　　ⓒ 666(Six hundred threescore and six).

[질문] 짐승의 표(666)는 무엇인가?(계 13:16~18).
[참조] 제2부 제11장 33. 짐승의 표는 무엇인가?

제14장 | 요한계시록 14장

추수하는 낫에 대한 계시
(7가지 장면)

대표질문

1. 어린양과 함께 있는 144,000명은 누구입니까?(계 14:1; 7:4)

2. 144,000명을 처음 익은 열매라고 말씀하고 있습니다. 이 첫 열매가 무엇을 뜻하는지 생각해 보십시오(계 14:4).

3. 천사들(첫째, 둘째, 셋째)의 외치는 소리는 무엇입니까?
   그리고 당신은 이에 대해 어떻게 생각하십니까?(계 14:6~12)

4. 예수님이 가지고 있는 낫으로 무엇을 수확합니까?(계 14:14~16)

5. 천사가 가지고 있는 낫은 무엇을 수확합니까?(계 14:17~20)

6. 예수님이 낫으로 수확하실 때(계 14:16) 수확의 대상은 어떤 모습으로 수확이 될 것인지 생각해 보십시오(계 15:51~53; 살전 4:16,17).

7. 14장의 주제(제목)를 정하시고, 14장을 통해서 깨달은 부분은 무엇입니까?

> **[14장의 핵심]**
>
> 7 가지의 장면
> ① 144,000명 ② 첫째 천사의 외침(하나님께 경배) ③ 둘째 천사의 외침(바벨론이 무너졌다) ④ 셋째 천사의 외침(진노의 포도주 대상) ⑤ 성도의 인내 ⑥ 하늘의 음성(순교의 복)
> ⑦ 사람의 아들(낫-추수)

1. 사도 요한이 어린양과 144,000명이 함께 서 있는 것을 보다(계 14:1~5)

   1) 어린양과 144,000명이 서 있는 위치는 시온 산(the mount Sion)이다

   2) 하늘에 거문고 타는 소리가 있었다

      (1) 거문고 타는 소리가 마치 많은 물소리 같고, 큰 뇌성과 웅장함이 있었다.
      (2) 사도 요한이 듣기에는 거문고 타는 자들의 거문고(harp) 타는 소리 같았다.

   3) 144,000명은 누구인가?(14:1~5; 7:4~8참조)

      (1) 그들의 이마 위에(in foreheads, 이마 안) 어린양의 이름과 하나님의 이름이 있다.
      (2) 보좌 앞과 네 생물과 장로들 앞에서 새 노래(a new song)를 부르다.
        * 이 새 노래는 144,000명 이외에 배울 자가 없다.
      (3) 여자들(women, 복수)과 더불어 더럽히지 않은 자들이고, 정절을 지키는 자이다.

[질문] 여자들에게 더럽히지 않았다는 뜻은 무엇인가?(계 14:4)
[답변] 음녀(이세벨, 바벨론, 발람, 짐승, 거짓선지자 등)의 행위를 따르지 않는 것으로 예수를 믿는 믿음을 끝까지 지키는 것을 말한다.

   - 이사야서 63:2에서 하나님은 에돔을 보며 "어찌하여 네 의복이 붉으며 네 옷이 포도즙

틀을 밟는 자 같으뇨" 하면서 선혈(피)로 옷이 더럽혀졌다고(사63:3) 하는 것으로 음녀가 행한 일로 피를 흘려 옷이 더럽혀졌다는 것을 의미한다(제2부 제12장 37 참조: 포도주 틀).

⑷ 어린양이 어디든지 따라가는 자들이다.
⑸ 사람들 가운데 구속받은 처음 익은 열매(첫 열매)[1]이다.
⑹ 하나님과 어린양에게 속한 자들이다.
⑺ 그 입에 거짓말이 없고, 흠이 없는 자들이다.
   (their mouth was found no guile : for they are without fault before the throne of God, 하나님 보좌 앞에 그들의 입에서 간계가 발견되지 않았고, 과실(허물)이 없었다).

2. 다른 천사(첫째)가 외치는 소리(계 14:6~7)

1) 다른 천사

⑴ 하늘 한 가운데 날아가다.
⑵ 땅에 거하는 자들에게 전할 영원한 복음을 가지고 있다.
   * 땅에 거하는 자들: 족속, 방언, 백성을 말한다.
⑶ 큰 음성으로 외치는 소리는?
   ① 하나님을 두려워하며 그 분께 영광을 돌리라.
   ② 하나님이 심판하실 시간이 이르렀다.
   ③ 하늘과 땅과 바다와 물들의 근원을 만드신 분을 경배하라 한다.

---

1 처음 익은 열매: 제2부 제12장 34 참조(처음 익은 열매)

> **[묵상] 천사가 가지고 있다는 영원한 복음(everlasting gospel)**
>
> 천사가 가지고 있다는 영원한 복음은 먼저 들어야 할 사람에 대해서 이야기 하고 있는데 듣는 대상은 땅에 사는 자들이라고 하며, 구체적으로 족속, 방언, 백성을 말하고 있다. 따라서 땅에 사는 자들이 들어야 할 복음은 요한계시록 14:6~8에서 이야기 하고 있는 것과 같이 하나님의 심판이 이르렀기에 하나님을 두려워하며 영광을 돌리라 하는 것과 바벨론이 무너지고 음행으로 진노의 포도주를 마시게 되리라는 것이다. 그래서 이 복음은 즉 믿지 않는 자들에게는 화가 되어 영원한 형벌을 받게 되는 말씀이지만, 믿는 자들에게는 자신의 피 값을 신원 받는 말씀이요, 영혼이 구원받는 메시지요, 부활하는 음성이기에 영원한 복음이라고 말씀하신 것 같다.

3. 또 다른(둘째) 천사가 외치는 소리(계 14:8)

1) 또 다른(둘째) 천사가 첫째 외치는 천사의 뒤를 이어서 외친다

   (1) 외치는 소리.
   ① 무너졌도다. 무너졌도다(2번 외침) 큰 도성 바벨론(Babylon)이라 한다.
   ② 바벨론은 모든 나라를 음행으로 인도하였다.
   ③ 바벨론은 모든 나라를 음행의 죄를 짓게 하여 하나님의 진노의 포도주를 마시게 한다.

4. 또 다른(셋째) 천사가 외치다(계 14:9~11)

　　1) 둘째 천사의 뒤를 이어서 외치다

　　　* 외치는 소리.
　　　　① 누구든지 짐승과 우상에게 경배하고, 이마나 손에 표를 받으면 하나님의 진노의 포도주를 마시게 된다.
　　　　② 진노의 포도주 잔을 통해 마시게 되는데, 포도주 잔에 부은 포도주는 섞인 것이 없이 부은 포도주이다.
　　　　③ 표를 받은 자는 불과 유황으로 고통을 받는다.
　　　　　ⓐ 거룩한 천사들과 어린양의 면전에서 불과 유황의 고통을 받는다.
　　　　　ⓑ 고통의 연기가 세세토록(영원히) 올라간다.
　　　　　ⓒ 밤낮 쉼 없이 고통을 받는다.[2]

[질문] 진노의 포도주 잔의 의미는 무엇인가?(계 14:8)
[참조] 제2부 제12장 35. 진노의 포도주 잔의 의미는 무엇인가?

5. 성도들의 믿음의 인내에 달려 있다(계 14:12)

　　1) 하나님의 계명과 예수를 믿는 믿음을 지키는 것(keep)에 달려 있다

[질문] 성도들의 믿음의 인내는 무엇을 말하는가?(계 14:12)
[답변] 요한계시록 13:10과 14:12은 서로 동일한 표현으로 "믿음으로 지키고 인내에 달려 있다고" 같은 표현을 하고 있으므로 요한계시록 13:10을 통해 믿음의 인내에 대해 알아보자면 생명책에 기록되지 않는 사람들은 짐승에게 경배하고(계 13:8), 짐승의 표를

2　밤낮 쉼 없이 고통을 받는다: 제2부 제12장 36 참조(밤낮 괴로움을 받으리라, 계 20:10)

받는다고(계 13:16) 말씀하시고 있는데, 반대로 보면 생명책에 기록된 자들은 짐승에게 경배하지도 않고, 짐승의 표를 받지도 않는다는 것을 알 수 있다. 그래서 믿음의 인내는 믿음의 성도들이 우상에게 경배하는 것과 짐승의 표로 인하여 믿음의 성도들이 사로잡힐 수도 있고, 칼에 마땅히 죽을 수도 있지만, 믿음으로서 인내하고, 하나님께서 말씀하시는 것을 지키라는 것이다. 왜냐하면 믿음의 인내에 따라 영원한 형벌(불과 유황으로 밤낮 고통 받음, 계 14:10~11)과 영원한 약속(계 21:7)이 달려 있기 때문이다. 그래서 예수님은 우리들에게 다음과 같이 말씀하셨다. "몸은 죽여도 영혼은 능히 죽이지 못하는 자들을 두려워하지 말고 오직 몸과 영혼을 능히 지옥에 멸하시는 자를 두려워하라"(마 10:28) 하였다.

6. 사도 요한에게 기록하라는 하늘에서의 음성이 들리다(계 14:13)

1) 이번 음성은 누구의 음성인지 모른다

2) 이번 음성은 사도 요한에게 기록하라고 명령하였다

   * 기록의 내용: 지금 이후부터(henceforth) 주 안에서 죽는 자들의 복이 있다고 한다.

3) 성령님이 화답함
   (1) 화답의 내용.
      ① 복이 있다는 하늘의 음성에 맞다고(그러하다고) 화답한다.
      ② 저희 수고를 그치고, 쉬리라 한다(may rest form their labours).
      ③ 성도들의 행위가 그들을 따라갈 것이라 한다(their works do follow them).
   (2) (묵상) 성도들에게 보상이 있다고 말씀하신다(일곱 교회의 상급 등등).

7. 사도 요한이 사람의 아들(the Son of man, 인자)을 보다(계 14:14~20)

   1) 요한이 본 장면

   (1) 사람의 아들은 하늘 위 흰 구름 위에 앉아 계시고 있다.
   (2) 머리 위에 금 면류관(golden crown)을 쓰고 계셨다.
   (3) 그의 손에 이한 낫(a sharp sickle, 예리한 낫)[3]을 가지고 있었다.

   2) 또 다른 천사(네 째)가 성전으로부터 나와서 큰 음성으로 외침(15,16절)

   (1) 큰 음성.
      ① 구름 위에 앉아 계신 분을 향하여 외치다.
      ② 주의 낫으로 곡식을 거두어 달라고 한다.
      ③ 주께서 거두실 때가 되었고 땅의 곡식이 익었다 한다.
       * (관찰) 이제까지의 외침은 대부분 성도 및 땅에 사는 자들에게 외치는 소리였지만, 이 외침은 천사가 주님을 향해 외치는 소리이다.
   (2) 큰 음성 이후: 구름 위에 앉으신 이가 땅에 곡식을 거두어들이다.
       * 주의 손에 있는 낫으로 거두자 땅에 있는 곡식(알곡)이 거두어지게 된다.

   3) 다른 두 명의 천사(다섯, 여섯째)가 성전과 제단에서 나오다(17~20절)

   (1) 성전에서 나온 천사는 예리한 낫을 가지고 있었다.
   (2) 제단에서 나온 천사는 불을 다스리는 천사이다.
   (3) 불을 다스리는 천사가 이한 낫(예리한 낫)을 가진 천사에게 낫을 휘두르라고 한다.
   (4) 포도가 익었기에 포도송이를 거두라 한다.

---

[3] 이한 낫: 제2부 제1장 3,4 참조(3.재림과 부활 4.좌우에 날선 검, 이한 검, 두 날 가진 칼)

(5) 천사가 낫을 땅에 휘둘러,
　① 땅의 포도를 거두어 버리고,
　② 그 포도를 하나님의 진노의 큰 포도주 틀에 던져 버린다.
(6) 포도주 틀[4]은 성 밖에 있고, 성 밖에서 밟히게 된다(trodden, tread의 과거분사)
　＊ 포도주 틀에서 피가 나와 말굴레까지 닿게 되고, 1,600스다디온[5]까지 퍼진다.

칼	내용	목적지	비고
인자의 칼	곡식을 거두는 칼 (알곡)	하나님 계신 곳	인자가 수확
천사의 칼	포도송이를 거두는 칼 (가라지)	진노의 포도주 틀(죽음)	천사가 수확

To him that overcometh

---

[4] 포도주 틀: 제2부 제12장 37 참조(포도주 틀)
[5] 1,600스다디온 = 1스다디온 약 192M × 1,600스다디온 = 약 300Km

제15장 | 요한계시록 15장

마지막 재앙(일곱 재앙)의 서곡에 대한 계시

대표질문

1. 하나님의 진노는 무엇으로 끝날까요?(계 15:1)

2. 요한계시록 15:3~4에서 하나님께 경배하는 자들은 누구입니까?(계 15:2)

3. 하나님께 경배하는 자들은 왜 경배한다고 생각하십니까?(계 15:2)

4. 성전에서 나온 일곱 천사의 모습은 어떠하며, 이들은 무엇을 하는 천사입니까?(계 15:6,7)

5. 네 생물이 일곱 천사에게 건네준 금 일곱 대접에는 무엇이 담겨져 있습니까?(계 15:8)

6. 이 땅에 마지막 일곱 재앙의 대접을 쏟을 때 성전에 계신 분들은 무엇을 하고 있습니까?(계 15:8)

7. 15장의 주제(제목)를 정하시고, 15장을 통해서 깨달은 부분은 무엇입니까?

[15장의 핵심]
크고 이상한 이적, 찬양하는 자들, 성전이 열림, 마지막 재앙

1. 사도 요한이 하늘에서 크고 이상한(marvellous, 놀라운) 이적(sign)을 보다(계 15:1)

1) 크고 놀라운 이적

(1) 일곱 천사가 일곱 재앙(plagues, 질병, 재앙)을 가졌다.
(2) 마지막 재앙이고,
(3) 이 일곱 재앙으로 하나님의 진노가 마친다.

2. 사도 요한이 이기고 승리한 자들이 찬양하는 것을 보았다(계 15:2~4)

1) 찬양하는 자들은 짐승과 우상과 짐승의 수를 이기고 벗어난 자들이다

[the victory(승리한 자) over the beast, and over his image, and over his mark, and over the number of his name]

* 이기고 벗어난 자들: 인자의 칼로 거둔 곡식(알곡)(계 14:15~16).

2) 찬양은,

(1) 불로 섞은 유리 바다 위에서 찬양(on the sea of glass mingled with fire).
(2) 하나님의 하프(거문고)를 가지고 노래를 불러 찬양한다.
(3) 노래: 하나님의 종 모세의 노래, 어린양의 노래이다.
* 노래: 주 하나님 전능하신이여! 주의 행하신 일이 크고 기이 하도다, 만국의 왕이시여! 주의 길이 의롭고 참 되시도다. 오직 주만 거룩하시도다! 누

가 주의 이름을 두려워하지 아니하며, 영화롭게 아니하오리이까? 만국이 주께 경배하리로다! 주의 의로우신 일이 만국에 나타났도다(계 15:3,4 – 저자편역).

3. 사도 요한은 이일 이후 하늘의 성전이 열리는 것을 보다(계 15:5~8)

1) 성전은 하늘에 증거 장막의 성전이다

(the temple of the tabernacle of the testimony in heaven was opened)

2) 성전이 열리고 벌어지는 세 가지 일

(1) 일곱 재앙을 가진 일곱 천사(seven angels)가 성전으로부터 나온다(6절).
  * 천사는,
    ① 맑고 빛난 세마포를 입고 있다(in pure and white linen, 맑고 흰 세마포).
    ② 가슴에는 금띠를 두르고 있다.
(2) 네 생물 중 하나가 진노의 금 대접을 일곱 천사에게 준다(7절).
    ① 일곱 금 대접(seven golden vials): 하나님의 진노로 가득 찬 일곱 금 대접.
    ② 진노의 금 대접은 세세토록(영원토록) 계신 하나님의 진노를 담은 것이다.
(3) 일곱 재앙이 마칠 때까지 어느 누구도 성전 안에 들어가는 자가 없다(8절).
    ① 하나님의 영광과 능력으로 성전에 연기가 차게 된다.
    ③ 일곱 재앙이 마칠 때까지 누구도 성전 안으로 들어 갈 수 없다.
    * (관찰) 재앙이 시작되면 누구도 성전에 들어가지 못하고 재앙을 보게 되다.

제16장 | 요한계시록 16장

하나님의 진노의 일곱 대접에 대한 계시

대표질문

1. 하나님의 진노의 일곱 대접(재앙)은 무엇입니까?(계 16장)
2. 일곱 대접의 재앙은 누구에게 영향을 미칩니까?(계 16장)
3. 일곱 대접의 재앙에 대해 성경(천사, 제단)에서는 의로우시다고 말씀하고 있습니다. 여러분은 이에 대해 어떻게 생각을 하십니까?(계 16:5,7)
4. 사람들을 재앙들을 겪으면서도 자신들의 삶을 뉘읏치지도 않을 뿐만 아니라 오히려 하나님을 모독하고 있습니다. 왜 그렇다고 생각하십니까?(계 16:9)
5. 임금들이 어떻게 하여 아마겟돈으로 모이게 됩니까?(계 16:12~16)
6. 일곱 번째 대접을 부은 후 "다 이루었다(It is done, 계 16:17; 21:6)"의 의미는 무엇이라고 생각하십니까?

   그리고 창세기 1:1에서의 "태초에 천지를 창조하시니라"에서 '태초'와 '다 이루었다'에 대해 어떻게 생각하십니까?
7. 16장의 주제(제목)를 정하시고, 16장을 통해서 깨달은 부분은 무엇입니까?

[16장의 핵심]

진노의 일곱 대접 ; 아마겟돈, 다 이루었다, 큰 지진, 우박

[진노의 일곱 대접]

대접	쏟는 지역	재앙의 내용	성경
첫째	땅	· 사람에게 악하고 독한 종기가 생김	2절
둘째	바다	· 피로 변함(바다의 모든 생물 죽음)	3절
셋째	강	· 피로 변함(생물이 죽는다는 언급은 없으나 3절 말씀을 유추하여 해석하면 피로 인해 강의 모든 생물이 죽음)	4~7절
넷째	태양(해)	· 태양에서 나오는 불(fire - 열기)로 사람을 태움	8~9절
다섯째	짐승의 나라	· 짐승의 나라가 고통 (흑암,아픔,종기 ➔ 혀를 깨물음)	10~11절
여섯째	유프라테스강	· 강들이 말라버림 ➔ 전쟁(아마겟돈) ➔ 주님의 큰날	12~16절
일곱째	공중	· 강력한 지진, 큰 우박	17~21절

1. 사도 요한은 성전에서 큰 음성이 나서 일곱 천사에게 말하는 것을 듣는다

(계 16:1~21)

1) 큰 음성: 일곱 천사에게 하나님의 진노의 일곱 대접을 땅에 쏟으라 하신다

(1) 첫 번째 천사의 진노의 대접(vial, 호리병, 유리병)(2절).

① 어디에 쏟아버리는가? 땅에 쏟아버린다.

② 그 이후?

사람에게 악하고 독한 헌데가 난다(noisome and grievous sore, 해롭고, 고통스러운 종기).

③ 재앙은?

짐승의 표를 받은 사람과 우상에게 경배하는 자들에게 종기가 난다.

[종기]

구약에 사탄의 시험으로 욥에게 생긴 악창(sore boils, 종기, 욥 2:7~8)과 애굽에서 발생한 여섯 번째 재앙인 종기(a boil, 출 9:8~11)가 있는데, 요한계시록 16:2에서 말한 종기가 욥에게 생긴 악창(종기)과 동일하다면, 욥이 기왓장을 가지고 박박 긁어야만 했던 고통이 짐승의 표를 받은 사람과 우상에게 경배하는 자들에게 나타날 것이다.

  (2) 두 번째 천사의 진노의 대접(3절).
    ① 어디에 쏟아버리는가? 바다에 쏟아 버린다.
    ② 그 이후?
      바다가 피로 변한다(마치 죽은 자의 피 같이 되니 ➜ 피가 흘러 피로 변함).
    ③ 재앙은?
      바다 가운데 모든 생물이 죽는다(every living soul died in the sea).

[물이 피로 변함]

애굽에서 발생한 첫 번째 재앙을 살펴보면, 모세가 지팡이로 하수를 치자 물이 피로 변화되었고, 그래서 물고기가 죽고, 악취가 나고, 애굽 사람이 물을 마시기 싫어서 지하수를 팠다(출 7:14~25) 위 요한계시록 16:3과 같이 바다가 피로 바뀐다면 바다에 있는 생물들 또한 죽게 되는 것이다. 그래서 요한계시록에서 모든 생물이 죽는다 한 것이다.

  (3) 세 번째 천사의 진노의 대접(4~7절).
    ① 어디에 쏟아버리는가?
      강과 물의 원천에 쏟아 버린다(rivers and fountains of waters, 강들과 물들의 원천들, 복수명사).
    ② 그 이후?
      피로 변한다.

③ 재앙은?

언급은 없으나 16장 3절의 말씀을 유추하여 해석하면 강에서 서식하는 모든 생물들이 죽게 된다.

④ 물을 차지한 천사가 찬양함: 지금도 계시고, 전에도 계셨고, 장차 있으실(art and wast and shalt be) 거룩하신(rightous, 공의로우신) 주님이 이렇게 심판하시는 것이 의롭다 한다.

⑤ 제단에서 화답을 함: 물을 차지한 천사의 찬양에 "그러하다"고 화답 함. 그리고, 전능하신 주가 심판하시는 것이 참되고(pure) 의롭다 한다.

 * 그러하다: Even so(고어, 정확히 그러하여; 바로 맞아).

⑥ 왜 공의롭다고 하는가?

(땅에 사는 자들이) 성도들과 선지자들의 피를 흘리게 하였기에(죽였기에) 땅에 사는 자 또한 (순교자들이 흘렸던) 피를 마시는 게 합당하다 하는 것이다.

 * 물을 차지한 천사는?

세 번째 진노의 대접을 부은 천사를 가리킨다.

(4) 네 번째 천사의 진노의 대접(8,9절)

① 어디에 쏟아버리는가?

해(sun)에 쏟아버린다.

② 그 이후?

해가 권세를 받는다.

③ 재앙은?

태양에서 나오는 불(fire)로 사람을 크게 태우게(scorch) 된다.

ⓐ 태양의 큰 열기(great heat)로 사람의 살갗을 태우거나, 무더위로 사람을 괴롭게 한다.

ⓑ 사람들은 이 재앙들을 행하신 권세를 가지신 하나님의 이름을 모독한다.

ⓒ 사람들은 회개하지 않으며, 하나님께 영광을 돌리지 않는다.

(5) 다섯 번째 천사의 진노의 대접(10,11절)

① 어디에 쏟아버리는가?

짐승의 보좌(seat of the beast, 짐승의 자리)에 쏟아 버린다.

② 그 이후?

짐승의 나라(kingdom, 왕국)가 흑암에 쌓인다(full of darkness).

③ 재앙은?

짐승의 나라에 사는 사람들이 아픔(pain, 고통)으로 자기 혀를 깨물게 된다.

ⓐ 사람들은 고통과 종기로 하늘에 계신 하나님을 모독하지만,

ⓑ 사람들은 자신들의 행위는 회개하지 않는다.

ⓒ 자기 혀를 깨무는 이유는 고통과 종기 때문이다.

ⓓ 흑암이 있을 때에 종기의 재앙이 여전히 존재한다.

[흑암]

애굽에서 발생한 아홉 번째 재앙이 흑암인데, 애굽에서 발생한 흑암은 삼일 동안 발생했고, 너무 어두워서 집에서 일어나는 자가 없으며, 서로 얼굴을 볼 수가 없을 정도라 하였다(출 10:21~29) 그나마 다행인 것은 이때는 종기의 재앙은 지나간 뒤였다는 것이다. 그러나 요한계시록 16:10~11에서 나타난 흑암이 나타날 때는 종기의 재앙이 여전히 있다는 것이다. 그리고 종기로 혀를 깨물게 된다고 하는데 이 정도 되면 잠을 잘 수가 없을 것이다. 결국 짐승의 표를 받는 자와 우상숭배 하는 자들은 잠을 못 이루고, 종기로 혀를 깨물며, 고통스러워하며, 흑암에 쌓여 공포에 떨고 있게 되는 것이다.

[질문] 다섯 번째 진노의 대접이 쏟아진다는 짐승의 나라는?(계 16:10)

[답변] 진노의 대접이 '짐승의 보좌'에 쏟아진다고 말씀하고 있는데, '보좌'의 의미는 왕권을 가지고 있으며, 백성들이 있는 나라를 가리키고 있는 것으로 해석되어진다. 이는 요한계시록 13:1~10을 살펴보면 10명의 왕이 있고, 모든 족속과 백성, 방언, 나라를 다스린다고 말씀하고 있기에 '짐승의 보좌'는 곧 '바다에서 올라온 짐승'[1]을 가리키고 있는 것이다.

---

1 바다에서 올라온 짐승: 제2부 제14장 48 참조(용과 짐승은 무엇을 나타내는가?)

(6) 여섯 번째 천사의 진노의 대접(12~16절).
   ① 어디에 쏟아버리는가?
      유프라테스 강에 쏟아 버린다.
   ② 그 이후?
      강물이 말라버린다.
   ③ 왜 아마겟돈으로 모이는가?
      전쟁을 일으키기 위하여 왕들을 아마겟돈으로 모은다.
   ④ 어떻게 하여 아마겟돈으로 모이도록 하는가?
      ⓐ 유프라테스 강이 말라서 온 천하 임금들을 한 군데로 모일 수 있게 된다.
         * 동방에서 오는 왕들의 길이 예비(prepared, 준비)됨.
      ⓑ 세 개의 더러운 영(three unclean spirits)이 나와서 이적을 통해 모이게 한다.
         * 더러운 영은?
            ㉠ 용과 짐승과 거짓선지자의 입에서 나오며,
            ㉡ 마치 개구리 같은 더러운 영이며,
            ㉢ 귀신의 영이고,
            ㉣ 이적을 행하여 온 천하 임금들을 모이도록 한다.
   ⑤ 재앙은?
      하나님의 심판을 맞이하게 된다.
      - 온 천하 임금(왕)들이 전쟁하기 위해 한 자리에 모이지만, 이 아마겟돈으로 모인 날은 결국 전능하신 하나님의 큰 날(심판의 날)이 된다.
   ⑥ 예수님이 당부하신다.
      ⓐ 도둑같이 오신다고 하였다.
      ⓑ 자신들의 옷을 지켜서 벌거벗은 채로 다니지 않고 자기 수치를 보이지 않는 자가 복이 있다고 하였다.
(7) 일곱 번째 천사의 진노의 대접(17~21절).
   ① 어디에 쏟아버리는가?

공기 가운데(the air, 공중) 쏟아 버린다.

② 그 이후?

하늘의 성전에(throne) 계신 보좌로부터 큰 음성이 나온다.

  * 큰 음성: 다 이루었다(It is done).

③ 재앙은?

음성들과 뇌성들(천둥들)과 번개들이 있었고, 큰 지진과 우박이 있었다.

  * 큰 지진: 전무후무한 지진으로서 즉, 사람이 땅에 거주한 이래로 이처럼 강력한 지진이 없었다.

  * 큰 지진으로,

    ⓐ 그 큰 도성(the great city)이 세 갈래로 갈라지고,

    ⓑ 만국의 성들(the cities of the nations)도 무너지고,

    ⓒ 각 섬이 사라지고(every island fled away, 모든 섬이 사라지고),

    ⓓ 산악도 간데없음(the mountains were not found, 산들이 보이지 않음), 즉 산들이 없어지고 평야지대처럼 평탄해진다.

  * 큰 우박?

    ⓐ 하늘로부터 사람에게로 떨어진다.

    ⓑ 우박의 중량(weight, 중수)은 1달란트의 무게[2]가 나간다.

    ⓒ 박재(the plague of the hail, 우박의 재앙)로 사람들이 하나님을 모독한다.

    ⓓ 이 재앙은 심히 큰 것이다(exceeding great).

---

2 1 달란트의 무게: 34kg / 갈대 자(reed) 2.74m / 스다디온 192m / 되(코이닉스 choinix): 1리터(출처: 라이프 성경사전) / 규빗: 45.6cm

> **[우박]**
>
> 애굽에서 발생한 일곱 번째 재앙이 우박이다. 애굽에 우박이 내릴 때 밖에 있던 사람, 짐승들이 죽었고, 우박이 내릴 때 뇌성과 불이 함께 내렸다. 이때 내린 우박의 크기에 대해서 명확히 설명되어 있지는 않으나 애굽의 나라가 생긴 이래 이와 같은 무거운 우박(a very grievous hail)이 없었다고 하였을 정도의 크기인데(출 9:13~15), 요한계시록 16:21에서는 우박에 대해 1달란트의 무게라고 하는데 이는 약 34kg에 해당하는 무게이다. 이 우박은 아마도 애굽에 내린 우박보다는 몇 배 이상 크지 않을까 한다. 정말로 애굽에 내린 우박이 애굽 역사상 가장 큰 우박이었다면, 마지막 날에 내릴 우박은 아마도 지구 역사상 전무후무한 우박이지 않을까 한다.

※ 도성이 세 갈래로 갈라지고, 성들이 무너지는 것은?(19절)
① 큰 바벨론이 무너지는 것을 가리키며 이는 하나님의 맹렬한 진노의 포도주 잔을 받기 위함이다.
② 하나님이 기억하셔서 심판하시는 것이다.

[질문] 애굽의 10가지 재앙과 그 재앙 가운데 이스라엘 백성은 안전했는가?
[참조] 부록 12. 애굽에 나타난 10가지 재앙

제17장 | 요한계시록 17장

음녀와 짐승에 대한 계시

대표질문

1. 음녀의 모습에 대해 이야기하십시오(계 17장).
2. 음녀의 이름이 무엇이라고 씌어져 있으며, 누구를 가리키고 있다고 생각하십니까?(계 17:5)
3. 음녀는 왕과 땅에 사는 자들을 어떻게 하도록 만듭니까?(계 17:2)
4. 일곱 번째 왕과 여덟 번째 왕은 어떤 연관성이 있습니까? 그리고 무엇을 가리킨다고 생각하십니까?(계 17:11)
5. 마지막에 나타날 왕이 다스리는 기간은 잠시 동안(계 17:10,12)이라고 말씀하고 있습니다. 즉 기간이 길지 않고 짧다고 말씀하고 있으며, 다스리는 기간이 한정되어 있다고 말씀하고 있습니다. 이에 대해 성도들이 마지막 시대 때(짐승의 표, 우상숭배) 대처하는 자세는 어떠해야 한다고 생각하십니까?
6. 열 뿔과 짐승과 음녀는 원래 어떤 사이였으며, 최종적으로 서로 어떤 관계를 형성하는지 이야기하십시오(계 17:2,15).
7. 17장의 주제(제목)를 정하시고, 17장을 통해서 깨달은 부분은 무엇입니까?

[17장의 핵심]

음녀, 짐승, 짐승의 일곱 개의 머리, 10개의 뿔

1. 사도 요한은 음녀가 받을 심판을 보게 된다(계 17:1~2,15)

   1) 일곱 대접을 가진 일곱 천사가 보여 주겠다 하다

   2) 음녀가 많은 물위에 앉아 있다(many waters)
     * 많은 물은 백성들과 무리들과 열국(nations), 방언들(tongues)이다(15절).

   3) 큰 음녀로

      (1) 땅의 왕들이 큰 음녀로 더불어 음행하고,
      (2) 땅에 거하는 자들도 큰 음녀의 음행의 포도주에 취해 버린다.

2. 사도 요한이 성령으로 광야에서 음녀가 탄 짐승을 보다(계 17:3)

   1) 천사가 사도 요한을 이끌고 광야로 가다(he carried me away)
     * 광야: into the wilderness(황무지, 사막).

   2) 음녀가 짐승을 타고 있다

   3) 짐승은 붉은 짐승이고, 일곱 머리와 열 뿔이 있다(참조: 계 13:1~3)

[묵상] 음녀가 짐승을 타고 있다는 것은 무엇을 의미하는가?(계 17:3)
일반적으로 말과 사람과의 관계로 비교하여 볼 때 사람은 이동수단으로서 말을 타고, 말을 조

정하여 그가 가고자하는 목적지로 이동하게 된다. 따라서 이런 의미로 보면 음녀가 짐승을 타고 있으므로 짐승을 조정하고 이용하는 주체로 보여진다. 그리고 짐승을 좌지우지하는 조정자의 역할을 하고 있다고 보여진다. 결국 음녀가 짐승(바다에서 올라온 짐승 ; 신 바벨론제국)을 이용하여 사람들을 음행의 죄를 짓게 한다는 것을 의미하고 있고, 짐승(바다에서 올라온 짐승과 땅에서 올라온 짐승)이 음녀를 따르게 될 것을 나타내고 있는 듯하다.

3. 사도 요한이 본 한 여자의 모습(계 17:4~5,18)

1) 한 여자는 큰 음녀를 말한다

2) 음녀는 누구인가?

　(1) 자주 빛과 붉은 빛 옷을 입고(purple and scarlet, 자주색과 주홍색),
　(2) 금과 보석과 진주로 꾸미고(decked, 장식하고),
　(3) 손에는 금잔을 가지고 있다.
　　* 이 금잔은 가증스런 것들과 그녀가 행한 음행의 더러운 것들이 가득하다.
　(4) 이마에 하나의 이름이 기록되어 있다(a name written).
　　* 이름: 큰 바벨론이며, 땅의 창녀들과 가증한 것들의 어미이다.
　　(a name, MYSTERY, BABYLON THE GREAT, THE MOTHER OF HARLOTS AND ABOMINATIONS OF THE EARTH, 대문자).
　　① mystery: 신비, 불가사의, 비밀, 수수께끼.
　　② harlot: 매춘부.
　　③ abomination: 혐오, 증오.
　　④ 이름은 비밀로 되어있다 하였지만, 비밀의 이름이 밝혀진 것이다.
　(5) 성도들의 피와 예수의 증인들(the blood of the martyrs of Jesus, 순교자의 피)의 피에 취한 자이다.

① (묵상) 이 여자가 많은 그리스도인의 피를 흘리게 하였다(죽임).
② 많은 그리스도인들이 이 음녀를 통해 순교하게 된다.
(6) 많은 물 위에 앉아 있다(15절).
　　* 많은 물: 백성과 무리와 열국과 방언들이다.
(7) 땅의 임금들을 다스리는 큰 성이다(the great city, 도성) (18절).

[질문] 음녀는 누구인가?
[참조] 제2부 제14장 48. 용과 짐승은 무엇을 나타내는가? 음녀와 바벨론 성

　* 음녀의 특징.
　① 자주 빛과 붉은 옷을 입다.
　② 금과 보석으로 꾸미다.
　③ 손에 금잔을 들고 있다.
　④ 예수의 증인들을 죽이다(예: 청교도).
　⑤ 땅의 임금들을 다스리는 큰 성이다.
　　(로마 가톨릭은 제일 작은 국가).

4. 사도 요한이 이 음녀를 보고 기이히 여기고, 크게 기이히 여기다(계 17:6~17):
　　(I wondered with great admiration, 크게 감탄하면서 놀라워하다)

　1) 천사가 왜 기이히 여기냐(marvel, 놀라움, 이상함) 한다

　2) 천사가 여자(음녀)와 짐승의 비밀을 알려 주겠다 한다

　　(1) 사도 요한이 보았고, 천사가 비밀을 알려 준 짐승의 모습(8~11절).

절	짐승의 모습
8절	① 전에는 있었으나 지금은 없다 ② 앞으로 무저갱(bottomless pit, 깊은 구멍)에서 나오게 되고, 멸망으로 들어갈 것이다 ③ 땅에 거하는 자들이 장차 나올 짐승을 보고 기이히 여김(wonder, 놀람) 　- 땅에 거하는 자들은 창세 이후로 생명책에 녹명 되지 못한 자들이다(참조: 계 13:8)
9절	· 이 비밀을 아는 것이 지혜가 있는 뜻이다 　(Here is the mind which hathe wisdom)
10절	① 일곱 머리는 여자(음녀)가 앉아 있는 곳으로서 일곱 산이고, 일곱 왕이다 ② 일곱 왕 중에 (이미) 다섯은 망하였고(fallen), 하나는 (현재) 있으며, 다른 하나는 아직 오지 않았다 ③ 그러나 나타날 다른 하나는 반드시 잠간 동안만 계속하리라 　(he must continue a short space, 잠시 동안만 머물게 된다)
11절	① 짐승은 전에 있었고, 시방은 없으나(is not 현재는 없음) 그가 8번째 왕이라 함 ② 이 8번째 왕은 일곱 중에 속한 것이고, 멸망으로 들어가게 된다 함 　(And the beast that was, and is not, even he is the eighth, and is of the seven, and goeth into perdition) [묵상] 일곱 번째와 여덟 번째(신 바벨론)는 서로 같은 것이며, 일곱 번째 나타나는 것은 잠간 동안(a short space)만 있다 사라지고 곧 여덟 번째가 나타난다는 것이다

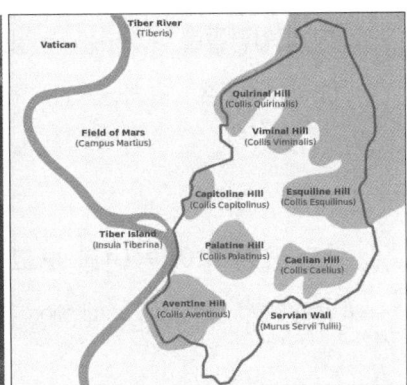

[질문 1] 짐승은 누구인가?

[답변] 일곱 머리와 열 뿔을 가진 짐승이고, 바다에서 올라온 짐승을 말한다.

　　(제2부 제14장 48 참조: 용과 짐승은 무엇을 나타내는가?)

[질문 2] 요한계시록 17:8,10,11에 의한 짐승이 각각 비슷하면서 다른데 서로 간의 어떤 연관성이 있는가?

[답변] (제2부 제14장 48 참조: 바다에서 올라온 짐승 ; 여덟 번째 왕은 누구인가?).

⁸네가 본 짐승은 전에 있었다가 시방은 없으나 장차 무저갱으로부터 올라와 멸망으로 들어갈 자니 땅에 거하는 자들로서 창세 이후로 생명책에 녹명되지 못한 자들이 이전에 있었다가 시방은 없으나 장차 나올 짐승을 보고 기이히 여기리라.... ¹⁰또 일곱 왕이라 다섯은 망하였고, 하나는 있고 다른 이는 아직 이르지 아니하였으니 이르면 반드시 잠간 동안 계속하리라 ¹¹전에 있었다가 시방 없어진 짐승은 여덟째 왕이니 일곱 중에 속한 자라 저가 멸망으로 들어가리라(계 17:8~11).

  (2) 열 뿔(12~14절)

    ① 사도 요한이 지금 10개의 뿔을 보고 있다(thou sawest are ten kings).

    ② 10개의 뿔은 10명의 왕으로서 아직 나라(kingdom)를 얻지 못한 나라의 왕이다. 즉, 10명의 왕은 아직 나타나지 않은 나라의 왕들이다.

    ③ 짐승으로 함께 임금들(kings, 왕들)처럼 권세를 받다.

      * 왕의 권세기간은 일시 동안인데 영어로는 1시간(one hour)이다.

[질문] 한 시간의 기간은?

[답변] 요한계시록 18:8에서 재앙(사망, 애통, 흉년)이 하루 동안(in one day)에 미칠 것이라 하였지만 흉년은 하루에 이루어질 수 없을 것 같으므로 흉년이 최소 1년 이상이라고 간주(민 14:34; 겔 4:6)[1]할 수 있을 것 같다. 그러므로 만약, 하루가 1년이라고 생각한다면, 일시동안인 한 시간(one hour)은 곧 하루가 아닐까 한다.

    ④ 10명의 왕이 한 마음으로 자기들의 권세와 능력을 그 짐승에게 넘겨 줌.

    ⑤ 10명의 왕이 어린양과 맞서 싸우나 어린양에게 패배하게 된다.

---

1 너희가 그 땅을 탐지한 날수 사십일의 하루를 일 년으로 환산하여 그 사십년간 너희가 너희의 죄악을 질찌니 너희가 나의 싫어 버림을 알리라 하셨다 하라(민 14:34)

   그 수가 차거든 너는 우편으로 누워 유다 족속의 죄악을 담당하라 내가 네게 사십일로 정하였나니 일일이 일 년이니라(겔 4:6)

ⓐ 어린양: 만주의 주시오 만왕의 왕이기에 10명의 왕과 싸워 이길 것이다.

ⓑ 어린양과 함께 있는 자들도 이긴다(overcome, 이기다).

ⓒ 어린양과 함께 있는 자들은 부르심을 입고 빼내심을 얻고, 진실한 자들이다(called, chosen, faithful, 부르심을 받고, 선택받고, 충실한).

(3) 열 뿔과 짐승과 음녀와의 관계(16~17절)

① 열 뿔과 짐승이 음녀를,

ⓐ 미워하고(hate the whore),

ⓑ 망하게 하고(shall make her desolate, 황량하게 함),

ⓒ 벌거벗게 하고(naked),

ⓓ 음녀의 살을 먹고(eat her flesh),

ⓔ 불로 아주 사르게 한다(burn her with fire).

② 이 일이 가능한 이유?

하나님이 그들의 뜻대로 할 마음을 그들에게 주었기 때문이다.

ⓐ 10명의 나라를 그 짐승에게 주도록 하였다(명령형).

ⓑ 짐승에게 준 기간은 하나님의 말씀이 이루어지는 기간까지이다.

제18장 | 요한계시록 18장

바벨론의 심판에 대한 계시

대표질문

1. 큰 바벨론은 어떤 곳이며, 무슨 행동을 하였습니까? 그리고 큰 바벨론은 무엇을 가리킵니까?(계 18:2,3)

2. 왜 큰 바벨론에서 나오라고 하는지 묵상하고 이야기해보십시오(계 18:4).

3. 큰 바벨론은 어떤 심판을 받으며, 왜 받는지 이야기해보십시오(계 18:3,8~10).

4. 큰 바벨론의 심판받는 것을 목격하는 자들의 반응은 어떠합니까?
   그 목격하는 자들은 누구입니까?(계 18:11~20)

5. 큰 바벨론이 심판받는 이후 존재하지 못한다고 합니다. 왜 그렇게 되는지 이야기해보십시오(계 18:21~24).

6. 땅의 상인들은 바벨론의 심판을 보고 슬퍼합니다. 왜 슬퍼합니까?
   그리고 이들은 누구이며, 사람들을 어떻게 했던 사람들입니까?(계 18:11,23)

7. 18장의 주제(제목)를 정하시고, 18장을 통해서 깨달은 부분은 무엇입니까?

> **[18장의 핵심]**
>
> ○ 바벨론 - 바벨론은 어떠한 지역이고, 그의 행위는 무엇인가?
>   - 하나님이 백성들에게 바벨론에 대해 명령한 것은 무엇인가?
>   - 바벨론에 대한 심판의 내용과 목격자들의 반응은 무엇인가?
>   - 바벨론은 심판당한 이후 어떠한 모습으로 존재하는가?
>   - 바벨론 땅에 누구의 피가 보여 지는가?

1. 다른 천사가 하늘에서 큰 권세를 가지고 큰 바벨론이 무너졌다고 외치다 (계 18:1~3)

1) 천사의 영광으로 땅이 환하여지다(the earth was lightened with his glory)

2) 천사는 하늘에서 내려와서 큰 음성으로 외치다

  (1) 큰 음성의 외침: 큰 바벨론이 무너졌다고 외치다(2번 외침).
    ① 큰 바벨론은?
      ⓐ 귀신의 처소였던 곳(the habitation of devils, 마귀의 주택, 주거지).
      ⓑ 각종 더러운 영이 모이는 곳.
      ⓒ 각종 더럽고 가증한 새가 모이는 곳.
    ② 큰 바벨론의 행위.
      ⓐ 바벨론의 행위는 음행의 행위였다.
      ⓑ 만국(all nations, 모든 민족)이 바벨론의 음행의 행위로 물들어 진노의 포도주에 무너졌도다(drunk, 취해 버렸다).
        ☞ 결국, 모든 민족이 취한 까닭에 땅의 왕들이 바벨론과 함께 음행하였고.
      ⓒ 땅의 상고들은(the merchants, 상인) 바벨론의 사치의 부유함으로 치부(the abundance, 부유)하게 되다.
    ③ 큰 바벨론은?
      음녀이다(참고: 계 17:1,2,4~6,15,18).

2. 하늘에서 다른 음성으로 하나님의 백성에게 그녀에게서 나오라 명령하다 (계 18:4)

1) 명령형: Come out of her my people

(1) 그의 죄(her sins, 그녀의 죄)에 참예하지 말고 나오라(렘 50:8~10 참조).[1]
 (that ye be not partakers of he sins).
(2) 그의 받을 재앙들(her plagues, 그녀가 받을 재앙들)을 받지 않도록 나오라.
 ① 개역 한글은 "그"라고 표현하지만 영어로는 "her(그 여자)"로 표현을 하고 있으며, 이는 큰 바벨론을 가리킨다.
 ② 바벨론 가운데에서 도망하라.

3. 하나님의 백성에게 나오라는 이유를 말씀하다(계 18:4)

1) 바벨론의 죄에 대해 알려 주시다(5절)

(1) 바벨론의 죄
 ① 하늘에 사무쳤으며(죄가 하늘에 닿았고, reached),
 ② 하나님께서 그의 불의를 기억하다(remembered).

2) 하나님에 의한 바벨론을 심판(6~8절)(사 13:1~14:23; 47장; 렘 50:1~16; 51장 참조)
(1) 심판의 무게는?(6절)
 ① 그녀(바벨론)가 하나님의 백성에게 행한 것만큼 돌려준다.

---

[1] 너희는 바벨론 가운데서 도망하라 갈대아인의 땅에서 나오라 떼에 앞서가는 수 염소 같이하라 보라 내가 큰 연합국으로 북방에서 일어나 나와서 바벨론을 치게 하리니 그들이 항오를 벌이고 쳐서 취할 것이라 그들의 화살은 연숙한 용사의 화살 같아서 헛되이 돌아오지 아니하리로다 갈대아가 약탈을 당할 것이라 그를 약탈하는 자마다 만족하리라 여호와의 말이니라(렘 50:8~10)

② 그녀의 행위대로 갑절(2배)로 갚아 주신다.
③ 그녀가 채운 잔으로 갑절(2배)로 채워 갚아 주신다.
(2) 왜 바벨론을 심판하겠다고 하는가?(7절)
① 그녀는 자신을 영화롭게 하고, 사치하였기에(lived deliciously, 즐겁게 살았다) 고통과 슬픔을 주어 심판 하겠다 한다.
② 그녀는 자신을 여황(a queen, 여왕, 단수)이라 하고, 과부가 아니기에 결코 슬픔을 당하지 아니한다 말하였기에 심판 하겠다 한다.

[묵상] 왜 바벨론은 심판하겠다고 하는가?

바벨론은 스스로 하나님의 영광을 가로채고, 삶을 사치스럽게 보내고, 스스로 높이고, 교만하고, 거짓말을 하였기에 하나님이 심판하겠다 한다.

(3) 심판 받을 내용은?(8절)
① 재앙들(plagues, 복수)이 하루 동안에 이른다(come in one day).
  * 재앙들: 사망과 애통과 흉년이다(death, mourning, famine).
② 불로 완전히 살라진다(utterly burned with fire).
(4) 그녀에 대한 심판이 왜 가능한가?(8절)
- 그녀를 심판하시는 주 하나님은 강하기에 가능하다.

[묵상] 하루 동안이라는 기간은 정말 하루일까?

사망과 애통은 하루 만에 이루어질 수 있지만 흉년은 하루 만에 이루어질 수 없을 것 같은데, 여기서 말한 하루는 1년이 아닌가 한다. 마치 민수기 14:3과 에스겔 4:6^{2}에서 말씀한 바와 같이 하루를 1년으로 환산 한 것처럼 말이다.

[묵상] 불로 살라진다는 뜻은?(계 18:8)

불로 살라진다는 의미는 마치 다니엘의 세 친구(사드락, 메삭, 아벳느고)가 금 신상에 절하지 않았을 때 풀무불에 던져졌던 것(단 3:19~20)처럼 사람을 불 속으로 던져서 태워 죽이겠다는 것을 말하는 듯하다. 그리고 화형식을 당하는 사람은 요한계시록 18:7에서 말한 자신을 여왕으로 앉은 자로 말하는 사람으로서, 음녀(계 17:16~17 참조)를 말하고 있는 것 같다. 이 음녀는 중세시대에 사람을 마녀로 매도하여 화형식으로 죽이기도 했던 적이 있었는데 그들이 행한 일로 동일하게 당하는 모습을 연상케한다.

3) 바벨론이 심판받는 것을 목도한 자들의 반응(9~24절)

  (1) 땅의 왕들의 반응(9~10절)
  (2) 땅의 왕들은?(계 17:12~14 참조)
  (3) 땅의 왕들은 그녀와 더불어 행음하며 즐기던 왕들이다.
  (4) 땅의 왕들의 반응은?
    ① 바벨론에서 심판을 통해 연기가 피어오르는 모습을 보다.
    ② 연기를 보고 울고 가슴을 치다.
    ③ 바벨론의 심판의 고난을 보며 무서워서 멀리 떨어져서(afar off) 외치다.
      - 외침(saying)은?
        ⓐ 화 있도다, 화 있도다(Alas, alas, 슬프도다 슬프도다 2번) 큰 성, 견고한 성 바벨론이여.
        ⓑ 일 시간(in one hour)에 네 심판이 이르렀다 한다.

2) 땅의 상고(상인)들의 반응(11~17,23절)

  (1) 땅의 상인들은?
    ① 바벨론을 통해 치부한 상품들의 상인이었다(15절).

② 땅의 왕족들(the great men)이다(23절).

③ 복술을 행하고 만국을 미혹한 자들이다(23절).

　　(thy sorceries were all nations deceived / sorcery: 마술, 요술).

[질문] 땅의 상인들은 누구인가? 땅에서 올라온 짐승을 가리킨다.
[참조] 제2부 제14장 48. 용과 짐승은 무엇을 나타내는가?

　(2) 땅의 상인들의 반응은?
　　① 바벨론을 위하여 울고 애통해 한다(11~14절).
　　　ⓐ 애통하는 이유: 상인들의 주 고객이 바벨론인데, 바벨론이 심판을 받아 이젠 더 이상 자기의 상품을 사는 사람이 없어졌기 때문에 애통해 한다.
　　　ⓑ 바벨론이 샀던 상품들² 중에 금, 은, 운송수단 뿐만 아니라 사람들의 생명과 영혼까지 포함되어 있다.
　　　ⓒ 이 심판 이후로 사람들은 더 이상 상품들을 다시는 보지 못하게 된다. (find, 발견하지 못한다).
　　　ⓓ 다시 보지 못하게 되는 이유는?
　　　　바벨론의 영혼(the soul)이 탐했던 과실이 떠났기에(are departed) 못 본다 한다. 그리고 모든 것 즉 맛있는 것들과 빛난 것들(dainty and goodly) 또한 다 없어졌기에(departed) 다시는 못 본다 함.
　　　＊ dainty: 고상한, 맛좋은.
　　　＊ goodly: 훌륭한, 멋진.
　　② 바벨론의 심판의 고난을 보며 무서워서 멀리 떨어져 서서 울고 통곡함 (15~17절).
　　　ⓐ 땅의 상인들이 바벨론이 당하는 고통을 보고 무서워한다.
　　　ⓑ 통곡(wailing)은?

2　금, 은, 보석, 진주, 세마포, 자주색 옷감, 비단, 주홍색 옷감, 각종 향목, 각종 상아제품, 아주 진귀한 각종 목재 제품, 옷 제품, 철제품, 대리석 제품, 계피, 향료, 향유, 유향, 포도주, 기름, 고운가루, 밀과 짐승, 양, 말, 마차, 노예들, 사람들의 혼

㉠ 화 있도다³, 화 있도다(Alas, alas, 슬프도다 슬프도다 2번) 큰 성이여.

㉡ 세마포와 자주와 붉은 옷을 입고 금과 보석과 진주로 꾸몄다.

㉢ 일 시간(in one hour)에 바벨론의 부가 망(nought)하였다.

  * naught, nought: 파멸, 제로(0, zero)의 뜻으로 바벨론이 철저하게, 완전히 없어졌다는 의미를 뜻하다.

(3) 바다 위에 있는 자들의 반응(17~19절)

  ① 바다 위에 있는 자들은?

  각(every, 모든) 선장과 선객들(각처를 다니는)과 선인들과 바다에서 일하는 자들이다.

  ② 바다 위에 있는 자들의 반응은?

  ⓐ 바벨론이 불붙는 연기를 보고 외침: 이 큰 성과 같은 성이 어디에 있냐 한다.

  ⓑ 티끌을 자기 머리에 뿌리며 울고 애통해 하며 외친다(wailing, saying).

  ㉠ 화 있도다, 화 있도다(Alas, alas, 슬프도다 슬프도다 2번) 큰 성이여.

  ㉡ 일 시간(in one hour)에 바벨론이 망하였다(she made desolate, 황폐한).

  * 애통하는 이유는?

  바다에서 배 부리던 자들이 애통해 하는데 그들은 바벨론의 보배로운(costliness) 상품을 위해 치부했던 자들로서, 곧 바벨론으로 물건을 나르면서 돈을 벌었던 상인들이다.

(4) 하늘에 있는 자들의 반응(20절)

  ① 하늘에 있는 자들은?

  하늘과 (거룩한) 사도들과(holy apostles), 선지자들(prophets)이다.

  ③ 하늘에 있는 자들의 반응은?

---

3 화 있도다: 개역한글의 "화 있도다"는 영어 성경(KJV)으로는 wo, alas의 두 가지로 표현하고 있는데, "wo"는 진노의 대접 중 다섯 번째, 여섯 번째, 일곱 번째 대접을 쏟을 때 사람에게 미치는 재앙에 대한 표현으로 쓰였으며, "alas"는 바벨론이 당한 재앙을 본 땅의 왕들, 상인들, 바다위에 있는 자들이 느껴지는 슬픔에 대한 감정이 묻어나오는 음성이다(계18:9~20)
 - wo(고어, woe)의 뜻은 고민 문제, 비통, 비애
 - alas의 뜻은 슬픔, 유감을 나타내는 음성이다.

바벨론으로 기뻐하라는 명령을 듣는다.
ⓐ Rejoice, 기뻐하다, 명령형.
ⓑ 왜 기뻐하라고 하시는가?
하나님이 바벨론에게 복수하였기 때문이다.
＊ 바벨론이 그동안 하나님의 백성들에게 고통을 줬기에 하나님이 신원(avenged, 복수하다, 앙갚음하다)하여 주었다.

[관찰] 성도와 사도

요한계시록 18:20을 개역한글에서는 하늘, 성도들, 사도들, 선지자들로 표현하고 있지만 KJV에서는 성도들(saints)이 없다. 그러나 18:24에서는 선지자들, 성도들(개역한글, KJV)로 표현하는데 이번에는 사도들(apostles)이 없다. 즉 20절에서 성도를, 24절에서는 사도를 각각 빼서 표현한 것은 성도들(saints)과 사도들(apostles)이 서로 같은 뜻이라고 보여진다.
"하늘과 성도들과 사도들과 선지자들아 그를 인하여 기뻐하라"(18:20, 개역한글)
"Rejoice over her, thou heaven, and ye holy apostles and prophets"(KJV)
"선지자들과 성도들과 및 죽임을 당한 모든 자…"(18:24, 개역한글)
"the blood of prophets, and of saints, and of all that…"(KJV)

4) 한 힘센 천사가 바벨론이 없어질 것을 말함(21~24절)

(1) 한 힘센 천사가 큰 맷돌 같은 돌을 들어 바다에 던지며, 돌이 사라진 것처럼 큰 성 바벨론도 떨어져(that great city Babylon be thrown down) 다시 보이지 않겠다함.
＊ 그래서 너의 가운데(in thee, 그들 가운데, 즉 바벨론에서).
ⓐ 음악들이 들리지 않는대[음악: 거문고(harp) 타는 자, 풍류(musicians)하는 자, 퉁소(pipers)부는 자, 나팔 부는 자들의 소리].
ⓑ 어떠한 세공업자든지 결코 보이지 않는다.
ⓒ 맷돌 소리가 결코 들리지 않는다.

ⓓ 등불 빛(the light of candle)이 결코 비치지 않는다.
ⓔ 신랑과 신부의 소리가 결코 들리지 않는다.

5) 바벨론(in her)의 땅에서 보여 지는 것(23~24절)

　＊ 바벨론 땅에서(upon the earth) 선지자들과 성도들과 죽임(were slain)을 당한 모든 자의 피가 보여진다 함(was found, 발견되어짐).
　① 왜 죽임 당하는가?
　　　상인들이 마술을 행하여 모든 민족이 미혹되었고, 그 미혹으로 하나님의 백성들을 죽였기 때문이다.
　　＊ 죽임, slain : slay의 과거분사, 살해하다.

제19장 | 요한계시록 19장

할렐루야 음성과 백마 탄 자에 대한 계시

대표질문

1. 네 번의 할렐루야의 소리가 있는데 누가 외치며, 왜 할렐루야 하는가?(계 19:1,3,4,6)
2. 우리가 함께 즐거워하라고 하는 이유는 무엇인가?(계 19:7)
3. 빛나고 깨끗한 세마포의 의미는 무엇인가?(계 19:8; 7:9,13~17)
4. 백마를 탄 자의 이름은 무엇이며, 누구입니까?(계 19:11~16)
5. 천사가 모든 새들에게 만찬에 참여하라고 하는데 그 이유는 무엇입니까?(계 19:17~21)
6. 짐승과 거짓선지자가 불 못에 던져지게 됩니다. 이 불 못은 어떠한 곳인지 이야기해 보십시오(계 19:20).
7. 19장의 주제(제목)를 정하시고, 19장을 통해서 깨달은 부분은 무엇입니까?

> **[19장의 핵심]**
> 4번의 할렐루야, 기뻐하고 즐거워하라, 백마 탄 자, 하나님의 잔치(새들의 만찬)

〈이 일들 이후: 바벨론의 심판 이후를 말함〉

1. 첫 번째 할렐루야(Alleluia)의 큰 음성(a great voice) (계 19:1~2)

  1) 누가?

  하늘에 있는 허다한 무리(much people)의 큰 음성.

  2) 큰 음성?

  할렐루야! 구원과 영광과 능력이 우리 하나님께 있다.

  3) 이유?

  (1) (하나님이) 심판이 참 되고 의롭기 때문이다.
  (2) (하나님이) 음행으로 땅을 더럽게 한 큰 음녀를 심판하였다.
  (3) (하나님이) 종들의 피 값을 음녀의 손에 갚으셨다.

2. 두 번째 할렐루야(Alleluia)의 음성(said) (계 19:3)

  1) 누가? 그들(And again they said) - 하늘에 있는 허다한 무리의 음성

  2) 음성? 할렐루야 이후, 그(her 음녀)의 연기가 세세토록 올라간다

3. 세 번째 할렐루야(Alleluia)의 음성(saying) (계 19:4~5)

   1) 누가?
   24장로와 네 생물.

   2) 음성?
   보좌에 앉으신 하나님께 엎드려 경배하며, 아멘 할렐루야 하다.

   3) 보좌(throne)에서 음성이 나옴(화답): 하나님을 찬양하라 한다(Praise our God)

   (1) 하나님의 종들은 하나님을 경외하는 자들이고,
   (2) 보좌에서 무론대소(small and great, 작은 자나 큰 자)하고, 모두 하나님을 향해 찬양하라 한다.

4. 네 번째 할렐루야(Alleluia)의 음성(saying)(계 19:6)

   1) 누가?
   허다한 무리의 음성(마치 많은 물소리 같고, 큰 뇌성도 같은 음성).

   2) 음성?
   할렐루야 주 우리 하나님 곧 전능하신 이가 통치하신다 한다.

5. 우리가 함께 기뻐하고 즐거워하자(Let us be glad and rejoice)(계 19:7~8)

1) 함께(Let us) 기뻐하고 즐거워하며, 하나님께 영광을 돌리자

Let us: (아마도) 24장로, 네 생물, 많은 무리들로서 혼인식에 있는 모인 모든 무리를 말한다.

2) 이유?

어린양의 혼인식이 다가왔고, 그의 아내(신부)가 예비 되었다(his wife hath made herself ready, 그의 신부가 자신을 준비하였다).

3) 신부에게 빛나고 깨끗한 세마포 옷을 입게 하는 것을 허락하셨다(was granted)

(1) 빛나고 깨끗한 세마포(fine, cleand, white, 흰 세마포)[1]는 성도들의 옳은 행실이다.
(2) 세마포의 상징: 성도들의 의(righteousness)를 나타나내는 옷이다.

6. 그(천사)가 사도 요한에게 기록하라고 말함(계 19:9~10)

1) 기록의 내용은?

(1) 어린양의 혼인 잔치에 초대 받은 자들이 복이 있다고 기록하라.
(2) 이 말씀은 참된 하나님의 말씀이라고 한다.

2) 사도 요한이 그(천사)에게 엎드려 경배하려고 (시도)하다

---

1 세마포: 제2부 제7장 25 참조(흰 옷 – 어린양이 피로 씻어 희게 함)

(1) 천사의 대답: 자신은 경배의 대상이 아니기에 하나님께 경배하라 한다.
   ① 그(천사)는 자신을 소개하기를 사도 요한 및 예수의 증거를 받은 요한의 형제들과 같은 종(fellow-servant, 동료 종)이기에 경배를 자신에게 할 것이 아니라 하나님께 하라 한다.
   ② fellow-servant: (법학) 동료 고용인으로서, 같은 고용주 밑에서 일하는 고용인.
   ③ 예수의 증거: 예수의 증거는 대언의 영이라 한다(for the testimony of Jesus is the spirit of prophecy).

7. 사도 요한이 백마 탄 자를 보았다(계 19:11~16)

1) 사도 요한은 하늘이 열려서 백마와 백마 탄 자를 볼 수 있었다

2) 본 것은: 백마, 백마 탄 자, 하늘에 있는 군대(white horse, 흰말, 11,14절)

   (1) 하늘에 있는 군대들이 흰말을 타고 그(예수)를 따라갔다.
   (2) 군대들도 희고 깨끗한 세마포 옷을 입었다.

[질문] 요한계시록 19장 12절과 16절의 이름이 서로 같은가?
[답변] 백마를 타신 분의 이름이 12절과 16절의 이름이 나타나는데 다음 두 가지(이름 기록위치와 비밀여부) 사항이 다르기에 서로 같지 않다고 추정되어지나 이 또한 확실치 않음.
   - 12절: 이름이 머리(아마도 '이마'일 것 같음)에 기록되었으나 비밀.
   - 16절: 이름이 옷과 다리(thigh, 허벅지)에 기록되고, 알려짐(만주의 주, 만왕의 왕)

[질문] 백마를 타고 계신 분은 누구인가?
[답변] 예수님을 나타내고 있다(제2부 제6장 19 참조: 흰말, 붉은말, 검은말, 청홍색말).

	백마를 탄 자(예수)
이름	① "충신과 진실"로 불러짐(was called Faithful and True)(11절) ② "하나님의 말씀"[2]으로 불러짐(his name was called The Word of God)(13절) ③ 그의 이름은 만왕의 왕이요 만주의 주이다(16절) 　(a name written KING OF KING AND LORD OF LORDS, 대문자) 　- "만왕의 왕이요 만주의 주"라는 이름이 기록된 위치: 그의 옷과 다리(thigh, 허벅지)이다
모습	① 눈(his eyes 눈들)이 불꽃같다 ② 머리에 많은 면류관을 가지고 있으며, 이름 하나가 기록되어져 있는데 그 이름을 아는 사람은 아무도 없고 오직 그분만이 아신다(이름은 비밀이다, 12절) ③ 피 뿌린 옷을 입고 계신다(a vesture dipped in blood, 피에 담긴 옷)
심판의 행동	① 공의로 심판하며 싸우신다 　(and in righteousness he doth judge and make war, 전쟁을 일으킨다) ② 입에서 이한 검이 나와서 만국을 친다 　* 이한 검: a sharp sword(예리한 검) 　* 만국: the nations 　* 친다: smite, 찌르다, 죽이다 ③ 친히 철장(a rod of iron)으로 만국을 다스릴 것이다[3] ④ 친히 전능하신 이의 맹렬한 진노의 포도주 틀을 밟을 것이다[4] ⑤ 그의 옷과 다리에 이름이 기록되어져 있다(만왕의 왕이요, 만주의 주라 기록)

8. 한 천사가 모든 새들에게 잔치에 오라 한다(계 19:17~18,21)

1) 사도 요한은 한 천사가 해에 서 있는 것을 보았다(an angel standing in the sun)

2) 천사가 큰 음성으로 외친다

 (1) 큰 음성은,

  ① 공중에 나는 모든 새들을 향해 외친다.

  ② 하나님의 큰 잔치(the supper of the great God, 하나님의 위대한 만찬)에 함께 모

---

2. 하나님의 말씀: 태초에 말씀이 계시니라 이 말씀이 하나님과 함께 계셨으니 이 말씀은 곧 하나님이시니라, 말씀이 육신이 되어 우리 가운데 거하시매 우리가 그 영광을 보니 아버지의 독생자의 영광이요 은혜와 진리가 충만하더라(요 1:1,14)
3. 철장으로 만국을 다스릴 것이다: 제2부 제2장 8 참조(철장으로 다스리는 권세)
4. 포도주 틀을 밟을 것(계 19:15): 제2부 제12장 37 참조(포도주 틀)

이라 한다.
　③ 모든 자의 고기를 먹으라 한다.
　④ 모든 새들이 죽은 자의 살로 말미암아 배가 부르게 된다(21절).
　　＊만찬 요리: 모든 자의 고기 - 즉, 왕들의 살, 장군의 살, 용사들의 살, 말과 말을 탄 자의 살, 자유인, 종, 작은 자, 큰 자 할 것 없이 모든 자의 살(덩어리)이다.

9. 하나님을 대적하기 위해 짐승, 임금, 군대들이 전쟁하러 나오다(계 19:19~21)

　1) 전쟁을 일으킨 자(make war, 적군): 짐승과 땅의 임금들과 임금들의 군대

　⑴ 상대는?
　　말 탄 자와 그의 군대.
　⑵ 전쟁의 결과
　　① 짐승이 잡히고,
　　② 짐승 앞에서 행하던 거짓선지자도 그와 함께 잡히고,
　　　＊거짓선지자는 짐승의 표를 받게 하고, 짐승의 우상에게 경배하도록 하고, 이적을 통해 미혹하던 자이다.
　　③ 이 둘(짐승과, 거짓선지자, these both)이 불 못에 던져지는데 살아있는 체로 불 못에(alive) 던져지다.
　　　＊불 못: 유황으로 불타오르는 곳(a lake of fire burning with brimstone)
　　④ 대적자 중 나머지들은 말 타신 분의 입에서 나오는 칼로 살해되고,
　　⑤ 모든 새들이 죽은 자의 살로 말미암아 배가 부르게 된다.[5]

---

[5] 모든 새들이 죽은 자의 살로 말미암아 배가 부르게 된다(계 19:17,18,21)
　너 인자야 나 주 여호와가 말하노라 너는 각종 새와 들의 각종 짐승에게 이르기를 너희는 모여 오라 내가 너희를 위한 잔치 곧 이스라엘 산 위에 예비한 큰 잔치로 너희는 사방에서 모여서 고기를 먹으며 피를 마실찌어다 너희가 용사의 고기를 먹으며 세상 왕들의 피를 마시기를 바산의 살찐 짐승 곧 수양이나 어린양이나 염소나 수송아지를 먹듯 할찌라 내가 너희를 위하여 예비한 잔치의 기름을 너희가 배불리 먹으며 그 피를 취

[질문] 하나님과 대적하기 위해 나온 짐승은 누구인가?

[참조] 바다에서 올라온 짐승을 가리킨다(제2부 제14장 48. 용과 짐승은 무엇을 나타내는가?).

[질문] 거짓 선지자는 누구인가? 땅에서 올라온 짐승을 가리킨다.

[참조] 제2부 제13장 38. 거짓 선지자는 누구인가?, 제14장 48. 용과 짐승은 무엇을 나타내는가?.

토록 마시되 [20]내 상에서 말과 기병과 용사와 모든 군사를 배불리 먹을찌라 하라 나 주 여호와의 말이니라 (겔 39:17~20)
　주검이 있는 곳에는 독수리들이 모일찌라 (마 24:28)
　저희가 대답하여 가로되 주여 어디오니이까 가라사대 주검 있는 곳에는 독수리가 모이느니라 하시니라 (눅 17:37)
　이세벨에게 대하여도 여호와께서 말씀하여 가라사대 개들이 이스르엘 성 곁에서 이세벨을 먹을찌라 아합에게 속한 자로서 성읍에서 죽은 자는 개들이 먹고 들에서 죽은 자는 공중의 새가 먹으리라 하셨느니라 하니 음녀 이세벨은 새의 먹이가 되었다 (왕상 21:23~24))

제20장 | 요한계시록 20장

마귀의 심판, 천년 왕국, 책(행위, 생명)에 대한 계시

대표질문

1. 천사가 무저갱의 열쇠와 쇠사슬을 가지고 내려와 누구를 잡고 얼마의 기간 동안 가둬둡니까?(계 20:1~2)

2. 천사에 사로 잡혀 감옥에 갇힌 것이 언제 풀려나며, 풀려난 뒤 그가 하는 일은 무엇입니까?(계 20:3,7~10)

3. 첫 번째 부활에 참여한 자는 누구이며, 이들은 부활 뒤에 무엇을 합니까?(계 20:4~6)

4. 첫 번째 부활에 참여하지 못하고 잠자는 자들이 있다고 합니다. 이들은 언제 부활을 하게 될까요?(계 20:5)

5. 흰 보좌(백보좌)에 앉으신 분에게 책들이 있는데 책들이 무엇입니까? 그리고 그 책으로 무엇을 하게 됩니까?(계 20:12~15)

6. 사탄도 영원한 불 못에 던져지게 됩니다. 이곳에 누가 먼저 가 있으며 앞으로 그들은 어떻게 되겠습니까?(계 20:10)

7. 20장의 주제(제목)를 정하시고, 20장을 통해서 깨달은 부분은 무엇입니까?

[20장의 핵심]

○ 사탄이 천년동안 결박당함
○ 심판하는 권세를 받은 자들과 첫 번째 부활한 자들(천년왕국)
○ 마귀의 최후 심판
○ 행위를 기록한 책과 생명책

1. 천사가 무저갱 열쇠와 큰 쇠사슬을 가지고 내려오다(계 20:1~3)

1) 사도 요한이 하늘에서 천사가 내려오는 것을 보다

2) 천사는?

  (1) 천사가 손에 무저갱 열쇠(the key, 단수)와 큰 쇠사슬(a great chain, 단수)을 가지고 있다.
  (2) 용을 잡아 천년동안 결박하다.
  (3) 용을 무저갱에 던져 잠그고, 인봉하고, 천년동안 가두다.

3) 용이 감옥에 갇힘: 용을 가둬서 세상에 다시는 미혹하는 일이 없도록 한다(3절)
  즉, 용이 갇힘으로 천년동안 미혹하는 일이 없게 되지만, 천년이 지나면 잠시 놓이게 된다.

  (1) 무저갱의 열쇠는 천사의 손에 있다(2절).
  (2) 열쇠는 무저갱의 문을 여는 열쇠이며, 쇠사슬은 용을 묶는데 사용되어진다.

[질문] 용은 누구인가?

[답변] 옛 뱀, 마귀, 사탄이다(제2부 제14장 48 참조: 용과 짐승은 무엇을 나타내는가?).

2. 보좌에 앉은 자들이 심판하는 권세를 받다(계 20:4~6)

1) 사도 요한이 본 것은 두 가지이다

(1) 두 가지
  ① 심판하는 권세를 받은 자들.
  ② 첫 번째 부활에 참여한 자들.
(2) 첫 번째 본 것
  ① 보좌들(thrones, 복수)을 보았고,
  ② 보좌에 앉은 자들(them, 복수)을 보았고,
  ③ 심판하는 권세를 받는 것을 봄(judgment was given).

[질문] throne(보좌)은 요한계시록 4:2에서 단수로 사용하면서 하나님이 앉은 자리로 말씀하고 계신데, 요한계시록 20:4에서는 복수(thrones, 계 20:4)로 사용하고 있으며, 보좌에 앉은 자들도 여러 명으로 설명하고 있다. 이는 무엇을 뜻하는 것일까?

[답변] 이에 대한 해답은 예수님이 말씀하신 것으로 찾을 수 있는데, 첫 번째로 베드로에게 말씀하신 것(마 19:27,28)으로서 '나(예수)를 쫓는 자에게는 열 두 보좌에 앉아서 이스라엘의 열 두 지파를 심판하는 권세를 주겠다.' 하였고, 두 번째로는 '유대인들에게는 고소하는 사람이 모세'라고 말씀(요 5:45)한 부분이다. 따라서 요한계시록 20:4에서 복수로 사용한 의미는 예수님께서 심판하는 권세를 자신(예수)을 따라 오는 성도들에게 이양된 모습을 보여주고 있는 것이다.

²⁷이에 베드로가 대답하여 가로되 보소서 우리가 모든 것을 버리고 주를 쫓았사오니 그런즉 우리가 무엇을 얻으리이까 ²⁸예수께서 가라사대 내가 진실로 너희에게 이르노니 세상이 새롭게 되어 인자가 자기 영광의 보좌에 앉을 때에 나를 쫓는 너희도 열 두 보

좌에 앉아 이스라엘 열 두 지파를 심판하리라(마 19:27,28).
내가 너희를 아버지께 고소할까 생각지 말라 너희를 고소하는 이가 있으니 곧 너희의 바라는 자 모세니라(요5:45).

  (2) 두 번째 본 것: 첫 번째 부활에 참여한 자들이다.
    * 첫 번째 부활에 참여한 자들은,
      ① 예수의 증거와 하나님의 말씀을 인하여 목 베임을 당한 자들이다.
        (I saw the souls of them that beheaded, 복수).
      짐승과 우상에게 경배하지 않았으며, 이마와 손에 짐승의 표를 받지 않았다.[1]
      ② 다시 살아서 그리스도와 함께 천년동안 왕 노릇[2]한다.
        (they lived and reigned with Christ a thousand years).
      ③ 첫 번째 부활에 참여한 자들은 복과 거룩한 것이다(Blessed and holy)
        ⓐ 이유?
          둘째 사망이 그들을 다스리는 권한이 없다(다시는 죽음이 그들에게 없다, 다신 죽지 않는다, 영원불멸하다)
          하나님과 그리스도의 제사장(be priests)이 된다. 그래서 천년동안 그리스도와 더불어 왕 노릇(shall reign)한다.

[질문] "천년동안 왕 노릇 하리라"의 뜻은 무엇인가?(계 20:6)
[답변] 천년왕국에서 두 번 다시 죽음을 경험하지 않고 왕으로서 다스리는 역할을 한다는 것이다. 그래서 성경은 왕 노릇한다 하였다(제2부 제11장 17; 부록 2 참조: 왕 노릇 하리라 및 성경에 나오는 면류관).

        ⓑ 첫 번째 부활에 참여하지 못한 자들: 천년이 찰 때까지 다시 살지 못한다
          (the rest of the dead lived not again until thousand years).

---

1 짐승의 표를 받지 않는다: 제2부 제11장 33 참조(짐승의 표)
2 천년동안 왕 노릇한다: 제2부 제11장 17; 부록 2 참조(17.왕 노릇 하리라, 2.성경에 나오는 면류관)

첫 번째 부활한 자가 천년 동안 다스리고 난 뒤이며, 용이 불 못에 던져진 후에 부활하게 된다(5절).

3. 천년이 지난 뒤 사탄이 풀려서 전쟁을 일으키다(계 20:7~10)

1) 사탄은 천년을 채우고 나서 감옥에서 풀려나다(was expired)

(1) 사탄은?
① 땅의 사방 백성을 미혹하다.
(the nations which are in the four quarters of the earth).
ⓐ 땅의 사방의 백성은 곡과 마곡이다(Gog and Magog).³
ⓑ 미혹 받은 수: 바다의 모래처럼 그 수가 엄청 많다.
ⓒ 미혹한 이유?
하나님과 싸우기 위해 모이는데, 그래서 성도들의 진과 하나님의 성을 널리 포진하여 성을 에워싼다.
② 미혹하여 전쟁을 일으킨다(to battle).

2) 싸움의 지역은?
성도들의 진과 하나님이 사랑하시는 성을 둘러싼다.

---

3 곡과 마곡이다(Gog and Magog): 구약에서 곡과 마곡이 등장하는데, 곡은 마곡 땅의 왕(군주, the chief prince)을 가리키고 있으며, 마곡 땅에는 로스와 메섹과 두발이라는 왕국이 있다(Son of man, set thy face against Gog, the land of Magog, the chief prince of Meshech and Tubal, and prophesy against him, 겔 38:2) 그리고 개역한글과 개역개정에는 '로스와 메섹과 두발'의 지명이 있는데 KJV과 NIV 성경에서는 '로스'가 빠져있지만, NASB에는 "로스(Rosh)"가 있다.
 - 에스겔 38장~39장에서 곡과 마곡의 심판의 내용을 설명하고 있는데 요한계시록에 있는 부분과 비슷하다.

3) 싸움의 결과는?

(1) 하늘에서 불이 내려와 전쟁을 일으킨 자들(곡과 마곡 백성)을 소멸하여(devoured, 멸망하게) 버린다.
(2) 마귀(사탄, 용)를 불과 유황이 타는 못에 던져버린다.
   * 불과 유황이 타는 못(lake)은 짐승과 거짓선지자들이 이미 천 년 전에 불 못에 던져졌던 곳으로서, 마귀 또한 이 불 못에 같이 던져 지게 된다. 이 불 못은 세세토록(ever and ever, 영원토록) 밤낮 쉼 없이 괴로움(tormented, 고통)을 받는 곳이다.

[묵상] 마귀(사탄, 용)를 불과 유황이 타는 못에 던져버린다.

마귀(사탄)는 근본적으로 미혹하는 자로서 감옥에 갇혀 1000년을 살고 난후 풀려난 뒤에도 회개나 반성이 없이 여전히 사람들을 미혹하여 하나님의 백성들을 향해 전쟁을 일으키지만, 하나님에 의해 심판을 받게 된다. 마귀는 사람을 창조하기 전부터 있었던 존재인데 하나님은 이 마귀를 최후 마지막으로 심판한다.

4. 크고 흰 보좌(a great white throne, 백 보좌)와 그 위에 앉으신 분이다(계 20:11~15)

1) 사도 요한이 본 것

(1) 크고 흰 보좌와 그 위에 앉으신 분을 보았다.
(2) 사도 요한의 면전에서 땅과 하늘이 사라지는(fled away) 것을 보았다.
   * 땅과 하늘이 사라져, 설 자리도 보이지 않게 된다.
   (there was found no place for them).
(3) 그 보좌 앞에 죽은 자들이 하나님 앞에 서 있다(small and great stand before God, 작은 자나 큰 자, 무론 대소하고).

(4) 보좌 앞에 책들(books, 복수)과 다른 책(another book = the book of life, 생명책, 단수)이 펼쳐져 있다.

(5) 죽은 자들이 자신의 행위에 따라 책들에 기록된 대로 심판을 받게 된다.

　① 죽은 자들.
　　ⓐ 바다에서 죽은 자들을 내어주어[4] 심판을 받게 한다.
　　ⓑ 사망과 음부에 죽은 자들을 내어주어 심판을 받게 한다.
　② 사망과 음부: death and hell(죽음과 지옥).

(6) 사망과 음부가 불 못에 던져진다.

(7) 생명책에 기록되지 못한 자는 불 못에 던져진다.

2) 불 못에 떨어지는 것이 두 번째 사망이다(the second death)

＊ 불 못에 떨어지는 자들: 짐승, 거짓선지자들, 사탄(용, 마귀) 사망, 음부 그리고 생명책에 기록되지 못한 자들.

[질문 1] 행위를 따라 기록된 책들(books)은 무엇인가?(계 20:12)

[질문 2] 심판대에는 누가 서게 되는가?(계 20:12)

[질문 3] 자기 행위를 따라 책들에 기록된 대로 심판을 받는다는 것은 무엇인가?(계 20:12)

[참조] 제2부 제11장 32; 제2장 7. 생명책과 행위 책들, 각 사람의 행위대로 갚아 주신다

To him that overcometh

4　바다에서 죽은 자들을 내어주어: 제2부 제13장 39 참조(바다에서 죽은 자와 음부도 내어주매)

제21장 | 요한계시록 21장

새 예루살렘 성에 대한 계시

대표질문

1. 사도 요한이 새 하늘과 새 땅을 보았다고 하는데, 새 하늘과 새 땅에 대해 이야기해보시고, 그리고 우리가 현재 살고 있으면서 보고 있는 하늘과 땅이 어떻게 되는지도 같이 이야기해보십시오(계 21:1).
2. 사도 요한이 본 새 하늘과 새 땅은 무엇입니까?(계 21:2)
3. 하늘 보좌에서 나오는 음성은 무엇인지 이야기해 보십시오(계 21:3).
4. 새 하늘과 새 땅은 어떤 곳인지 이야기해 보십시오(계 21:3~7; 22:5).
5. 새 하늘과 새 땅은 무엇으로 지어져 있으며, 그 모양과 크기는 어떠합니까?(계 21:11~21)
6. 새 하늘과 새 땅에 해와 달이 비출 필요가 없는 이유는 무엇입니까?(계 21:23,24)
7. 21장의 주제(제목)를 정하시고, 21장을 통해서 깨달은 부분은 무엇입니까?

> **[21장의 핵심]**
>
> ○ 사도 요한이 본 것들(새 하늘 새 땅, 새 예루살렘 성)
> ○ 사도 요한이 들은 것들(하나님이 함께 거하신다, 새롭게 한다, 다 이루었다)
> ○ 어린양의 신부(외관모양, 크기, 재료, 모습)

1. 사도 요한이 보게 된 것(계 21:1~2)

1) 사도 요한이 새 하늘과 새 땅[1]을 보다(계 21:1); 계 20:11 참조
   * 첫 번째 하늘과 첫 번째 땅이 없어지고, 바다도 다시 있지 않음(passed away, 사라짐).

2) 사도 요한은 거룩한 도성이 내려오는 것을 보다(계 21:2)

   (1) 거룩한 성(the holy city, 거룩한 도성)은 하늘에서 하나님으로부터 내려온다.
   (2) 거룩한 도성은 새 예루살렘 성이다.
   (3) 거룩한 도성은 신랑을 위한 신부처럼 단장되어 있다.
      * 거룩한 도성은 새 예루살렘 성이며, 예수님의 신부, 하나님의 거룩한 신부이다(21:9 참조).

---

1 새 하늘과 새 땅: 제2부 제13장 40; 부록 3; 부록 6 참조(40. 새 하늘과 새 땅, 3. 새 예루살렘과 에덴동산의 비교, 6. 천국은 어떤 곳인가?)

2. 사도 요한이 들은 음성(계 21:3~8)

1) 하늘에서 큰 음성을 듣다(3,4절)

(1) 큰 음성.
① 하나님의 장막(tabernacle, 성막[2])이 사람들과 함께 있고, 하나님이 저희와 함께 거하시겠다 함(dwell, 살다, 거주하다).[3]
② 사람들은 하나님의 백성이 되고,
③ 하나님은 친히 그들과 함께 계셔서, 모든 눈물을 닦아 내시고, 다시 사망이 없게 하고, 애통하는 것, 곡하는 것, 아픈 것이 다시 있지 않게 하겠다.
* 어떻게 가능한가?
하나님이 처음에 있는 것들이 다 지나갔기에 눈물, 사망, 애통, 아픈 것들이 없어지는 것이다(the former things are passed awa , 이전에 있던 것들을 다 소멸되었다).

> **[묵상] 처음 것들이 사라졌다.**
>
> 처음 것들(이전에 있는 것들)이 사라졌다는 것은 마지막 심판 이전에 우리가 살고 있는 이 땅에서 수고하고, 땀 흘리고, 병들고, 죽고, 살기 위해 아등바등하며 애통하고, 눈물 흘리고, 더 가지기 위해 애쓰던 모든 것들이 사라지는 것을 의미하는 듯하다. 그래서 우리에게 다가오는 세상은 기쁨과 즐거움과 웃음만이 가득한 새로운 세상을 말하는 것 같다.

---

2 장막: 제2부 제13장 41 참조(장막)
3 함께 거하시겠다.: 볼지어다 내가 문 밖에 서서 두드리노니 누구든지 내 음성을 듣고 문을 열면 내가 그에게로 들어가 그와 더불어 먹고 그는 나와 더불어 먹으리라(계 3:20)

2) 보좌(throne)에서 음성이 나오는 것을 듣다(5절)

　(1) 음성.
　　① 하나님이 만물을 새롭게 하노라 말씀하셨다.
　　② 새롭게 한다는 말은 신실하고 참되니 사도 요한에게 기록하라 하셨다.

3) 보좌(throne)에서 음성이 나오는 것을 듣다(6~8절)

　(1) 음성.
　　① 이루었다(It is done) 하시고,
　　② 나는 알파와 오메가요, 처음과 나중이라 하시고,
　　③ 생명수 샘물로 목마른 자에게 값없이 주신다 하시고,[4]
　　④ 이기는 자는 이것들(왕자의 권세)을 유업[5]으로 주신다 하시고,
　　　* 이것들: 하나님은 이기는 자의 하나님이 되고, 이기는 자는 하나님의 아들[6]이 되게 하신다.
　　⑤ 둘째 사망에 들어가는 자들이 있다 말씀하셨다.
　　　ⓐ 누가?
　　　　두려워하는 자들, 믿지 아니하는 자들, 흉악한자들(가증스러운 자들), 살인 자들, 행음하는 자들, 술객들과, 우상숭배자들, 모든 거짓말하는 자들인데 이들 모두 불과 유황이 타는 못에 던져진다.
　　　ⓑ 불과 유황이 타는 곳에 던져지면 이것은 둘째 사망이다.

4　생명수 샘물로 목마른 자에게 값없이 주신다.: 제2부 제13장 42 참조(생명수 생물로 목마른 자에게 값없이 주심)
5　유업: 제2부 제1장 1; 제1장 2 참조(요한계시록의 복과 요한계시록에 나타난 상급)
6　아들: 영접하는 자 곧 그 이름을 믿는 자들에게는 하나님의 자녀가 되는 권세를 주셨으니(요 1:12)

3. 일곱 대접을 가졌던 천사가 어린양의 신부를 보여 준다(계 21:9~27)

1) 천사는 누구인가? 하나님의 진노의 일곱 대접을 가졌던 천사 중 하나이다
   * 일곱 대접(seven vials): 하나님의 마지막 일곱 재앙을 담은 대접이다.

2) 천사가 사도 요한에게 행한 세 가지(9,10절)

   (1) 오라(come)하고, 어린양의 아내(신부)를 보여 주겠다 한다.
   (2) 성령 안에서 크고 높은 산으로 데리고 간다(he carried me away in the spirit).
   (3) 하나님께로부터 하늘에서 내려오는 거룩한 성, 새 예루살렘 성을 보여 줌.
      * 새 예루살렘 성: 어린양의 신부.

3) 새 예루살렘 성의 외관 모양(어린양의 신부의 외모) (11~14절)

   (1) 하나님의 영광이 있고,
   (2) 그 영광이 도성의 광채를 비추는데 귀한 보석(a stone most precious)같은데, 마치 벽옥(a jasper)같고, 수정같이 맑으며(clear as crystal),
   (3) 크고 높은 성곽(a wall, 성벽)이 있고,
   (4) 열두 문(gates, 대문)이 있고, 그 문에는 열두 천사가 문 앞에 있고, 그 문에는 이스라엘 열두지파의 이름이 기록되어 있다.
   (5) 문은 동쪽에 3개, 서쪽에 3개, 남쪽에 3개, 북쪽에 3개, 즉 동서남북으로 있는데각각 3개씩 총 12개의 대문이 있다.
      * 에스겔 선지자가 환상 중에 보았던 성전도 동서남북 각각 세 개씩 총 12개의 대문이 있다[참조: 겔 48:30~35].
   (6) 도성의 성곽(성벽)에는 열두 기초석이 있으며, 기초 석에는 어린양(예수)의 열두 사도의 이름이 있다.

[12사도의 이름, 마 10:2; 행 1:26]

① 베드로(시몬) ② 안드레 ③ 야고보(세배대의 아들) ④ 요한(세배대의 아들)
⑤ 빌립 ⑥ 바돌로매 ⑦ 도마 ⑧ 마태 ⑨ 야고보(알패오의 아들) ⑩ 다대오
⑪ 시몬(가나안인) ⑫ 맛디아

4) 천사가 새 예루살렘 성을 척량하다(15~20절)

(1) 천사는 금 갈대를 가지고 있으며, 이 도구로 성과, 12대문, 성곽(성벽)을 척량(측량)하려고 하다.
  ① 금 갈대는 새 예루살렘 성을 척량(측량)할 수 있는 도구이다.
  ② 금 갈대(golden read): 1리드 약 3km.
  ③ 성(the city, 도성)은 네모 반듯 함(four square, 장광고가 같음).
    ⓐ 장광고: 가로, 세로, 높이.
    ⓑ 성의 크기: 12,000스다디온(1스다디온 192m × 12,000스다디온 = 약 2,300km).
  ④ 성곽(성벽)은 14규빗(cubits, 약 65m).
(2) 새 예루살렘 성의 척량(the measure, 척도, 계량)은 사람의 척량이며, 곧 천사의 척량이기도 하다.

[질문] 누가 척량(측량)하는가?
[답변] 요한계시록 11:1~2에서 힘센 천사가 사도 요한에게 지팡이 같은 갈대(a reed like unto a rod)를 주며 척량(측량)하라고 하여 사도 요한은 성전, 제단, 경배하는 자들을 척량(측량)하였다. 그리고 21:17에서 사람의 척량이라고 하였으니 새 예루살렘 성을 척량(측량)한 사람은 사도 요한이라고 보여진다. 그리고 갈대는 금으로 된 갈대이며, 갈대의 길이는 약 3km가 되는 막대기이다.

기초석	성곽의 12보석 (계 21:19~20)			줄	제사장 흉폐에 있는 12보석 (출 28:15~29; 39:8~21)			기초석
	개역한글	KJV	호칭		개역한글	KJV	호칭	
1	벽옥	a jasper	벽옥	1	홍보석	a sardius	홍옥수 (carnelian)	6
2	남보석	sapphire	청옥, 사파이어		황옥	a topaz	황옥	9
3	옥수	a chalcedony	옥수		녹주옥	a carbuncle	석류석	-
4	녹보석	an emerald	취옥, 에메랄드	2	석류석	an emerald	취옥, 에메랄	4
5	홍마노	sardonyx	붉은줄 무늬마노		남보석	a sapphire	청옥, 사파이어	2
6	홍보석	sardius	홍옥수(carnelian)		홍마노	a diamond	다이아몬드	-
7	황옥	chrysolyte	귀감람석(chrysolite)	3	호박	a ligure	jacinth 추정	11
8	녹옥	beryl	녹주석		백마노	an agate[7]	마노	-
9	담황옥	a topaz	황옥		자수정	an amethyst	자수정	12
10	비취옥	a chrysoprasus	녹옥수 (chrysoprase)	4	녹보석	a beryl	녹주석	8
11	청옥	a jacinth	호박		호마노	an onyx[8]	sardonyx 추정	5
12	자정	an amethyst	자수정		벽옥	a jasper	벽옥	1

5) 성(새 예루살렘)의 재료(18~21절)

(1) 성의 재료: 정금(pure gold)으로 되어 있는데, (보이는 모습이) 맑은 유리 같다 (like unto clear glass).

(2) 성곽(the building of the wall)의 재료: 벽옥(a jasper)으로 지어지다.

(3) 성곽의 기초석: 각양 보석으로 꾸며져 있다.

(4) 열두 대문: 문마다 하나의 진주(pearl)로 되어 있다. 즉, 12개의 진주로 되어

---

7 agate: 마노이며, 불순물에 따라 홍마노, 줄마노, 홍줄마노, 이끼마노, 성지마노가 있다[출처: 두산백과].
8 onxy: 줄마노. 백색과 홍색 줄무늬의 것은 사도닉스(홍줄마노)라 하며, 8월의 탄생석[출처: 두산백과].

있는 12대문이다.
	(5) 도성의 거리(street): 순금으로 되어 있으며, 그 순금이 투명한 유리와 같다.
		① 순금: pure gold.
		② 투명한 유리: transparent glass.
		③ 성곽의 기초석: 각색 보석으로 꾸며져 있다(the foundations of the wall of the city were garnished with all manner of precious stones).

> [묵상] 천국은 보석들로 지어졌다.
>
> 솔로몬이 성전을 건축할 때 은과 백향목이 돌같이 흔하고 많다고 하였는데, '새 예루살렘 성'은 그 성 자체가 온갖 금, 은, 보석으로 지어졌으니 그 많기가 솔로몬 때와 비교가 되지 않을 정도이다("왕이 예루살렘에서 은을 돌 같이 흔하게 하고 백향목을 평지의 뽕나무 같이 많게 하였더라" 왕상 10:27; 대하 9:27).

6) 성(새 예루살렘 성) 안의 모습(22~27절)

	(1) 성 안에는 성전[9]이 없다(건물 또는 천막형태의 성전이 없음).
		① 성전은 하나님과 어린양이 성전이다.
		② 하나님은 전능하신 하나님이다.
	(2) 성에는 해와 달이 비칠 필요가 없다.[10]
		* 이유?
			하나님의 영광과 어린양의 빛으로 성을 비추고 있기 때문이다.
	(3) 구원 받은 자들의 민족들(the nations)이 도성의 빛 가운데 걸어 다니며,
	(4) 땅의 왕들이 자신의 영광과 명예(glory and honour)를 도성으로 가져 온다.
	(5) 성문 들은 낮에는(by day) 결코 닫지 않는다. 이곳은 밤이 없다. ⇒ 결국 항

---

9 성전: 너희가 하나님의 성전인 것과 하나님의 성령이 너희 안에 거하시는 것을 알지 못하느뇨(고전 3:16)
10 해와 달이 비칠 필요가 없다: 제2부 제13장 43 참조(해나 달의 비침이 쓸데없음)

상 열려 있다.

  * 그들이 민족들(the nations)의 영광과 명예를 도성으로 가져온다(24,26절, 2번).

(6) 무엇이든지 속된 것, 가증한 일, 거짓말하는 자는 결코 성문으로 들어갈 수 없다.[11]

  * 오직 어린양의 생명책에 기록된 자만 들어갈 수 있다.
    - 어린양의 생명의 책(written in the Lamb's book of life, 단수).

[묵상] 땅의 왕들이 도성으로 들어온다고 하는데 이들은 누구인가?(계 21:24,26).

성경에서는 용이 갇혀 있는 기간인 천년동안 첫 번째 부활한 자들이 땅에서 백성들을 다스리고 있을 것이라 하였다. 천년이 지난 뒤 용은 감옥에 풀려나게 되고, 그 용은 다시 사람들을 미혹하여 전쟁을 치르기 위해 하나님이 사랑하시는 성 주위를 둘러쌓을 때 하늘에서 불이 내려와 미혹 받은 자들을 태워버리고, 용은 불 못에 던져진다고 말씀하고 있다(계 20:1~10). 결국, 용이 심판받는 이후에는 모든 것이 끝났기에 하늘에서 '새 예루살렘 성'이 내려오게 될 것 같고, 그래서 땅에서 왕 노릇 했던 자들이 그의 영광을 가지고 예루살렘 도성으로 들어가지 않을까 한다. 그러므로 땅의 왕들은 천년동안 왕 노릇한 첫 번째 부활한 자들을 말한 것 같다.

성막(wikipedia)

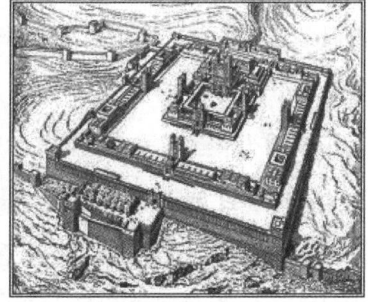
에스겔 성전(wikipedia)

---

11 속된 것, 가증한 일, 거짓말하는 자는 결코 성문으로 들어갈 수 없다: 제2부 제13장 44 참조 [속된 것들이 그리로(성안으로) 들어가지 못하되]

제22장 | 요한계시록 22장

속히 오리라, 아멘 주 예수여 오시옵소서

대표질문

1. 새 예루살렘성과 에덴동산의 공통점은 무엇입니까?(계 22:1~5; 창 1~3장)

2. 예수님이 사도 요한에게 말씀하신 내용은 무엇입니까?
   그리고 왜 그렇게 말씀하셨다고 생각하십니까?(계 22:6)

3. 천사와 예수님은 여러 차례에 걸쳐서 "예수님이 속히 오시겠다고" 말씀하고 있습니다. 이 뜻은 무엇을 말씀하고 싶어서 계속해서 이야기하고 있다고 생각하십니까?(계 22:7)

4. 사도 요한은 천사에게 경배하려고 하였습니다. 그러나 천사는 자신에게 경배하지 말라고 이야기 하고 있습니다. 그 이유는 무엇입니까?(계 22:8,9)

5. 예언서에 말씀하고 있는 내용에 대해 가감하지 말 것을 경고하고 있습니다. 그 이유는 무엇입니까?
   그리고 오늘날에 보면 많은 이단들이 요한계시록의 내용을 왜곡하는 부분들이 많습니다. 그들은 마지막 심판 때에 그들이 있을 곳과 형벌에 대해 이야기해 보십시오(계 22:18,19).

6. 22장의 주제(제목)를 정하시고, 22장을 통해서 깨달은 부분은 무엇입니까?

7. 요한계시록 전체를 통해 깨달은 부분은 무엇이며, 앞으로 우리의 신앙생활은 어떠한 자세로 해야 할 것인지 나누어 보시고, 끝으로 마지막 환난 날에 대하여 이야기해 보십시오.

> **22장의 핵심**
>
> ○ 생명수의 강, 생명나무 및 그 외에 있는 것들
> ○ 속히 오리라와 예수님의 마지막 말씀
> ○ 예언서의 말씀 외에 별도로 가감하지 말라

1. 새 예루살렘 성에 있는 생명수의 강, 생명나무[1] 그리고 그 외의 것들(계 22:1~5)

   1) 그가(그 천사) 사도 요한에게 생명수의 강, 생명나무, 그 외의 것들을 보여 주다

      (1) 생명수의 강(a pure river of water of life, 생명수의 깨끗한 강); 겔 47:1~12참조.
         ① 생명수의 강은 마치 수정같이 맑다(clear as crystal).
         ② 하나님과 어린양의 보좌(throne)로부터 나와서(proceeding),
         ③ 길 가운데로 흐르고(in the midst of the street),
         ④ 강 좌우에 생명나무가 있다.
      (2) 생명나무(the tree of life); 겔 47:1~12참조.
         ① 생명수의 강 좌우에 생명나무가 있다.
         ② 열두 가지 과실을 맺으며 달마다(every month) 과실을 맺는다.
         ③ 생명나무의 잎사귀들은 만국(the nations, 민족들)을 소성(healing, 치유)하기 위한 것이다.

---

[1] 생명수 의 강, 생명나무: 부록 3 참조(새 예루살렘 성과 에덴동산의 비교)

[에스겔 47장 1~12절과 비교]

① 성전 동쪽 문지방 밑에서 물이 흘러나옴(1절)

② 강 좌우편에 나무가 심히 많음(7절)

③ 달마다 새 열매를 맺음(12절)

④ 잎사귀가 약 재료가 됨(12절)

  (3) 그 외의 것들.

   ① 다시는 저주가 없다.

   ② 하나님과 어린양의 보좌가 있다.

   ③ 하나님의 종들이 하나님을 섬길 것이다.

   ④ 하나님의 종들이 하나님의 얼굴을 볼 것이다.[2]

   ⑤ 하나님의 종들의 이마 위에 하나님의 이름이 있다.

   ⑥ 밤이 없다(no night).

    * 밤이 없기에, 즉 낮만 있어서 등불과 햇빛이 필요 없다.

     - 필요 없는 이유?

      주 하나님께서 하나님의 종들을 비추고 있기 때문이다.

   ⑦ 하나님의 백성이 세세토록 왕 노릇 한다(reign for ever and ever, 영원토록 지배하다, 다스리다).

[질문] '하나님의 얼굴을 볼 것이요'는 무엇을 의미하는가?(계 22:4)

[참조] 제2부 제14장 45. 그의 얼굴을 볼 터이요?

---

2 하나님의 종들이 하나님의 얼굴을 볼 것이요: 제2부 제14장 45 참조(그의 얼굴을 볼 터이요)

2. 그(그 천사)가 사도 요한에게 말을 해 주었다(계 22:6)

   1) 이 말들은 신실하고 참되다 한다(These sayings are faithful and true)

   * 신실하고 참되다 말씀 하신 내용은,
     ① 선지자들의 하나님(the Lord God of the holy prophets, 거룩한 선지자들의 주 하나님)께서 하나님의 종들에게 보여주기 위해 하나님의 천사를 보낸 것이다.
     ② 종들에게 보여 준 것은 결코 속히 될 일이다(must shortly be done, 반드시 곧 이루어지는 일들이다).

3. 예수님이 사도 요한에게 말씀하시다(계 22:7) ; 계 1:3 참조

   * 예수님의 말씀.
     (1) 보라(be hold) "내가(예수님) 속히 오리라" 하셨다.
     (2) 이 책의 예언의 말씀들을 지키는 자는 복이 있다 하셨다.
        - 복은 12~13절에서 설명하고 있음.
        - 요한은 듣고, 본 것을 기록하였다.

4. 사도 요한이 천사에게 경배하다(계 22:8~9)

   1) 사도 요한은 22:6절에서 언급한 내용을 자신도 보고 들었다 하였다

   2) 사도 요한은 자신에게 징조들을 보여주었던 천사에게 경배하려고 엎드렸다

     (1) 천사는 자신에게 경배하지 말고 하나님께 경배하라고 하다.
     (2) 천사는 천사 자신도 사도 요한과 사도 요한의 형제들과, 예언의 말씀을 지

키는 자들과 함께 된 종(fellow-servant,[3] 동료 종)이라 함(계 19:9~10 참조).

　　* 천사는 경배의 대상이 아니다.

5. 그 천사는 요한에게 이 책의 예언의 말씀들을 봉인하지 말라 하다(계 22:10)

1) 왜 봉인하지 말라고(명령형, seal not) 하는가?
　때가 가까이 왔기 때문이다(for the time is at hand).
　* at hand 바로, 가까이.

6. 각자의 생활 그대로 하게 하라(계 22:11)

　1) 불의한 자는 그대로 불의함에 있게 하라(let him be unjust still)

　2) 더러운 자도 그대로 더러움에 있게 하라(let him be filthy still)

　3) 의로운 자도 그대로 의로움에 있게 하라(let him be righteous still)

　4) 거룩한 자도 그대로 거룩함에 있게 하라(let him be holy still)

---

[3] 함께 된 종(fellow-servant 동료 종): (법학) 동료 고용인으로서, 같은 고용주 밑에서 일하는 고용인

7. 예수님이 사도 요한에게 말씀하시다(계 22:12~16)

1) 예수님이 말씀하신 내용

(1) "내가(예수님) 속히 올 것이다"[4] 하셨다.

(2) 예수님이 주실 상이 있고, 각 사람에게 그가 행한 대로(행위) 주신다 하셨다.

(3) 예수님은 자신에 대해 말씀하셨다.
　① 알파와 오메가요 시작과 끝이며 처음과 마지막이다.
　② 다윗의 뿌리요, 자손이다.
　③ 광명한 새벽별이다(the bright and morning star, 소문자).

(4) 예수님은 두루마기를 빠는 자들이 복이 있다 하셨다
　(Blessed are they that do his commandments, 하나님의 계명들을 지키는 자는 복이 있다).
　① 복.
　　ⓐ 생명나무로 가는 권리를 가지고 있다(have right).
　　ⓑ 성문을 통해 성(도성, 새 예루살렘성) 안에 들어가게 된다.

(5) 예수님은 개들(dogs)[5], 술객들(마술사들), 행음하는 자들, 살인자들, 우상 숭배자들, 거짓말을 좋아하며, 거짓말을 지어내는 자마다(whosoever) 모두 성문 바깥에 있다고 하셨다.

(6) 예수님은 사도 요한에게 증거하기 위해 나의 사자(mine angel, 천사)를 보냈다고 하셨다.
　- 증거: 교회들 안에 있는 이러한 것들을 말하는데, 이러한 것들(these things in the churches)은 사도 요한이 본 것, 현재 있는 일들, 장차 되어 질 일들(계 1:19~20 참조).

4　속히 올 것이다: 제2부 제3장 10 참조(도적같이 임할 것이요)
5　개들(dogs): 제2부 제14장 46 참조 [개들(dogs)은 누구를 말하는가?]

[질문] 성 밖(성 바깥)은 어떤 곳인가?(계 22:15)
[참조] 제2부 제14장 47. 성 밖(성 바깥)은 어떤 곳인가?

8. 성령과 신부(the Spirit and the bride)가 사도 요한에게 말씀하시다(계 22:17)

1) 오라고 말씀하시고 와서 생명수를 마시라 하다[6]

2) 듣는 자도 오고, 목마른 자도 오고, 원하는 자 누구든지 오라 하신다
   즉 생명수를 마시기 위해 오는 자에 대한 자격 제한이 없다.

3) 생명수를 값없이(freely) 마시라 하신다

9. 사도 요한의 이 예언서에 대한 경고의 말씀(계 22:18~19)

1) 사도 요한이 이 책의 예언의 말씀을 듣는 각 사람(every man)에게 증거하다

* 경고의 말씀.
① 누구든지 사도 요한이 예언한 말씀 이외에 더 추가하면(add), 이 책에 기록되어진 재앙들을 추가하는 자에게 주어질 것이라 하였고,
② 누구든지 이 예언의 말씀들을 제거(take away)하면, 말씀을 제거한 자도 생명책과 거룩한 성(거룩한 도성, 새 예루살렘 성)과 이 예언의 말씀에 기록된 것들(축복들)에서 그의 부분을 제거하여 버린다 하셨다.

---

[6] 생명수를 마시라 함: 제2부 제13장 42 참조(생명수 샘물로 목마른 자에게 값없이 주심)

> **[묵상] 가감하지 말라.**
>
> 사도 요한이 증거 한 예언의 말씀을 가감하지 말라[7] 하신다. 만약 (쓸데없이) 말씀을 가감하게 되는 경우, 결국 예언서에 언급되어진 생명책에서 자신의 이름이 지워지고, 축복도 못받을 뿐만 아니라, 예언서에 언급한 재앙들을 받게 되고, 최종적으로 유황 불 못에 던져져서 영원히 둘째 사망이라는 형벌을 받게 되기 때문에 말씀을 가감하지 말고 (그냥 어린아이처럼) 말씀을 듣고, 읽고, 지키는 자가 되라고 하신다.

10. 이 일들을 증거 하신 분(예수님)의 마지막 말씀(계 22:20)

  1) 예수님은 진실된 말씀으로 "내가 속히 오리라" 하셨다

  2) 사도 요한이 화답함 "아멘 그러하옵니다(even so) 주 예수여 오시옵소서!

11. 사도 요한의 마지막 말씀(계 22:21)

* 우리 주 예수 그리스도의 은혜가 너희 모두와 함께 있을 지어다. 아멘.

---

[7] 가감하지 말라: 내가 너희에게 명하는 이 모든 말을 너희는 지켜 행하고 그것에 가감하지 말찌니라(신 12:32)

2부
요한계시록의 심화 해석

1. 요한계시록에서의 복(계 1:3; 14:1; 16:15; 19:9; 20:6; 22:7; 22:14)
2. 요한계시록에 나타난 상급(계 2:7,11,17,26~28; 3:5,12,21)
3. 재림과 부활(계 1:7; 14:14~16)
4. 좌우에 날선 검, 이한 검, 두 날 가진 칼(계 1:16; 2:12; 19:15)
5. 이기는 자가 되어라(계 2:7,11,17,26; 3:5,12,21; 21:7)
6. 발람, 이세벨, 니골라당의 비교(계 2:14,15,22)
7. 각 사람의 행위대로 갚아 주신다(계 2:23)
8. 철장으로 다스리는 권세(계 2:27; 12:5; 19:15)
9. 새벽별(계 2:28; 22:16)
10. 도적같이 임할 것이요(계 3:3)
11. 시인함을 얻음(계 3:5)
12. 토하여 내치리라(계 3:16)
13. 불로 단련된 금을 사서 부요하게 되고(계 3:18)
14. 무지개(계 4:3)
15. 일곱 등불인 하나님의 일곱 영(계 4:5, 5:6)
16. 유리바다(계4:6)와 생명수의 강(계 22:1)
17. 왕 노릇하리라(계 5:10; 20:4~6)
18. 천사의 수 = 마병대의 수(계 5:11; 9:16)
19. 흰말, 붉은말, 검은말, 청홍색말 / 하늘의 네바람(계 6:2~8)
20. 감람유와 포도주는 해치 말라(계 6:5,6)
21. 전염병 ; 하나님의 심판도구(계 6:8; 11:6)
22. 네 모퉁이에 서 있는 천사는 누구인가?(계 7:1)
23. 머리에 인 치시는 분은 누구인가?(계 7:2~4)
24. 셀 수 없는 무리(계 7:9)
25. 흰 옷 ; 어린양의 피로 씻어 희게 함(계 7:9,14)

26. 무저갱(깊은 구렁, 계 9:1; 11:7; 17:8; 20:1)

27. 마흔 두 달은?(계 11:2,3,11; 12:14)

28. 두 감람나무와 두 촛대는 무엇인가?(계 11:3~4)

29. 두 증인의 부활 모습(계 11:11,12)

30. 여인은 누구인가?(계 12:1,2,5)

31. 하늘의 별은 무엇을 의미하는가?(계 12:4)

32. 생명책과 행위 책들(계 13:8; 20:12,15; 21:27)

33. 짐승의 표는 무엇인가?(계 13:16~18)

34. 처음 익은 열매(계 14:4)

35. 진노의 포도주 잔의 의미는 무엇인가? (계 14:8)

36. 밤낮 괴로움을 받으리라(계 14:11; 20:10)

37. 포도주 틀(계 14:19; 19:15)

38. 거짓 선지자는 누구인가?(계 19:20)

39. 바다에서 죽은 자와 음부도 내어주매(계 20:13,14)

40. 새 하늘과 새 땅(계 21:1)

41. 장막(계 21:3~4; 7:13~17; 13:6; 15:5)

42. 생명수 샘물로 목마른 자에게 값없이 주심(계 21:6)

43. 해나 달의 비췸이 쓸데없음(계 21:23,25)

44. 속된 것들이 그리로 (성 안으로) 들어가지 못하되(계 21:27; 22:15)

45. 그의 얼굴을 볼 터이요(계 22:4)

46. 개들(dogs)은 누구를 말하는가?(계 22:15)

47. 성 밖(성 바깥)은 어디를 말하는가?(계 22:15)

48. 용과 짐승은 무엇을 나타내는가?

제1장

요한계시록 1장

1. 요한계시록에서의 복(계 1:3; 14:13; 16:15; 19:9; 20:6; 22:7; 22:14)

[질문] 요한계시록에서의 복은 몇 번이나 사용되었고, 복이란 무엇인가?
[답변] 요한계시록에서는 복(bless)은 총 7번 쓰여 있다.

먼저 요한계시록에서 복을 말하기에 앞서 복이란 단어의 뜻을 살펴보자면 국어사전에서는 '행운 또는 행운이 가져오는 행복'이라고 하고 있고, 영어사전에서는 복을 'happy'와 'bless'로 번역할 수 있는데, 먼저 'happy'의 뜻을 찾아보면 사람에게 나타난 행복내지 우연한 일로 발생하는 복으로서 '우연히 발생하다'의 어원인 'happen'에 그 뿌리를 두고 있다.

이는 우리나라의 국어사전과 비슷하다. 다음으로 'bless'는 복이 사람에게 나타나는 것이지만 신(하나님, GOD)이 축복을 줄 때의 의미를 가지고 있고, 어원을 찾아보면 '피로 신성하게 하다'는 뜻의 고대 영어 'blesdsian'에서 유래되었다고 한다(bless의 변천 과정: blesdsian ➔ blessen ➔ bless) 즉 'bless'는 피 흘림이 있는 축복이라는 것인데 피는 곧 예수 그리스도의 피를 의미하고 있는 것이다.

[국어사전: 복 - 삶에서 누리는 좋고 만족할 만한 행운. 또는 거기서 얻는 행복]
[영어사전: happy - (사람이) 행복한, 운 좋은 / bless - 신의 축복을 빌다]

요한계시록에서는 복이란 단어가 아래의 표와 같이 총 7번 사용되어졌는데 이는 모두 'happy'가 아닌 'bless'로 표현하고 있다. 즉 성경에서는 말하는 복은 사람에게 우연히 발생하는 것이 아닌 신(GOD), 즉 하나님으로부터 오는 복(축복)을 의미하고 있다.

1	이 예언의 말씀을 읽는 자와 듣는 자들과 그 가운데 기록한 것을 지키는 자들이 복(blessed)이 있나니 때가 가까움이라(계 1:3)
2	또 내가 들으니 하늘에서 음성이 나서 가로되 기록하라 지금 이후로 주 안에서 죽는 자들은 복(blessed)이 있도다 하시매 성령이 가라사대 그러하다 저희 수고를 그치고 쉬리니 이는 저희의 행한 일이 따름이라 하시더라(계 14:13)
3	보라 내가 도적 같이 오리니 누구든지 깨어 자기 옷을 지켜 벌거벗고 다니지 아니하며 자기의 부끄러움을 보이지 아니하는 자가 복(blessed)이 있도다(계 16:15)
4	천사가 내게 말하기를 기록하라 어린양의 혼인 잔치에 청함을 입은 자들이 복(blessed)이 있도다 하고 또 내게 말하되 이것은 하나님의 참되신 말씀이라 하기로(계 19:9)
5	이 첫째 부활에 참예하는 자들은 복(blessed)이 있고 거룩하도다 둘째 사망이 그들을 다스리는 권세가 없고 도리어 그들이 하나님과 그리스도의 제사장이 되어 천 년 동안 그리스도로 더불어 왕 노릇하리라(계 20:6)
6	보라 내가 속히 오리니 이 책의 예언의 말씀을 지키는 자가 복(blessed)이 있으리라 하더라(계 22:7)
7	그 두루마기를 빠는 자들은 복(blessed)이 있으니 이는 저희가 생명나무에 나아가며 문들을 통하여 성에 들어갈 권세를 얻으려 함이로다(계 22:14)

요한계시록에서 쓰인 일곱 번의 복(bless)에 대해 살펴보자면 두 번은 요한계시록을 읽는 자, 듣는 자들, 지키는 자들이 복이 있다 하였고(계 1:3; 22:7), 나머지는 주 안에서 죽는 자(계 14:1), 자기 옷을 지켜서 옷을 벗지 않은 자(계 16:15), 천국 잔치에 초청을 받은 자(계 19:9), 첫째 부활에 참예하는 자(계 20:6), 옷을 빠는 자(계 22:14)가 복이 있다고 하였다.

사실 이 모든 것(일곱 번의 복)은 하나이기도 하고, 둘일 수도 있는 것이다.

우선 하나라는 이유는 예언의 말씀을 가지고 듣고, 읽고 지키는 자들이 자신들의 옷을 빨고 있기에 벌거벗지 않고 다니는 사람이고, 첫 번째 부활과 천국잔치에도 참여하여 생명나무에 나아가는 자이기에 하나라고 하는 것이다.

다른 한 편 둘이라고 하는 이유는 말씀을 가지고 듣고 읽고, 지켜서 천국잔치에 초청을 받지만 첫 번째 부활에 참여하는 자와 첫 번째 부활에 참여하지 못하는 자가 있기에 둘이라고 하는 것이다.

다시 정리하자면 모두 천국잔치에 초청을 받지만 첫 번째 부활에 참여하는 자와 그렇지 못한 사람만 있을 뿐이다. 첫 번째 부활에 참여하지 못 하는 자는 천 년이 찰 때까지 잠자고(쉬고, 계 6:11; 20:5)[1] 있기 때문이다.

결국 성경(요한계시록)에서 말하는 복은 우리에게 예언의 말씀을 잘 듣고, 읽고 하면서 그 말씀을 가지고 지키는 자 모두가 천국잔치에 초청을 받기에 복이 있다고 하는 것으로서, 설상 믿음을 가지고 죽을 수도 있지만(계 6:11) 그 죽음이 저주가 아니라 복이 된다고 말씀하고 있다.

믿음을 가지고 순교한 자는 사탄(용)이 무저갱에서 천 년 동안 갇혀(계 20:3)[2] 있는 동안 왕 노릇(계 20:6)을 천 년 동안 하다가 천국잔치에 초청을 받아 새 예루살렘 성에 입성하여 생명나무에 나아가며 예수님과 영원히 함께 있기에 복(bless, 축복)이라는 것이다. 결국 성경에서 말하는 복은 'happy'가 아니라 'bless'가 맞는 것이다.

2. 요한계시록에 나타난 상급(계 2:7, 11, 17, 26~28; 3:5, 12, 21)

예수님은 일곱 교회를 향해 말씀하시면서 공통으로 말씀하시는 부분들 가운데 이기는 자가 되어라(제2부 제2장 5 참조: 이기는 자가 되어라)고 말씀하시면서 이긴 그들에게 생명나무, 영원한 만나, 새벽별 등과 같은 상급을 주시겠다고 하였다(아래 표 참조) 아래 표와 같은 상급은 요한계시록에 있는 '복'(bless, 제2부 제1장 1 참조: 요한계시록에서의 복)과 동일한 부분이기도 하다.

하나님은 이긴 자들에게 상급을 주시겠다는 것이 마치 출애굽한 이스라엘 백성들이 가나안 땅에 들어갔을 때 그들이 건설하지도 않았던 성읍과 파지도 않았던 우물물과 심지도 않았던 포도나무와 감람원의과실을 얻었던 것(신 6:10,11; 수 24:13)과 같이 이긴 자들에게 상급을 주시겠다고 말씀하고 있다.

---

1 각각 저희에게 흰 두루마기를 주시며 가라사대 아직 잠시 동안 쉬되 저희 동무 종들과 형제들도 자기처럼 죽임을 받아 그 수가 차기까지 하라 하시더라(계 6:11)
 (그 나머지 죽은 자들은 그 천 년이 차기까지 살지 못하더라) 이는 첫째 부활이라(계 20:5)
2 무저갱에 던져 잠그고 그 위에 인봉하여 천 년이 차도록 다시는 만국을 미혹하지 못하게 하였다가 그 후에는 반드시 잠간 놓이리라(계 20:3)

[일곱 교회와 상급]

교회		상급(이기는 자에게 주는 상급)
에베소	계 2:7	○ 하나님의 낙원에 있는 생명나무의 과실을 먹는다 (the tree of life, which is in the midst of the paradise of God)
서머나	계 2:11	○ 둘째 사망[3]으로부터 해를 받지 않는다
버가모	계 2:17	○ 감추었던 만나를 먹고, 새로운 이름이 씌여져 있는 흰 돌을 받는다
두아디라	계 2:26~28	○ 민족들을 다스리는 철장(a rod of iron)[4]의 권세를 받는다 ○ 새벽별(the morning star)[5]을 받는다
사데	계 3:5	○ 흰 옷을 입게 되고 ○ 그 이름이 생명책[6]에 기록되며 ○ 예수님이 하나님과 그의 천사들 앞에서 시인(confess)함을 얻음
빌라델비아	계 3:12	○ 하나님의 성전의 기둥으로 세우고, 세 가지 이름을 기록함 ① 하나님의 이름을 기록하고, ② 하나님으로부터 내려오는 새 예루살렘인 하나님의 성의 이름 (the name of the city of my God)을 기록하고 ③ 예수님의 새 이름을 기록한다
라오디게아	계 3:21	○ 예수님의 보좌에 함께 앉은 자격을 주심

> [10]네 하나님 여호와께서 네 열조 아브라함과 이삭과 야곱을 향하여 네게 주리라 맹세하신 땅으로 너로 들어가게 하시고 네가 건축하지 아니한 크고 아름다운 성읍을 얻게 하시며 [11]네가 채우지 아니한 아름다운 물건이 가득한 집을 얻게 하시며 네가 파지 아니한 우물을 얻게 하시며 네가 심지 아니한 포도원과 감람나무를 얻게 하사 너로 배불리 먹게 하실 때에(신 6:10-11)
> [13]내가 또 너희의 수고하지 아니한 땅과 너희가 건축지 아니한 성읍들을 너희에게 주었더니 너희가 그 가운데에 거하며 너희는 또 자기의 심지 아니한 포도원과 감람원의 과실을 먹는다 하셨느니라(수 24:13)

---

[3] 둘째 사망은? 불과 유황이 타는 못이며, 마귀, 짐승, 거짓선지자가 있게 될 곳이며, 영원히 형벌을 받게 되는 곳이다(계 19:20; 20:10, 14; 21:8 참고)
[4] 철장으로 다스리는 권세: 제2부 제2장 8 참조(철장으로 다스리는 권세)
[5] 새벽별: 예수; 다윗의 뿌리, 다윗의 자손(제2부 제2장 9 참조: 새벽별)
[6] 생명책: 제2부 제11장 32 참조(생명책과 행위책들)

3. 재림과 부활(계 1:7; 14:14~16)

1) 재림

하나님은 인류를 구원하기 위해 지금으로부터 약 2,000년 전에 이 땅에 독생자 예수 그리스도를 보내셨고 우리를 대신하여 십자가에 죽음으로 하나님과 우리 사이에 다리 역할(요 14:6)[7]하셨다. 그리고 예수님은 우리에게 다시 오신다고 하셨는데 그 때에는 아래의 표와 같이 모든 사람이 볼 수 있도록 구름을 타고 올 것이며, 오셔서 추수를 하게 될 것이다. 추수 때 부는 나팔 소리가 누군가에는 영광의 소리가 될 것이고, 누군가에는 애통의 소리가 될 것이다.

[계 1:7; 14:14~16의 특징]
① 구름을 타고 오신다.
② 모든 사람의 눈이 그를 볼 것이다(예수님을 찌른 자도 볼 것이다).
③ 모든 사람이 애곡할 것이다.
④ 곡식을 거둘 것이라(알곡 추수 ; 성도의 부활).

2) 부활

예수님이 재림과 함께 추수도 하는데, 알곡을 거둘 때(부활의 과정)를 보면, 예수님이 큰 나팔소리와 함께 우리를 사방에서 모을 것이고, 죽은 자들이 살아나고, 부활되는 자가 썩지 않을 것으로 갈아입고, 구름 속으로 끌려 올라가 공중에서 구름타고 오신 예수님을 영접하게 되리라고 말씀하고 있다(제2부 제9장 29 참조: 두 증인의 부활의 모습).

---

[7] 다리 역할: 예수께서 가라사대 내가 곧 길이요 진리요 생명이니 나로 말미암지 않고는 아버지께로 올 자가 없느니라(요 14:6)

계시록	⁷볼찌어다 구름을 타고 오시리라 각인의 눈이 그를 보겠고 그를 찌른 자들도 볼터이요 땅에 있는 모든 족속이 그를 인하여 애곡하리니 그러하리라 아멘(계 1:7) ¹⁴또 내가 보니 흰 구름이 있고 구름 위에 사람의 아들과 같은 이가 앉았는데 그 머리에는 금 면류관이 있고 그 손에는 이한 낫을 가졌더라 ¹⁵또 다른 천사가 성전으로부터 나와 구름 위에 앉은 이를 향하여 큰 음성으로 외쳐 가로되 네 낫을 휘둘러 거두라 거둘 때가 이르러 땅에 곡식이 다 익었음이로다 하니 ¹⁶구름 위에 앉으신 이가 낫을 땅에 휘두르매 곡식이 거두어지니라 ¹⁷또 다른 천사가 하늘에 있는 성전에서 나오는데 또한 이한 낫을 가졌더라 ¹⁸또 불을 다스리는 다른 천사가 제단으로부터 나와 이한 낫 가진 자를 향하여 큰 음성으로 불러 가로되 네 이한 낫을 휘둘러 땅의 포도송이를 거두라 그 포도가 익었느니라 하더라 ¹⁹천사가 낫을 땅에 휘둘러 땅의 포도를 거두어 하나님의 진노의 큰 포도주 틀에 던지매 ²⁰성 밖에서 그 틀이 밟히니 틀에서 피가 나서 말굴레까지 닿았고 일천 육백 스다디온에 퍼졌더라(계 14:14~20)
비교	²⁷번개가 동편에서 나서 서편까지 번쩍임 같이 인자의 임함도 그러하리라 … ³⁰그 때에 인자의 징조가 하늘에서 보이겠고 그 때에 땅의 모든 족속들이 통곡하며 그들이 인자가 구름을 타고 능력과 큰 영광으로 오는 것을 보리라 ³¹저가 큰 나팔소리와 함께 천사들을 보내니 저희가 그 택하신 자들을 하늘 이 끝에서 저 끝까지 사방에서 모으리라(마 24:27~30) ⁵²무덤들이 열리며 자던 성도의 몸이 많이 일어나되 ⁵³예수의 부활 후에 그들이 무덤에서 나와서 거룩한 성에 들어가 많은 사람에게 보이니라(마 27:52~53) ²⁶그 때에 인자가 구름을 타고 큰 권능과 영광으로 오는 것을 사람들이 보리라 ²⁷또 그 때에 저가 천사들을 보내어 자기 택하신 자들을 땅 끝으로부터 하늘 끝까지 사방에서 모으리라(막 13:26~27) ⁶모든 육체가 하나님의 구원하심을 보리라 함과 같으니라(눅 3:6) ²³그러나 각각 자기 차례대로 되리니 먼저는 첫 열매인 그리스도요 다음에는 그리스도 강림하실 때에 그에게 붙은 자요 … ⁵¹보라 내가 너희에게 비밀을 말하노니 우리가 다 잠잘 것이 아니요 마지막 나팔에 순식간에 홀연히 다 변화되리니 ⁵²나팔 소리가 나매 죽은 자들이 썩지 아니할 것으로 다시 살아나고 우리도 변화되리라 ⁵³이 썩을 것이 반드시 썩지 아니할 것을 입겠고 이 죽을 것이 죽지 아니함을 입으리로다 ⁵⁴이 썩을 것이 썩지 아니함을 입고 이 죽을 것이 죽지 아니함을 입을 때에는 사망을 삼키고 이기리라고 기록된 말씀이 이루어지리라(고전 15:23~54)

비교	¹⁶주께서 호령과 천사장의 소리와 하나님의 나팔 소리로 친히 하늘로부터 강림하시리니 그리스도 안에서 죽은 자들이 먼저 일어나고 ¹⁷그 후에 우리 살아남은 자들도 그들과 함께 구름 속으로 끌어 올려 공중에서 주를 영접하게 하시리니 그리하여 우리가 항상 주와 함께 있으리라(살전 4:16~17) ³찬송하리로다. 우리 주 예수 그리스도의 아버지 하나님이 그 많으신 긍휼대로 예수 그리스도의 죽은 자 가운데서 부활하심으로 말미암아 우리를 거듭나게 하사 산 소망이 있게 하시며 ⁴썩지 않고 더럽지 않고 쇠하지 아니하는 기업을 잇게 하시나니 곧 너희를 위하여 하늘에 간직하신 것이라(벧전 1:3~4)

4. 좌우에 날 선 검 = 이한 검 = 두 날 가진 칼(양날 가진 검) (계 1:16; 2:12; 19:15)

오른손에 일곱별을 가지신 분과 버가모교회에 말씀하신 분은 예수님이신데, 여기서 일곱별은 일곱 교회의 사자(계 1:20)[8]를 가리키고 있다. 따라서 좌우에 날선 검을 가지신 분은 예수님이라는 것을 알 수 있다. 예수님이 가지신 검에 대해서는 날이 예리하게 서 있고 두 개의 날을 가지고 있다(a sharp twoedged sword)라고 말씀하고 있다. 그리고 이 검(칼)은 예수님의 입에서 나오는 검이라고 한다.

그러면 예수님에게서 나오는 검은 구체적으로 어떤 것일까?

역대상 21장을 참고하면 전염병을 가리키는데 자세한 것은 부록(제2부 제6장 21, 전염병 – 하나님의 심판도구)을 참고하도록 하자.

---

[8] 네 본 것은 내 오른손에 일곱 별의 비밀과 일곱 금 촛대라 일곱 별은 일곱 교회의 사자요 일곱 촛대는 일곱 교회니라(계 1:20)

계시록	¹⁶그 오른손에 일곱별이 있고 그 입에서 좌우에 날선 검이 나오고(and out of his mouth went a sharp twoedged sword) 그 얼굴은 해가 힘 있게 비취는 것 같더라(계 1:16) ¹²버가모교회의 사자에게 편지하기를 좌우에 날선 검을 가진 이(hath the sharp sword with two edges)가 가라사대(계 2:12) ¹⁵그의 입에서 이한 검이 나오니(And out of his mouth goeth a sharp sword) 그것으로 만국을 치겠고 친히 저희를 철장으로 다스리며 또 친히 하나님 곧 전능하신 이의 맹렬한 진노의 포도주 틀을 밟겠고(계 19:15).
비교	³대저 음녀의 입술은 꿀을 떨어뜨리며 그의 입은 기름보다 미끄러우나 ⁴나중은 쑥 같이 쓰고 두 날 가진 칼 같이 날카로우며(sharp as a two-edged sword)(잠 5:3~4)

To him that overcometh

제2장

요한계시록 2장

5. 이기는 자가 되어라(계 2:7,11,17,26; 3:5,12,21; 21:7)

[질문] 요한계시록에 '이기는 자(he that overcometh)'는 몇 번 씌어져 있는가?
[답변] 8번

    1) 이스라엘 이름 속에 담겨있는 '이김'

'이기는 자'에 대해 이야기에 앞서 잠시 이스라엘의 이름을 살펴보았으면 한다. 왜냐하면 이스라엘이란 이름 안에 그 의미가 담겨져 있기 때문이다. 이스라엘의 이름의 뜻이 "하나님과 겨루어 이김"인데 이에 대해서는 창세기에서 잘 알려주고 있다.

야곱이 얍복 강가에서 하나님과 씨름을 하고 나서 하나님이 야곱에게 다시는 야곱(뜻: 속이다)이라고 부르지 말고 "이스라엘"이라고 이름을 바꿔주면서 "네가 하나님과 사람으로 더불어 겨루어 이기었다"라고 말씀하셨다(창 32:28) 하나님은 야곱과 씨름하면 질 수 없는 분이지만 일부러 져주시면서 앞으로는 야곱으로 살지 말고 '이스라엘'로 살라고 하셨는데 즉, 하나님의 뜻은 속이는 자가 아닌 이기는 자로서의 이스라엘로 살라고 하신 것이다.

2) 성경에서 '이기다'의 표현은 총 80회

이제부터 좀 더 세부적으로 검토하자면, 성경(KJV)에서 "이기다"라는 표현의 영어 단어 overcometh, overcome, prevailed, victory가 총 80회 나타난다. 이중 현재형인 overcometh는 총 10회, overcome 20회이고, 과거형으로 쓰인 overcame 3회, prevailed 35회이다. 그리고 victory는 총 12회 사용되어졌다.

[성경에 나오는 overcometh,[9] overcome, prevaile, victory(뜻: 이기는)]

구분	구절(KJV 기준)	요한계시록
overcometh (10회)	요일 5:4, 5; 계 2:7, 11; 2:17, 26; 3:5, 7, 21; 21:7	8회
overcome (20회)	창 49:19; 출 32:18; 민 13:30; 22:11; 왕하 16:5; 사 28:1; 렘 23:9; 아 6:5; 눅 11:22; 요 16:33; 롬 3:4; 12:21; 벧후 2:19, 20; 요일 2:13, 14; 4:4; 계 11:7; 13:7; 17:14	3회
overcame (3회)	행 19:16; 계 3:21; 12:11	2회
prevailed (35회)	창 7:18, 19, 24; 30:8; 32:25, 28; 창 47:20; 49:26; 출 17:11; 삿 1:35; 삿 3:10; 4:24; 6:2; 삼상 17:50; 삼하 11:23; 24:4; 왕상 16:22; 왕하 25:3; 대상 21:4; 대하 8:3; 13:18; 27:5; 시 13:4; 129:2; 단 7:21; 렘 20:7; 38:22; 애 1:16; 호 12:4; 옵 1:7; 눅 23:23; 행 19:16, 20; 계 5:5; 12:8	2회
victory (12회)	삼하 19:2; 23:10, 12; 대상 29:11; 시 98:1; 사 25:8; 마 12:20; 고전 15:54, 55, 57; 요일 5:4; 계 15:2	1회

＊ 그 외: (계 6:2) 내가 이에 보니 흰 말이 있는데 그 탄 자가 활을 가졌고 면류관을 받고 나가서 이기고 또 이기려고 하더라(he went forth conquering, and to conquer)

3) 성경에 기록된 10번의 overcometh

성경에 쓰인 overcometh는 요한일서에서 2번, 요한계시록에서 8번으로 총 10번 나오고 있는데, 요한일서에 2번 나오는 overcometh는 성도들이 예수를 믿는 믿음으로 세

---

9 overcometh: overcome의 고어체로서, 3인칭 단수로 지금은 잘 쓰지 않다.

상을 이긴다고 말씀하고 있고, 요한계시록에서 7번은 일곱 교회에 편지를 쓰면서 당부의 말씀으로 "귀 있는 자는 듣고 이기는 자가 되라"라고 하면서 말씀하셨고, 나머지 한 번은 요한계시록 21:7에서 나오는데 일곱 교회를 향해 말씀했던 부분을 압축하시듯 이기는 자가 유업을 받을 것이라고 말씀하셨다. 이와 같이 요한일서와 요한계시록을 종합하여 본다면 10번 모두 성도들을 향해 말씀을 하신 것이고, 끝까지 믿음을 지켜서 이기라는 뜻으로 사용되어졌다.

4) 예수님은 이미 이기신 분(과거형으로 기록, 계 3:21; 5:5)

성경은 성도들에게 이기라고 현재형으로 말씀하고 있지만 예수님은 이미 '이미 이기신 분으로'(과거형, 계 3:21; 5:5) 쓰여 있다는 것이다. 요한계시록 "내가 이기고"(I also overcame)와 5:5에 "유대 지파의 사자 다윗의 뿌리인 예수님이 이미 이기었다(prevailed)"라고 과거형으로 말씀하고 있다. 그리고 용(사탄)은 미가엘과 싸워 "이기지 못하여"(prevailed not, 계 12:8) 하늘에서 쫓겨났다고 과거형으로 사용되어졌다.

즉 예수님이 이미 이기셨고, 용은 이미 패배하였다고 과거형으로 말씀하고 있기에 우리가 믿음의 싸움을 할 때에는 이미 이기신 예수님을 바라보고 그 분을 본받아 살아가라고 하시는 것이다. 또한 예수님이 우리에게 말씀하시고자 하는 것은 "너희는 믿음의 경주를 하여야 하고(딤후 2:5),[10] 믿음으로 선한 싸움을 하여야 하고(딤후 4:7),[11] 믿음으로 인내하여야 하고(눅 21:19; 약 1:4),[12] 믿음을 지켜서(히 11:33),[13] 최후 승리자(the victory, 계 15:2)"가 되어 달라는 말씀인 것이다.

성경은 용(사탄)이 천사장 미가엘과 싸워 "하늘에 거처를 얻지 못해 땅으로 쫓겨났고"(계 12:9) 그래서 분을 참지 못해 "예수의 증거를 가진 자들과 싸운다고"(계 12:11)고 알려 주고 있는데, 아마도 이때가 성도가 겪어야 하는 믿음의 시련인 고난의 때가 되지 않

---

10 경기하는 자가 법대로 경기하지 아니하면 면류관을 얻지 못할 것이며(딤후 2:5)
11 내가 선한 싸움을 싸우고 나의 달려갈 길을 마치고 믿음을 지켰으니(딤후 4:7)
12 너희의 인내로 너희 영혼을 얻으리라(눅 21:19)
    인내를 온전히 이루라 이는 너희로 온전하고 구비하여 조금도 부족함이 없게 하려 함이라(약 1:4)
13 저희가 믿음으로 나라들을 이기기도 하며 의를 행하기도 하며 약속을 받기도 하며 사자들의 입을 막기도 하며(히 11:33)

을까 추측을 해본다. 그래서 요한계시록 6:9~11에서 순교자들이 더 있을 것이라고 말씀하고 있는 것이라 본다. 그렇기에 우리는 예수님께서 성경을 통해 미리 알려주신 것과 같이 이기는 자가 되도록 해야 할 텐데, 다행히도 성경은 이런 고난에 대해서 결코 우리만 겪는 것이 아니라는 것이다. 성경을 보면 수많은 이스라엘 백성과 예수님의 제자들이 겪어왔고, 예수님도 그와 같은 시기인 고난의 때를 친히 몸소 당하셨기에 우리도 예수님을 바라보면서 믿음을 지켜야하고, 인내하고, 견뎌야만 하는 것 같다.

그렇기에 요한계시록뿐만 아니라 복음서에서도 "나중까지 견디는 자"(마 10:22; 막 13:13), "끝까지 견디는 자"(마 24:13), "인내(눅 21:19)와 견고히 잡으면(히 3:14) 구원을 얻는다"라고 말씀하고 있다. 이는 마치 일곱 교회에 대해 말씀한 '이기는 자가 되라'고 말씀하신 것과 동일한 것 같다.

다시 말하면, 우리가 믿음을 지켜야 하는 순간(또는 기간)은 우리만 겪는 것도 아니기에 이미 승리하신 예수님이 이 땅 가운데 어떻게 사셨는지, 그리고 지금 어디에 계신지를 바라보고, 포기하지 말고, 끝까지 믿음을 지켜서, 천국에서 하나님이 주시는 유업의 선물(상급)을 받고, 예수님과 함께 슬픔도, 아픔도, 눈물도 없는 기쁨과 즐거운 마음이 있는 그곳에서(롬 14:17) 예수님과 함께 있자고 하시는 뜻이다.

마지막으로 성경(계 15:2)은 하나님과 함께 있는 성도들에 대해서는 "이기고 벗어난 자들"(개역한글)로 표현되어 있는데, 영어(KJV)로는 앞에 많이 사용되었던 overcome이 아닌 the victory(승리한 자)로 표현하고 있다. 즉 요한계시록 15:2에서 victory를 쓴 의미는 믿음의 싸움을 하고 승리한 자들이 하나님과 함께 모여 있다고 말하는 것으로서, 이기는 자의 최종은 승리자(the victory)가 되는 것이다.

(1) 요한계시록에 나오는 overcometh 8회
① (에베소) 귀 있는 자는 성령이 교회들에게 하시는 말씀을 들을찌어다 이기는(overcometh) 그에게는 내가 하나님의 낙원에 있는 생명나무의 과실을 주어(계 2:7).
② (서머나) 귀 있는 자는 성령이 교회들에게 하시는 말씀을 들을찌어다 이기는(overcometh) 자는 둘째 사망의 해를 받지 아니하리라(계 2:11).
③ (버가모) 귀 있는 자는 성령이 교회들에게 하시는 말씀을 들을찌어다 이기는(overcometh) 그에게는 내가 감추었던 만나를 주고 또 흰 돌을 줄터인데 그 돌 위

에 새 이름을 기록한 것이 있나니 받는 자 밖에는 그 이름을 알 사람이 없느니라 (계 2:17).

④ (두아디라) 이기는(overcometh) 자와 끝까지 내 일을 지키는 그에게 만국을 다스리는 권세를 주리니(계 2:26).

⑤ (사데) 이기는(overcometh) 자는 이와 같이 흰 옷을 입을 것이요 내가 그 이름을 생명책에서 반드시 흐리지 아니하고 그 이름을 내 아버지 앞과 그 천사들 앞에서 시인하리라(계 3:5).

⑥ (빌라델비아) 이기는(overcometh) 자는 내 하나님 성전에 기둥이 되게 하리니 그가 결코 다시 나가지 아니하리라 내가 하나님의 이름과 하나님의 성 곧 하늘에서 내 하나님께로부터 내려오는 새 예루살렘의 이름과 나의 새 이름을 그이 위에 기록하리라(계 3:12).

⑦ (라오디게아) 이기는(overcometh) 그에게는 내가 내 보좌에 함께 앉게 하여주기를 내가 이기고 아버지 보좌에 함께 앉은 것과 같이 하리라(계 3:21).

⑧ (성도) 이기는(overcometh) 자는 이것들을 유업으로 얻으리라. 나는 저의 하나님이 되고 그는 내 아들이 되리라(계 21:7).

(2) 요한계시록에 나오는 overcome 3회

① (짐승) 저희가 그 증거를 마칠 때에 무저갱으로부터 올라오는 짐승이 저희로 더불어 전쟁을 일으켜 저희를 이기고(overcome) 저희를 죽일터인즉(계 11:7).

② (짐승) 또 권세를 받아 성도들과 싸워 이기게(overcome) 되고 각 족속과 백성과 방언과 나라를 다스리는 권세를 받으니(계 13:7).

③ (예수) 저희가 어린양으로 더불어 싸우려니와 어린양은 만주의 주시요 만왕의 왕이시므로 저희를 이기실(overcome) 터이요 또 그와 함께 있는 자들 곧 부르심을 입고 빼내심을 얻고 진실한 자들은 이기리로다(계 17:14).

(3) 요한계시록에 나오는 overcame 2회

① (예수) 이기는 그에게는 내가 내 보좌에 함께 앉게 하여주기를 내가 이기고 (overcame) 아버지 보좌에 함께 앉은 것과 같이 하리라(계 3:21).

② (성도) 또 여러 형제가 어린양의 피와 자기의 증거하는 말을 인하여 저를 이기(overcame)었으니 그들은 죽기까지 자기 생명을 아끼지 아니하였도다(계 12:11).

(4) 요한계시록에 나오는 prevailed 2회
① (예수) 장로 중에 하나가 내게 말하되 울지 말라 유대 지파의 사자 다윗의 뿌리가 이기었으니(hath prevailed) 이 책과 그 일곱 인을 떼시리라 하더라(계 5:5).
② (용, 마귀) 하늘에 전쟁이 있으니 미가엘과 그의 사자들이 용으로 더불어 싸울새 용과 그의 사자들도 싸우나 이기지 못하여(And prevailed not) 다시 하늘에서 저희의 있을 곳을 얻지 못한지라(계 12:7-8).

(5) 요한계시록에 나오는 victory 1회
• (성도) 또 내가 보니 불이 섞인 유리 바다 같은 것이 있고 짐승과 그의 우상과 그의 이름의 수를 이기고(the victory over the beast) 벗어난 자들이 유리 바다 가에 서서 하나님의 거문고를 가지고(계 15:2).

(6) 요한계시록에 나오는 이기는 자와 유사한 신약성경에 나오는 성경 구절
① 또 너희가 내 이름을 인하여 모든 사람에게 미움을 받을 것이나 나중까지 견디는 자는 구원을 얻으리라(he that endureth to the end shall be saved, 마 10:22).
② 그러나 끝까지 견디는 자는 구원을 얻으리라(endure unto the end, 마 24:13).
③ 또 너희가 내 이름을 인하여 모든 사람에게 미움을 받을 것이나 나중까지 견디는 자는 구원을 얻으리라(but he that shall endure unto the end, the same shall be saved, 막 13:13).
④ 너희의 인내로 너희 영혼을 얻으리라(In your patience possess ye your souls, 눅 21:19).
⑤ 우리가 시작할 때에 확실한 것을 끝까지 견고히 잡으면 그리스도와 함께 참예한 자가 되리라(stedfast unto the end, 히 3:14)
⑥ 저희가 믿음으로 나라들을 이기기도 하며(faith subdued kingdoms) 의를 행하기도 하며 약속을 받기도하며 사자들의 입을 막기도 하며(히 11:33).

⑦ 대저 하나님께로서 난 자마다 세상을 이기느니라(overcometh) 세상을 이긴 이 김(this is the victory that overcometh the world)은 이것이니 우리의 믿음이니라 (요일 5:4).

⑧ 예수께서 하나님의 아들이심을 믿는 자가 아니면 세상을 이기는(overcometh) 자가 누구뇨(요일 5:5).

6. 발람, 이세벨, 니골라당의 비교(계 2:14, 15, 22)

1) 발람

* 발람 이름의 뜻: 탐식가, 백성을 멸망시키는 자(잡아먹는 자), 백성이 아닌 자, 타국 사람(출처: 라이프성경사전).

(1) 발람은 누구인가?

① 브올의 아들이며, 발람의 아버지 브올은 산당을 모시는 인물(민 22:5; 23:28; 25:3).

② 이스라엘 백성이 모압 평지를 지날 때 모압 왕(발락)이 이를 두려워하여 발람을 불러 저주의 기도를 해줄 것을 요청했던 인물(민 22:5).

③ 점술을 쳤던 인물(민 24:1).

④ 모압 왕이 복채로, 은과 금, 명예(존귀하게 여길 것)로 유혹하여 출애굽한 이스라엘 백성에게 저주할 것을 요청하였으나 하나님의 간섭으로 거절하였지만, 자신의 욕심에 이끌려 아침에 출발하다가 여호와의 사자가 나타나서 죽임을 당할 번하였다. 그 이후 하나님이 이르는 말만 하라는 말을 듣고 나서야 죽음을 면했던 인물(민 22:5~35).

⑤ 여호와의 사자가 나타날 때, 하나님의 능력으로 나귀가 입을 열어 잠시 나귀와도 이야기 했던 인물(민 22:8~30).

⑥ 하나님의 주권 하에 네 번이나 축복을 선포하였는데 이중 세 번(바알의 산당, 비스가 꼭대기, 브올산 꼭대기)은 모압 왕과 함께 올라가서 저주의 기도를 하지 않고 축복의

기도를 하는 순종의 모습을 보였던 인물(민 22:41~24:25).

⑦ 하나님의 영이 이스라엘 진영 위에 임하는 것을 본 인물(민 24:2).

⑧ 그러나 이스라엘 백성 가운데 속임수를 놓아 범죄 하게 만들어(민 25:18) 하나님께서 진노하게 되었고, 이스라엘 백성 24,000명을 염병으로 죽게 만든 인물(민 25:8).

(2) 여호와의 사자가 나타나서 발람을 죽이려 했던 이유는 무엇인가?

① 발람의 불순종과 욕심 때문에 여호와의 사자가 나타나 죽이려 했다.

② (발람의 불순종과 욕심은 무엇인가?) 발람은 하나님께서 모압 왕이 보낸 자들과 함께 가라는 이야기를 전날 밤 들었고 그는 아침에 일어나 안장을 채우고 출발하였다가(민 22:20~21) 갑자기 여호와의 사자가 나타나서 "너의 가는 길이 사악하다고 말씀하시고, 그래서 죽여서 가지 못하게 죽이려 했다"(민 23:32~33)고 말씀하신다.

발람은 하나님께서 가라고 해서 간 것뿐인데 왜 죽이려 했던 것인가?

발람에게 잘못이 없는데 왜 죽이려 했을까?

뭔가 이상하다.

다시 민수기 22:20을 자세히 보면 "그 사람들이 너를 부르러 왔거든"이라는 말씀이 있다. 즉 모압 왕이 보낸 자들이 아침이든 낮이든 다시 발람에게 와서 같이 가자는 요청이 있을 때에 가라는 뜻이었던 것이지, 그들이 요청하기도 전에 발람 스스로 아침 일찍 일어나 떠날 준비를 하라고 했던 것은 아니라는 것이다. 발람은 하나님의 말씀에 순종하지도 않고, 욕심에 이끌려 복채, 은과 금, 명예(존귀하게 여기겠다) 모압 왕의 유혹에 넘어가 그들이 요청하기도 전에 출발했던 것이다. 그리고 모압 왕이 보냄을 받은 자들의 입장에서 보면 아침 일찍 얼마나 기뻐하였을까 상상해 볼 수 있다.

어제 저녁까지는 갈 수 없다고 했던 발람으로 인하여 고민과 번민에 쌓였을 그들이었을 것이다. 발람을 데리고 오는 것에 대한 실패로 모압 왕에게 꾸지람을 들어야 하는 것과 변명을 뭐라고 할까 고민하고 있는 그들이었을 텐데, 발람이 아침 일찍 떠날 준비를 하고 있는 발람의 모습을 본 그들이 어떠했을까? 하나님은 이를 보시고 여호와의 사자를 보내 말씀하셨던 것으로 추측된다.

(3) 발람이 이스라엘 백성에게 속임수를 놓은 것이 무엇일까?(민 25:18, 이스라엘 백성이 염병으로 죽은 이유)

① 이스라엘 백성이 싯딤[14]에서 염병(plague, 전염병, 돌림병)으로 24,000명 죽음(민 25:1, 8).

② (염병의 배경) 발람이 속임수를 놓아 이스라엘 백성이 모압 여자와 음행하게 되었는데, 이스라엘 백성이 싯딤에서 머물고 있을 때, 모압 여자가 자기의 신(바알브올)에게 제사할 때에 이스라엘 백성을 초청하여 같이 먹고, 바알브올에게 절하게 하여 이스라엘을 범죄케 하는 음행의 죄를 짓게 하였다.

그 결과로 하나님이 이스라엘 백성 가운데 염병을 일으키게 되었고, 24,000명이나 죽게 되는 사건이 발생하게 된 것이다. 이때 음행의 죄에 중심에 있었던 인물은 미디안의 지휘자의 딸 고스비와 이스라엘 백성 중 시므온 가문의 한 지도자인 시므리(민 25:14, 15, 18)인데, 지도자가 죄를 범한 사건이다.

③ (염병의 결과) 하나님은 이스라엘 백성이 하나님 자신에게 경배하는 것이 아니라 헛된 신(바알브올, 민 25:5)에게 경배하는 것을 보고 진노하신다. 이때 하나님은 질투하는 하나님(민 25:11)으로 자신을 소개하며 이스라엘 백성 가운데 염병(plague: 전염병, 돌림병)을 돌게 하여 죽게 하는데 그 수는 24,000명이나 된다. 일반적으로, 전쟁을 통해 죽는 숫자보다 훨씬 더 많은 사망자가 생기는 불행한 사건이 발생한 것이다.

④ (염병을 멈추게 된 계기) 아론의 손자이며, 엘르아살의 아들인 비느하스가 사건의 중심에 있었던 고스비[15]와 시므리를 창으로 배를 뚫어 죽일 때 염병이 멈추게 되었는데, 하나님은 비느하스가 행한 일로 멈췄다고 말씀하고 있다(민 25:8~11). 이때 비느하스가 행한 일은 하나님의 마음을 가지고 행하였다고 말씀하고 있으며, 비느하스가 아니었다면 더 많은 사람이 죽을 수 있었을 것이다(민 25:11). 그리고 고스비와 시므리는 염병으로 사람이 죽어나가도 한 자리에 같이 있었던 걸로 보아(민 25:8) 그 염병의 원인이 자신들의 죄가 아니라는 생각을 했거나, 아니면 시므리

---

14 싯딤: 아벨싯딤이라고도 함(민 33:49)
15 고스비 이름의 뜻: 속이는 자

는 고스비에 눈이 멀어 죄에 둔감했을 것이다.

(4) 발람은 왜 속임수를 놓았을까?

성경은 이스라엘 백성이 음행하게 만드는 속임수를 왜 놓게 되었는지 구체적으로 설명하고 있지 않지만 다만 두 가지로 추정할 수 있다.

① 발람을 위로하는 측면으로 바라보자면 모압 왕(발락)이 발람이 세 번이나 저주가 아닌 축복하는 기도를 하는 모습을 보고 너무나 화가 나서 발람에게 "그대는 이제 그대의 곳으로 달려가라(now flee, 민 24:11)"고 말하였다. 그래서 발람은 두려움을 느낀 나머지 모압 왕에게 속임수를 알려주고 피할 길을 얻었을 이유 하나와

② 발람은 하나님이 택한 선지자가 아니었고, 태생적으로 바알브올을 모시는 자였으며(민 22:5; 23:28; 24:1; 25:3), 돈, 은과 금, 명예를 사랑(벧후 2:15, 16; 민 22:7, 17; 24:13)하여 모압 왕에게 간계를 가르쳐 줄 수도 있었을 것이다.

(5) 발람이 죽음이 두려워 속임수를 놓았다고 변명하면 이는 잘못이 아닐까?

이에 대하여 발람을 좀 더 살펴보자면, 발람은 이방신을 모신 자였기는 하나, 나귀와 말을 하는 사건, 여호와의 사자가 나타나서 죽을 수 있었던 사건, 하나님의 음성을 들었던 일, 세 번의 축복기도 하는 모습을 통해 경험했던 하나님, 그리고 저주의 기도를 하지 않고 축복기도를 하는 그 순종을 통해 하나님께서 눈을 열어주어 하나님의 영광을 보았던 사건, 이스라엘 백성은 하나님이 택한 백성이라는 것을 알게 되었고 경험도 하였다. 정말 짧은 기간 동안 발람은 하나님을 만났고, 경험하였음에도 불구하고, 이스라엘 백성 가운데 올무를 놓는 죄를 저지르게 된 것임에 틀림없다.

발람이 위에 첫째 이유(죽음의 두려움: 모압 왕이 말한 지금 달아나라)를 들어 변명할 수 있으나 성경은 이를 중요하게 다루지 않고 있다. 이 말은 발람이 발락에 의해 설사 죽을 수 있다 하더라도 절대로 하지 말아야 할 것은 해서는 안 되는 걸로 봐야 한다. 그 이유를 성경에서 보면 하나님은 우리에게 "이기는 자가 되어라, 끝까지 견디는 자가 되어라"(계 2~3장)라고 말씀하고 있는 것이다. 따라서 발람이 죽음이 두려워서 했든 아니든 관계없이 그가 행한 옳지 않은 일 – 속임 수를 놓은 일 – 로 인하여 성경은 발람이 거짓선지자(계 2:14)라고 말씀하고 있고, 그는 영원히 불명예를 얻게 된 것이다.

(6) 발람의 교훈은 무엇인가?

발람은 그가 행한 속임수를 놓은 일로 인하여 그 자신도 죄를 짓게 되는 것이고, 그로 인하여 이스라엘 백성 가운데 지도자가 죄를 짓게 되고, 그 지도자를 따르던 자들 또한 죄를 짓게 된 것이다. 즉 종교 지도자의 타락이 공동체를 이끄는 지도자와 공동체를 죽음으로 이끌 수 있다는 것을 말하는 것이다.

(7) 발람의 최후?(민 31:8)

모세가 각 지파별로 천 명씩 12,000명을 보내어 미디안 다섯 왕을 죽일 때 발람도 함께 죽었다. 이때 엘르아살의 아들 비느하스가 성전 기구와 나팔을 들고 전쟁에 참여하였다.

* 비느하스: 발람의 꾀에 넘어간 시므리와 미디안의 제사장의 딸 고스비를 한 날 대낮에 창으로 죽여서 이스라엘 진영가운데 역병을 멈추는 계기가 되었던 인물로서 아론의 아들 가운데 한명이다.

2) 이세벨

* 이세벨 이름의 뜻: '고상한'(출처: 라이프성경사전).

(1) 이세벨은 누구인가?

① 이스라엘 오므리의 아들 아합 왕의 아내이다(왕상 16:31).
② 시돈 사람의 왕의 딸로서, 성경에서는 옛 바알의 딸이라 함(왕상 16:31).
③ 남편 아합 왕을 바알을 섬기도록 한 여자이다(왕상 16:31).
④ 이세벨이 베푼 상(table, 식탁, 잔치)에 바알 선지자 450명과 이스라엘 무리들이 함께 있도록 함(왕상 18:19).
⑤ 아합 왕으로부터 갈멜산에서 벌어졌던 사건(진짜 신이 누구인지의 시험 - 하늘에서 불이 내리는 사건)을 통해서도 참 신이 누구인지 깨닫지 못한 여인이며, 오히려 엘리야 선지자를 죽이려고 하는 여인이다(왕상 19:1).
⑥ 여호와의 선지자를 죽였던 여인이다(왕상 18:4, 13).
⑦ 아합 왕의 탐욕을 충족시키기 위하여 모함을 통해 나봇을 죽이고 포도원을 빼앗은

여인이다(왕상 21:1~16).
(2) 이세벨의 죄는 무엇인가?
　① 남편 아합 왕을 꾀어 여호와 하나님을 섬기지 않도록 하고 거짓 신인 바알을 믿도록 한 것뿐만 아니라 이스라엘 백성 가운데 공공연연하게 음행하도록 한 것.
　② 여호와의 선지자를 죽이도록 한 것(왕상 18:4, 13).
　③ 죄도 없는 나봇을 모함하여 죽인 것(왕상 21:1~16).

(3) 이세벨의 최후.
　① 나봇의 사건(왕상 21:1~16)을 통해서 아합 왕, 자녀, 이세벨이 죽게 될 것을 하나님이 보내신 엘리야 선지자를 통해서 미리 예언되어짐(왕상 21:19, 23) 그리고, 또 하나의 선지자 엘리사를 통해서 예후에게 기름을 부어 이스라엘의 왕을 삼고 아합을 칠 것을 지시함(왕하 9:7, 10).
　② 아합을 공격하는 이유: 여호와의 종들의 핏 값을 이세벨에게 갚아 주기 위함.
　③ 남편 아합 왕이 죽음(왕상 22:35, 38).
　　ⓐ 아람 왕의 군대가 쏘는 화살에 죽음.
　　ⓑ 아합 왕이 죽을 때 그가 타고 있던 병거에 많은 피가 흘리게 되었고, 그 피를 씻기 위해 사마리아 못(물가)으로 갔는데, 이때 개들이 와서 핥아먹음.
　　　㉠ 사마리아 못: 창기(창녀)들이 씻었던 곳.
　　　㉡ 하나님이 엘리야를 통해 선포했던 말씀이 성취되어짐(왕상 21:19, 23).
　④ 이세벨의 죽음(왕하 9:30~37).
　　ⓐ 예후는 성 안에 갇혀 있던 이세벨과 무리들에게 "누가 내편이 되겠냐"고 할 때 이세벨과 같이 있던 내시가 성벽위에서 이세벨을 던져서 죽게 함.
　　ⓑ 이세벨은 적군의 손이 아닌 정말 가장 가까이 있었던 내시에 의해 죽게 됨.
　　ⓒ 예후가 이세벨의 시체를 밟아버리고 오후에 이세벨을 장사지내려 하였으나 머리, 손, 발만 남고 그 외에는 없어짐.
　　ⓓ 이스르엘의 토지에서 개들이 이세벨의 살을 먹음(왕하 9:10, 36).
　　　* 하나님이 엘리야와 엘리사를 통해 선포했던 말씀이 성취되어짐(왕상 21:19, 23; 왕하 9:7, 10).

⑤ 아합의 아들이 죽음.

　ⓐ 아들 아하시야가 병들어 죽음(왕하 1:2).

　　㉠ 아하시야: 아합과 이세벨의 아들, 이스라엘의 8대 왕, 아합의 뒤를 이어 왕이 됨.

　　㉡ 아하시야는 다락 난간에 떨어져서 병들게 되자 그의 신하를 보내 에그론의 신 바알세붑에게 이 병이 낫겠냐 물어보라고 하였다. 이때 하나님은 선지자 엘리야를 보내서 왕의 신하에게 말하길 왕(아하시야)은 반드시 죽는다 하였다(왕하 1:2~4).

　　㉢ 아하시야는 심히 악을 행하는 자(대하 20:35).

　ⓑ 아들 요람 왕이 예후에 의해 죽음(왕하 9:24, 25) → 나봇의 포도원에 던져짐.

　　＊ 아합과 이세벨의 아들이며, 아하시야의 동생.

　ⓒ 아합의 아들 70명이 죽음(왕하 10:1, 7).

　　㉠ 예후는 아합의 아들 70명이 사마리아 있는 것을 알고 사마리아로 편지를 보내자 이스라엘 귀족들(장로들, 선생들)이 아합의 아들 70명을 죽임.

　　㉡ 하나님이 엘리야를 통해 선포했던 말씀이 성취되어짐(왕상 21:19, 23).

　ⓓ 아합의 사위 아하시야(유다왕, 여호람의 아들)가 므깃도에서 예후에 의해 죽음(왕하 9:27).

　　＊ 아하시야: 아합의 길로 행하고, 여호와 보시기에 악을 행함(왕하 8:27).

(4) 이세벨과 관계된 자들의 죽음.

　① 사마리아에 있는 아합에 속하여 남아있는 무리가 진멸되어짐(왕하 10:17).

　② 이스라엘에 있는 바알의 모든 선지자들의 죽음(왕하 10:18~25).

　3) 니골라당(출처: 라이프 성경사전)

＊ 니골라당에 대해 성경에 기록한 내용이 없어서 『라이프 성경사전』에서 발췌함

(1) 에베소교회와 버가모교회에 침투한 이단의 일파이다.

(2) 이들은 한번 하나님을 믿은 뒤에는 무슨 행동을 해도 죄가 되지 않는다며 도덕 폐기

론과 무율법주의를 주장했다. 즉, 율법의 때는 지나갔으므로 지킬 필요가 없고, 육신은 악(惡)이요 영(靈)만이 선하므로 육신으로는 무엇이든 할 수 있으며, 특히 신자는 은혜로 보호받기 때문에 어떤 상황에서도 해 받는 일이 없을 것이라고 가르쳤던 자들이다(계 2:14~15, 20).
(3) 한편, 이처럼 신앙과 행위에 있어서 극단적 자유주의(무율법주의) 경향을 지닌 니골라 당의 기원에 대해서는 특정한 인물(일곱 집사들 중 한 사람인 니골라 등)에 의해 창설되었다는 견해가 있기는 하나 그에 대한 확실한 증거는 없다.

혹자는 니골라 당을, 일상생활에서 기독교 신앙과 이교 세계의 세속적인 문화를 적절히 혼용한 혼합주의적이고 편의주의적인 신앙 성향을 지닌 무리들(그룹)에 대한 상징적 명칭으로 보기도 한다.

4) 발람과 이세벨의 공통점

(1) 그들의 전성기는 화려하다.
발람과 이세벨은 세상에 살아가는 동안 명예와 권력을 가진 선지자 인듯하였고, 참된 신을 믿는 다는 생각을 가진 듯하였다. 그 예로 발람은 발락 왕이 초청했을 때 그가 기도하면 응답받는 다는 것을 발락 왕이 알고 있을 정도였고, 돈과 명예도 가지고 있었으며, 이세벨은 이스라엘 왕의 부인으로 명예와 권력을 가지고 있었고, 그 권력으로 여호와의 종을 죽였고, 나봇을 모함하여 죽이고 포도원을 빼앗았다. 이처럼 그들이 살아 있는 동안에는 기세등등하고, 날아가는 새도 떨어뜨릴 정도의 권력을 가졌다.
(2) 그들의 최후는 비참하다.
그들의 인생 마지막인 최후를 살펴보면 비참한 결과를 맞이한다. 발람은 칼로 죽임을 당하였고, 이세벨은 발람보다 더욱 비참한 결론으로 끝난다. 그녀 자신도 죽을 뿐만 아니라 남편 아합 왕과 그의 자녀 70명, 바알선지자 450명과 그 외의 이스라엘에 있는 또 다른 바알 선지자, 그리고 이세벨과 연관된 수많은 자들이 죽음을 맞이한다. 사람은 맨 마지막이 어떻게 죽느냐가 중요한데 이 둘은 모두 비참한 결론을 맺는다.

5) 요한계시록에 언급된 발람과 이세벨의 공통점

(1) 하나님 백성 가운데 발생한다.

발람과 이세벨의 사건을 요한계시록의 버가모교회와 두아디라교회에서 말씀하고 있다. 이 둘의 공통점은 교회 안에 발람의 교훈을 따르는 자들이 있고, 이세벨처럼 행동하는 자와 그와 간음하는 자들이 있다는 것이다. 구약에서의 사건도 이스라엘 백성 가운데 벌어졌던 사건이었던 것처럼 요한계시록에 말씀하신 발람과 이세벨의 내용 또한 교회 안에서 발생하고 있는 사건이라는 것이다. 즉 구약에서의 사건과 초대교회에서의 사건과 너무나 흡사한 것은 하나님의 백성, 선택한 백성, 믿는 무리 가운데 발생하고 있다는 것이다.

(2) 칼로 죽임을 당한다.

하나님은 발람과 이세벨을 따르는 자들이 구약에서 죽음을 당했던 것처럼 동일하게 따르는 무리와 이세벨의 자녀가 죽게 된다는 것이다. 즉 구약의 결론과 너무나 동일하다. 하지만 다른 것 하나는 하나님이 이러한 간음에서 돌이키라고, 회개하라고 말씀하고 있다는 것이다. 즉 회개할 기회를 주고 있다는 사실이다. 구약에서는 회개할 기회가 있었는지는 모르겠으나 지금은 회개할 기회를 주고 있다는 것이다. 회개할 때 죽음을 면할 수 있다는 사실이다. 하지만 회개하지 않는다면 그는 결코 죽음을 면할 기회가 없다는 것이다.

7. 각 사람의 행위대로 갚아 주신다(계 2:23)

하나님의 성품은 사랑이 많으시고, 존귀하시고, 자비, 긍휼, 은혜를 베푸시고, 무소불위하시고, 편재하시고, 광대하시고 등등 다양한 성품을 가지고 계신데, 그 가운데서도 행위대로 심판하시겠다고 말씀 속에 하나님의 성품을 엿볼 수 있다. 그것을 간단히 정리하면 다음과 같다. 하나님은 악을 행하지도 않고, 불의를 행하지도 않으시며, 마음을 저울질 하시고, 통찰하시며, 영혼을 지키시고, 모든 행위와 모든 은밀한 일을 선악 간에 심판하시며,

사람을 외모로 판단하지 않으시는 분이라고 성경은 이야기 하고 있다(뒤의 표 참조).

　이러한 성품을 가지고 계신 하나님 앞에 우리 각 사람은 마지막 날에, 하나님의 심판대에 앞에 설 것이며(고후 5:10), 사람이 무슨 행위를 하였든 간에 그가 행하고 수고한 대로 갚아 주시겠다고 말씀하고 있다. 선한 일로 열매를 맺었으면 열매의 상급을 받을 것이라 하였고, 그렇지 않고 죄를 지었으면 죄 값을 물으시겠다고 하신다. 그런데 그 죄 값은 사람으로서 감당하기가 어려울 정도의 무서운 대가가 될 것이라는 것이다.

　그래서 하나님은 자신의 귀의 들린 대로, 각 사람이 수고한대로, 행한 결과로 판단하시겠다고 하며, 결코 자녀의 죄나 부모의 죄로 형벌을 받는 일이 없을 것이라 하였다. 그래서 하나님은 전도서에서 청년에게 경고하고 있다. 네 눈이 보는 대로 행하라 그리하면 그에 대한 대가를 지불할 것이라고 말씀하고 있는 것이다.

　하나님이 죄의 값을 물으실 때에는 그를 자녀로 보지 않으시고 하나님을 대적한 인물로 보아 심판하시겠다고 하신다. 그래서 그를 아끼지도 않고, 긍휼히 여기지도 않아서 분노로 갚으시는데, 피를 흘린 자는 피를 흘리게 될 것이라 말씀하였다. 이는 마치 '눈은 눈으로 이는 이로 갚으시겠다'는 구약의 말씀처럼(출 21:24) 각자가 행한 죄의 행위로 똑같이 갚아주시겠다고 말씀하고 있다.

- 하나님이 주시는 상급: 부록 9. 요한계시록에 나타난 상급.
- 하나님이 벌하시는 죄의 값: 불 못(제2부 제14장 47 참조: 성 밖은 어디를 말하는가?)

계시록	²³또 내가 사망으로 그의 자녀를 죽이리니 모든 교회가 나는 사람의 뜻과 마음을 살피는 자인줄 알찌라 내가 너희 각 사람의 행위대로 갚아 주리라(계 2:23) ¹³바다가 그 가운데서 죽은 자들을 내어주고 또 사망과 음부도 그 가운데서 죽은 자들을 내어주매 각 사람이 자기의 행위대로 심판을 받고(계 20:13) ¹²보라 내가 속히 오리니 내가 줄 상이 내게 있어 각 사람에게 그의 일한대로 갚아 주리라(계 22:12)
비교	³⁴이제 가서 내가 네게 말한 곳으로 백성을 인도하라 내 사자가 네 앞서 가리라 그러나 내가 보응할 날에는 그들의 죄를 보응하리라(출 32:34)

비교	²⁸그들에게 이르기를 여호와의 말씀에 나의 삶을 가리켜 맹세하노라 너희 말이 내 귀에 들린대로 내가 너희에게 행하리니(민 14:28) ⁶왕을 죽인 자의 자녀들은 죽이지 아니하였으니 이는 모세의 율법책에 기록된대로 함이라 곧 여호와께서 명하여 이르시기를 자녀로 인하여 아비를 죽이지 말 것이요 아비로 인하여 자녀를 죽이지 말 것이라 오직 사람마다 자기의 죄로 인하여 죽을 것이니라 하셨더라(왕하 14:6) ⁴저희 자녀는 죽이지 아니하였으니 이는 모세 율법 책에 기록한대로 함이라 곧 여호와께서 명하여 이르시기를 자녀로 인하여 아비를 죽이지 말 것이요 아비로 인하여 자녀를 죽이지 말 것이라 오직 각 사람은 자기의 죄로 인하여 죽을 것이니라 하셨더라 (대하 25:4) ¹너희는 의인에게 복이 있으리라 말하라 그들은 그 행위의 열매를 먹을 것임이요(사 3:1) ¹⁸그들의 행위대로 갚으시되 그 대적에게 분노하시며 그 원수에게 보응하시며 섬들에게 보복하실 것이라(사 59:18) ¹⁵그 사면에서 소리질러 칠찌어다 그가 항복하였고 그 보장은 무너졌고 그 성벽은 훼파되었으니 이는 여호와의 보수하시는 것이라 그의 행한대로 그에게 행하여 보수하라 (렘 50:15) ⁸이제 내가 속히 분을 네게 쏟고 내 진노를 네게 이루어서 네 행위대로 너를 심판하여 네 모든 가중한 일을 네게 보응하되 ⁹내가 너를 아껴 보지 아니하며 긍휼히 여기지도 아니하고 네 행위대로 너를 벌하여 너의 가중한 일이 너희 중에 나타나게 하리니 나 여호와가 치는 줄을 네가 알리라 … ²⁵패망이 이르리니 그들이 평강을 구하여도 없을 것이라 ²⁶환난에 환난이 더하고 소문에 소문이 더할 때에 그들이 선지자에게 묵시를 구하나 헛될 것이며 제사장에게는 율법이 없어질 것이요 장로에게는 모략이 없어질 것이며 ²⁷왕은 애통하고 방백은 놀람을 옷 입듯하며 거민의 손은 떨리라 내가 그 행위대로 그들에게 갚고 그 죄악대로 그들을 국문한즉 그들이 나를 여호와인줄 알리라(겔 7:8~27) ¹⁸그러므로 나도 분노로 갚아 아껴 보지 아니하고 긍휼을 베풀지도 아니하리니 그들이 큰 소리로 내 귀에 부르짖을찌라도 내가 듣지 아니하리라(겔 8:18)

비교	¹그러므로 내가 그들을 아껴 보지 아니하며 긍휼을 베풀지 아니하고 그 행위대로 그 머리에 갚으리라 하시더라(겔 9:1) ²그러나 너희가 이르기를 주의 길이 공평치 않다 하는도다 이스라엘 족속아 내가 너희의 각기 행한대로 심판하리라 하시니라(겔 33:2) ⁶그러므로 나 주 여호와가 말하노라 내가 나의 삶을 두고 맹세하노니 내가 너로 피를 만나게 한즉 피가 너를 따르리라 네가 피를 미워하지 아니하였은즉 피가 너를 따르리라(겔 35:6) ⁹장차는 백성이나 제사장이나 일반이라 내가 그 소행대로 벌하며 그 소위대로 갚으리라 (호 4:9) ¹⁵여호와의 만국을 벌할 날이 가까왔나니 너의 행한대로 너도 받을 것인즉 너의 행한 것이 네 머리로 돌아갈 것이라(옵 1:25) ¹⁰그러므로 너희 총명한 자들아 내 말을 들으라 하나님은 악을 행하지 아니하시며 전능자는 결코 불의를 행하지 아니하시고 ¹¹사람의 행위를 따라 갚으사 각각 그의 행위대로 받게 하시나니(욥 34:10) ²¹내가 전에는 그들의 피흘림 당한 것을 갚아주지 아니하였거니와 이제는 갚아주리니 이는 나 여호와가 시온에 거함이니라(욜 3:21) ²네가 네 손이 수고한대로 먹을 것이라 네가 복되고 형통하리로다(시 128:2) ¹¹그러므로 자기 행위의 열매를 먹으며 자기 꾀에 배부르리라(잠 1:11) ¹²네가 말하기를 나는 그것을 알지 못하였노라 할찌라도 마음을 저울질 하시는 이가 어찌 통찰하지 못하시겠으며 네 영혼을 지키시는 이가 어찌 알지 못하시겠느냐 그가 각 사람의 행위대로 보응하시리라(잠 24:12) ⁹청년이여 네 어린 때를 즐거워하며 네 청년의 날들을 마음에 기뻐하여 마음에 원하는 길들과 네 눈이 보는 대로 행하라 그러나 하나님이 이 모든 일로 말미암아 너를 심판하실 줄 알라(전 11:9) ¹⁴하나님은 모든 행위와 모든 은밀한 일을 선악 간에 심판하시리라(전 12:14)

비교	²⁷인자가 아버지의 영광으로 그 천사들과 함께 오리니 그 때에 각 사람의 행한대로 갚으리라(마 16:27) ¹⁰이는 우리가 다 반드시 그리스도의 심판대 앞에 나타나게 되어 각각 선악간에 그 몸으로 행한 것을 따라 받으려 함이라(고후 5:10) ¹⁷외모로 보시지 않고 각 사람의 행위대로 판단하시는 자를 너희가 아버지라 부른즉 너희의 나그네로 있을 때를 두려움으로 지내라(벧전 1:17)

[위에 있는 말씀을 요약 정리]

① 모두다 심판대 앞에 선악 간에 행한 것을 받는다(고후 5:10)
    ⓐ 하나님은 악을 행하지도 않고, 불의를 행하지 않으신다(욥 34:10)
    ⓑ 마음을 저울질 하시고, 통찰하시고, 영혼을 지키시는 분이 알고 있다(잠 24:12)
    ⓒ 하나님은 모든 행위와 모든 은밀한 일을 선악 간에 심판하신다(전 12:14)
    ⓓ 외모로 보지 않고 각 사람의 행위대로 판단하신다(벧전 1:17)
② 행위로 열매를 먹는다(사 3:10; 시 128:2)
    ⓐ 의인은 복이 있다(사 3:10)
    ⓑ 네 손이 수고한대로 먹을 것이다(시 128:2)
③ 행위대로 갚으신다(사 59:18; 렘 50:15; 겔 7:8, 27; 33:20; 호 4:9; 옵 1:15; 욥 34:11; 잠 24:12; 전 11:9; 12:14; 마 16:27)
    ⓐ 그들의 죄 값을 보응하시겠다(출 32:34)
    ⓑ 하나님의 귀에 들린 대로 각 사람에게 행하신다(민 14:28)
    ⓒ 연좌 죄는 없다(왕하 14:6; 대하 25:4)
    ⓓ 대적에게는 분노로 갚으신다(사 59:18)
    ⓔ 아끼지도 않고 긍휼히 여기지도 않을 것이다(겔 7:9; 8:18; 9:10)
    ⓕ 평강을 구하여도 구할 수 없다(겔 7:25)
    ⓖ 청년이여 네 눈이 보는 대로 행하라(전 11:9)
    ⓗ 피는 피의 값을 치른다(겔 35:6 욜 3:21)

8. 철장으로 다스리는 권세(계 2:27; 12:5; 19:15)

예리한 검으로 싸우시는 분도 예수님이시지만 철장으로 다스리는 분 또한 예수님이시다. 예수님은 철장(a rod of iron, 쇠몽둥이)으로 자신과 대적하는 자와 싸울 것이며 질그릇 같이 부숴 버릴 것이라 하였다. 철장은 매우 튼튼하고, 단단하고, 쇠로 만들어져 절대로 부서질 염려가 없는데 반하여 질그릇은 말 그대로 떨어뜨리면 한 순간 깨지고 마는 약하고 약한 그릇에 불과하다는 것이다. 이 뜻은 예수님을 대적하는 자들은 그렇게 질그릇처럼 허약함에도 불구하고 강하고 무서운 예수님을 대적하고 있다는 것이다.

시편 기자도 요한계시록에 있는 말씀과 동일하게 철장이라 표현하고 질그릇같이 부수리라(시 2:9)고 말하였지만, 예레미야는 철장과 다른 철퇴(axe, 도끼)로 부수어 버릴 것이라 말씀하고 있다. 예레미야는 철퇴로 병거와 말을 타고 있는 자와, 남녀노소 그리고 양과 소, 모두 가리지 않고 부수어 버리겠다고 말씀하고 있다. 철장과 철퇴는 다를 수가 있으나 만든 재료는 모두 철로 만든 것이기에 서로 비슷한 성질을 가지고 있다. 아무튼 예수님이 사용하시는 무기는 사람으로서는 감당할 수 없는 무서운 것임에 틀림이 없다.

계 시 록	[27]그가 철장(a rod of iron)을 가지고 저희를 다스려 질그릇 깨뜨리는 것과 같이 하리라 나도 내 아버지께 받은 것이 그러하니라(계 2:27) [5]여자가 아들을 낳으니 이는 장차 철장(a rod of iron)으로 만국을 다스릴 남자라 그 아이를 하나님 앞과 그 보좌 앞으로 올려가더라(계 12:5) [15]그의 입에서 이한 검이 나오니 그것으로 만국을 치겠고 친히 저희를 철장으로 다스리며 또 친히 하나님 곧 전능하신 이의 맹렬한 진노의 포도주 틀을 밟겠고(계 19:15)
비 교	[9]네가 철장(a rod of iron)으로 저희를 깨뜨림이여 질그릇 같이 부수리라 하시도다 (시 2:9) [20]여호와께서 가라사대 너는 나의 철퇴 곧 병기(Thou art my battle axe and weapons of war)라 내가 너로 열방을 파하며 너로 국가들을 멸하며 [21]내가 너로 말과 그 탄 자를 부수며 너로 병거와 그 탄 자를 부수며 [22]너로 남자와 여자를 부수며 너로 노년과 유년을 부수며 너로 청년과 처녀를 부수며 [23]너로 목자와 그 양떼를 부수며 너로 농부와 그 멍엣 소를 부수며 너로 방백들과 두령들을 부수리로다(렘 51:20-23)

9. 새벽별(계 2:28; 22:16)

두아디라의 교회를 향하여 예수님은 이기는 자에게는 '새벽별(계 2:28)을 주겠다'고 하였는데, 여기서의 새벽별은 예수 그리스도를 말하고 있다(계 22:16) 영어 표현으로는 morning star(소문자, KJV)로 표현을 하고 있는데, 이 'morning star'에 대해서 잘 유념하여 관찰해 볼 필요가 있다.

'morning star'는 개역한글이나 개역개정에서 보면 새벽별(계 2:28; 22:16)과 계명성(사 14:12)으로 이 둘이 구분되지만 영어 성경에서는 분별하기가 어렵게(같은 단어 사용) 되어 있어 오해 소지가 발생하게 된다. 이를 살펴보면 이사야 14:12에 대해 KJV에서는 Lucifer로 말하고 있고, NIV 성경에서는 이를 morning star로 말하고 있는데, 다시 말하면 KJV는 morning star(계 22:16)와 Lucifer(사 14:12)로 구분하여 말하고 있는데 반하여 NIV서는 요한계시록 22:16과 이사야 14:12를 대/소문자로 나눴을 뿐 같은 단어인 morning star로 나타내고 있어서 오해를 살 수 있게 된다.

그리고, 새번역 성경 또한 샛별과 새벽별로 구분하고 있지만 분별하기가 쉽지 않고, 가톨릭 신자들이 보고 있는 공동번역 성경은 모두 같은 단어인 샛별로 표현하고 있어 이 둘의 차이를 분별하기 어렵게 번역을 해 놓았다. 그래서일까 로마 가톨릭이 드리는 미사에서 Lucifer를 찬양하는 장면이 비춰진다(아래 그림 참조) 마치 루시퍼가 하나님의 아들로 생각하는 것 같다. 로마 가톨릭은 이에 대해 해명을 하여야 할 것이고, 해명이 되지 않으면 이단 종교임에 틀림없는 것이다. 왜 과거 청교도들이 영국을 떠나야만 했는지, 그리고 청교들이 로마 가톨릭으로부터 핍박을 받았는지 다시 한 번 돌아볼 필요가 있다.

로마 가톨릭의 루시퍼 찬양

새벽별	²⁸내가 또 그에게 새벽별을 주리라(And I will give him the morning star, 계 2:28) ¹⁶나 예수는 교회들을 위하여 내 사자를 보내어 이것들을 너희에게 증거하게 하였노라 나는 다윗의 뿌리요 자손이니 곧 광명한 새벽별이라 하시더라(I Jesus have sent mine angel to testify unto you these things in the churches. I am the root and the offspring of David, and the bright and morning star, 계 22:16)
계명성 (Lucifer)	¹⁶너 아침의 아들 계명성이여 어찌 그리 하늘에서 떨어졌으며 너 열국을 엎은 자여 어찌 그리 땅에 찍혔는고(How art thou fallen from heaven, O Lucifer, son of the morning! how art thou cut down to the ground, which didst weaken the nations! (사 14:16)

새벽별(계 22:16)	계명성(사 14:12)
(개역한글) 곧 광명한 새벽별이라 함 (개역개정) 곧 광명한 새벽별이라 함	(개역한글) 너 아침의 아들 계명성이여 (개역개정) 너 아침의 아들 계명성이여
(새번역) 빛나는 샛별	(새번역) 너 아침의 아들 새벽별아
(공동번역) 빛나는 샛별	(공동번역) 너 새벽의 여신 아들 샛별아
(현대인의 성경) 빛나는 샛별	(현대인의 성경) 샛별과 같은 바벨론 왕아
(NIV) the bright Morning Star(대문자)	(NIV) O morning star, son of dawn(소문자)
(NASB) the bright morning star(소문자)	(NASB) O star of the morning son of dawn
(KJV) the bright and morning star(소문자)	(KJV) O Lucifer, son

[루시퍼(Lucifer)]

① 라틴어의 "빛(lux)을 가져오는(ferre) 것"에서 나온 말로 샛별이란 뜻이며, 일반적으로 '사탄'의 고유명사로 쓰임 〈출처: 두산백과〉

② 개역한글에서의 '계명성'은 히브리어로 Helel이고, 라틴어로는 루시퍼(Lucifer)로서 '빛을 가져오는 것'(lux+ferre)의 어원을 가지고 있지만 '별'(star)의 의미를 가지고 있지 않는 것으로 보인다. 그러나 요한계시록 22:16에서의 "새벽별"은 별의 의미를 가지고 있는 헬라어로 Aster(별)이다. 결국 이를 수학 기호로 표현하면 "새벽별 = Aster = 예수님"이고, "계명성 = Lucifer = 사탄"이라고 할 수 있다.

하나님은 성부, 성자, 성령 하나님이 계시듯 천사들 중에 "엘"(뜻 하나님)의 이름을 가진 천사는 가브리엘, 미가엘, 루시엘이 있었고, 이 세 천사는 하나님과 함께 있었으나 이 루시엘이 타락하여 루시퍼(Lucifer)로 바뀌었다는 이야기를 한 번쯤 들어봤을 것이다.

그러나 루시엘이 루시퍼로 바뀌었다는 이야기는 성경에 나오지는 않지만 루시퍼가 사탄이라는 것은 교회를 다니는 사람뿐만 아니라 교회를 다니지 않아도 세상의 모든 사람은 알고 있는 듯하다. 그런데 성경에서 루시퍼를 찾아 볼 수 없다는 것과 루시퍼를 다른 표현으로 쓰여진 것에 대해서는 한 번쯤 생각해 볼 필요가 있다.

이는 마치 사도 바울이 말한 "이것이 이상한 일이 아니라 사탄도 자기를 광명의 천사로 가장하나니"(고후 11:14)로 말한 부분이 생각이 나는 것이 왜일까?

제3장

요한계시록 3장

10. 도적같이 임할 것이요(계 3:3)

예수님은 반드시 다시 오실 것이라 말씀하셨다. 그리고 예수님은 다시 오실 것을 비유를 들어 설명하시길 도적같이 오신다고 하는데(계 3:3), 이는 예수님이 언제 오실지에 대해서 아무도 모르고 있을 것이라는 것이다. 사람들은 비록 내가 살고 있을 때에 안 오겠지, 설마 오겠냐(더디온다, 겔 12:28; 합 2:3) 하지만 예수님은 반드시 오신다는 말씀하셨기에 그 예언의 말씀은 이뤄질 것이다(겔 12:28; 합 2:3) 그래서 예수님은 잠자고 있지 않도록 당부하였던 것이다(마 24:43; 막 13:33; 눅 12:39; 살전 5:2; 벧후 3:10).

그리고 예수님을 믿는 자에 대해서는 어둠에 있는 사람이 아니기에 "도적같이 나타나지 않는다"라고 하셨다(살전 5:4) 이는 마치 기름을 준비한 슬기로운 다섯 처녀와 같은 사람을 가리키고 있으며(마 25:1~13), 기름을 준비하지 않은 사람들을 향해서는 예수님은 깨어 있으라고 말씀하셨다(마 25:13).

계시록	³그러므로 네가 어떻게 받았으며 어떻게 들었는지 생각하고 지키어 회개하라 만일 일깨지 아니하면 내가 도적 같이 이르리니 어느 시에 네게 임할는지 네가 알지 못하리라 (계 3:3)
비교	²⁸그러므로 너는 그들에게 이르기를 주 여호와의 말씀에 나의 말이 하나도 다시 더디지 않을찌니 나의 한 말이 이루리라 나 주 여호와의 말이니라 하셨다 하라(겔 12:28) ³이 묵시는 정한 때가 있나니 그 종말이 속히 이르겠고 결코 거짓되지 아니하리라 비록 더딜찌라도 기다리라 지체되지 않고 정녕 응하리라(합 2:3) ⁴³너희가 알지 못 함이니라 너희도 아는 바니 만일 집 주인이 도적이 어느 경점에 올 줄을 알았더면 깨어 있어 그 집을 뚫지 못하게 하였으리라 ⁴⁴이러므로 너희도 예비하고 있으라 생각지 않은 때에 인자가 오리라(마 24:43~44) ¹³그런즉 깨어 있으라 너희는 그 날과 그 시를 알지 못하느니라(마 25:13) ³³주의하라 깨어 있으라 그 때가 언제인지 알지 못함이니라 ³⁴가령 사람이 집을 떠나 타국으로 갈 때에 그 종들에게 권한을 주어 각각 사무를 맡기며 문지기에게 깨어 있으라 명함과 같으니 ³⁵그러므로 깨어 있으라 집 주인이 언제 올는지 혹 저물 때엘는지, 밤중엘는지, 닭 울 때 엘는지, 새벽 엘는지 너희가 알지 못함이라 ³⁶그가 홀연히 와서 너희의 자는 것을 보지 않도록 하라(막 13:33~36) ³⁹너희도 아는 바니 집 주인이 만일 도적이 어느 때에 이를 줄 알았더면 그 집을 뚫지 못하게 하였으리라(눅 12:39) ²주의 날이 밤에 도적 같이 이를 줄을 너희 자신이 자세히 앎이라 ⁴형제들아 너희는 어두움에 있지 아니하매 그 날이 도적 같이 너희에게 임하지 못하리니(살전 5:2~4) ¹⁰그러나 주의 날이 도적 같이 오리니 그 날에는 하늘이 큰 소리로 떠나가고 체질이 뜨거운 불에 풀어지고 땅과 그 중에 있는 모든 일이 드러나리로다(벧후 3:10)

11. 시인함을 얻음(계 3:5)

예수님으로부터 시인함을 얻는다(계 3:5)는 의미는 우리가 하나님 심판대 앞(계 20:12)[16]에 섰을 때 예수님은 우리를 모른다 하지 않고 나의 이름을 부르며, 나를 알아주시겠다고 말씀하신 의미로서, 마태복음 10:32~33에서 말씀하신 것과 동일한 말씀이다.

우리가 세상 사람들을 향해 예수님을 인정하고, 믿는다고 말하면, 예수님도 우리를 인정하고 우리 이름을 불러주시겠다는 것이고, 반대로 내가 예수님을 모른 체하거나, 묵묵부답하거나, 부정하고 부인한다면, 예수님도 마지막 날에 나를 향해 "너를 모른다" 할 것이라는 두렵고 떨리는 말이 아닐 수 없다.

예수님의 제자 중 베드로는 하루에 예수님을 세 번이나 모른다 하고 부인하고 저주하며 맹세하였다(막 14:71, 72).[17] 그 일로 베드로는 회개하며 심히 통곡하였다(마 26:74, 75).[18] 예수님은 그런 베드로를 다시 찾아가서 회복하셨고(요 21:15~17)[19], 회복된 이후 베드로는 거듭난 제자의 삶을 살아갔다. 예수님은 제자 중 가장 사랑했던 제자가 자신을 배반하며 부인하고 저주까지 한 제자를 찾아가서 용서하고 용기를 주신 사랑을 보면 정말 무한한 사랑을 엿볼 수 있다.

베드로는 하루만 부인했을지 모르지만 우리는 매일 매일 습관적이고 반복적으로 예수님을 부인하고 모른다고 하지 않는지 돌아봐야 할 것 같다. 만약 나의 삶을 살펴보시고 주께서 네가 나를 부인하였으니 나를 모른다 하실까 두렵기만 하다. 그러한 사람이 되기

---

16 또 내가 보니 죽은 자들이 무론 대소하고 그 보좌 앞에 섰는데 책들이 펴 있고 또 다른 책이 펴졌으니 곧 생명책이라 죽은 자들이 자기 행위를 따라 책들에 기록된대로 심판을 받으니(계 20:12)
17 베드로가 저주하며 맹세하되 나는 너희의 말하는 이 사람을 알지 못하노라 하니 닭이 곧 두번째 울더라 이에 베드로가 예수께서 자기에게 하신 말씀 곧 닭이 두번 울기 전에 네가 세번 나를 부인하리라 하심이 기억되어 생각하고 울었더라(막 14:71, 72)
18 저가 저주하며 맹세하여 가로되 내가 그 사람을 알지 못하노라 하니 닭이 곧 울더라 이에 베드로가 예수의 말씀에 닭 울기 전에 네가 세번 나를 부인하리라 하심이 생각나서 밖에 나가서 심히 통곡하니라(마 26:74, 75)
19 저희가 조반 먹은 후에 예수께서 시몬 베드로에게 이르시되 요한의 아들 시몬아 네가 이 사람들보다 나를 더 사랑하느냐 하시니 가로되 주여 그러하외다 내가 주를 사랑하는줄 주께서 아시나이다 가라사대 내 어린 양을 먹이라 하시고 또 두번째 가라사대 요한의 아들 시몬아 네가 나를 사랑하느냐 하시니 가로되 주여 그러하외다 내가 주를 사랑하는줄 주께서 아시나이다 가라사대 내 양을 치라 하시고 세번째 가라사대 요한의 아들 시몬아 네가 나를 사랑하느냐 하시니 주께서 세번째 네가 나를 사랑하느냐 하시므로 베드로가 근심하여 가로되 주여 모든 것을 아시오매 내가 주를 사랑하는 줄 주께서 아시나이다 예수께서 가라사대 내 양을 먹이라(요 21:15~17)

않기 위해 내 마음은 예수님을 언제나 시인하고 고백하는 자가 되길 원할 뿐이다.

정리하자면 우리가 세상 및 세상 사람들에게 예수님을 인정하고 믿는다 하면, 예수님은 그 말 한마디에 기뻐하고 즐거워하고, 춤을 출 것이고 나중에 우리를 기억하여 모른다 하지 아니고 우리 각자의 이름을 불러줄 것이다.

계시록	⁵이기는 자는 이와 같이 흰 옷을 입을 것이요 내가 그 이름을 생명책에서 반드시 흐리지 아니하고 그 이름을 내 아버지 앞과 그 천사들 앞에서 시인하리라(계 3:5)
비교	²¹나더러 주여 주여 하는 자마다 천국에 다 들어갈 것이 아니요 다만 하늘에 계신 내 아버지의 뜻대로 행하는 자라야 들어가리라(마 7:21) ³²누구든지 사람 앞에서 나를 시인하면 나도 하늘에 계신 내 아버지 앞에서 저를 시인할 것이요 ³³누구든지 사람 앞에서 나를 부인하면 나도 하늘에 계신 내 아버지 앞에서 저를 부인하리라(마 10:32~33) ⁷⁴저가 저주하며 맹세하여 가로되 내가 그 사람을 알지 못하노라 하니 닭이 곧 울더라 ⁷⁵이에 베드로가 예수의 말씀에 닭 울기 전에 네가 세번 나를 부인하리라 하심이 생각나서 밖에 나가서 심히 통곡하니라(마 26:74~75) ⁷¹베드로가 저주하며 맹세하되 나는 너희의 말하는 이 사람을 알지 못하노라 하니 ⁷²닭이 곧 두 번째 울더라 이에 베드로가 예수께서 자기에게 하신 말씀 곧 닭이 두번 울기 전에 네가 세 번 나를 부인하리라 하심이 기억되어 생각하고 울었더라(막 14:71~72) ⁸내가 또한 너희에게 말하노니 누구든지 사람 앞에서 나를 시인하면 인자도 하나님의 사자들 앞에서 저를 시인할 것이요(눅 12:8) ¹⁵저희가 조반 먹은 후에 예수께서 시몬 베드로에게 이르시되 요한의 아들 시몬아 네가 이 사람들보다 나를 더 사랑하느냐 하시니 가로되 주여 그러하외다 내가 주를 사랑하는 줄 주께서 아시나이다 가라사대 내 어린양을 먹이라 하시고 ¹⁶또 두 번째 가라사대 요한의 아들 시몬아 네가 나를 사랑하느냐 하시니 가로되 주여 그러하외다 내가 주를 사랑하는줄 주께서 아시나이다 가라사대 내 양을 치라 하시고 ¹⁷세 번째 가라사대 요한의 아들 시몬아 네가 나를 사랑하느냐 하시니 주께서 세번째 네가 나를 사랑하느냐 하시므로 베드로가 근심하여 가로되 주여 모든 것을 아시오매 내가 주를 사랑하는 줄을 주께서 아시나이다 예수께서 가라사대 내 양을 먹이라(요 21:15~17)

비교	⁹네가 만일 네 입으로 예수를 주로 시인하며 또 하나님께서 그를 죽은 자 가운데서 살리신 것을 네 마음에 믿으면 구원을 얻으리니 ¹⁰사람이 마음으로 믿어 의에 이르고 입으로 시인하여 구원에 이르느니라(롬 10:9~10) ¹¹모든 입으로 예수 그리스도를 주라 시인하여 하나님 아버지께 영광을 돌리게 하셨느니라(빌 2:11) ¹⁶저희가 하나님을 시인하나 행위로는 부인하니 가증한 자요 복종치 아니하는 자요 모든 선한 일을 버리는 자니라(딛 1:16) ²³아들을 부인하는 자에게는 또한 아버지가 없으되 아들을 시인하는 자에게는 아버지도 있느니라(요일 2:23) ³예수를 시인하지 아니하는 영마다 하나님께 속한 것이 아니니 이것이 곧 적그리스도의 영이니라 오리라 한 말을 너희가 들었거니와 이제 벌써 세상에 있느니라(요일 4:3)

12. 토하여 내치리라(계 3:16)

　예수님은 라오디게아교회를 향해 '덥지도 차지도 않으면 나의 입에서 토하여 내치리라'(계 3:16) 하였는데, 여기서 토하여 내치리라는 의미를 알기 위해서는 레위기 18:27~30의 말씀을 살펴 볼 필요가 있다. 하나님은 이스라엘 백성이 출애굽하고 난 뒤 가나안(하나님께서 약속하신 땅)에 들어가 살아가면서 그 전에 살고 있던 거민(거주민)과 같이 가증한 일을 행하게 된다면 그 거주민이 당했던 '토함'같이 이스라엘 백성들 또한 토해버리겠다 하였다. 여기서 '토함'이라는 의미는 곧 가나안 땅에 살지 못한다는 것이고, 백성 중에 끊어져서 죽게 될 것을 말하고 있는 것이다.

　요한계시록에 쓰인(라오디게아교회) "토하여 내치리라"는 의미를 레위기에서 쓰인 말씀을 비추어 이야기 해보자면, 교회(성도)가 덥지도 않고 차지도 않는 미지근한 신앙, 무미건조한 신앙생활을 하게 된다면 그들은 곧 천국에 들어가지 못하고, 천국(새 예루살렘 성 =

새 하늘과 새 땅)에서 쫓겨나게 될 것이라고 말씀하고 있는 것이다. 결국 그들이 천국에 들어가지 못하고 쫓겨나서 갈 곳은 둘째 사망(계 21:8 ; 22:15)[20]이라고 불러지는 곳이다.

계시록	[16]네가 이같이 미지근하여 덥지도 아니하고 차지도 아니하니 내 입에서 너를 토하여 내치리라(계 3:16)
비교	[27]너희의 전에 있던 그 땅 거민이 이 모든 가증한 일을 행하였고 그 땅도 더러워졌느니라 [28]너희도 더럽히면 그 땅이 너희 있기 전 거민을 토함 같이 너희를 토할까 하노라 [29]무릇 이 가증한 일을 하나라도 행하는 자는 그 백성 중에서 끊쳐지리라 [30]그러므로 너희는 내 명령을 지키고 너희 있기 전에 행하던 가증한 풍속을 하나라도 좇음으로 스스로 더럽히지 말라 나는 너희 하나님 여호와니라(레 18:27~29) [8]그러나 두려워하는 자들과 믿지 아니하는 자들과 흉악한 자들과 살인자들과 행음자들과 술객들과 우상 숭배자들과 모든 거짓말 하는 자들은 불과 유황으로 타는 못에 참예하리니 이것이 둘째 사망이라(계 21:8) [15]개들과 술객들과 행음자들과 살인자들과 우상 숭배자들과 및 거짓말을 좋아하며 지어내는 자마다 성밖에 있으리라(계 22:15)

13. 불로 단련된 금을 사서 부요하게 되고(계 3:18)

금은 거래 가치로서 가장 오래전부터 인정을 받아 왔으며 불로 태워도 없어지지 않고 그 값어치가 변하지도 않으며, 과거부터 현재까지도 물건을 구매하거나 교환하거나 할 때 통용되고 있는 교환수단의 매개체로 없어서는 안 되는 아주 중요한 역할을 수행하고 있다. 그리고 오늘날에 있어서도 화폐 발행에 기준이 된다(금본위 제도)

이런 가치 있는 금에는 14K, 24K로 나눠지고 있는데 그 금이 99.99%의 금을 우리

---

20 그러나 두려워하는 자들과 믿지 아니하는 자들과 흉악한 자들과 살인자들과 행음자들과 술객들과 우상 숭배자들과 모든 거짓말 하는 자들은 불과 유황으로 타는 못에 참예하리니 이것이 둘째 사망이라(계 21:8) 개들과 술객들과 행음자들과 살인자들과 우상 숭배자들과 및 거짓말을 좋아하며 지어내는 자마다 성밖에 있으리라(계 22:15)

는 흔히 정금(순금)이라고 말하고 있다. 성경에서의 금은 이런 순도 높은 정금을 말하고 있다. 정금이 되는 과정을 보면 처음에는 불순물이 섞인 금을 채취하게 되지만, 여러 번의 정제 과정과 단련 과정을 통해 99.99%의 정금으로 만들어진다. 그래서 욥은 이런 특성을 잘 알고 있었기에 "내가 가는 길을 그가 아시나니 그가 나를 단련하신 후에는 내가 정금같이 나아가리라"(욥 23:10)고 표현하고 있는 것 같다.

예수님은 라오디게아교회를 향해 '너희들이 부족한 것이 없을 정도로 부자라고 생각하지만 실상은 가난하고 벌거벗었다'고 말씀하신 걸로 보아 물질의 부자가 진정한 부자가 아니라고 말씀하고 있는 것을 쉽게 알 수 있다. 또한 '나에게서,' 즉 예수님으로부터 불로 단련된 금을 사라고 말씀하고 있는데 이 금은 우리가 돈으로 살 수 없다는 것 또한 쉽게 이해할 수 있을 것이다.

그러면 '불로 단련된 금을 가진 사람이 부자'라고 하는 것은 무엇인가?

이에 대해 욥의 인생을 잠시 살펴보면 쉽게 이해할 수 있을 것 같다. 욥은 어느 날 갑자기 불어 닥치는 이해할 수도 없는 고통과 괴로움(자녀들의 죽음, 아내는 떠나감, 몸의 난 종기로 괴로워 함, 친구들의 판단과 정죄) 속에서 그 자신이 하나님을 향해 원망과 불평을 하지 않을 뿐만 아니라 하나님을 향한 한결같은 마음을 가지고 있는데, 그래서인지 욥 자신은 '주께서 나를 단련하신 후에 내가 정금같이 나아가겠다'고 고백하고 있다. 이처럼 시험과 환난, 고난과 역경을 통해 연단된 사람이 진정한 부자라고 말씀하고 있다고 보여진다.

사도 바울 또한 '금'에 대해 이야기를 하고 있는데 고린도교회를 향해 금과 같은 것으로 자신의 집을 지으라고 말씀하고 있다. 고린도전서 3:12~15에서 사람은 금, 은, 보석, 나무, 풀, 짚으로 터를 세우게 되며, 나중에 불[21]로 평가를 받게 되는데 남은 것이 있으면 상을 받고, 남은 것이 없다면 부끄러운 구원을 받는다고 하였다.

이와 같이 불로 연단된 금을 사서 부요하게 하라는 의미는 물질의 부자가 진정한 부자가 아니고 영적인 부자가 진정한 부자라고 말씀하고 있는 것으로서, 예수님이 라오디게아교회를 향해서 그리고 우리 믿는 성도들을 향해서 욥과 같이 자신을 연단하고 인내의

---

21   불: 소멸하는 불(신 4:24; 히 12:29; 사 4:4)
        - 네 하나님 여호와는 소멸하는 불이시요 질투하는 하나님이시니라(신 4:24)
        -우리 하나님은 소멸하는 불이심이니라(히 12:29)
        - 이는 주께서 그 심판하는 영과 소멸하는 영으로 시온의 딸들의 더러움을 씻으시며 예루살렘의 피를 그 중에서 청결케 하실 때가 됨이라(사 4:4)

과정을 거쳐 한층 성숙되어진 모습으로 변화하라고 말씀하신 것이다. 그리고 더 나아가 이 땅에 재물을 쌓는 것이 아니라 천국에 보물을 쌓아 하나님 앞에 갔을 때 달란트 비유로 말씀하셨던 착하고 충성된 종과 같이 칭찬과 상급을 받는 자가 되어 달라고 말씀하신 것이다.

신약	¹⁷네가 말하기를 나는 부자라 부요하여 부족한 것이 없다 하나 네 곤고한 것과 가련한 것과 가난한 것과 눈 먼것과 벌거벗은 것을 알지 못하도다 ¹⁸내가 너를 권하노니 내게서 불로 연단한 금을 사서 부요하게 하고 흰 옷을 사서 입어 벌거벗은 수치를 보이지 않게 하고 안약을 사서 눈에 발라 보게 하라(계 3:17~18)
비교	¹⁰내가 가는 길을 그가 아시나니 그가 나를 단련하신 후에는 내가 정금같이 나아가리라 (욥 23:10) ¹²만일 누구든지 금이나 은이나 보석이나 나무나 풀이나 짚으로 이 터 위에 세우면 ¹³각각 공력이 나타날 터인데 그 날이 공력을 밝히리니 이는 불로 나타내고 그 불이 각 사람의 공력이 어떠한 것을 시험할 것임이라 ¹⁴만일 누구든지 그 위에 세운 공력이 그대로 있으면 상을 받고 ¹⁵누구든지 공력이 불타면 해를 받으리니 그러나 자기는 구원을 얻되 불 가운데서 얻은 것 같으리라(고전 3:12~15) ³그가 은을 연단하여 깨끗하게 하는 자 같이 앉아서 레위 자손을 깨끗하게 하되 금, 은 같이 그들을 연단하리니 그들이 의로운 제물을 나 여호와께 드릴 것이라(말 3:3)
예	²³그 주인이 이르되 잘 하였도다 착하고 충성된 종아 네가 작은 일에 충성하였으매 내가 많은 것으로 네게 맡기리니 네 주인의 즐거움에 참예할찌어다 하고….²⁸그에게서 그 한 달란트를 빼앗아 열 달란트 가진 자에게 주어라 ²⁹무릇 있는 자는 받아 풍족하게 되고 없는 자는 그 있는 것까지 빼앗기리라(마 25:23~29)

제4장

요한계시록 4장

14. 무지개(계 4:3)

하나님은 사람의 죄악이 세상에 가득하고 생각과 계획이 항상 악함을 보시고 사람을 지으신 것을 한탄하여 물로 심판하셨다(창 6:5~7) 그 사건을 노아의 홍수 사건이라고 하는데 이 사건 이후 하나님은 더 이상 물로 심판하지 않을 것을 약속하시면서 언약의 증거(징표)가 무지개가 될 것이라 하였다(창 9:12~13) 하나님과 세상과의 언약의 상징인 무지개가 하나님이 앉으신 하늘 보좌 주위를 감싸고 있는데(계 4:3), 이 모습은 하나님 자신이 언약의 상징이라고 하는 것을 나타내고 있는 것이다.

계시록	³앉으신 이의 모양이 벽옥과 홍보석 같고 또 무지개가 있어 보좌에 둘렸는데 그 모양이 녹보석 같더라(계 4:3)
비교	⁵여호와께서 사람의 죄악이 세상에 관영함과 그 마음의 생각의 모든 계획이 항상 악할 뿐임을 보시고 ⁶땅위에 사람 지으셨음을 한탄하사 마음에 근심하시고 ⁷가라사대 나의 창조한 사람을 내가 지면에서 쓸어버리되 사람으로부터 육축과 기는 것과 공중의 새까지 그리하리니 이는 내가 그것을 지었음을 한탄함이니라 하시니라(창 6:5~7)
	¹²하나님이 가라사대 내가 나와 너희와 및 너희와 함께하는 모든 생물 사이에 영세까지 세우는 언약의 증거는 이것이라 ¹³내가 내 무지개를 구름 속에 두었나니 이것이 나의 세상과의 언약의 증거니라(창 9:12~13)

15. 일곱 등불인 하나님의 일곱 영(계 4:5; 5:6)

하늘 보좌 앞에 있는 일곱 등불은 하나님의 일곱 영(계 4:5)이라 하였는데, 이 일곱 영에 대해 성경에서는 "여호와의 눈"이라 말씀하고 있고(계 4:5; 5:6; 슥 4:2, 10), 이 '여호와의 눈'은 "온 땅에 두루 보내심을 받은 하나님의 일곱 영(계 5:6)이요, 온 세상에 두루 행하는 여호와의 눈(슥 4:2, 10)이요, 온 땅을 두루 감찰하면서 전심으로 자기에게 향하는 자에게 능력을 베푸시는 여호와의 눈(대하 16:9)"이라 말씀하셨다. 그리고 이 '여호와의 눈'은 어린양(예수)이 여호와의 눈인 일곱 눈을 가지고 있다고 말씀하셨다(계 5:6).

그래서인지 성경 곳곳에 세상에 보내심을 받은 영에 대한 이야기가 곳곳에 나온다. 예를 들어 설명하기에 앞서 먼저 이사야서 나온 부분을 잠시 언급하자면 이사야 선지자는 장차 "한 아기가 우리에게 났고 한 아들을 우리에게 주신 바 되었는데 그 어깨에는 정사를 메었고 그 이름은 기묘자라, 모사라, 전능하신 하나님이라, 영존하시는 아버지라, 평강의 왕이라 할 것임이라"(Wonderful, Counsellor, The mighty God, The everlasting Father, The Prince of Peace, 사 9:6)라고 하였는데 여기에 언급된 한 아기는 예수를 지칭하고 있다.

이사야 9:6의 말씀을 바탕으로 일곱 등불(하나님의 일곱 영)을 아래와 같이 설명하자면 다음과 같다

첫째, 사사기 13장에서, 여호와의 사자가 마노아의 아내에게 나타나 아이(삼손)를 낳을 거라 하였고, 그 이후 마노아의 부부가 번제를 드릴 때 여호와의 사자가 불꽃과 함께 하늘로 올라가셨다. 이때 나타난 여호와의 사자의 이름을 기묘[secret(KJV) / wonderful(NASB) / 기묘자(개역개정), 삿 13:18]라 하였는데 이 이름은 이사야 9:6의 기묘자(Wonderful)와 서로 같은 이름을 가지고 있다.

둘째, 아브라함이 소돔과 고모라 땅에서 살고 있던 조카 롯이 잡혀갔다는 소식을 듣고, 아브라함은 그의 수하에 있던 318명의 종을 데리고 가서 조카 롯과 함께 소돔과 고모라 왕을 구해냈을 때 살렘 왕 멜기세덱이 떡과 포도주를 가지고 아브라함을 찾아왔다(창 14:18) 이때 살렘 왕으로 온 멜기세덱에 대해 히브리서 기자는 멜기세덱의 반차를 쫓는다(히 7:14~17)라고 하면서 이 분을 곧 예수로 가리키고 있다. 그리고 살렘은 평화라는

뜻인데 이사야 9:6에서 평강의 왕(The Prince of Peace)과 비슷하다.

셋째, 다니엘의 세 친구는 바벨론 (신)상에 절을 하지 않는다는 이유로 풀무 불에 던져졌다. 그런데 그 광경을 지켜보고 있던 느부갓네살 왕은 '세 명이 아니라 네 명이 있다' 하면서 그 네 번째의 사람의 모습을 보고 말하길 "신들의 아들과 같도다"고 하였다(단 3:23). 그리고 불속에 있던 다니엘의 세 친구가 느부갓네살 왕의 부름에 불 속에서 나왔을 때는 불에 탄 흔적이 전혀 없었다. 우리가 생각하는 일반적 상식으로는 종이, 끈, 사람, 그 외에 어떤 물건이든 무엇인가가 불 속에 던져지면 불에 타야 함에도 불구하고 그들에겐 전혀 불에 탄 냄새나 그을림조차 없었다(단 3:27).[22]

이것이 가능했던 이유는 느부갓네살 왕이 말한 그 네 번째의 사람, 곧 신들의 아들이라고 말한 분에 의하여 전혀 불에 타지 않게 되었다고 추론할 수 있는데 이러한 능력은 전능하신 하나님의 성품을 설명하고 있는 것으로 이사야 9:6의 전능하신 하나님(The mighty God)과 비슷하다고 말할 수 있다.

이외에도 몇 군데 더 찾아보자면, 바벨탑을 쌓을 때 언어를 혼잡하기 위해 "우리가 내려가서 거기서 그들의 언어를 혼잡케 하자"고 하면서 나타나시고(창 11:7), 소돔과 고모라 땅을 멸할 것을 아브라함에 오셔서 알려주셨으며(창 18:1), 모세가 이스라엘 백성을 출애굽하기 위하여 애굽으로 가는 도중에 나타나셨고(출 4:24), 여호수아가 여리고 성에 가까이 이르렀을 때 여호와의 군대장관으로 오셨으며(수 5:13), 사사 중 하나인 기드온에 나타나 큰 용사라고 부르시기도 하였다(삿 6:12).

이처럼 성경 안에는 하나님의 영이 실제로 우리가 살고 있는 이 땅에 나타났던 일들이 많이 언급되어 있다. 다시 말하면 하나님의 영은 세상에 살고 있는 인간을 살펴보시고, 이름을 부르시며, 능력을 베푸시는 모습을 볼 수 있고, 나타나실 때는 영으로서 나타나기도 하지만 실제의 사람의 형상으로 나타나기도 하시는 것 같다.

이에 대해 성경에서 설명하는 부분이 있는데 우선 역대하(16:7, 9)[23] 말씀을 보면 "선견

---

22 총독과 지사와 행정관과 왕의 모사들이 모여 이 사람들을 본즉 불이 능히 그들의 몸을 해하지 못하였고 머리털도 그슬리지 아니하였고 겉옷 빛도 변하지 아니하였고 불 탄 냄새도 없었더라(단 3:27)
23 때에 선견자 하나니가 유다 왕 아사에게 나아와서 이르되 왕이 아람 왕을 의지하고 왕의 하나님 여호와를

자(선지자) 하나니"가 아사 왕에게 말할 때 여호와의 눈을 설명하였다. '여호와의 눈은 온 땅을 두루 감찰하고 자신을 위하는 자에게는 능력을 베푸신다 하면서 아사 왕이 망령되이 행하였기에 전쟁이 있을 것'이라 하였다. 그리고 열왕기상 22:19~22에서 여호사밧 왕과 아합 왕이 아람 왕과 대적할 때 아합의 죄로 말미암아 아합을 속이기 위하여 모든 선지자에게 거짓의 영을 넣었다고 선지자 미가야가 설명하였다.

즉 "하나님의 영"은 하늘에서만 보시고 계시는 것이 아니라 실제로 우리가 살고 있는 온 땅을 두루 다니면서 살펴보시고 감찰하고 있으며, 전심으로 자신에게 향하는 자들을 찾고 있고, 그에게 능력을 베풀어 은혜를 받도록 하며, 악을 행하는 자는 여러 가지로 패망하게 되는데 하나님께서는 어떨 때는 거짓말을 넣어 망하게 하도록 하신다. 따라서 우리가 예수님 안에서 어떠한 삶을 사느냐에 따라 하나님이 나의 편이 되기도 하고, 남의 편이 되기도 하는 것 같다.

결론을 내리자면, 여호와의 눈, 곧 하나님의 일곱 영은 성경 곳곳에서 예수님의 모습을 나타내고 있으며, 사도 요한에게 일곱 교회를 말씀하실 때의 예수님의 모습이 각각 다른 이유가 여기에 있었던 것이고, 그 모습이 비록 다르게 설명하고 있지만 한 결 같이 모두 예수 그리스도를 지칭하고, 예수님의 모습을 나타내고 있다.

그리고, 우리는 우리가 앞서 보았던 하나님의 일곱 영(여호와의 눈)에 대해 다음과 같이 말할 수 있는데 하나님의 영은 성경 속에 기록된 과거에만 있었던 것이 아니라, 지금 우리가 살고 있는 이 땅, 이 순간에도 두루 감찰하시면서 전능하신 하나님을 의지하는 자를 찾고 있으며 그에게 능력을 나타내길 원하고 계신다. 그래서 히브리서 기자는 "하나님께 나아가는 자는 반드시 그가 계신 것과 자기를 찾는 이에게 상을 주신다"(히 11:6)라고 말한 것이다.

우리가 여호와를 알고, 힘써 알고자(호 6:3),[24] 그에게 나아간다면(히 11:6)[25] 반드시 예수님을 만날 수 있고, 그의 능력을 우리가 경험할 수 있다. 하나님은 하늘(천국, 새 예루살렘)

의지하지 아니한고로 아람 왕의 군대가 왕의 손에서 벗어났나이다 … 여호와의 눈은 온 땅을 두루 감찰하사 전심으로 자기에게 향하는 자를 위하여 능력을 베푸시나니 이 일은 왕이 망령되이 행하였은즉 이 후부터는 왕에게 전쟁이 있으리이다 하매(대하 16:7~9)

24 그러므로 우리가 여호와를 알자 힘써 여호와를 알자 그의 나오심은 새벽 빛 같이 일정하니 비와 같이, 땅을 적시는 늦은 비와 같이 우리에게 임하시리라 하리라(호 6:3)

25 믿음이 없이는 기쁘시게 못하나니 하나님께 나아가는 자는 반드시 그가 계신 것과 또한 그가 자기를 찾는 자들에게 상 주시는 이심을 믿어야 할찌니라(히 11:6)

에서만 계시는 분이 아니라 내 안에도 계시며(계 3:20),²⁶ 온 땅을 두루 살피면서 감찰하고 계신 분이다.

계시록	⁵보좌로부터 번개와 음성과 뇌성(lightnings and thunderings and voices)이 나고 보좌 앞에 일곱 등불 켠 것이 있으니 이는 하나님의 일곱 영이라(계 4:5) ⁶내가 또 보니 보좌와 네 생물과 장로들 사이에 어린양이 섰는데 일찍 죽임을 당한 것 같더라 일곱 뿔과 일곱 눈이 있으니 이 눈은 온 땅에 보내심을 입은 하나님의 일곱 영이더라(계 5:6)
비교	²그가 내게 묻되 네가 무엇을 보느냐 내가 대답하되 내가 보니 순금 등대가 있는데 그 꼭대기에 주발 같은 것이 있고 또 그 등대에 일곱 등잔이 있으며 그 등대 꼭대기 등잔에는 일곱 관이 있고… ¹⁰작은 일의 날이라고 멸시하는 자가 누구냐 이 일곱은 온 세상에 두루 행하는 여호와의 눈이라 다림줄이 스룹바벨의 손에 있음을 보고 기뻐하리라 (슥 4:2~10)
예	⁷자, 우리가 내려가서 거기서 그들의 언어를 혼잡케 하여 그들로 서로 알아듣지 못하게 하자 하시고(창 11:7) ¹⁸살렘왕 멜기세덱이 떡과 포도주를 가지고 나왔으니 그는 지극히 높으신 하나님의 제사장이었더라(창 14:18) ¹여호와께서(the LORD) 마므레 상수리 수풀 근처에서 아브라함에게 나타나시니라 오정 즈음에 그가 장막 문에 앉았다가(창 18:1) ²⁴여호와께서 길의 숙소에서 모세를 만나사 그를 죽이려하시는지라(출 4:24) ¹³여호수아가 여리고에 가까왔을 때에 눈을 들어본즉 한 사람이 칼을 빼어 손에 들고 마주섰는지라 여호수아가 나아가서 그에게 묻되 너는 우리를 위하느냐 우리의 대적을 위하느냐 ¹⁴그가 가로되 아니라 나는 여호와의 군대장관으로 이제 왔느니라 여호수아가 땅에 엎드려 절하고 가로되 나의 주여 종에게 무슨 말씀을 하려 하시나이까 (수 5:13~14)

---

26 볼찌어다 내가 문밖에 서서 두드리노니 누구든지 내 음성을 듣고 문을 열면 내가 그에게로 들어가 그로 더불어 먹고 그는 나로 더불어 먹으리라(계 3:20)

예	¹²여호와의 사자가 기드온에게 나타나 이르되 큰 용사여 여호와께서 너와 함께 계시도다 (삿 6:12) ¹⁸여호와의 사자가 그에게 이르시되 어찌하여 이를 묻느냐 내 이름은 기묘(secret, NASB wonderful)니라 ¹⁹이에 마노아가 염소새끼 하나와 소제물을 취하여 반석 위에서 여호와께 드리매 사자가 이적을 행한지라 마노아와 그 아내가 본즉 ²⁰불꽃이 단에서부터 하늘로 올라가는 동시에 여호와의 사자(the angel of the LORD)가 단 불꽃 가운데로 좇아 올라간지라 마노아와 그 아내가 이것을 보고 얼굴을 땅에 대고 엎드리니 ²¹여호와의 사자가 마노아와 그 아내에게 다시 나타나지 아니하니 마노아가 이에 그가 여호와의 사자인줄 알고 ²² 그 아내에게 이르되 우리가 하나님을 보았으니 반드시 죽으리로다(삿 13:18~22) ¹⁹미가야가 가로되 그런즉 왕은 여호와의 말씀을 들으소서 내가 보니 여호와께서 그 보좌에 앉으셨고 하늘의 만군이 그 좌우편에 모시고 서 있는데 ²⁰여호와께서 말씀하시기를 누가 아합을 꾀어 저로 길르앗 라못에 올라가서 죽게 할꼬 하시니 하나는 이렇게 하겠다 하고 하나는 저렇게 하겠다 하였는데 ²¹한 영이 나아와 여호와 앞에 서서 말하되 내가 저를 꾀이겠나이다 ²²여호와께서 저에게 이르시되 어떻게 하겠느냐 가로되 내가 나가서 거짓말하는 영이 되어 그 모든 선지자의 입에 있겠나이다 여호와께서 가라사대 너는 꾀이겠고 또 이루리라 나가서 그리하라 하셨은즉 ²³이제 여호와께서 거짓말하는 영을 왕의 이 모든 선지자의 입에 넣으셨고 또 여호와께서 왕에게 대하여 화를 말씀하셨나이다(왕상 22:19~23) ⁷때에 선견자 하나니가 유다 왕 아사에게 나아와서 이르되 왕이 아람 왕을 의지하고 왕의 하나님 여호와를 의지하지 아니한고로 아람 왕의 군대가 왕의 손에서 벗어났나이다 … ⁹ 여호와의 눈은 온 땅을 두루 감찰하사 전심으로 자기에게 향하는 자를 위하여 능력을 베푸시나니 이 일은 왕이 망령되이 행하였은즉 이 후부터는 왕에게 전쟁이 있으리이다 하매 (대하 16:7~9) ²³이 세 사람 사드락과 메삭과 아벳느고는 결박된 채 극렬히 타는 풀무 가운데 떨어졌더라 ²⁵왕이 또 말하여 가로되 내가 보니 결박되지 아니한 네 사람이 불 가운데로 다니는데 상하지도 아니하였고 그 네째의 모양은 신들의 아들과 같도다 하고(단 3:23~25) ¹⁴우리 주께서 유다로 좇아 나신 것이 분명하도다 이 지파에는 모세가 제사장들에 관하여 말한 것이 하나도 없고 ¹⁵멜기세덱과 같은 별다른 한 제사장이 일어난 것을 보니 더욱 분명하도다 ¹⁶그는 육체에 상관된 계명의 법을 좇지 아니하고 오직 무궁한 생명의 능력을 좇아 된 것이니 ¹⁷증거하기를 네가 영원히 멜기세덱의 반차를 좇는 제사장이라 하였도다 (히 7:14~17)

16. 유리 바다(계 4:6)와 생명수의 강(계 22:1)

요한계시록을 읽어 보면 유리 바다(계 4:6)와 생명수의 강(계 22:1)에 대한 부분이 하늘보좌와 새 예루살렘 성에 대해서 말씀하실 때 나온다. 유리 바다(a sea of glass, 계 4:6)는 하늘 보좌와 어린양 앞에 있다고 말씀하고 있고, 생명수의 강(a pure river of water of life, 생명수의 깨끗한 강)은 새 예루살렘 성에 있다고(계 22:1) 말씀하시고 있다.

그런데 이 말씀을 볼 때에 요한계시록 4:6의 하늘보좌와 요한계시록 22:1의 새 예루살렘 성의 장소가 다르다고 볼 수도 있지만 요한계시록 4장과 그 이후에 전개되는 일곱 봉인, 일곱 나팔, 일곱 대접을 말씀하시는 상황을 보면 하늘보좌와 새 예루살렘 성은 모두 같은 장소라고 인식되어진다.

그런데 같은 장소라고 생각 되는 곳에서 어떻게 요한계시록에서는 유리 바다와 생명수의 강이라고 다르게 표현하고 있을까? 이 상황에 대해 우리는 비록 가보거나 본적은 없지만, 성경의 신실성의 바탕을 두면서 생각할 때, 또한 사도 요한이 잘못보고 기록한 것이 아닐 것이라는 믿음 위에서 성경에 기록되어진 말씀을 토대로 몇 가지를 살펴보고자 한다.

일단, 유리 바다와 생명수의 강의 공통점을 찾아보면 두 가지의 공통점이 있는데, 첫 번째로는 물이 깨끗하고 맑다고 하면서 마치 수정(crystal)과 같이 맑다고 말씀하신 것이고, 두 번째로는 하나님과 예수님 앞에 있거나 흐르고 있다고 말씀하고 있는 것이다. 이 두 가지의 공통점을 염두에 두고 이야기를 풀어가고자 한다.

우리는 바다와 강이 구분되어진 것만 보아 왔기에 이 둘(바다와 강)이 하나라고 말하는 것은 이해하기가 쉽지는 않을 것이다. 그러나 이 두 가지 공통점으로 볼 때에 유리 바다와 생명수의 강은 어떻게 보면 하나이지 않을까 하는 생각이 들지 않는가? 물론 쉽게 이해가 되진 않을 수도 있지만 혹시 바다이면서 생명수의 강 이런 것이 아닐까 하는 추측을 해 볼 수 있을 것이다. 그러나 다행히도 이런 추측을 하지 않아도 성경에서는 이에 대해 잘 표현하고 있는 부분이 있다. 에스겔이 환상 중에 보았던 성전 중에서 강과 바다가 하나라고 에스겔 47장에서 잘 설명하고 있다.

에스겔 47장을 살펴보면, 성전 밑에서부터 신기하게도 물이 흐르고 있다. 이 물은 동쪽으로 나가는데 처음에 잴 때는 발목 정도 높이이고, 그 다음에 잴 때는 무릎, 그 다음은 허리까지이며, 그 다음에는 헤엄칠만한 물이라 하였다. 또 그 다음은 사람이 능히 건너지 못할 강이라 하였으며, 그 물이 아라바로 내려가서 바다에 이르러 바다의 물이 되어서 바다가 되살아난다고 말씀하고 있다. 또한 강이 흐르는 좌우에는 나무가 심히 많고, 각종 과실나무가 자라고, 달마다 새 열매를 맺으며, 그 열매는 먹을 만하고, 잎사귀는 약 재료가 된다고 하였다.

게다가 강물이 흐르는 곳마다 모든 생물이 살고, 고기가 심히 많고, 바닷물도 살아나고, 고기도 각기 종류에 따라 많고 큰 바다의 고기가 심히 많다 하였다. 그러나 진펄과 개펄(miry, marishes, 진흙과 늪)은 되살아나지 못하지만 소금 땅이 될 것이라 하였다. 이처럼 에스겔 선지자가 환상 중에 보았던 성전 밑에 흐르는 물이 강이 되고, 바다가 된다고 설명하고 있다.

우리는 어떻게 바다와 강이 하나 일 수가 있겠냐 하겠지만, 우리는 보는 것만 이해하고자 하고, 제한된 현실 속에서만 생각을 하지만, 하나님은 능히 바다와 강을 하나로 만들 수 있는 것이다. 그런데 우리가 살고 있는 현실에서 그 가능성을 보여주고 있다. 즉 물이 흘러 강으로 가고, 그 강물이 흘러 흘러 바다로 향한다고 말을 하지 않는가! 실제로도 요단강이 흘러서 사해로 흘러가며, 우리나라에서도 영산강이 서해안 바다와 연결된 것을 볼 때에 강과 바다의 물은 서로 같은 근원이라는 것을 알게 된다. 이를 통해 생각해보면, 바다와 강은 하나[27]가 될 수 있는 것이다.

에스겔 47장에서 보면, 성전 밑에서 흐르는 물은 물만 흐르고 있지는 않을 것 같다. 그 물 속에는 우리가 보아왔던 물고기와 같은 생물들이 살고 있을 것 같지 않은가? 이사야서 65:17, 25에서 "새 하늘 새 땅에는 이리와 어린양이 함께 먹고, 사자가 소처럼 짚을 먹을 것"이라 하였다. 즉 새 하늘과 새 땅에도 우리가 보아왔던 이리, 사자, 양들이 있다고 말씀하시는데 하물며 유리 바다와 강에도 물고기가 있는 것은 당연할 것이다. 하늘 보좌에 있는 유리 바다에 있었던 생물, 강에서 있었던 생물들이 모두 함께 있을 것이다. 그래서 사도 요한은 한 쪽에서는 유리 바다라고 말씀하고, 또 다른 쪽에서는 생명수의 강이라고 말씀하신 것일 것이다.

27　바다와 강은 하나: 이는 물이 바다를 덮음 같이 여호와의 영광을 인정하는 것이 세상에 가득함이니라 (합 2:14)

그리고 공통된 특징은 수정과 같이 맑다고 하는 부분이다. 우리가 살고 있는 바다와 강을 볼 때에 어지간해서 깨끗하거나 맑지 않으면 그 속을 볼 수 없다. 일부 얕은 물가에는 물이 깨끗하면 바닥을 보는 경우가 많지만 물이 깊을 경우는 맨 밑바닥을 볼 수는 없다. 그러나 유리 바다와 생명수의 강은 수정(수정의 가장 큰 특징은 속이 다 보임)같이 맑다고 하였으니 그 속을 다 볼 수 있는 것 같다.

마지막으로 하나 더 생각해 본다면, 우리가 살고 있는 바닷물은 직접 떠먹을 수는 없다. 하지만 하늘 보좌에 있는 유리 바다가 생명수의 강이라고 한다면, 그 유리 바다 물은 생명수의 강을 마실 수 있는 것처럼 유리 바다의 물도 직접 떠먹을 수 있을 것만 같다.

위와 같은 공통된 모습으로 사도 요한은 요한계시록 4장에서는 유리 바다라고 하고 21장에서는 생명수의 강이라고 한 것이 아닐까? 에스겔 선지자가 보았던 것을 우리도 하나님이 보여주면 볼 수 있을 것이고, 그렇지 않다 하더라도 장차 하늘나라에 가서 직접 보게 될 것이다(부록 2 참조: 새 예루살렘 성과 에덴동산의 비교).

계시록	⁶보좌 앞에 수정과 같은 유리 바다가 있고 보좌 가운데와 보좌 주위에 네 생물이 있는데 앞뒤에 눈이 가득하더라(계 4:6) ¹또 저가 수정 같이 맑은 생명수의 강을 내게 보이니 하나님과 및 어린양의 보좌로부터 나서(계 22:1)
비교	¹그가 나를 데리고 전 문에 이르시니 전의 전면이 동을 향하였는데 그 문지방 밑에서 물이 나와서 동으로 흐르다가 전 우편 제단 남편으로 흘러 내리더라 ²그가 또 나를 데리고 북문으로 나가서 바깥 길로 말미암아 꺾여 동향한 바깥 문에 이르시기로 본즉 물이 그 우편에서 스미어 나오더라 ³그 사람이 손에 줄을 잡고 동으로 나아가며 일천척을 척량한 후에 나로 그 물을 건너게 하시니 물이 발목에 오르더니 ⁴다시 일천척을 척량하고 나로 물을 건너게 하시니 물이 무릎에 오르고 다시 일천척을 척량하고 나로 물을 건너게 하시니 물이 허리에 오르고 ⁵다시 일천척을 척량하시니 물이 내가 건너지 못할 강이 된지라 그 물이 창일하여 헤엄할 물이요 사람이 능히 건너지 못할 강이더라 ⁶그가 내게 이르시되 인자야 네가 이것을 보았느냐 하시고 나를 인도하여 강 가로 돌아가게 하시기로 ⁷내가 돌아간즉 강 좌우편에 나무가 심히 많더라 ⁸그가 내게 이르시되 이 물이 동방으로 향하여 흘러 아라바로 내려가서 바다에 이르니 이 흘러 내리는 물로 그 바다의 물이 소성함을 얻을찌라 ⁹이 강물이 이르는 곳마다 번성하는 모든 생물이 살고 또 고기가 심히 많으리니 이 물이 흘러 들어 가므로 바닷물이 소성함을 얻겠고 이 강이 이르는 각처에 모든 것이 살 것이며 ¹⁰또 이 강 가에 어부가 설 것이니 엔게디에서부터 에네글라임까지 그물 치는

비교	곳이 될 것이라 그 고기가 각기 종류를 따라 큰 바다의 고기 같이 심히 많으려니와 ^{11}그 진펄과 개펄은 소성되지 못하고 소금 땅이 될 것이며 ^{12}강 좌우 가에는 각종 먹을 실과나무가 자라서 그 잎이 시들지 아니하며 실과가 끊치지 아니하고 달마다 새 실과를 맺으리니 그 물이 성소로 말미암아 나옴이라 그 실과는 먹을 만하고 그 잎사귀는 약 재료가 되리라(겔 47:1~12)
예	^{6}그 때에 이리가 어린양과 함께 거하며 표범이 어린 염소와 함께 누우며 송아지와 어린 사자와 살찐 짐승이 함께 있어 어린 아이에게 끌리며 ^{7}암소와 곰이 함께 먹으며 그것들의 새끼가 함께 엎드리며 사자가 소처럼 풀을 먹을 것이며 ^{8}젖먹는 아이가 독사의 구멍에서 장난하며 젖 뗀 어린 아이가 독사의 굴에 손을 넣을 것이라 ^{9}나의 거룩한 산 모든 곳에서 해됨도 없고 상함도 없을 것이니 이는 물이 바다를 덮음 같이 여호와를 아는 지식이 세상에 충만할 것임이니라(사 11:6~9) ^{17}보라 내가 새 하늘과 새 땅을 창조하나니 이전 것은 기억되거나 마음에 생각나지 아니할 것이라 … ^{25}이리와 어린양이 함께 먹을 것이며 사자가 소처럼 짚을 먹을 것이며 뱀은 흙으로 식물을 삼을 것이니 나의 성산에서는 해함도 없겠고 상함도 없으리라 여호와의 말이니라(사 65:17~25)

To him that overcometh

제5장

요한계시록 5장

17. 왕 노릇하리라(계 5:10, 20:4~6)

성경에 나오는 면류관(부록 2 참조)에서 이야기 하였듯이 면류관은 왕관(crown)을 말하고 있기에 왕이 쓰게 될 것이고, 면류관을 쓰고 있는 자들이 결국 왕 노릇하게 될 것이다. 성경은 믿음의 성도를 향해 "왕 같은 제사장"(벧전 2:9)이라 하였는데 이는 요한계시록 5:10에서의 '우리를 나라와 제사장으로 삼았고 왕 노릇하게 하시겠다는 말씀'(계 5:10)과 '첫 번째 부활에 참여 한자가 예수님과 함께 천 년 동안 다스릴 것'이라는 말씀(계 20:4~6)과 동일한 말씀이다. 즉 성경은 믿음의 성도가 장차 왕이 되어 왕의 역할을 하게 될 것이다.

계시록	¹⁰저희로 우리 하나님 앞에서 나라와 제사장을 삼으셨으니 저희가 땅에서 왕 노릇 하리로다 하더라(계 5:10) ⁴또 내가 보좌들을 보니 거기 앉은 자들이 있어 심판하는 권세를 받았더라 또 내가 보니 예수의 증거와 하나님의 말씀을 인하여 목 베임을 받은 자의 영혼들과 또 짐승과 그의 우상에게 경배하지도 아니하고 이마와 손에 그의 표를 받지도 아니한 자들이 살아서 그리스도로 더불어 천 년 동안 왕 노릇 하니 ⁵(그 나머지 죽은 자들은 그 천 년이 차기까지 살지 못하더라) 이는 첫째 부활이라 ⁶이 첫째 부활에 참예하는 자들은 복이 있고 거룩하도다 둘째 사망이 그들을 다스리는 권세가 없고 도리어 그들이 하나님과 그리스도의 제사장이 되어 천 년 동안 그리스도로 더불어 왕 노릇 하리라(계 20:4~6)

비교	⁸너희가 이미 배부르며 이미 부요하며 우리 없이 왕 노릇 하였도다 우리가 너희와 함께 왕 노릇 하기 위하여 참으로 너희의 왕 노릇 하기를 원하노라(고전 4:8) ¹¹미쁘다 이 말이여, 우리가 주와 함께 죽었으면 또한 함께 살 것이요 ¹²참으면 또한 함께 왕 노릇할 것이요 우리가 주를 부인하면 주도 우리를 부인하실 것이라(딤후 2:11~12) ⁹오직 너희는 택하신 족속이요 왕 같은 제사장들이요 거룩한 나라요 그의 소유된 백성이니 이는 너희를 어두운데서 불러내어 그의 기이한 빛에 들어가게 하신 자의 아름다운 덕을 선전하게 하려 하심이라(벧전 2:9)

18. 천사의 수 = 마병대의 수(계 5:11, 9:16)

성경에서 천사가 등장하는데 천사의 종류는 다양하다. 가브리엘 천사, 미가엘 천사, 수종드는 천사, 나팔 부는 천사, 대접을 쏟는 천사 등 다양한데(부록 7 참조: 성경에 나오는 천사) 천사의 숫자에 대해 성경에서는 "만만이요 천천이라"(계 5:11), "이만만이다"(계 9:16), "천천이요 만만이라"(시 68:17)고 말씀하고 있다. 천사의 숫자에 대한 표현은 조금 다를 뿐 천사의 숫자는 모두 같다. 즉 천사의 수는 2억 명이 된다.

그러나 한 가지 언급되어야 할 부분은 요한계시록 9:16과 시편 68:17은 '마병대 병거의 수'를 이야기 하고 있으나 요한계시록 5:11의 숫자는 '하늘 보좌에 있는 천사'라고 하고 있기에 마병대의 천사와 하늘 보좌에 있는 천사가 서로 같은 천사들인지 아닌지는 알 수 없다.

다만 위에서 언급하였다시피 성경에서는 천사의 종류가 다양하고, 믿음의 성도를 위해 수종드는 천사도 있기에 천사의 숫자가 꼭 2억 명이라고 한정 지어서 말할 수는 없을 것 같다. 단지 우리에게 말씀한 2억 명이라는 것은 그만큼 천사가 셀 수 없을 정도로 많다는 것을 의미하지 않을까?

계시록	¹¹내가 또 보고 들으매 보좌와 생물들과 장로들을 둘러 선 많은 천사의 음성이 있으니 그 수가 만만이요 천천이라(numbering thousands upon thousands, and ten thousand times ten thousand, 계 5:11) ¹⁶마병대의 수는 이만만(two hundred million)이니 내가 그들의 수를 들었노라(계 9:16)
비교	¹⁷하나님의 병거는 천천이요 만만이라(tens of thousands and thousands of thousands) 주께서 그 중에 계심이 시내산 성소에 계심 같도다(시 68:17)

To him that overcometh

제6장

요한계시록 6장

19. 흰말, 붉은말, 검은말, 청홍색말 / 하늘의 네바람(계 6:2~8)

요한계시록에서는 어린양(예수)이 하나님이 가지고 계신 7개로 봉인된 한 권의 책을 뗄 때에 네 가지 종류의 말(horse)이 등장하며, 그 말들이 가지고 있는 무기와 권세는 아래 표와 같다.

하늘의 네 바람	무기(계 6:2~8)	권세(계 6:2~8)	의미
흰 말	활을 가지고 있음	이기고 이기려 함(conquer)	승리
붉은 말	큰 칼 받음(a great sword)	땅에서 평화를 제하여 버리며, 서로 죽이게 함	전쟁
검은 말	저울을 가지고 있음 (a pair of balances)	한 데나리온에 밀 한 되 또는 보리 석 되	기근
청황색 말	사망(Death)의 이름을 가짐 [음부(hell 지옥)가 따라옴]	땅의 1/4를 죽임 [검, 흉년, 사망,[1] 땅의 짐승으로] (sword, hunger, death, beasts of the earth)	죽음

그런데 이 말들에 대해서 스가랴에서도 동일하게 등장하고 있는데 이 말들을 '하늘의 네 바람'(the four spirits of the heavens, 슥 6:5)이라고 하며, 여호와로부터 땅에 두루 다니라고 보냄을 받은 자(슥 1:10; 6:4~7)라고 말씀하고 있다. 요한계시록과 스가랴에 등장하

---

[1] 사망 : KJV – death(사망) / NIV – plague(전염병)
  * 흑사병을 plague로 되어 있다. 즉 전염병을 plague로 사용함(출처 : 서울대학병원 의학정보)

는 말에 대해 비교하면 아래 표와 같다.

요한계시록(6:2~8)	스가랴(1:8~10)	스가랴(6:1~8)
흰 말(a white horse)	백마(white horses)	백마(white horses)
붉은 말(another horse, red)	홍마(red horses)	홍마(red horses)
검은 말(a black horse)	- (언급없음)	흑마(black horses)
청황색 말(a pale horse) * pale: 핼쑥한, 창백한	자마(speckled horses) * speckle: 얼룩덜룩, 반점있는	어롱지고 건장한 말 (grisled and bay horses, NIV: dappled-all, 얼룩덜룩)

위 표와 같이 요한계시록과 스가랴에서는 네 가지 색의 말(흰말, 붉은 말, 검은 말, 청황색 말)이 등장한다. 이중 흰 말, 붉은 말, 검은 말은 서로 같으나, 요한계시록에서 말씀한 청황색의 말에 대한 표현은 약간 다르게 설명하고 있는데, 영어 성경(KJV)으로 보면 pale(계 6:8), speckled(슥 1:8), grisled and bay(슥 6:3, NIV: dappled-all)로 되어있다. 그러나 위에서 언급한 것처럼 성경은 '하늘의 네 바람(the four spirits of the heavens, 슥 6:5)'이라고 말씀하고 있기에 청황색 말은 자마이고, 얼룩덜룩한 말이라고 보여진다.

그리고 요한계시록 19:11~16에서 백마(흰말)를 타신 분을 설명하고 있는데 백마를 타신 분의 이름이 "충신과 진실"과, "하나님의 말씀"으로 불리지는 분으로서, 구체적 이름이 "만왕의 왕이요 만주의 주"(KING OF KING AND LORD OF LORDS, 대문자)라고 하신다. 그리고 이분은 공의로 심판하시며 싸운다고 말씀하고 있기에 이 분은 곧 예수님을 가리키고 있는 것이다. 결국 예수님은 백마를 타고 다니는 것으로 보여진다.

종합하자면, 네 가지 색의 말(흰말, 붉을 말, 검은 말, 청황색 말)은 '하늘의 네 바람'으로서 두루 보냄을 받은 자들이고, 어린양이신 예수님은 이 네 가지 색의 말들 중에 흰 말(백마)을 직접 타고 계신다고 말씀하고 있는 것이다. 그래서 예수님은 흰말을 타면서 자기와 대적하는 자들을 대하여 공의를 가지고 직접 싸우신다고 말씀하고 있다.

참고로 위에서 말한 네 가지 색의 말은 '하늘의 네 바람'(슥 6:5)이며, '주 앞에 있다가 땅에 두루 다니라고 보냄을 받은 자'(슥 1:10; 6:4~7)라고 말씀하고 있는데, 스가랴 4장을 보면 온 세상에 두루 행하는 분이 등장한다. 이 두루 행하는 분을 일곱 등불[29]이라하며 '온 세상에 두루 행하는 여호와의 눈'이라 설명하고 있는데 이 둘(보냄을 받은 자와 두루 행하는 자)을 비교하면, 상징(말과 등잔), 숫자(넷과 일곱), 역할과 신분(보냄을 받은 자와 행하는 여호와의 눈)이 서로 다르기에 서로 같지 않음을 볼 수 있으며 이에 대한 비교는 아래 표와 같다.

구분	스가랴(6:1~8)	스가랴(4:2, 10)
상징	말(4종류의 말)	등불(일곱 등불)
명칭	하늘의 네 바람	여호와의 눈
역할과 신분	온 땅에 두루 다니라고 보냄을 받은 자	온 세상에 두루 행하는 여호와의 눈

계시록	²내가 이에 보니 흰 말(a white horse)이 있는데 그 탄 자가 활을 가졌고 면류관을 받고 나가서 이기고 또 이기려고 하더라 … ⁴이에 붉은 다른 말(another horse – red)이 나오더라 그 탄 자가 허락을 받아 땅에서 화평을 제하여 버리며 서로 죽이게 하고 또 큰 칼을 받았더라 ⁵셋째 인을 떼실 때에 내가 들으니 세 째 생물이 말하되 오라 하기로 내가 보니 검은 말(a black horse)이 나오는데 그 탄 자가 손에 저울을 가졌더라 … ⁸내가 보매 청황색 말(a pale horse)이 나오는데 그 탄 자의 이름은 사망이니 음부가 그 뒤를 따르더라 저희가 땅 사분 일의 권세를 얻어 검과 흉년과 사망과 땅의 짐승으로써 죽이더라(계 6:2~8)
비교	⁸내가 밤에 보니 사람이 홍마(a red horse)를 타고 골짜기 속 화석류나무 사이에 섰고 그 뒤에는 홍마와 자마와 백마가 있기로(there red horses, speckled, and white) ⁹내가 가로되 내 주여 이들이 무엇이니이까 내게 말하는 천사가 내게 이르되 이들이 무엇인지 내가 네게 보이리라 하매 ¹⁰화석류나무 사이에 선 자가 대답하여 가로되 이는 여호와께서 땅에 두루 다니라고 보내신 자들이니라(슥 1:8~10) ²그가 내게 묻되 네가 무엇을 보느냐 내가 대답하되 내가 보니 순금 등대가 있는데 그 꼭대기에 주발 같은 것이 있고 또 그 등대에 일곱 등잔이 있으며 그 등대 꼭대기 등잔에는 일곱 관이 있고… ¹⁰작은 일의 날이라고 멸시하는 자가 누구냐 이 일곱은 온 세상에 두루 행하는 여호와의 눈이라 다림줄이 스룹바벨의 손에 있음을 보고 기뻐하리라(슥 4:2~10)

---

29   일곱 등불: 제2부 제4장 15 참조(일곱 등불인 하나님의 일곱 영, 계 4:5; 5:6)

비교	¹내가 또 눈을 들어본즉 네 병거가 두 산 사이에서 나왔는데 그 산은 놋산이더라 ²첫째 병거는 홍마들이, 둘째 병거는 흑마들이, ³세째 병거는 백마들이, 넷째 병거는 어룽지고 건장한 말들(grisled and bay horses)이 메었는지라 ⁴내가 내게 말하는 천사에게 물어 가로되 내 주여 이것들이 무엇이니이까 ⁵천사가 대답하여 가로되 이는 하늘의 네 바람(the four spirits of the heavens)인데 온 세상의 주 앞에 모셨다가 나가는 것이라 하더라 ⁶흑마는 북편 땅으로 나가매 백마가 그 뒤를 따르고 어룽진 말은 남편 땅으로 나가고 ⁷건장한 말은 나가서 땅에 두루 다니고자 하니 그가 이르되 너희는 여기서 나가서 땅에 두루 다니라 하매 곧 땅에 두루 다니더라 ⁸그가 외쳐 내게 일러 가로되 북방으로 나간 자들이 북방에서 내 마음을 시원케 하였느니라 하더라(슥 6:1~8)
백마	¹¹또 내가 하늘이 열린 것을 보니 보라 백마와 탄 자가 있으니 그 이름은 충신과 진실이라 그가 공의로 심판하며 싸우더라 ¹²그 눈이 불꽃 같고 그 머리에 많은 면류관이 있고 또 이름 쓴 것이 하나가 있으니 자기 밖에 아는 자가 없고 ¹³또 그가 피 뿌린 옷을 입었는데 그 이름은 하나님의 말씀이라 칭하더라 ¹⁴하늘에 있는 군대들이 희고 깨끗한 세마포를 입고 백마를 타고 그를 따르더라 ¹⁵그의 입에서 이한 검이 나오니 그것으로 만국을 치겠고 친히 저희를 철장으로 다스리며 또 친히 하나님 곧 전능하신 이의 맹렬한 진노의 포도주 틀을 밟겠고 ¹⁶그 옷과 그 다리에 이름 쓴 것이 있으니 만왕의 왕이요 만주의 주라 하였더라(계 19:11~16)

20. 감람유와 포도주는 해치 말라(계 6:5, 6)

하나님의 오른 손에 있는 두루마리 책을 어린양이 받아서 세 번째 인을 뗄 때에 네 생물 사이, 곧 보좌에서 나오는 음성이 한 데나리온에 밀 한되요 보리 석되라고 하시면서 감람유와 포도주를 해치지 말라고 말씀하셨다(계 6:5, 6).

여기서 '한 데나리온'은 하루 품삯의 가치를 상징하고 있는 것으로, 세 번째 인을 떼는 시대에는 '밀 한되, 보리 석되'의 가격이 하루 일당에 해당하는 만큼의 값을 지불해야만 얻을 수 있는 농산물이라는 것을 알려주고 있다. 즉 이 시기는 흉년의 때이고, 가뭄의 때이고, 열매를 맺지 못하고 있는 시대를 말하는 것으로 이 시대에 살아가는 사람들은 먹을 것이 풍족하지 못한 매우 불안한 시대, 배고픔의 시대를 겪게 될 것이라고 알려주고 있다.

성경은 또한 마치 검은 말을 탄 자를 통해서 이 땅에 있는 농작물을 훼손하게 하여 수확물이 많지 않도록 하게 한다는 것을 보여주고 있으며, 검은 말을 탄 자는 그러한 권세를 가지고 있는 것처럼 보여진다. 그런데 이런 시대에도 불구하고 성경은 감람유와 포도주는 해치지 말라고 검은 말 탄 자에게 말씀하고 있는데, 성경은 왜 감람유와 포도주는 상하지 않도록 말씀하셨는가에 대해서 의문점이 생긴다. 다른 농산물은 수확량을 많이 맺지 못하는데 반하여 감람유와 포도주는 평상시와 같이 열매를 맺고 수확할 수 있을 것이라고 말씀하고 있기 때문이다.

성경에서 감람유와 포도주의 쓰임새를 살펴보면 그 이유를 알 수 있을 것만 같다. 먼저 감람유를 찾아보면 출애굽기 27:20~21[30]에서 여호와 하나님을 위하여 밝히는 등불의 기름의 재료를 알려주고 있는데 등불의 기름은 감람으로 짠 순수한 기름으로 드리라고 하였다. 감람으로 짠 순수한 기름은 곧 감람유라는 것을 알 수 있다. 그리고 감람유로 짜서 드려지는 등불은 일곱 등잔에서 밝혀주고 있는 등불이라는 것을 알 수 있으며, 이 일곱 등잔은 예수 그리스도를 상징(계 1:12 ; 2:1 ; 4:5)[31]하고 있는 것이다.

결국 일곱 등잔을 밝히고 있는 등불인 동시에 예수 그리스도를 밝히는 등불은 감람유라는 것을 알 수 있다. 두 번째로 포도주에 대해서 살펴보면 예수님이 제자들과 마지막 만찬자리에서 빵을 떼어서는 내 살이라고 말씀하셨고, 포도주에 대해서는 내 피라 하면서 나의 새 언약이라고 말씀하셨다(눅 22:14~20).[32] 포도주는 예수님의 피, 보혈을 상징하므로 곧 예수 그리스도를 나타내고 있는 것이다. 결국 감람유와 포도주는 모두 예수 그리스도를 상징하고 있는 것이다.

---

[30] 너는 또 이스라엘 자손에게 명하여 감람으로 찧어낸 순결한 기름을 등불을 위하여 네게로 가져오게 하고 끊이지 말고 등불을 켜되 아론과 그 아들들로 회막안 증거궤 앞 휘장 밖에서 저녁부터 아침까지 항상 여호와 앞에 그 등불을 간검하게 하라 이는 이스라엘 자손의 대대로 영원한 규례니라(출 27:20, 21)

[31] 몸을 돌이켜 나더러 말한 음성을 알아보려고 하여 돌이킬 때에 일곱 금 촛대를 보았는데(계 1:12)
에베소교회의 사자에게 편지하기를 오른손에 일곱별을 붙잡고 일곱 금 촛대 사이에 다니시는 이가 가라사대(계 2:1)
보좌로부터 번개와 음성과 뇌성이 나고 보좌 앞에 일곱 등불 켠것이 있으니 이는 하나님의 일곱 영이라(계 4:5)

[32] 때가 이르매 예수께서 사도들과 함께 앉으사 이르시되 내가 고난을 받기 전에 너희와 함께 이 유월절 먹기를 원하고 원하였노라 내가 너희에게 이르노니 이 유월절이 하나님의 나라에서 이루기까지 다시 먹지 아니하리라 하시고 이에 잔을 받으사 사례하시고 가라사대 이것을 갖다가 너희끼리 나누라 내가 너희에게 이르노니 내가 이제부터 하나님의 나라가 임할 때까지 포도나무에서 난 것을 다시 마시지 아니하리라 하시고 또 떡을 가져 사례하시고 떼어 저희에게 주시며 가라사대 이것은 너희를 위하여 주는 내 몸이라 너희가 이를 행하여 나를 기념하라 하시고 저녁 먹은 후에 잔도 이와 같이 하여 가라사대 이 잔은 내 피로 세우는 새 언약이니 곧 너희를 위하여 붓는 것이라 (눅 22:14~20)

그러므로 하나님께 드리는 등불의 기름으로 사용되어지는 감람유와 예수님의 새 언약의 피, 성찬식의 재료로 쓰이는 포도주는 조금도 부족함이 없고 마르지 않는다는 것을 알려주기 위하여 보좌에서 감람유와 포도주는 해치지 말라고 말씀하신 것으로 보여진다.

그 예로 천국의 신랑을 맞이하러 기다리는 열 처녀에 대한 비유로 설명하실 때 기름을 준비한 다섯 처녀와 준비하지 못한 다섯 처녀에서 감람유라고 명시되어 있지 않지만 기름을 준비하지 못한 처녀가 가뭄과 같은 현상으로 기름을 준비하지 못한 것이 아니라 자신의 불찰로 인하여 기름을 준비하지 못한 것을 볼 수 있는 것처럼 예수님을 상징하는 감람유와 포도주는 부족함이 없도록 상함이 없을 것이다(마 25:1~13)

그리고 위에 언급한 의미 이외에도 우리에게 말씀하시고자 하는 의도는 앞으로 우리에게 다가오는 마지막 시대가 가뭄의 시대요, 배고픔의 시대요, 농산물 및 육적, 영적으로 열매를 맺지 못하는 시대라 할지라도, 다른 것은 잊어버릴지라도 절대로 잊지 말아야 하고, 놓치지 말고 꼭 붙잡아야 할 것은 예수 그리스도라는 것을 말씀하고 있는 것이다.

예수 그리스도는 우리가 준비한 그 등불이 우리를 밝혀 줄 것이고, 우리가 마시는 그 포도주가 예수님의 보혈이 되어 우리의 죄와 허물을 씻겨주시고 용서하실 것이기 때문이다. 그래서 셋째 인을 떼는 시대에는 감람유와 포도주를 해치지 않도록 보호하고 지켜주고 있으며, 감람유와 포도주 되신 예수 그리스도는 부족함이 없고, 상함이 없는 것으로 곧 풍부하고, 넉넉하고, 목마르지 않고, 온전하신 하나님의 아들 예수 그리스도라는 것을 알려주고 있는 것이다.

계시록	⁵세째 인을 떼실 때에 내가 들으니 세째 생물이 말하되 오라 하기로 내가 보니 검은 말이 나오는데 그 탄 자가 손에 저울을 가졌더라 ⁶내가 네 생물 사이로서 나는 듯하는 음성을 들으니 가로되 한 데나리온에 밀 한되요 한 데나리온에 보리 석되로다 또 감람유와 포도주는 해치 말라 하더라(계 6:5~6)

21. 전염병 ; 하나님의 심판 도구(계 6:8; 11:6)

하나님은 이스라엘 백성이 죄악된 행위를 하거나 우상을 섬길 경우에 하나님은 그들의 행위를 돌이키기 위하여 진짜 하나님은 누구이며, 이스라엘 백성을 향한 관심과 사랑이 얼마나 많은지를 알게 하고 다시 자신의 품으로 돌아오도록 이스라엘 주변에 있는 부족이나 나라를 들어서 사용하는 경우를 성경을 통해 많이 보게 된다.

위와 같이 하나님은 이스라엘 백성이나, 주변 나라의 악한 행위에 대한 대가로 징계를 가하실 때 보면, 하나님이 사용하시는 도구가 있는 것처럼 말씀하신 부분이 성경에 나오는데, 심판의 도구로는 "칼, 동물(찢는 개, 삼켜 멸하는 공중의 새, 땅의 짐승), 온역, 기근"(계 6:8; 11:6; 렘 15:3; 21:9; 겔 5:11, 12; 6:12; 33:27)이라고 소개하고 있다.

이러한 하나님의 징계의 수단으로 사용되어지는 도구들 가운데 하나인 전염병에 대해 성경을 통해 알아보자면, 이스라엘 백성이 출애굽하여 모압 평지에 이르렀을 때 발람의 꾀로 넘어가 우상에게 절을 하게 되는데 이때 염병이 퍼졌고, 이 염병으로 24,000명이 죽는 사건이 발생했다.

그리고 염병이 많은 사람을 죽게 하는데 그 전염병이 그쳤던 이유는 아론의 아들 비느하스가 시므리와 고스비를 죽였을 때에 비로소 그 염병이 멈추게 되었다. 비느하스가 시므리와 고스비를 죽인 것에 대하여 하나님은 '나의 질투'로 그들을 죽였다고 말씀하셨다. 이는 하나님을 대신하여 일을 하였기에 염병이 멈추게 되었음을 설명하셨다. 이 사건은 이스라엘 백성이 우상을 섬긴 죄로 전염병이 발생했던 일이다(민 25:8~11).

역대상 21장에서는 전염병이 하나님께서 사용하시는 칼(도구)[33]이라고 말씀하고 있다(대상 21:12) 다윗이 이스라엘 백성 가운데 칼을 들 만한 사람을 인구 조사하였다. 다윗과 함께한 요압이 인구 조사하지 말 것을 간청하였으나 이를 무시하며 군인의 수를 조사하였는데 하나님은 이를 두고 범죄하였다고 말씀하셨다. 그래서 하나님은 다윗에게 세 가지 중에 하나를 선택하라고 말씀하셨다.

---

[33] 칼: 전염병을 여호와의 칼이라 함(the sword of the LORD, even the pestilence)
  * pestilence: 악성 전염병, 역병

① 3년 기근
② 3개월간 적군의 칼에 쫓겨나는 일
③ 3일 동안 전염병

　다윗은 전염병을 선택하였고 그 선택한 것으로 인하여 이스라엘 백성 7만 명의 사람이 죽게 되었다. 그 이후 하나님은 뉘우치시면서 여부스 사람 오르난의 타작마당에서 전염병을 멈추게 하셨다. 이때 다윗은 그 멈추게 되는 현장 속에 있었고, 그 모습을 보고 "여호와의 사자가 칼을 칼집에 꽂았다"라고 말하였으며, 여호와의 사자와 그 칼을 두려워하여 감히 그 앞에 가서 하나님께 묻지 못했다고 기록하고 있다. 이 현장 속에 다윗은 모든 것을 보았고 묻지 못할 정도로 너무나 무서웠다고 하였다(대상 21:27~30; 삼하 24:1~25).
　우리는 전염병에 대해 우리의 시각으로 설명하자면, 병균이 갑자기 퍼져서 생겼다고 말할 수 있지만, 영적인 시각인 하나님의 눈으로 본다면 전염병의 모습은 여호와의 사자가 칼로 휘두르는 모습이 아닐까? 그리고 이 두 가지 사건을 통해 보면 전염병이 하나님의 도구로 사용되어지는 것을 볼 수 있다.
　예수님도 전염병에 대해 언급하신 부분이 있는데 마지막 때에 "처처에 큰 지진과 기근과 온역이 있겠고 또 무서운 일과 하늘로서 큰 징조들이 있으리라"(눅 21:11)하시면서 전염병으로 사람들이 죽게 될 것을 암시하고 있다.
　요한계시록에서는 "일곱별을 가지신 이(예수)의 입에서 좌우에 날선 검"(칼, 계 1:16)이 나온다고 말씀하고 있는데, 이 칼이 전염병인지 아니면 다른 것인지 답을 내리기는 어렵지만 다만 예수님의 입에서 나오는 것(음성, 칼 등)으로 사람은 죽게 됨을 알아야 할 것 같다.
　마지막으로 전염병에 대해서 요한계시록에서는 하나는 '사망'(계 6:8)이라고 하고 있는데 영어성경 KJV에서는 death라고 하고, NIV에서는 plague로 기록하고 있다. 또 하나는 계 11:6에서는 두 명의 증인이 여러 가지 재앙으로 땅을 치시겠다고 할 때의 재앙은 'plague'(KJV, 전염병)로 기록하고 있다. 이처럼 전염병은 하나님이 심판하시는 도구 가운데 하나라고 볼 수 있다.

계 시 록	¹⁶그 오른손에 일곱 별이 있고 그 입에서 좌우에 날선 검이 나오고 그 얼굴은 해가 힘있게 비취는것 같더라 (계 1:16) ⁸내가 보매 청황색 말이 나오는데 그 탄 자의 이름은 사망(KJV: death, NIV: plague) 이니 음부가 그 뒤를 따르더라 저희가 땅 사분 일의 권세를 얻어 검과 흉년과 사망과 땅의 짐승으로써 죽이더라 (계 6:8) ⁶저희가 권세를 가지고 하늘을 닫아 그 예언을 하는 날 동안 비 오지 못하게 하고 또 권세를 가지고 물을 변하여 피 되게 하고 아무 때든지 원하는 대로 여러가지 재앙으로 땅을 치리로다(to smite the earth with all plagues, as often as they will, 계 11:6)
비 교	¹²혹 삼년 기근일찌, 혹 네가 석달을 대적에게 패하여 대적의 칼에 쫓길 일일찌, 혹 여호와의 칼 곧 온역이 사흘 동안 이 땅에 유행하며 여호와의 사자가 이스라엘 온 지경을 멸할 일일찌 하셨나니 내가 무슨 말로 나를 보내신 이에게 대답할 것을 결정하소서 … ²⁷사자를 명하시매 저가 칼을 집에 꽂았더라 ²⁸이 때에 다윗이 여호와께서 여부스 사람 오르난의 타작마당에서 응답하심을 보고 거기서 제사를 드렸으니 ²⁹옛적에 모세가 광야에서 지은 여호와의 장막과 번제단이 그 때에 기브온 산당에 있으나 ³⁰다윗이 여호와의 사자의 칼을 두려워하여 감히 그 앞에 가서 하나님께 묻지 못함이라(대상 21:12~30) ⁸그 이스라엘 남자를 따라 그의 막에 들어가서 이스라엘 남자와 그 여인의 배를 꿰뚫어서 두 사람을 죽이니 염병이 이스라엘 자손에게서 그쳤더라 ⁹그 염병으로 죽은 자가 이만 사천명이었더라 ¹⁰여호와께서 모세에게 일러 가라사대 ¹¹제사장 아론의 손자 엘르아살의 아들 비느하스가 나의 질투심으로 질투하여 이스라엘 자손 중에서 나의 노를 돌이켜서 나의 질투심으로 그들을 진멸하지 않게 하였도다(민 25:8~10) ³나 여호와가 말하노라 내가 그들을 네 가지로 벌하리니 곧 죽이는 칼과 찢는 개와 삼켜 멸하는 공중의 새와 땅의 짐승으로 할 것이며(렘 15:3) ⁹이 성에 거주하는 자는 칼과 기근과 염병에 죽으려니와 너희를 에운 갈대아인에게 나가서 항복하는 자는 살리니 그의 생명은 노략한것 같이 얻으리라(렘 21:9) ¹¹그러므로 나 주 여호와가 말하노라 내가 나의 삶을 두고 맹세하노니 네가 모든 미운 물건과 모든 가증한 일로 내 성소를 더럽혔은즉 나도 너를 아껴 보지 아니하며 긍휼을 베풀지 아니하고 미약하게 하리니 ¹²너의 가운데서 삼분지 일은 온역으로 죽으며 기근으로 멸망할 것이요 삼분지 일은 너의 사방에서 칼에 엎드러질 것이며 삼분지 일은 내가 사방에 흩고 또 그 뒤를 따라 칼을 빼리라(겔 5:11~12)

비교	¹²먼데 있는 자는 온역에 죽고 가까운데 있는 자는 칼에 엎드러지고 남아 있어 에워싸인 자는 기근에 죽으리라 이같이 내 진노를 그들에게 이룬즉(겔 6:12) ²⁷너는 그들에게 또 이르기를 주 여호와의 말씀에 내가 나의 삶을 두고 맹세하노니 황무지에 있는 자는 칼에 엎드러뜨리고 들에 있는 자는 들짐승에게 붙여 먹게 하고 산성과 굴에 있는 자는 온역에 죽게 하리라(겔 33:27) ¹¹처처에 큰 지진과 기근과 온역이 있겠고 또 무서운 일과 하늘로서 큰 징조들이 있으리라(눅 21:11)

To him that overcometh

제7장

요한계시록 7장

22. 네 모퉁이에 서 있는 천사는 누구인가?(계 7:1)

네 천사는 땅의 네 모퉁이(corners)에 서 있으며, 바람을 불어서 땅, 바다, 나무를 손상시킬 수 있는 권세를 가지고 있다고 말씀하고 있다(계 7:1) 이를 볼 때 바람은 마치 태풍을 연상시켜서 땅에는 토네이도 같은 현상으로, 바다에서는 태풍으로 땅과 바다를 손상시킨다고 문자 그대로 유추해서 해석할 수 있을 것 같다.

그러나 만약 바람이 태풍이 아니고 비유적으로 설명한 것이라고 한다면 바람을 우리 인간에게 불어 닥치는 재앙이라고 해석할 수도 있지 않을까? 왜냐하면 하나님의 인장을 가진 천사가 네 모퉁이에 있는 천사에게 바람을 불지 말라고 부탁(144,000명에게 머리에 하나님의 인을 칠 때까지)을 하고 있는데 이 기간은 마치 평온한 시대를 말하는 것 같기도 하다. 평온한 시대라 함은 태풍과 같이 자연적인 재해가 없는 시기일 수도 있고 아니면 전쟁, 기근, 온역(질병), 지진이 없는 시기를 말할 수 있기 때문이다

어쨌든, 땅의 모퉁이에 서 있는 천사가 바람을 통해서든, 아니면 다른 것을 통해서든 하나님의 인장을 가진 천사가 144,000명에게 인을 칠 때에는 평온한 기간이라고 볼 수 있을 것 같다. 그리고 이 시기는 구체적으로 어떤 시기(또는 시대)인지는 알 수 없으나 마지막 시대에 평온한 시기는 한 번은 올 것 같다.

> ¹이 일 후에 내가 네 천사가 땅 네 모퉁이에 선 것을 보니 땅의 사방의 바람을 붙잡아 바람으로 하여금 땅에나 바다에나 각종 나무에 불지 못하게 하더라(계 7:1)

참고로 네 모퉁이 서 있는 천사와 '하늘의 네 바람'(부록 7 참조)은 아래 표에서 비교한 것처럼 서로 다른 듯하다. 그 이유는 '하늘의 네 바람'은 땅에 두루 다니라고 보냄을 받은 자이며, 말(horse)이라고 하고 있지만 네 모퉁이에 있는 천사는 땅의 모퉁이(corner)에 마치 고정되어 서 있는 듯하고, 천사라고 말하고 있기 때문에 서로 일치하지 않음을 볼 수 있다.

구분	네 모퉁이에 있는 천사 (계 7:1)	하늘의 네 바람 (계 6:2~8, 슥 1:8~10, 6:1~8)
상징	천사(네 명의 천사)	말(4종류의 말)
명칭		하늘의 네 바람
역할	네 모퉁이(corner)에 서 있으면서 바람을 불도록 함	온 땅에 두루 다니라고 보냄을 받은 자

23. 머리에 인 치시는 분은 누구인가?(계 7:2~4)

요한계시록 7:2에서 동쪽에서 나온 천사의 손에 하나님의 인을 가지고 있었지만, 7:4에 의하면 우리가 인 칠 때까지 바다, 나무를 해하지 말라고 하며 우리(we)라고 표현하고 있다. 이를 보면 실제로 사람에게 이마에 인을 치는 분은 한명이 아니라 여러 명이다.

그리고, 에스겔 9장 1~10절을 보면 북향한 윗문에서 나온 여섯 사람이 있는데 이들의 손에는 죽이는 칼을 가지고 있었으며, 그 중 한명이 붓을 가지고 이마에 표를 그리라는 하늘의 음성을 들었다. 이 여섯 사람에 대해서는 누구라고 밝히지 않고 있으며, 단지 이들에 대해 여섯 사람(six men)이라고 표현함으로써 천사가 아닌 사람이라고 말하고 있는 것이 특징이다.

그러면 사람의 이마에 인친분이 천사와 사람 중 어느 것이 맞을까?

요한계시록 7:2~4로 다시 돌아가서 살펴보면 하나님의 인을 가지고 있는 분이 동쪽에서 나온 천사이지만 144,000명에게 인을 친 자에 대해서 천사를 말하는 것인지 아니면 다른 누군가를 말하는 것인지는 명확하지 않다. 단지 우리라고 하면서 그 실체에 대해서 상세히 설명하고 있지 않다는 것이다. 에스겔서에 나온 것처럼 북향문에 나온 여섯 사람이 첫 열매인 144,000명에 대해 인을 쳤을 가능성이 충분히 있지 않을까 유추해 본다.

계 시 록	²또 보매 다른 천사가 살아계신 하나님의 인을 가지고 해 돋는 데로부터 올라와서 땅과 바다를 해롭게 할 권세를 얻은 네 천사를 향하여 큰 소리로 외쳐 ³가로되 우리가 우리 하나님의 종들의 이마에 인치기까지 땅이나 바다나 나무나 해하지 말라 하더라 ⁴내가 인맞은 자의 수를 들으니 이스라엘 자손의 각 지파 중에서 인맞은 자들이 십 사만 사천이니 (계 7:2~4)
비 교	¹그가 또 큰 소리로 내 귀에 외쳐 가라사대 이 성읍을 관할하는 자들로 각기 살륙하는 기계를 손에 들고 나아오게 하라 하시더라 ²내가 본즉 여섯 사람이 북향한 윗문 길로 좇아 오는데 각 사람의 손에 살륙하는 기계를 잡았고 그 중에 한 사람은 가는 베옷을 입고 허리에 서기관의 먹 그릇을 찼더라 그들이 들어 와서 놋 제단 곁에 서더라 ³그룹에 머물러 있던 이스라엘 하나님의 영광이 올라 성전 문지방에 이르니 여호와께서 그 가는 베옷을 입고 서기관의 먹 그릇을 찬 사람을 불러 ⁴이르시되 너는 예루살렘 성읍 중에 순행하여 그 가운데서 행하는 모든 가증한 일로 인하여 탄식하며 우는 자의 이마에 표하라 하시고 ⁵나의 듣는데 또 그 남은 자에게 이르시되 너희는 그 뒤를 좇아 성읍 중에 순행하며 아껴 보지도 말며 긍휼을 베풀지도 말고 쳐서 ⁶늙은 자와 젊은 자와 처녀와 어린 아이와 부녀를 다 죽이되 이마에 표 있는 자에게는 가까이 말라 내 성소에서 시작할찌니라 하시매 그들이 성전 앞에 있는 늙은 자들로부터 시작하더라 ⁷그가 또 그들에게 이르시되 너희는 성전을 더럽혀 시체로 모든 뜰에 채우라 너희는 나가라 하시매 그들이 나가서 성읍 중에서 치더라 ⁸그들이 칠 때에 내가 홀로 있는지라 엎드리어 부르짖어 가로되 오호라 주 여호와여 예루살렘을 향하여 분노를 쏟으시오니 이스라엘 남은 자를 모두 멸하려 하시나이까 ⁹그가 내게 이르시되 이스라엘과 유다 족속의 죄악이 심히 중하여 그 땅에 피가 가득하며 그 성읍에 불법이 찼나니 이는 그들이 이르기를 여호와께서 이 땅을 버리셨으며 보지 아니하신다 함이라 ¹⁰그러므로 내가 그들을 아껴 보지 아니하며 긍휼을 베풀지 아니하고 그 행위대로 그 머리에 갚으리라 하시더라(겔 9:1~10)

24. 셀 수 없는 무리(계 7:9)

천사가 하나님의 인을 가지고 와서 하나님의 종들의 이마에 인을 쳤는데 그 수는 144,000명(제2부 제22장 34 참조; 처음 익은 열매)이다. 그 이후 성경에 등장하는 것이 '아무라도 셀 수 없는 무리'가 흰 옷을 입고 종려나무 가지를 들고 어린양께 경배를 드리는 모습이 나타난다. 다시 말하면, 하나님이 계신 '새 예루살렘 성'에서는 144,000명 이외에 아무라도 셀 수 없을 정도의 사람들이 어린양께 경배를 드리는데, 성경은 이들에 대하여 말하길 '각 나라와 족속과 백성과 방언(all nations, kindreds, people, tongues, 모든 민족들, 족속들, 백성들, 언어들의 무리)에서 나오는 사람들'이라고 말씀하고 있다(계 5:9; 7:9; 13:7) 이들은 곧 열방 가운데 믿음으로 이긴 자들(the victory, 승리자)의 무리들(제2부 제2장 5 참조 이기는 자가 되어라, 부록 11; 이방인의 구원 참조)인 동시에 창세 이후부터 마지막 심판 때까지의 구원받은 모든 세대의 사람을 가리키고 있다고 볼 수 있다.

그런데, 한 가지 재미있는 사실은 아브라함에게는 그의 자손이 티끌(dust)같이 많을 것이라고 하면서 셀 수 있다 하였고(창 13:16)[34], 별들을 보여주면서 그의 자손이 그와 같이 많을 것인데 셀 수 있는지 판단하라 하였으며(창 15:5)[35], 예수님은 우리 한 사람 한 사람을 귀하게 여기면서 우리의 머리털까지도 셀 수 있다(눅 12:7)[36]고 말씀하셨다.

다시 정리하면 아브라함의 자손, 티끌(dust), 별, 머리카락까지도 계산하고 있는데 반하여 요한계시록에서는 셀 수 없는 무리라고 표현하고 있다는 것이다. 요한계시록에서 바라보는 주체는 앞에서와 같이 하나님과 예수님이 아닌 사도 요한이기에 그의 입장에서 바라보았을 때는 그 수에 대해 가늠할 수 없었기에 셀 수 없는 무리라고 표현한 부분이 조금은 이해가 되어진다.

예를 들어, 올림픽 경기의 개막식을 떠올려보면 경기장 안에는 공연하는 사람들, 구경하는 사람들, 준비하는 사람들, 그리고 각국에서 온 선수들과 취재하는 사람들로 가득 차

---

34 내가 네 자손으로 땅의 티끌 같게 하리니 사람이 땅의 티끌을 능히 셀 수 있을 찐대 네 자손도 세리라 (창 13:16)
35 그를 이끌고 밖으로 나가 가라사대 하늘을 우러러 뭇별을 셀 수 있나 보라 또 그에게 이르시되 네 자손이 이와 같으리라(창 15:5)
36 너희에게는 오히려 머리털까지도 다 세신바 되었나니 두려워하지 말라 너희는 많은 참새보다 귀하니라 (눅 12:7)

있는 것을 볼 수 있다. 그 개막식을 텔레비전이나 현장에 있는 사람들의 입장에서 본다면, 얼마나 많은 사람들이 그 자리에 모여 있는지를 측정하기가 쉽지 않을 것이다. 아마도 그 경기장을 잘 아는 사람이라면 대략이라도 측정이 가능하겠지만, 그 경기장의 수용인원에 대해 알지 못한다면 누군가가 알려주지 않은 이상 쉽게 측정하기가 어려울 것이다.

이와 같이 사도 요한에게 있어서도 어린양께 경배 드리기 위해 모든 열방가운데 나온 무리 곧, 창세 이후 전 세대에 걸친 열방의 무리에 대해서 측정하기가 어려웠던 것으로 보여 지기에 '아무라도 셀 수 없는 무리'라고 표현하였을 것이다.

25. 흰 옷 - 어린양의 피로 씻어 희게 함(계 7:9, 14)

[질문 1] 흰 옷은 무엇을 의미는 무엇인가?

흰 옷은 아주 맑고, 깨끗하고, 빛이 나는 옷으로서 세마포를 말한다. 이 옷을 입는 자는 마지막 환난 때에 예수님의 피로 끝까지 견디고 이긴 자들이며, 하나님은 예수님의 이름으로 끝까지 싸워 승리한 자들에게 상급으로 입혀주는 옷이기도 하다. 그리고 이 흰 옷은 성도들의 의를 나타낸다고 말씀하고 있다(계 19:8)

1) 세마포를 입고 있는 분

   (1) 일곱 재앙을 가진 일곱 천사도 맑고 빛난 세마포와 금띠를 두르고 있음(계 15:6, clothed in pure and white linen)
   (2) 어린양의 혼인잔치에 참여한 자(계 19:7~8)
   (3) 하늘에 백마를 따라가는 군대들도 희고 깨끗한 세마포를 입고 있음(계 19:14, in fine linen, white and clean)

2) 흰 옷을 입고 있는 분

(1) 사데교회 몇 명(계 3:4)

(2) 사데교회에게 이기는 자에게 상급으로 흰 옷을 줌(계 3:5)

(3) 라오디게아교회에게 흰 옷을 사서 입으라 함(계 3:18)

(4) 24장로(계 4:4)

(5) 어린양 앞에 있는 셀 수 없는 무리(계 7:9)

(6) 큰 환난에서 어린양의 피로 희게 한 사람(계 7:13, 14)

---

⁴그러나 사데에 그 옷을 더럽히지 아니한 자 몇 명이 네게 있어 흰 옷을 입고 나와 함께 다니리니 그들은 합당한 자인 연고라 ⁵이기는 자는 이와 같이 흰 옷을 입을 것이요 내가 그 이름을 생명책에서 반드시 흐리지 아니하고 그 이름을 내 아버지 앞과 그 천사들 앞에서 시인하리라(계 3:4~5)

¹⁸내가 너를 권하노니 내게서 불로 연단한 금을 사서 부요하게 하고 흰 옷을 사서 입어 벌거벗은 수치를 보이지 않게 하고 안약을 사서 눈에 발라 보게 하라(계 3:18)

⁴또 보좌에 둘려 이십 사 보좌들이 있고 그 보좌들 위에 이십 사 장로들이 흰 옷을 입고 머리에 금 면류관을 쓰고 앉았더라(계 4:4)

⁹이 일 후에 내가 보니 각 나라와 족속과 백성과 방언에서 아무라도 능히 셀 수 없는 큰 무리가 흰 옷을 입고 손에 종려 가지를 들고 보좌 앞과 어린양 앞에 서서(계 7:9)

¹³장로 중에 하나가 응답하여 내게 이르되 이 흰옷 입은 자들이 누구며 또 어디서 왔느뇨 ¹⁴내가 가로되 내 주여 당신이 알리이다 하니 그가 나더러 이르되 이는 큰 환난에서 나오는 자들인데 어린양의 피에 그 옷을 씻어 희게 하였느니라(계 7:13~14)

⁶일곱 재앙을 가진 일곱 천사가 성전으로부터 나와 맑고 빛난 세마포 옷을 입고 가슴에 금띠를 띠고(계 15:6)

⁷우리가 즐거워하고 크게 기뻐하여 그에게 영광을 돌리세 어린양의 혼인 기약이 이르렀고 그 아내가 예비하였으니 ⁸그에게 허락하사 빛나고 깨끗한 세마포를 입게 하셨은즉 이 세마포는 성도들의 옳은 행실이로다 하더라 … ¹⁴하늘에 있는 군대들이 희고 깨끗한 세마포를 입고 백마를 타고 그를 따르더라(계 19:7~14)

[질문 2] 어린양의 피로 희게 한다는 의미는 무엇인가?

　요한은 세상을 이긴 자들의 비결은 믿음이라 하였다. 이 믿음은 예수님을 하나님의 아들로 믿는 것을 말한다. 예수님은 물과 피로 임하였고, 성령(진리)이 증거하고 있다고 말씀하고 있다(요일 5:4~8). 따라서 어린양의 피로 희게 한다는 의미는 물과 피로 예수님께서 우리에게 임하신 것을 받아들이며, 일곱 교회에 말씀하신 것처럼 예수를 믿음으로 세상을 이기는 것이 어린양의 피로 희게 한다는 의미이다(요일 5:4; 계 2~3장).

> ⁴대저 하나님께로서 난 자마다 세상을 이기느니라 세상을 이긴 이김은 이것이니 우리의 믿음이니라 ⁵예수께서 하나님의 아들이심을 믿는 자가 아니면 세상을 이기는 자가 누구뇨 ⁶이는 물과 피로 임하신 자니 곧 예수 그리스도시라 물로만 아니요 물과 피로 임하였고 ⁷증거하는 이는 성령이시니 성령은 진리니라 ⁸증거하는 이가 셋이니 성령과 물과 피라 또한 이 셋이 합하여 하나이니라(요일 5:4~8)
>
> ⁵예수께서 대답하시되 진실로 진실로 네게 이르노니 사람이 물과 성령으로 나지 아니하면 하나님 나라에 들어갈 수 없느니라(요 3:5)

[질문 3] 옷을 씻는 것은 무슨 뜻인가?

　옷을 씻는다는 것은 이스라엘 백성이 광야에서 흙과 먼지로 더러워진 옷으로 하나님을 만날 수 없기에 깨끗한 상태로 하나님을 만날 준비를 하라고 하신 것이다. 따라서 사람이 부정하고도 정결하게 하지 않으면 성소를 더럽혀서 죽게 된다고 하신 뜻으로 우리가 장차 하나님이 계신 곳에 가기 위해서는 자신들의 입고 있는 의복을 예수님의 피로 깨끗하게 하지 않으면 절대로 갈 수 없다는 뜻이다.
　여호와께서는 시내산에서 강림하기 전 모세를 통해 출애굽한 이스라엘 백성들에게 입고 있는 의복을 빨게 하였고(출 19:10~14),[37] 아론과 그의 아들에게 제사장의 옷을 입힐 때

37　여호와께서 모세에게 이르시되 너는 백성에게로 가서 오늘과 내일 그들을 성결케 하며 그들로 옷을 빨고 예비하여 제 삼일을 기다리게 하라 이는 제 삼일에 나 여호와가 온 백성의 목전에 시내산에 강림할 것임이니 너는 백성을 위하여 사면으로 지경을 정하고 이르기를 너희는 삼가 산에 오르거나 그 지경을 범하지 말찌니 산을 범하는 자는 정녕 죽임을 당할 것이라 손을 그에게 댐이 없이 그런 자는 돌에 맞아 죽임을 당하

물로 먼저 씻겼으며(레 8:6),[38] 제사장이 붉은 암송아지를 진 밖에서 잡고 나서도 물로 씻은 다음에 진영 안으로 들어 올 수 있었고(민 19:7),[39] 사람이 부정하고도 스스로 정결하지 않으면 여호와의 성소를 더럽혔다고 하시면서 백성 중에서 끊어질 것이라 하였다(민 19:20).[40]

[질문 4] 자기들의 옷을 씻는 것은 자신인가 아니면 다른 사람이 씻게 하는가?

자기의 옷을 씻는 것은 이사야 1:16에서 스스로 씻어 깨끗하게 하라고 말씀하였다. 즉 자신이 직접 옷을 씻는다는 의미로서 자신의 죄에 대해서 부모나, 배우자, 자녀 등 누군가가 대신해줄 수 없다는 것이다. 자신의 죄에 대한 문제는 각자 스스로 회개하여 하나님과 해결을 해야만 하는 것이다.

> [16]너희는 스스로 씻으며 스스로 깨끗케 하여 내 목전에서 너희 악업을 버리며 악행을 그치고 (사 1:16)

[질문 5] 옷을 흰 옷으로 바꿔서 입었다고 하는데 꼭 갈아입어야만 하는가?(계 7:14)

성경에서는 하나님께 제단을 쌓거나 성소에 들어갈 때는 그에 합당한 옷을 입은 사례가 여러 번 나온다. 예를 들면, 하나님이 야곱에게 나타나 벧엘로 올라가서 제단을 쌓으라 말씀하실 때에 야곱은 자기와 함께한 모든 자들에게 이방 신상을 버리고 정결하게 하고 의복을 바꾸어 입으라 하였으며(창 35:1~2),[41] 요셉이 보디발의 아내의 모함으로 감

거나 살에 쐬어 죽임을 당하리니 짐승이나 사람을 무론하고 살지 못하리라 나팔을 길게 불거든 산 앞에 이를 것이니라 하라 모세가 산에서 내려 백성에게 이르러 백성으로 성결케 하니 그들이 자기 옷을 빨더라 (출 19:10~14)

38 아론과 그 아들들을 데려다가 물로 그들을 씻기고(레 8:6)
39 제사장은 그 옷을 빨고 물로 몸을 씻은 후에 진에 들어갈 것이라 그는 저녁까지 부정하리라(민 19:7)
40 사람이 부정하고도 스스로 정결케 아니하면 여호와의 성소를 더럽힘이니 그러므로 총회 중에서 끊쳐질 것이니라 그는 정결케 하는 물로 뿌리움을 받지 아니하였은즉 부정하니라(민 19:20)
41 하나님이 야곱에게 이르시되 일어나 벧엘로 올라가서 거기 거하며 네가 네 형 에서의 낯을 피하여 도망하던 때에 네게 나타났던 하나님께 거기서 단을 쌓으라 하신지라 야곱이 이에 자기 집 사람과 자기와 함께한 모든 자에게 이르되 너희 중의 이방 신상을 버리고 자신을 정결케 하고 의복을 바꾸라(창 35:1~2)

옥에 갇힌 다음 바로 왕의 꿈을 풀기 위해 바로 왕에게 나아갈 때에 옷을 갈아입고 갔고 (창 41:14),⁴² 제사장이 성소에서 하나님을 만나기 위해서는 제사장의 옷을 입어야만 했고 (출 28:1~43; 39:1~3),⁴³ 하다못해 속옷(출 28:40; 레 8:6, 7)⁴⁴까지도 만들어 입혔으며, 정금으로 패를 만들라고 하였는데 이 위에 쓰인 글씨가 "여호와께 성결"이었다(출 28:36).⁴⁵ 또한 예수님이 혼인 잔치를 비유로 말씀하시면서 왕이 혼인잔치를 열었는데 종들에게 길거리로 나가서 사람을 오도록 했고 초청받은 자들 중에 예복을 입지 않은 자에 대해서 합당한 옷을 입지 않았기에 손발을 묶어 바깥 어두운 데에 내 던지라 하였다(마 22:1~14).⁴⁶ 즉 우리가 직접 하나님을 만나거나 천국 잔치에 초청을 받기 위해서는 그에 맞는 옷을 갈아입어야만 하는 것이다. 그렇기에 하나님이 마지막 때에 우리를 부르실 때에 하나님이 원하시는 흰 옷을 입고 있어야만 하는 것이다.

> **우림과 둠밈 Urim and Thummim (출처: 라이프성경사전))**
>
> '빛들과 완전'이란 뜻. '우림'은 '빛', '광채', '불꽃'이란 뜻인 '우르'의 복수형이며, '둠밈'은 '완전', '성실', '온전함', '고결', '순진'이란 뜻인 '톰'의 복수형이다. 두 단어는 하나님의 거룩한 성품을 반영한 표현으로서, 특히 히브리 알파벳의 첫 글자 '알렙'과 끝 글자 '타우'로 구성되어 있어 하나님이 처음과 나중이시요, 모든 역사의 원인과 결과가 되신다는 신앙적 메시지가 담겨 있다고 보기도 한다(계 1:8, 17 21:6; 22:13) '우림과 둠밈'은 하나님의 뜻을 묻

---

42 이에 바로가 보내어 요셉을 부르매 그들이 급히 그를 옥에서 낸지라 요셉이 곧 수염을 깎고 그 옷을 갈아 입고 바로에게 들어오니(창 41:14)
43 그들이 여호와께서 모세에게 명하신 대로 청색 자색 홍색실로 성소에서 섬기기 위한 정교한 옷을 만들고 또 아론을 위한 거룩한 옷을 만들었더라 그가 또 금실과 청색 자색 홍색실과 가늘게 꼰 베실로 에봇을 만들었으되 금을 얇게 쳐서 오려서 실을 만들어 청색 자색 홍색실과 가는 베실에 섞어 공교히 짜고(출 39:1~3)
44 너는 아론의 아들들을 위하여 속옷을 만들며 그들을 위하여 띠를 만들며 그들을 위하여 관을 만들어서 영화롭고 아름답게 하되(출 28:40)
    아론과 그 아들들을 데려다가 물로 그들을 씻기고 아론에게 속옷을 입히며 띠를 띠우고 겉옷을 입히며 에봇을 더하고 에봇의 기묘하게 짠 띠를 띠워서 에봇을 몸에 매고(레 8:6~7)
45 너는 또 정금으로 패를 만들어 인을 새기는 법으로 그 위에 새기되 「여호와께 성결」이라 하고(출 28:36)
46 가로되 친구여 어찌하여 예복을 입지 않고 여기 들어왔느냐 하니 저가 유구무언이어늘 임금이 사환들에게 말하되 그 수족을 결박하여 바깥 어두움에 내어 던지라 거기서 슬피 울며 이를 갊이 있으리라 하니라(마 22:12~13)

는 신탁(神託)의 도구로서 대제사장의 판결 흉패 안에 보관되었다(레 8:8). 그 모양이나 재질이 어떤 것인지는 밝혀져 있지 않으나 대체적으로 (매끄러운) 돌로 추정한다(출 28:30). 대제사장은 국가적으로 중대한 문제가 발생할 때마다 자신이 착용했던 흉패 속의 우림과 둠밈을 꺼내어 하나님의 뜻을 분별했다.

[질문 6] 최초의 아담처럼 옷을 안 입고 벌거벗으면 어떨까?

최초의 아담처럼 옷을 안 입고 벌거벗는다는 의미는 자신의 부끄러움을 드러내는 것이라고 성경은 가리키고 있다. 우리는 반드시 자신의 벗은 몸을 가려주기 위해서라도 옷을 입어야만 하는데 이에 대해 성경을 통해 확인을 해보면, 태초에 아담이 하나님의 손에 의해 지음을 받았을 때는 죄를 범하지 않았기에 벌거벗은 것을 몰랐으나 아담이 선악과를 먹으므로 죄를 지었고, 그로 인하여 자신의 벗었음을 알게 되었다. 그래서 아담은 그 자신의 하체(벗은 몸)를 가리기 위하여 무화과나무 잎으로 치마를 만들어 가리게 되었다(창 3:7).[47] 그 이후 하나님은 아담을 에덴동산에서 쫓아내실 때에 그가 벌거벗은 것(창피함)을 가려주기 위하여 가죽으로 그의 벗은 몸을 친히 가려주셨다(창 3:21).[48] 하나님이 만들어 주신 가죽 옷은 무화과 나뭇잎처럼 시들지 않고 아주 튼튼하며, 동물을 죽이고 만든 옷으로서 피의 대가를 지불한 옷이라는 것이다. 따라서 하나님은 우리의 벗은 몸을 일시적으로 가릴 것이 아니라 계속해서 가리라는 것이고, 피를 통해서 가리라고 아담에게 가죽 옷을 만들어 주신 것이라고 보여진다.

그리고 벌거벗는 것이 문제가 되는 사건을 성경에 찾아보면, 홍수 이후 노아는 포도주를 마시고 취하여 벌거벗은 상태로 잠을 자다가 자신의 둘째 아들 함에 의해 하체가 드러나자 자신의 후손인 함의 아들을 향해 저주하는 불행한 일이 발생하였고(창 9:23~25),[49] 요한계시록에서는 예수님이 라오디게아교회에 대해 책망하는 것 중 하나가 벌거벗은 것을

---

47 이에 그들의 눈이 밝아 자기들의 몸이 벗은 줄을 알고 무화과나무 잎을 엮어 치마를 하였더라(창 3:7)
48 여호와 하나님이 아담과 그 아내를 위하여 가죽옷을 지어 입히시니라(창 3:21)
49 셈과 야벳이 옷을 취하여 자기들의 어깨에 메고 뒷걸음쳐 들어가서 아비의 하체에 덮었으며 그들이 얼굴을 돌이키고 그 아비의 하체를 보지 아니하였더라 노아가 술이 깨어 그 작은 아들이 자기에게 행한 일을 알고 이에 가로되 가나안은 저주를 받아 그 형제의 종들의 종이 되기를 원하노라(창 9:23~25)

알지 못한다 하였으며(계 3:17),[50] 자신이 도적같이 올 것인데 누구든지 벗고 있지 않고 옷을 입으므로 자기의 부끄러움을 보이지 아니하는 자가 복이 있다고 하였다(계 16:15).[51]

결국, 옷은 우리의 부끄러움과 창피함을 가려주는 것으로서 반드시 옷을 입어야만 한다는 것을 알려주고 있다. 그러면 우리는 천국에 갈 때 어떤 옷을 입을 것이냐면 사데 교회에 상급으로 주겠다는 흰 옷을 입어야만 하는 것이고 이 흰 옷은 빛나고 깨끗한 세마포를 말한다(계 19:8).[52]

[질문 7] 하늘로 승천하는 분들은 옷을 갈아입었는가?

성경에서 하늘로 올라 간 자는 에녹, 엘리야, 예수님 이렇게 세분이 계시는데 에녹은 하늘로 올라가는 과정에 대해 언급되지 않았고, 엘리야와 예수님은 설명하고 있는 부분이 있어서 이를 살펴보고자 한다. 먼저 엘리야는 올라 갈 때 병거와 마병이 내려왔고, 엘리야는 병거를 타고 올라가면서 입고 있었던 겉옷이 땅에 떨어졌다. 이때 엘리야와 동행하였던 엘리사는 스승이신 엘리야의 떨어진 겉옷을 입었으며, 그 겉옷으로 물을 치자 물이 갈라져 요단강을 건너가게 되었다(왕하 2:9~14).

다음으로는 예수님이 부활하실 때를 살펴보면, 예수님을 돌무덤에 장사치를 때 그의 시신을 두른 세마포와 머리 두건이 돌무덤 안쪽에 잘 정리되어 있었다고 성경은 기록하고 있고(요 20:4~6), 예수님이 부활하신 이후 제자들에게 나타났을 때 벗고 있다는 표현이 없는데 이는 제자들에게 벗은 몸으로 나타나지 않았다는 것이다.

즉 엘리야와 예수님은 이 땅에 입고 있었던 마지막 옷은 벗어진 것이고, 무엇인지는 언급되어 있지는 않았지만 새로운 옷으로 갈아입고 있었을 것이다. 이에 대해 사도 바울은 고린도전서 15:51에서 "마지막 나팔을 불 때 순식간에 홀연히 다 변화"된다고 말씀한 것과 같이 엘리야와 예수님도 순식간에 영원한 것으로 변화하면서 새로운 옷을 입고 있지

---

50 네가 말하기를 나는 부자라 부요하여 부족한 것이 없다 하나 네 곤고한 것과 가련한 것과 가난한 것과 눈 먼 것과 벌거벗은 것을 알지 못하도다(계 3:17)
51 보라 내가 도적 같이 오리니 누구든지 깨어 자기 옷을 지켜 벌거벗고 다니지 아니하며 자기의 부끄러움을 보이지 아니하는 자가 복이 있도다(계 16:15)
52 그에게 허락하사 빛나고 깨끗한 세마포를 입게 하셨은즉 이 세마포는 성도들의 옳은 행실이로다 하더라 (계 19:8)

않을까 한다. 즉 입고 있던 겉옷은 벗겨지고 새로운 옷으로 입고 계셨을 것인데 그 옷은 우리들에게 입혀주겠다고 하신 '빛나고 깨끗한 흰 세마포'(계 3:5; 19:8)일 것이다.

[엘리야가 하늘로 승천할 때 입고 있는 옷이 떨어졌다]

⁹건너매 엘리야가 엘리사에게 이르되 나를 네게서 취하시기 전에 내가 네게 어떻게 할 것을 구하라 엘리사가 가로되 당신의 영감이 갑절이나 내게 있기를 구하나이다 ¹⁰가로되 네가 어려운 일을 구하는도다 그러나 나를 네게서 취하시는 것을 네가 보면 그 일이 네게 이루려니와 그렇지 않으면 이루지 아니하리라 하고 ¹¹두 사람이 행하며 말하더니 홀연히 불수레와 불말들이 두 사람을 격하고 엘리야가 회리바람을 타고 승천하더라 ¹²엘리사가 보고 소리지르되 내 아버지여 내 아버지여 이스라엘의 병거와 그 마병이여 하더니 다시 보이지 아니하는지라 이에 엘리사가 자기의 옷을 잡아 둘에 찢고 ¹³엘리야의 몸에서 떨어진 겉옷을 주워가지고 돌아와서 요단 언덕에 서서 ¹⁴엘리야의 몸에서 떨어진 그 겉옷을 가지고 물을 치며 가로되 엘리야의 하나님 여호와는 어디 계시니이까 하고 저도 물을 치매 물이 이리 저리 갈라지고 엘리사가 건너니라(왕하 2:9~14)

⁴둘이 같이 달음질하더니 그 다른 제자가 베드로보다 더 빨리 달아나서 먼저 무덤에 이르러 ⁵구푸려 세마포 놓인 것을 보았으나 들어가지는 아니하였더니 ⁶시몬 베드로도 따라 와서 무덤에 들어가 보니 세마포가 놓였고 ⁷또 머리를 쌌던 수건은 세마포와 함께 놓이지 않고 딴 곳에 개켜 있더라(요 20:4~7)

⁵¹보라 내가 너희에게 비밀을 말하노니 우리가 다 잠 잘 것이 아니요 마지막 나팔에 순식간에 홀연히 다 변화되리니 ⁵²나팔 소리가 나매 죽은 자들이 썩지 아니할 것으로 다시 살아나고 우리도 변화되리라(고전 15:51~52)

제8장

요한계시록 9장

26. 무저갱(the bottomless pit, 깊은 구렁, 계 9:1; 11:7; 17:8; 20:1)

무저갱은 영어로 bottomless pit로서 '끝이 없는 구덩이'란 뜻을 가지고 있는데, 국어사전에서 무저갱은 "악마가 벌을 받아 한번 떨어지게 되면 영원히 나오지 못하는 밑 닿는데가 없는 구렁텅이(출처: Daum포털 국어사전)"이라고 정의하고 있다.

성경 속에서 무저갱은 명확하게 '음부'라고 정의하고 있으며(사 14:15), 무저갱이라는 단어는 아래의 표와 같이 누가복음(8:30~31)과 요한계시록에서만 기록하고 있다. 그리고 무저갱을 '음부' 외에 또 다른 표현으로 '무덤으로 내려가는 곳'(잠언 1:12), '멸망의 구덩이'(사 38:17), '멸망의 웅덩이'(욥 26:6)로 표현하고 있으며, 예수님은 가버나움에 대해 음부까지 낮아지리라는 말씀(마 11:23)을 하면서 끝이 없는 구덩이를 표현하고 있다. 종합하자면 무저갱은 끝이 없는 구덩이로서 음부이며, 지옥(Hell)이다.

이 무저갱 속에 범죄 한 자들이 들어간 사건이 성경에 기록되어 있는 부분이 있는데, 민수기 16장을 읽어보면, 출애굽 한 이스라엘 백성 가운데 고라와 다단이 당을 짓고 모세를 대적하여 죄를 범하니까 하나님은 그들을 살아있는 채로 땅을 열어서 삼켜버렸다. 이때 그들이 '음부에 빠졌다'(민 16:33)라고 말씀하고 있다. 이때 땅이 열렸다는 것은 지진과 같은 것으로 땅이 갈라지면서 고라와 다단이 땅 밑으로 들어갔다는 것으로서, '끝이 없는 구덩이', '무덤'을 연상시킨다. 즉 음부가 무저갱이라는 것을 뒷받침하고 있는 하나의 예표라고 볼 수 있다.

또한 이 음부에 대해서, 사도 베드로는 '범죄 한 천사(마귀, 귀신)'들이 지옥에 던져져서 구덩이에 갇혀 있으며, 이들은 심판 때까지 무저갱(지옥)에 있을 것이라고 하였다(벧후 2:4) 그리고 심판 이후에 이들 범죄 한 천사들은 유황불로 가게 될 것이라고 성경은 가르쳐주고 있다(계 20:13).

무저갱은 천사가 열쇠를 통해 열 수 있는데 이 열쇠는 누군가가 가지고 있던 것을 천사가 받아서 열게 된다(계 9:1, 2; 20:1) 그 열쇠로 무저갱을 열면 그 속에서 나오는 것들이 하나같이 온전한 것이 올라오지는 않는다. 예를 들어 황충(무저갱의 사자이며 아바돈 – 아볼루온, 계 9:3, 11)과 짐승(계 11:7; 17:8)과 같은 것들이 올라오며, 나중에는 용(마귀, 옛 뱀)이 천 년 동안 갇혀 있는 곳(계 20:2)이기도 하다.

참고로 천사가 받아서 열게 되었던 무저갱의 열쇠(계 9:1, 2; 20:1)는 예수님이 가지고 있었던 열쇠로 보인다. 요한계시록 1:18에서 예수님은 "사망과 음부의 열쇠"를 가지고 있었다고 말씀하고 있기에 천사에 손에 들려 있던 무저갱의 열쇠는 예수님으로부터 부여받은 것임을 암시하고 있다.

성경을 통해 새로운 재미있는 사실은 귀신도 무저갱(지옥)을 싫어 한다는 것이다. 예수님이 거라사인의 땅에 이르렀을 때 군대 귀신 들린 자를 만난 장면에서 보면, 그 군대 귀신이 무저갱으로 들어가지 않도록 예수님께 요청하는 모습을 보게 된다(눅 8:31). 이를 통해서 보면 귀신은 지옥에도 있지만, 우리가 살고 있는 이 땅에도 있다는 것을 알 수 있으며, 지옥은 귀신도 가기를 싫어하고 두려워하고 있다는 것을 볼 수 있다. 무저갱은 귀신도 가기 싫어하고 두려워하는 곳이라면, 우리는 이에 대해 두려움과 떨리는 마음을 가지고 예수를 더욱 의지해야 한다.

무저갱 · 계시록	¹다섯째 천사가 나팔을 불매 내가 보니 하늘에서 땅에 떨어진 별 하나가 있는데 저가 무저갱의 열쇠를 받았더라 ²저가 무저갱을 여니 그 구멍에서 큰 풀무의 연기 같은 연기가 올라오매 해와 공기가 그 구멍의 연기로 인하여 어두워지며 ³또 황충이 연기 가운데로부터 땅 위에 나오매 저희가 땅에 있는 전갈의 권세와 같은 권세를 받았더라....¹¹저희에게 임금이 있으니 무저갱의 사자라 히브리 음으로 이름은 아바돈이요 헬라 음으로 이름은 아볼루온이더라(계 9:1~11) ⁷저희가 그 증거를 마칠 때에 무저갱으로부터 올라오는 짐승이 저희로 더불어 전쟁을 일으켜 저희를 이기고 저희를 죽일터인즉(계 11:7) ⁸네가 본 짐승은 전에 있었다가 시방 없으나 장차 무저갱으로부터 올라와 멸망으로 들어갈 자니 땅에 거하는 자들로서 창세 이후로 생명책에 녹명되지 못한 자들이 이전에 있었다가 시방 없으나 장차 나올 짐승을 보고 기이히 여기리라(계 17:8) ¹또 내가 보매 천사가 무저갱 열쇠와 큰 쇠사슬을 그 손에 가지고 하늘로서 내려와서 ²용을 잡으니 곧 옛 뱀이요 마귀요 사단이라 잡아 일천 년 동안 결박하여 ³무저갱에 던져 잠그고 그 위에 인봉하여 천 년이 차도록 다시는 만국을 미혹하지 못하게 하였다가 그 후에는 반드시 잠간 놓이리라(계 20:1~3)
비교	³⁰예수께서 네 이름이 무엇이냐 물으신즉 가로되 군대라 하니 이는 많은 귀신이 들렸음이라 ³¹무저갱으로 들어가라 하지 마시기를 간구하더니(눅 8:30~31)

음부 · 계시록	¹⁸곧 산 자라 내가 전에 죽었었노라 볼찌어다 이제 세세토록 살아 있어 사망과 음부(hell)의 열쇠를 가졌노니(계 1:18) ⁸내가 보매 청황색 말이 나오는데 그 탄 자의 이름은 사망이니 음부(hell)가 그 뒤를 따르더라 저희가 땅 사분 일의 권세를 얻어 검과 흉년과 사망과 땅의 짐승으로써 죽이더라(계 6:8) ¹³바다가 그 가운데서 죽은 자들을 내어주고 또 사망과 음부(hell)도 그 가운데서 죽은 자들을 내어주매 각 사람이 자기의 행위대로 심판을 받고(계 20:13)

비교	¹⁵그러나 이제 네가 음부 곧 구덩이의 맨 밑에 빠치우리로다(사 14:15) ¹내 아들아 악한 자가 너를 꾈찌라도 좇지 말라..¹¹그들이 네게 말하기를 우리와 함께 가자 우리가 가만히 엎드렸다가 사람의 피를 흘리자 죄 없는 자를 까닭 없이 숨어 기다리다가 ¹²음부 같이 그들을 산채로 삼키며 무덤에 내려가는 자 같게 통으로 삼키자(잠 1:1~12) ¹⁷보옵소서 내게 큰 고통을 더하신 것은 내게 평안을 주려 하심이라 주께서 나의 영혼을 사랑하사 멸망의 구덩이에서 건지셨고 나의 모든 죄는 주의 등 뒤에 던지셨나이다 ¹⁸음부가 주께 사례하지 못하며 사망이 주를 찬양하지 못하며 구덩이에 들어간 자가 주의 신실을 바라지 못하되(사 38:17~18) ⁶하나님 앞에는 음부도 드러나며 멸망의 웅덩이도 가리움이 없음이니라(욥 26:6) ²³가버나움아 네가 하늘에까지 높아지겠느냐 음부에까지 낮아지리라 네게서 행한 모든 권능을 소돔에서 행하였더면 그 성이 오늘날까지 있었으리라(마 11:23)
예	²⁶모세가 회중에게 일러 가로되 이 악인들의 장막에서 떠나고 그들의 물건은 아무 것도 만지지 말라 그들의 모든 죄 중에서 너희도 멸망할까 두려워 하노라 하매 ²⁷무리가 고라와 다단과 아비람의 장막 사면을 떠나고 다단과 아비람은 그 처자와 유아들과 함께 나와서 자기 장막문에 선지라 ²⁸모세가 가로되 여호와께서 나를 보내사 이 모든 일을 행케 하신 것이요 나의 임의로 함이 아닌줄을 이 일로 인하여 알리라 ²⁹곧 이 사람들의 죽음이 모든 사람과 일반이요 그들의 당하는 벌이 모든 사람의 당하는 벌과 일반이면 여호와께서 나를 보내심이 아니어니와 ³⁰만일 여호와께서 새 일을 행하사 땅으로 입을 열어 이 사람들과 그들의 모든 소속을 삼켜 산채로 음부에 빠지게 하시면 이 사람들이 과연 여호와를 멸시한 것인줄을 너희가 알리라 ³¹이 모든 말을 마치는 동시에 그들의 밑의 땅이 갈라지니라 ³²땅이 그 입을 열어 그들과 그 가족과 고라에게 속한 모든 사람과 그 물건을 삼키매 ³³그들과 그 모든 소속이 산채로 음부에 빠지며 땅이 그 위에 합하니 그들이 총회 중에서 망하니라(민 16:26~33) ⁴하나님이 범죄한 천사들을 용서치 아니하시고 지옥에 던져 어두운 구덩이에 두어 심판 때까지 지키게 하셨으며 For if God spared not the angels that sinned, but cast them down to hell, and delivered them into chains of darkness, to be reserved unto judgment(벧후 2:4, *chain: 사슬, 쇠줄, 주로 복수로 격식 또는 문예체에서는 속박, 구속)

제9장

요한계시록 11장

27. 마흔 두 달은?(계 11:2,3,11; 12:14)

마흔 두 달은 아래 표와 같이 ①~⑥까지(성전을 짓밟는 기간, 두 증인의 예언 기간, 비가 오지 않는 기간, 여인이 양육 받는 기간) 모두 같은 기간으로서 3년 6개월을 의미하고 있다. 그리고 두 증인의 시신이 길거리에 놓인 기간④은 삼일 반 동안인데 이는 마치 3년 6개월을 상징하고 있는 것 같다.

한편, 다니엘서에서 말한 인내의 기간⑦ 1,335일은 미운 물건이 세운 기간인 ⑥번의 1,290일을 지난 이후 1,335일 동안 인내하라는 말씀이 아니라 ⑥의 1,290일에서 45일을 더한 기간을 말하는 것으로서 미운 물건이 세워진 시점 이후부터 1,335일을 경과한 날까지 견디는 사람은 복이 있다고 말씀하고 있다. 그러나 이에 대해서 우리가 유념해야 할 것은 실제와 다를 수 있다는 것을 생각해야 한다. 그 이유는 성경에 이와 비슷한 사건을 예로 들 수 있는데, 창세기 15:13[53]에서 하나님은 아브라함에게 그의 후손이 400년간 이방인에게 종이 될 것이라 말씀하였지만 실제로는 430년간(출 12:40,41)[54] 애굽에서 종이 되었다. 즉 하나님이 아브라함에게 말한 기간과 실제의 종살이 했던 기간 사이에는 30년의 기간 차이가 발생하고 있다는 것을 발견한다. 왜 30년이라는 시간차가 발생했는지는

53　여호와께서 아브람에게 이르시되 너는 정녕히 알라 네 자손이 이방에서 객이 되어 그들을 섬기겠고 그들은 사백년 동안 네 자손을 괴롭게 하리니(창 15:13)

54　이스라엘 자손이 애굽에 거주한 지 사백 삼십년이라 .사백 삼십년이 마치는 그 날에 여호와의 군대가 다 애굽 땅에서 나왔은즉(출 12:40,41)

알 수 없지만, 다니엘서에 기록된 1,335일도 이와 비슷하게 약간의 오차가 발생할 수도 있을 것이라고 생각을 해야 할 것 같다. 다만 바라기는 이 고난과 환난의 시간이 짧아졌으면 하는 마음이다.

① 이방인들이 성전 바깥뜰을 짓밟은 기간(계 11:2) (forty and two months)	마흔 두 달 (3년 6개월)
② 두 증인의 예언 기간(계 11:3) (a thousand two hundred and threescore days)	1,260일 (3년 6개월)
③ 예언하는 기간 동안 비가 오지 않은 기간(계 11:6)	1,260일 (3년 6개월)
④ 두 증인의 시신이 길거리에 놓인 기간(계 11:11) (after three days and an half)	삼일 반 후 (3년 6개월 상징)
⑤ 여인이 양육 받은 기간(계 12:14) (a time, times, half a time)	한 때 두 때 반 때 (3년 6개월)
⑥ 멸망케 할 미운 물건을 세운 기간(단 12:11)	1,290일
⑦ 인내의 기간(단 12:12)	1,335일

한 때 두 때 반 때 (a time, times, half a time, 3년 6개월)　　　　　　　= 약 42개월
1,260일: 365일(1년) + 365일(1년) + 365일(1년) + 165일(5개월 반)　　= 약 42개월
1,290일: 365일(1년) + 365일(1년) + 365일(1년) + 183일(6개월) + 12일　= 약 42개월
1,335일: 365일(1년) + 365일(1년) + 365일(1년) + 183일(6개월) + 57일 (2개월) = 약 44개월

비교	⁷내가 들은즉 그 세마포 옷을 입고 강물 위에 있는 자가 그 좌우 손을 들어 하늘을 향하여 영생하시는 자를 가리켜 맹세하여 가로되 반드시 한때 두때 반때를 지나서 성도의 권세가 다 깨어지기까지니 그렇게 되면 이 모든 일이 다 끝나리라 하더라.... ¹¹매일 드리는 제사를 폐하며 멸망케 할 미운 물건을 세울 때부터 일천 이백 구십일을 지낼 것이요 ¹²기다려서 일천 삼백 삼십 오일까지 이르는 그 사람은 복이 있으리라(단 12:7~12)
예	¹⁷엘리야는 우리와 성정이 같은 사람이로되 저가 비 오지 않기를 간절히 기도한즉 삼년 육개월 동안 땅에 비가 아니오고(약 5:17) ¹³여호와께서 아브람에게 이르시되 너는 정녕히 알라 네 자손이 이방에서 객이 되어 그들을 섬기겠고 그들은 사백년 동안 네 자손을 괴롭게 하리니(창 15:13) ⁴⁰이스라엘 자손이 애굽에 거주한 지 사백 삼십년이라 ⁴¹사백 삼십년이 마치는 그 날에 여호와의 군대가 다 애굽 땅에서 나왔은즉(출 12:40~41)

28. 두 감람나무와 두 촛대는 무엇인가?(계 11:3~4)

1) 두 감람나무

요한계시록 11장에서 두 명의 증인이 하나님의 성전에서 나타나 예언을 하게 된다는데 이 두 명의 증인에 대해서 "두 감람나무"라고 말씀하고 있다(계 11:3~4). 이 두 증인이 1,260일 동안 예루살렘에서 이적과 예언을 통해 하나님의 증인 사역을 하고, 환난을 통해 죽었다가 삼일 반 후에 부활하여 하늘로 승천하며 그의 사역을 마치게 된다고 말씀하고 있다.

스가랴서에서도 두 감람나무에 대해 말씀하고 있는데 스가랴 선지자가 보았던 일곱 등잔[55] 옆에 있었던 것으로 "기름 발리운 자, 온 세상의 주 앞에 서 있는 자(슥 4:14)"라고 말씀하고 있다.

따라서 스가랴 선지자가 보았던 두 감람나무와 요한계시록 11장에서 말씀하고 있는 두 감람나무는 서로 일치하는 것으로 두 명의 증인을 말씀하고 있다.

계시록	³내가 나의 두 증인에게 권세를 주리니 저희가 굵은 베옷을 입고 일천 이백 육십 일을 예언하리라 ⁴이는 이 땅의 주 앞에 섰는 두 감람나무와 두 촛대니(계 11:3~4)
비교	¹¹내가 그에게 물어 가로되 등대 좌우의 두 감람나무는 무슨 뜻이니이까 하고 ¹²다시 그에게 물어 가로되 금 기름을 흘려내는 두 금관 옆에 있는 이 감람나무 두 가지는 무슨 뜻이니이까 ¹³그가 내게 대답하여 가로되 네가 이것이 무엇인지 알지 못하느냐 대답하되 내 주여 알지 못하나이다 ¹⁴가로되 이는 기름 발리운 자 둘이니 온 세상의 주 앞에 모셔 섰는 자니라 하더라(슥 4:11~14)

2) 두 촛대

촛대에 대한 의미를 요한계시록 1:20에서 알려 주고 있다. 일곱 촛대는 일곱 교회라고 말씀하는데 에베소, 서머나, 버가모, 두아디라, 사데, 빌라델비아, 라오디게아교회를 가

---

55 일곱 등잔: 온 땅을 두루 다니며 감찰하시는 여호와의 눈(제2부 제4장 15 참조: 일곱 등불인 하나님의 일곱 영)

리킨다. 따라서 요한계시록 11:4에서 말한 두 촛대는 두 개의 교회를 나타내는 것으로서, 두 감람나무인 두 증인의 교회를 가리키는 것으로 보여진다.

> ²⁰네 본 것은 내 오른손에 일곱별의 비밀과 일곱 금 촛대라 일곱별은 일곱 교회의 사자요 일곱 촛대는 일곱 교회니라(계 1:20)

29. 두 증인의 부활 모습(계 11:11,12)

요한계시록 11장에는 하나님이 두 증인에게 권세를 주고, 1,260일(3년 6개월)간 예언을 하며, 그 사역이 마칠 때 즈음 짐승에 의해 죽임(순교)을 당하고, 그 이후 두 증인이 부활하여 하늘나라로 들려서 올라간다고 말씀하고 있다. 이 두 증인의 부활과 성경에 기록된 다른 인물의 부활과 비슷한 부분이 많아 이를 비교해 보았다.

1) 부활의 시기가 동일하다(부활의 시기: 4일째)

공통점	○ 부활 시기가 4일 째이다 - 두 증인: 죽임을 당한 지 4일째 부활함(3일하고 반나절 이후는 곧 4일째임) - 나사로 : 돌무덤에 있은 지 4일째 부활함(냄새가 난다고 함)
다른점	○ 목격자의 반응이 다르다(두 증인: 크게 두려워 함 / 나사로: 예수님을 믿음)
두증인	¹¹삼일 반 후에 하나님께로부터 생기가 저희 속에 들어가매 저희가 발로 일어서니 구경하는 자들이 크게 두려워하더라(And after three days and an half the spirit of life from God entered into them) ¹²하늘로부터 큰 음성이 있어 이리로 올라오라 함을 저희가 듣고 구름을 타고 하늘로 올라가니 저희 원수들도 구경하더라(계 11:11~12)
나사로	³⁹예수께서 가라사대 돌을 옮겨 놓으라 하시니 그 죽은 자의 누이 마르다가 가로되 주여 (나사로가) 죽은지가 나흘이 되었으매 벌써 냄새가 나나이다 ⁴⁰예수께서 가라사대 내 말이 네가 믿으면 하나님의 영광을 보리라 하지 아니하였느냐 하신대... ⁴⁵마리아에게 와서 예수의 하신 일을 본 많은 유대인이 저를 믿었으나(요 11:39~45)

2) 부활 과정이 동일하다(하나님이 불어넣는 생기로 부활하게 되다)

공통점	○ 생기가 들어가서 산다
두 증인	① 하나님께로부터 온 생기(생명의 영, Spirit of life from God)가 두 증인에게 들어가고 ② 그 이후 두 증인이 자신의 발로 서 있게 됨
아담과 마른뼈	○ 아담 : 생기를 불어넣어 사람이 생령이 됨 ○ 마른 뼈: 생기를 불어 넣어 마른 뼈가 살아서 큰 군대가 됨 ⁷여호와 하나님이 흙으로 사람을 지으시고 생기를 그 코에 불어 넣으시니 사람이 생령이 된지라(And the LORD God formed man of the dust of the ground, and breathed into his nostrils the breath of life; and man became a living soul)(창 2:7) ¹여호와께서 권능으로 내게 임하시고 그 신으로 나를 데리고 가서 골짜기 가운데 두셨는데 거기 뼈가 가득하더라 ²나를 그 뼈 사방으로 지나게 하시기로 본즉 그 골짜기 지면에 뼈가 심히 많고 아주 말랐더라 ⁵주 여호와께서 이 뼈들에게 말씀하시기를 내가 **생기**(breath)로 너희에게 들어가게 하리니 너희가 살리라 ⁶너희 위에 힘줄을 두고 살을 입히고 가죽으로 덮고 너희 속에 **생기**(breath)를 두리니 너희가 살리라 또 나를 여호와인줄 알리라 하셨다 하라 ⁷이에 내가 명을 좇아 대언하니 대언할 때에 소리가 나고 움직이더니 이 뼈, 저 뼈가 들어 맞아서 뼈들이 서로 연락하더라 ⁸내가 또 보니 그 뼈에 힘줄이 생기고 살이 오르며 그 위에 가죽이 덮이나 그 속에 **생기**(breath)는 없더라 ⁹또 내게 이르시되 인자야 너는 **생기**(breath)를 향하여 대언하라 생기에게 대언하여 이르기를 주 여호와의 말씀에 **생기**(breath)야 사방에서부터 와서 이 사망을 당한 자에게 불어서 살게 하라 하셨다 하라 ¹⁰이에 내가 그 명대로 대언하였더니 **생기**(breath)가 그들에게 들어가매 그들이 곧 살아 일어나서 서는데 극히 큰 군대더라 (겔 37:1~10)

※ 두 증인이 부활하여 일어선 모습을 구경한 자들이 있었고, 이들은 크게 두려워하게 된다.

3) 하늘로 승천하는 과정이 동일하다

공통점	○ 큰 나팔소리와 함께 구름 속으로 끌어 올려 공중에서 예수님을 영접한다
두 증인	① 하늘로부터 큰 음성(a great voice form heaven)이 있었음 ② 하늘의 큰 음성을 듣고 구름타고 하늘(heaven)로 올라 감

부활때	³¹저가 큰 나팔소리와 함께 천사들을 보내리니 저희가 그 택하신 자들을 하늘 이 끝에서 저 끝까지 사방에서 모으리라(마 24:31) ⁵¹보라 내가 너희에게 비밀을 말하노니 우리가 다 잠 잘 것이 아니요 마지막 나팔에 순식간에 홀연히 다 변화되리니 ⁵²나팔 소리가 나매 죽은 자들이 썩지 아니할 것으로 다시 살아나고 우리도 변화되리라 ⁵³이 썩을 것이 반드시 썩지 아니할 것을 입겠고 이 죽을 것이 죽지 아니함을 입으리로다 ⁵⁴이 썩을 것이 썩지 아니함을 입고 이 죽을 것이 죽지 아니함을 입을 때에는 사망을 삼키고 이기리라고 기록된 말씀이 이루어지리라 (고전 15:51~54) ¹⁶주께서 호령과 천사장의 소리와 하나님의 나팔 소리로 친히 하늘로부터 강림하시리니 그리스도 안에서 죽은 자들이 먼저 일어나고 ¹⁷그 후에 우리 살아남은 자들도 그들과 함께 구름 속으로 끌어 올려 공중에서 주를 영접하게 하시리니 그리하여 우리가 항상 주와 함께 있으리라(살전 4:16~17)

※ 두 증인이 구름타고 하늘로 올라가는 것을 목격하는 자가 있었고 이들은 구경하고 있고, 구경하는 자 중에는 원수들(enemies)이 있다.

4) 지진이 발생하는 사건이 동일하다

지진이 발생하는 시점에는 다소 시간상의 차이가 있지만 지진이 생기는 사건은 동일하다.

공통점	○ 지진이 발생한다
두증인	① 지진 발생 시기: 승천하는 그 시간(the same hour)에 큰 지진 발생함 ② 지진으로 일어나는 일들 　㉠ 성(도성, the city)의 1/10이 무너지고, 　㉡ 사람 7,000명이 죽음(둘째 화라고 함)
예수님	⁵⁰예수께서 다시 크게 소리 지르시고 영혼이 떠나시다 ⁵¹이에 성소 휘장이 위로부터 아래까지 찢어져 둘이 되고 땅이 진동하며 바위가 터지고(마 27:50~51)

※ 도성에서 지진으로 죽지 않고 살아남은 자는 두려워하며, 하늘의 하나님께 영광을 돌린다.

5) 세상 사람이 기뻐한다

공통점	○ 세상 사람이 기뻐한다
두 증인	¹⁰이 두 선지자가 땅에 사는 자들을 괴롭게 한 고로 땅에 사는 자들이 그들의 죽음을 즐거워하고 기뻐하여 서로 예물을 보내리라 하더라 (계 11:10)
예수님	²⁰내가 진실로 진실로 너희에게 이르노니 너희는 곡하고 애통하겠으나 세상은 기뻐하리라 너희는 근심하겠으나 너희 근심이 도리어 기쁨이 되리라 (요 16:20)

[참고사항 1] 성경에서 죽었다가 부활하여 하늘로 승천하신 분: 오직 예수님뿐(첫 열매)

– 마르다의 오라버니 나사로는 죽었다가 부활하였으나 하늘로 승천하지는 않았음.

⁴장사 지낸바 되었다가 성경대로 사흘 만에 다시 살아 나사 ⁵게바에게 보이시고 후에 열 두 제자에게와 ⁶그 후에 오백여 형제에게 일시에 보이셨나니 그 중에 지금까지 태반이나 살아 있고 어떤 이는 잠들었으며 ....²⁰그러나 이제 그리스도께서 죽은 자 가운데서 다시 살아 잠자는 자들의 첫 열매가 되셨도다 ....²³그러나 각각 자기 차례대로 되리니 먼저는 첫 열매인 그리스도요 다음에는 그리스도 강림하실 때에 그에게 붙은 자요 (고전 15:4~23)

⁸오직 성령이 너희에게 임하시면 너희가 권능을 받고 예루살렘과 온 유대와 사마리아와 땅 끝까지 이르러 내 증인이 되리라 하시니라 ⁹이 말씀을 마치시고 저희 보는데서 올리워 가시니 구름이 저를 가리워 보이지 않게 하더라 ¹⁰올라가실 때에 제자들이 자세히 하늘을 쳐다보고 있는데 흰옷 입은 두 사람이 저희 곁에 서서 ¹¹가로되 갈릴리 사람들아 어찌하여 서서 하늘을 쳐다보느냐 너희 가운데서 하늘로 올리우신 이 예수는 하늘로 가심을 본 그대로 오시리라 하였느니라 (행 1:8~11)

[참고사항 2] 성경에서 죽음을 경험하지 않고 하늘로 승천하신 분: 에녹과 엘리야.

²⁴에녹이 하나님과 동행하더니 하나님이 그를 데려 가시므로 세상에 있지 아니하였더라 (창 5:24)

⁹건너매 엘리야가 엘리사에게 이르되 나를 네게서 취하시기 전에 내가 네게 어떻게 할 것을 구하라 엘리사가 가로되 당신의 영감이 갑절이나 내게 있기를 구하나이다 ¹⁰가로되 네가 어려운 일을 구하는도다 그러나 나를 네게서 취하시는 것을 네가 보면 그 일이 네게 이루려니와 그렇지 않으면 이루지 아니하리라 하고 ¹¹두 사람이 행하며 말하더니 홀연히 불수레와 불말들이 두 사람을 격하고 엘리야가 회리바람을 타고 승천하더라 ¹²엘리사가 보고 소리지르되 내 아버지여 내 아버지여 이스라엘의 병거와 그 마병이여 하더니 다시 보이지 아니하는지라 이에 엘리사가 자기

> 의 옷을 잡아 둘에 찢고 ¹³엘리야의 몸에서 떨어진 겉옷을 주워가지고 돌아와서 요단 언덕에 서서 ¹⁴엘리야의 몸에서 떨어진 그 겉옷을 가지고 물을 치며 가로되 엘리야의 하나님 여호와는 어디 계시니이까 하고 저도 물을 치매 물이 이리 저리 갈라지고 엘리사가 건너니라(왕하 2:9~14)

* 모세는 벳브올 맞은편 모압 땅에 있는 골짜기에 장사지냈으나 그가 묻힌 곳을 알 수 없다(신 34:6).

[참고사항 3] 부활체의 몸을 가지고 하늘로 올라갔다.

인간은 영·혼·육을 가지고 있는데, 성경 속에 부활하신 분들을 보면 모두가 영·혼만 부활해서 하늘로 올라 간 것이 아니라 몸을 가지고 하늘로 올라간 것을 볼 수 있다. 에녹과 엘리야는 죽음을 경험하지 않은 상태에서 하늘로 승천하였기에 육체의 몸을 가지고 하늘로 올라갔다는 것을 바로 인식할 수 있을 것 같다.

그러면 예수님은 십자가에서 죽으셨고 사흘 만에 부활하셨으며, 하늘로 승천하셨기에 예수님을 자세히 관찰하면 몸을 가지고 승천하였는지 그 여부를 알 수 있을 것 같다.

첫째, 부활하신 당일 돌무덤에서 예수님을 만난 여인들을 살펴보면, 이 여인들은 예수님의 시신에 향품을 뿌리기 위해 갔다가 부활하신 예수님을 만났고 그 여인들이 예수님의 발을 붙잡았다고 하였다(마 28:9). 즉 여인들이 붙잡았다고 하는 것은 형태가 있고 몸이 있다는 것을 반증하는 것이다.

둘째, 엠마오로 가는 제자들 가운데 예수님께서 찾아 가셔서 그들과 동행하였다. 그러나 제자들은 동행하는 분이 처음에는 누구인지 모르는 가운데 말씀을 듣기도 하고 같이 음식을 먹기까지 하였다는 것이다(눅 24:30). 영과 혼은 음식을 먹을 수 없지만 예수님은 제자들과 함께 음식을 먹었다고 표현하고 있으므로 몸의 실체를 가지고 있다고 보여진다.

셋째, 엠마오로 가던 제자들이 다시 예루살렘으로 돌아왔을 때 예수님이 제자들 가운데 나타나서 직접 만져보라고 하셨고, 영은 살과 뼈가 없지만 자신은 있으니 직접 만져보라고 하였으며, 제자들이 주는 구운 생선 한 토막을 받아서 드시기까지 하셨다(눅 24:39~43).

넷째, 도마는 예수님이 다른 제자들 가운데 나타났을 때 그 자리에 없어서 부활하신 예수님을 볼 수 없었다. 그래서 도마는 자신의 손가락으로 예수님의 손, 발, 옆구리의 못자국과 창자국을 만져보진 않고서는 믿지 않겠다 하였다가, 부활하신 예수님이 그에게 나타났고 손을 내밀어 내 옆구리에 넣어보라고 하였을 때, 도마는 몸을 가지고 부활하신 예수님을 나의 주시며 나의 하나님이라 고백하였다(요 20:25,27)

이처럼 예수님이 부활하신 이후 여인들은 예수님의 몸의 일부를 만지기도 하였고, 제자들은 함께 음식을 먹기도 하고, 동행하기도 하였으며, 도마는 예수님의 몸을 만져보라 하는 소리까지 듣게 되었다. 그러므로 예수님이 부활하실 때는 영혼이 나타난 것이 아니라 몸을 가지고 부활하셔서 나타나셨던 것이고, 그래서 돌무덤에 예수님의 시신이 없었던 것이다.
이와 같이 예수님이 사흘 만에 부활하셨던 것처럼 두 명의 증인도 사흘 만에 부활하게 될 것이며, 예수님이 몸을 가지고 부활하신 것처럼, 두 명의 증인도 죽었던 몸이 살아서 부활하여 하늘로 승천하게 된다는 것이다. 따라서 마지막 때는 우리도 부활의 몸을 가지고 하늘로 올라 갈 것을 성경은 이야기 하고 있는 것이다(고전 15:51~54) 그리고 부활한 몸을 '부활체'라 부른다.

신약	⁹예수께서 저희를 만나 가라사대 평안하뇨 하시거늘 여자들이 나아가 그 발을 붙잡고 경배하니(마 28:9) ¹³그 날에 저희 중 둘이 예루살렘에서 이십 오리 되는 엠마오라 하는 촌으로 가면서 ¹⁴이 모든 된 일을 서로 이야기 하더라 ¹⁵저희가 서로 이야기하며 문의할 때에 예수께서 가까이 이르러 저희와 동행하시나 ¹⁶저희의 눈이 가리워져서 그 인줄 알아보지 못하거늘 ....³⁰저희와 함께 음식 잡수실 때에 떡을 가지사 축사하시고 떼어 저희에게 주시매 ³¹저희 눈이 밝아져 그 인줄 알아보더니 예수는 저희에게 보이지 아니하시는지라 ³²저희가 서로 말하되 길에서 우리에게 말씀하시고 우리에게 성경을 풀어 주실 때에 우리 속에서 마음이 뜨겁지 아니하더냐 하고......³⁹내 손과 발을 보고 나인줄 알라 또 나를 만져보라 영은 살과 뼈가 없으되 너희 보는 바와 같이 나는 있느니라 ⁴⁰이 말씀을 하시고 손과 발을 보이시나 ⁴¹저희가 너무 기쁘므로 오히려 믿지 못하고 기이히 여길 때에 이르시되 여기 무슨 먹을 것이 있느냐 하시니 ⁴²이에 구운 생선 한 토막을 드리매 ⁴³받으사 그 앞에서 잡수시더라(눅 24:13~42) ²⁵다른 제자들이 그에게 이르되 우리가 주를 보았노라 하니 도마가 가로되 내가 그 손의 못자국을 보며 내 손가락을 그 못자국에 넣으며 내 손을 그 옆구리에 넣어 보지 않고는 믿지 아니하겠노라 하니라....²⁷도마에게 이르시되 네 손가락을 이리 내밀어 내 손을 보고 네 손을 내밀어 내 옆구리에 넣어보라 그리하고 믿음 없는 자가 되지 말고 믿는 자가 되라 ²⁸도마가 대답하여 가로되 나의 주시며 나의 하나님이시니이다 (요 20:25~28)
예	⁵¹보라 내가 너희에게 비밀을 말하노니 우리가 다 잠 잘 것이 아니요 마지막 나팔에 순식간에 홀연히 다 변화되리니 ⁵²나팔 소리가 나매 죽은 자들이 썩지 아니할 것으로 다시 살아나고 우리도 변화되리라 ⁵³이 썩을 것이 반드시 썩지 아니할 것을 입겠고 이 죽을 것이 죽지 아니함을 입으리로다 ⁵⁴이 썩을 것이 썩지 아니함을 입고 이 죽을 것이 죽지 아니함을 입을 때에는 사망을 삼키고 이기리라고 기록된 말씀이 이루어지리라(고전 15:51~54)

제10장

요한계시록 12장

30. 여인은 누구인가?(계 12:1,2,5)

여인이 이스라엘이라는 이유에 대해서는 몇 가지를 예를 들어 설명할 수 있다.

첫째, 요셉의 꿈을 들어 설명할 수 있는데, 요한계시록에 나타난 여인의 특성 중에 해, 달, 12개의 별이 등장한다. 이는 요셉이 꿈을 꾸었을 때 해와 달과 열 한 별이 자신에게 절을 하는 꿈과 비슷하다(창 37:9,10). 요셉의 꿈에 나타난 해는 아버지 야곱을, 달은 어머니 라헬을, 11개의 별은 형들을 의미하고 있고, 또한 하나님은 야곱의 이름을 이스라엘(창 32:28)로 바꿔주었기에 이 여인은 이스라엘을 가리키고 있다고 보여진다.

둘째, 이사야 선지자가 말씀한 부분인데, 이사야 66:7~9에서 "시온이 해산하며 고통을 당하기 전에 남자 아이를 낳을 것"이라 하는 내용의 말씀과 요한계시록의 말씀(12:1, 2, 5)과 일치하고 있기 때문에, 시온은 이스라엘을 가리킨다.

셋째, 출산하는 여인으로 설명할 수 있는데, 이 여인은 남자 아이를 낳는다고 하고 있기에 결혼한 이후의 여인의 모습이고(미 4:9,10; 5:2,3), 하나님은 호세아 선지자에게 음란한 여자를 맞이하여 음란한 자식들을 낳으라(호 1:2) 하면서, 이 음란한 여인이 곧 타락한 이스라엘 백성을 나타내는 것이라 말씀하셨기 때문이다.

넷째, 이 여인이 낳은 아들로 설명할 수 있는데, 이 여인이 낳은 아들은 만국을 철장으로 다스리고, 하나님과 그의 보좌로 올라간다고 말씀하였기에 이 여인이 낳은 아들은 곧 예수그리스도를 가리킨다.

여인을 교회로 생각하는 부분에 대해서 성경에서는 교회를 그리스도의 몸이라 하였고(골 1:24)[56], 성도와 새 예루살렘 성에 대해서는 그리스도와 어린양의 신부(고후 11:2; 21:2)로 표현하고 있으므로 요한계시록 12:5에서 아들을 낳은 여인에 대해 교회라고 말하기는 어려울 것으로 보인다. 왜냐하면 신부는 아이를 낳을 수 없기 때문에 이스라엘로 보는 것이 타당하다고 보여진다.

위와 같이 네 가지 견해로 이 여인은 이스라엘을 가리키고 있다고 말할 수 있으며, 이 여인이 출산할 시기가 이르러 해산하는 고통이 있고, 예수 그리스도를 낳는 것으로 보아 이스라엘이 다시 회복되어지는 모습을 상징하고 있는 것으로 보여진다.

계시록	¹하늘에 큰 이적이 보이니 해를 입은 한 여자가 있는데 그 발 아래는 달이 있고 그 머리에는 열 두 별의 면류관을 썼더라 ²이 여자가 아이를 배어 해산하게 되매 아파서 애써 부르짖더라…. ⁵여자가 아들을 낳으니 이는 장차 철장으로 만국을 다스릴 남자라 그 아이를 하나님 앞과 그 보좌 앞으로 올려가더라(계 12:1~5)
비교	²⁸그 사람이 가로되 네 이름을 다시는 야곱이라 부를 것이 아니요 이스라엘이라 부를 것이니 이는 네가 하나님과 사람으로 더불어 겨루어 이기었음이니라(창 32:28) ⁹요셉이 다시 꿈을 꾸고 그 형들에게 고하여 가로되 내가 또 꿈을 꾼즉 해와 달과 열 한 별이 내게 절하더이다 하니라 ¹⁰그가 그 꿈으로 부형에게 고하매 아비가 그를 꾸짖고 그에게 이르되 너의 꾼 꿈이 무엇이냐 나와 네 모와 네 형제들이 참으로 가서 땅에 엎드려 네게 절하겠느냐(창 37:9~10) ⁷시온은 구로하기 전에 생산하며 고통을 당하기 전에 남자를 낳았으니 ⁸이러한 일을 들은 자가 누구이며 이러한 일을 본 자가 누구이뇨 나라가 어찌 하루에 생기겠으며 민족이 어찌 순식간에 나겠느냐 그러나 시온은 구로하는 즉시에 그 자민을 순산하였도다 ⁹여호와께서 가라사대 내가 임신케 하였은즉 해산케 아니하겠느냐 네 하나님이 가라사대 나는 해산케 하는 자인즉 어찌 태를 닫겠느냐 하시니라(사 66:7~9)

---

56 내가 이제 너희를 위하여 받는 괴로움을 기뻐하고 그리스도의 남은 고난을 그의 몸된 교회를 위하여 내 육체에 채우노라(골 1:24)

비교	⁹이제 네가 어찌하여 부르짖느냐 너희 중에 왕이 없어졌고 네 모사가 죽었으므로 네가 해산하는 여인처럼 고통함이냐 ¹⁰딸 시온이여 해산하는 여인처럼 애써 구로하여 낳을찌어다(미 4:9) ²베들레헴 에브라다야 너는 유다 족속 중에 작을찌라도 이스라엘을 다스릴 자가 네게서 내게로 나올 것이라 그의 근본은 상고에, 태초에니라 ³그러므로 임산한 여인이 해산하기까지 그들을 붙여 두시겠고(미 5:2~3) ²여호와께서 비로소 호세아로 말씀하시니니 여호와께서 호세아에게 이르시되 너는 가서 음란한 아내를 취하여 음란한 자식들을 낳으라 이 나라가 여호와를 떠나 크게 행음함이니라(호 1:2) ²내가 하나님의 열심으로 너희를 위하여 열심 내노니 내가 너희를 정결한 처녀로 한 남편인 그리스도께 드리려고 중매함이로다(고후 11:2) ²또 내가 보매 거룩한 성 새 예루살렘이 하나님께로부터 하늘에서 내려오니 그 예비한 것이 신부가 남편을 위하여 단장한 것 같더라(계 21:2)

31. 하늘의 별은 무엇을 의미하는가?(계 12:4)

　요한계시록에서 새벽별[57]은 예수님(계 22:16)을 나타내고 있고, 새벽별이신 예수님의 오른 손에는 일곱별을 가지고 있는데, 이 일곱별은 교회라고 알려 주고 있다(계 1:20). 따라서 요한계시록 12:4에서의 '하늘의 별'은 교회를 말하고 있는 것으로 보인다.

　그런데 하나님을 대적하는 용(사탄)은 하늘에서 전쟁을 일으키지만 미가엘과의 전쟁에서 패하게 되면서(계 12:7~9) 사람이 살고 있는 땅에 내려와 자신의 시간이 얼마 남지 않은 것을 보고(계 12:12) 마지막 발악으로 이 땅에 있는 그리스도인과 교회를 향해 핍박을 한다고 말씀하고 있다(계 12:17; 13:5,7).

---

[57]　새벽별: 제2부 제2장 9 참조(새벽별)

그러므로 용이 하늘의 별 가운데 1/3을 땅에 던진다는 의미는 별은 교회를 말한다고 하였으므로 용(사탄)이 이 땅에 있는 교회를 핍박하면서 1/3이나 되는 교회를 부서뜨리는 것이라고 해석한다.

계시록	⁴그 꼬리가 하늘 별 삼분의 일을 끌어다가 땅에 던지더라 용이 해산하려는 여자 앞에서 그가 해산하면 그 아이를 삼키고자 하더니(계 12:4)
비교	²⁰네 본 것은 내 오른손에 일곱 별의 비밀과 일곱 금 촛대라 일곱 별은 일곱 교회의 사자요 일곱 촛대는 일곱 교회니라(계 1:20) ⁷하늘에 전쟁이 있으니 미가엘과 그의 사자들이 용으로 더불어 싸울쌔 용과 그의 사자들도 싸우나 ⁸이기지 못하여 다시 하늘에서 저희의 있을 곳을 얻지 못한지라 ⁹큰 용이 내어 쫓기니 옛 뱀 곧 마귀라고도 하고 사단이라고도 하는 온 천하를 꾀는 자라 땅으로 내어 쫓기니 그의 사자들도 저와 함께 내어 쫓기니라....¹²그러므로 하늘과 그 가운데 거하는 자들은 즐거워하라 그러나 땅과 바다는 화 있을찐저 이는 마귀가 자기의 때가 얼마 못된 줄을 알므로 크게 분내어 너희에게 내려 갔음이라 하더라....¹⁷용이 여자에게 분노하여 돌아가서 그 여자의 남은 자손 곧 하나님의 계명을 지키며 예수의 증거를 가진 자들로 더불어 싸우려고 바다 모래 위에 섰더라(계 12:7~17) ⁵또 짐승이 큰 말과 참람된 말 하는 입을 받고 또 마흔 두달 일할 권세를 받으니라....⁷또 권세를 받아 성도들과 싸워 이기게 되고 각 족속과 백성과 방언과 나라를 다스리는 권세를 받으니(계 13:5~7) ¹⁶나 예수는 교회들을 위하여 내 사자를 보내어 이것들을 너희에게 증거하게 하였노라 나는 다윗의 뿌리요 자손이니 곧 광명한 새벽별이라 하시더라(계 22:16)

To him that overcometh

제11장

요한계시록 13장

32. 생명책과 행위 책들(계 13:8; 20:12,15; 21:27)

요한계시록에는 총 네 개의 책이 등장한다.

① 보좌에 앉으신 분의 오른 손에 들려 있는 두루마리 책(a book, 계 5:1)
② 힘센 천사가 가지고 있는 책(요한에게 먹으라는 작은 두루마리 책 a book, 계 10:8)
③ 심판대 앞에 있는 책들(books, 계 20:12); 행위 책들(행위 장부들)
④ 심판대 앞에 있는 다른 책(another book, 계 20:12); 생명책(the book of life, 생명장부)

[질문 1] 보좌에 앉으신 분의 오른 손에 들려 있던 두루마리 책은 무엇인가?(계 5:1)

요한계시록 4장에서 보좌에 앉으신 분에 대해 먼저 살펴보면, 보좌 앞에는 일곱 등불이신 하나님의 일곱 영이 계시고, 보좌 주위에는 네 생물이 있고, 24장로가 있는 것으로 보아 보좌에 앉으신 분은 결국 하나님이시라는 것을 가리키고 있다.

하나님은 보좌에 앉아 계시면서 오른 손에 두루마리 책을 가지고 있는데, 이 책을 단수로 표현하고 있어서 두루마리 책은 한 권으로 된 책이라는 것을 알 수 있다. 그리고 이 두루마리 책에는 안팎으로 글이 쓰여 있고, 7개의 봉인으로 되어 있어서 봉인을 떼어내야만 읽을 수 있는데 이 봉인을 뗄 분은 오직 예수님 밖에 없다고 성경은 말씀하고 있다(계 5:5). 그리고 예수님이 봉인을 하나씩 뗄 때마다(계 6장 이하) 심판의 내용으로 애곡과 재앙이 펼쳐진다. 결국 이 책을 만지거나 펼 수 있는 분은 오직 하나님과 예수님만 가능한 책인 것이다.

이와 비슷하게도 마지막 심판 때(계 20:12)를 보면, 흰 보좌 앞에는 여러 권의 책(행위를 따라 기록한 책, 행위 책)과 함께 다른 책(another book)이 펼쳐져 있는데, 다른 책(another book)에 대해서 단수로 되어 있는 점과, 보좌 앞에 있다는 점이 요한계시록 5장에서 말씀하신 두루마리 책과 일치하고 있다. 결국 이 책은 요한계시록 20:12에서 생명책이라고 말씀하고 있으므로 요한계시록 4장에서의 하늘 보좌에 계신 하나님이 가지고 계신 책도 당연히 생명책인 것이다.

[질문 2] 힘센 천사가 요한에게 먹으라고 한 두루마리 책은 무엇인가?(계 10:8~10)

성경에는 두루마리 책을 받아먹으라고 하는 장면이 두 군데 나온다. 하나는 요한계시록(계 10:8)에서 천사가 사도 요한에게 받아먹으라 하였고, 또 하나는 에스겔 선지자에게 하나님이 받아먹으라고 한 것이다(겔 2:8~10) 요한이 받아먹은 책은 배에는 쓰지만 입에는 달콤했던 책으로서, 백성, 나라, 방언, 임금(peoples, nations, tongues, kings, 백성들, 민족들, 언어들, 왕들) 앞에서 다시 예언하기 위해 받아먹으라 했던 책이고, 에스겔 선지자가 받아먹었던 책도 안팎으로 글씨가 쓰여 있고, 애가와 애곡과 재앙의 말이 기록되어 있으며 먹었을 때 꿀처럼 달콤했다고 한 책이다(겔 2:8~10; 3:3).

사도 요한이 예언하는 대상은 백성, 나라, 방언, 임금들로서 요한계시록 10장 이후에 음녀와 바벨론의 심판, 용에 대한 심판을 다루고 있고, 그 심판으로 인한 애곡이 설명되어 있다.

한편, 에스겔 선지자가 받아먹었던 두루마리 책이 마치 하나님이 가지고 계셨던 책과 비슷하지 않느냐고 반문할 수 있다. 왜냐하면 안팎으로 글이 쓰여 있고, 예수님이 인을 뗄 때마다 재앙으로 애곡이 펼쳐져 있기에 같은 책으로 볼 수도 있지만, 다음의 설명을 통해서 결정적으로 다른 것을 볼 수 있다.

첫째, 하나님이 가지고 계셨던 책에 대해서 만질 분은 오직 하나님과 예수님밖에 없고(계 5:1~5),

둘째, 요한이 받아먹은 책은 작은 두루마리 책(계 10:8~11)이라고 보아 하나님이 가지고 계셨던 책의 크기와 구별되며,

셋째, 요한과 에스겔은 두루마리 책을 먹었다고 하는데, 하나님이 가지고 계신 책은 그들이 받아먹을 수 있는 책이 아니라고 보여진다.

넷째, 사도 요한과 에스겔이 받아먹었던 책은 그 맛이 달콤했다고 서로 동일하게 말하고 있다. 결국 에스겔이 받은 책은 하나님이 가지고 계셨던 책과는 다른 것이고, 오히려 사도 요한이 받아먹었던 책과 같은 책이라고 보여진다.

[질문 3] 생명책은 무엇인가?(계 20:12)

생명책은 위 [질문 1]에서와 같이 하늘 보좌 위에 앉아 계신 하나님이 오른 손에 들고 있던 책으로, 구원받은 백성의 이름이 기록되어지는 책이며, 이 책에 이름이 기록된 자만이 새 예루살렘 성에 들어갈 수가 있는 생명장부이다(계 21:27)

시편에서 생명책에 대해 기록하고 있는데, 시편 기자는 자신의 대적자들이 주의 공의에 들어오지 말게 해달라고 하면서, 대적자들의 이름을 생명책에서 지워서 의인들과 함께 기록되지 않게 해달라고 하였다(시 69:27,28)[58]

성경에서 생명책이 처음으로 등장하는 곳이 출애굽기이다. 이스라엘 백성이 송아지로 금 신상을 만든 죄를 짓게 되자, 모세가 하나님께 간구하길 주님의 책에 자신의 이름이 지워져도 좋으니 이스라엘 백성의 죄를 용서해달라고 하였다. 하나님은 모세에게 범죄하는 자는 이름을 지우겠다고 말씀하시면서 생명책을 처음으로 언급하셨다(출 32:32,33) 하나님과 모세와의 대화 가운데 생명책에 대해서 모세는 '주님이 기록하신 책(thy book which thou hast written)'이라 하였고, 하나님은 '내 책(my book)'이라 말씀하셨다.

또 생명책을 다른 표현으로 말라기 3:16에서는 여호와를 경외하는 자의 이름을 '기념

---

[58] 저희 죄악에 죄악을 더 정하사 주의 의에 들어오지 못하게 하소서 저희를 생명책에서 도말하사 의인과 함께 기록되게 마소서(시 69:27~28)

책(a book of remembrance)'에 기록하였다고 하면서 생명책을 '기념 책'이라 부르고 있다.

즉 생명책에 대해 정리하면 '주님이 기록하신 책', '내 책', '기념 책'이라 불리는 책으로서, 모두 단수처리 되어 있고, 이름이 기록되어진 것이다. 이 생명책은 마지막 심판 때, 하나님과 어린양 보좌 앞에 펼쳐지게 될 것이다.

[질문 4] 행위 책들은 무엇인가?(계 20:12)

죽은 자들이 보좌 앞에 설 때에 생명책과 행위 책들이 함께 있을 것이라 말씀하셨는데(계 20:12) 행위 책에 대해서는 자신의 행위를 따라 기록된 책이라 말씀하셨고, 이 책은 복수로 쓰여 있으므로 한 권이 아닌 두 권 이상의 책들이 쌓여 있다고 보여진다.

생명책은 새 예루살렘 성에 출입하는 이름이 기록되어진 책으로 한 권이지만, 이 행위 책들이 복수로 쓰여 있는 것으로 보아 한 사람이 두 권 이상으로 자신의 삶을 기록한 책들일지 아니면 한 사람에 한 권씩 모든 심판받는 사람들의 책이 모아져서 책들이라고 표현한 것인지는 명확하지는 않지만 행위 책이라고 불려지는 책은 한 권이 아닌 여러 권인 것이다.

예를 들어 사람이 단명해서 이 땅에서 살았던 기간이 짧았던 사람은 행위 책(인생 장부)이 한 권일 수도 있겠지만, 므두셀라처럼 969세를 살아서 장수했던 사람은 행위 책(인생 장부)이 여러 권이지 않을까 한다. 아무튼 단명했든, 장수했든 모두가 각자의 행위가 기록되어진 장부가 있을 것이고, 행위 장부가 한 권이든 두 권이든 상관없이 각자의 행위가 기록되어진 책으로 심판을 받게 된다는 것이며, 이 책들이 모여서 복수가 되는 것이 아닐까 한다.

행위 책에 대해서 좀 더 설명하자면, 사람은 각자 심판대 앞에 서게 될 것이고(계 20:12), 그때 사람은 하나님 보좌 앞에 '무릎을 꿇게 될 것이고, 직접 자신의 혀로 직접 하나님께 자백하게 될 것이다(롬 14:11~12; 벧전 4:5).' 결국 하나님 심판대 앞에 선 우리 각자는 보좌 앞에 있는 자신의 행위가 기록된 장부를 보게 될 것이고, 스스로 하나님 앞에 자신이 행하였던 일들을 이야기 하게 될 것이라 말씀하고 있는 것이다.

결국 사람의 행위에 대해 숨기거나 변명하거나 할 것이 없이 모든 일이 드러나서 있는 그대로 기록되어진 행위 책으로 심판을 받게 되는 것이다. 그 기록되어진 책은 우리의 생활 일부분 또는 우리 인생의 어느 한 부분만 기록한 것이 아니라 우리 인생 전반에 걸쳐 낱낱이 기록되어진 장부일 것이다. 성경에는 이에 대해 명확히 설명하고 있지는 않다.

하지만 성경 66권을 기록한 것을 보면 성경의 내용이 세밀하고, 신비하고 놀라운 말씀들이 기록되어져 있기에 우리 인생의 장부(행위 책) 또한 세밀하고 섬세하게 기록하셨을 것이다. 그래서 심판받는 대상 누구나 오해의 소지가 발생하지 않도록 하실 것이다. 왜냐하면 하나님은 공의로운 하나님이시기 때문이다(신 32:4)[59]

우리는 공의로우신 하나님이 아니더라도 우리의 삶이 누군가에게 만천하에 모두 드러난다고 한다면 부끄러워서 쥐구멍에라도 들어가고 싶은 심정일 것이다. 지금 이 순간도 나는 내 인생을 돌이켜 생각해보면 감추거나 삭제하고 싶은 부분이 참 많고 두 번 다시 기억하고 싶지 않을 정도로 부끄러운 것이 참 많다. 이처럼 부끄러운 나의 행위 하나 하나, 숨김없이 낱낱이 하나님 앞에 밝혀진다고 생각만 해도 정말 두렵고 떨리는 일이 아닐 수 없다.

[질문 5] 심판대에는 누가 서게 되는가?(계 20:12)

히브리서 기자는 "한번 죽는 것은 사람에게 정하신 것이요 그 후에는 심판이 있으리라(히 9:27)"고 하였고, 사도 요한은 "무론 대소" 할 것 없이 심판대에 서게 된다고 하였다(계 20:12). 이는 사람이 비록 세상에 살면서 하나님을 인식을 하고 살든, 아니면 하나님이 없다며 자기의 마음대로 살든, 누구나 상관없이 모두 다 하나님 심판대 앞에 서게 된다는 말씀이다. 심판대 앞을 벗어나거나 비켜갈 자 아무도 없다는 것이다.

그러나 예수님은 "내가 진실로 진실로 너희에게 이르노니 내 말을 듣고 또 나 보내신 이를 믿는 자는 영생을 얻었고 심판에 이르지 아니하나니 사망에서 생명으로 옮겨졌다"(요 5:24)고 말씀하심으로, 믿는 자는 심판에 이르지 않는다는 말씀인데, 이는 히브리서 9:27, 요한계시록 20:12에서 모두 심판대 앞에 선다는 말씀과 얼핏 보면 일치하지 않는 말씀으로 보여 질 수도 있지만 예수님께서 말씀한 심판에 이르지 않는다는 것(요

---

59 그는 반석이시니 그 공덕이 완전하고 그 모든 길이 공평하며 진실무망하신 하나님이시니 공의로우시고 정직하시도다(신 32:4)

5:24)은 예수를 믿는 사람이 불 못에 가게 되는 심판의 대상이 아니라는 것일 뿐이다. 즉 행위에 대해서는 누구나 각자 심판이 아닌 평가를 받게 될 것이다. 그래서 하나님은 각자의 행위대로 심판하신다고 말씀하신 것이다(계 2:23; 20:13; 22:12)[60].

행위로 심판하는 것에 대해 예수님은 달란트 비유를 들어 말씀하셨다. 다섯 달란트를 받아서 다섯 달란트를 남긴 자와 두 달란트를 받고 두 달란트를 남긴 자에게는 착하고 충성된 종이라고 부르셨지만 한 달란트를 받아 놓고 땅에 묻은 자에게는 악하고 게으른 자라고 하며 바깥 어두운 곳에 내어 쫓으라 하였다. 그가 거기서 이를 갈이 있을 것이라 하였던 것이다. 각자의 행위대로 심판을 하시겠다는 비유의 말씀이다(마 25:14~30).

그리고 사도 바울은 고린도교회를 향해 "누구든지 그 공적이 불타면 해를 받으리니 그러나 자신은 구원을 받되 불 가운데서 받은 것처럼"(고전 3:15) 부끄러운 구원을 받는 이들도 있을 것이라 말씀하면서 행실에 대한 평가가 이루어지고 있다는 것을 뒷받침하고 있다.

이처럼 사람은 반드시 하나님의 심판대 앞에 서게 되는데 하나님은 사람을 아무렇게나 판단하시는 것이 아니라 각자의 삶이 기록되어진 행위 책(장부)과 생명책으로 판단하시겠다는 것이다. 생명책에 기록된 자와 그렇지 못한 자를 구분하실 것이고, 그 다음에는 각자의 행위대로 판단하실 것이다. 천국에 가는 자에게는 칭찬과 상급이 주어져서 기쁨과 즐거움으로 보상을 받을 것이고, 그렇지 못한 자는 형벌과 불 못으로 가서 영원토록 저주를 받게 될 것이다.

---

60 또 내가 사망으로 그의 자녀를 죽이리니 모든 교회가 나는 사람의 뜻과 마음을 살피는 자인줄 알찌라 내가 너희 각 사람의 행위대로 갚아 주리라(계 2:23)
바다가 그 가운데서 죽은 자들을 내어주고 또 사망과 음부도 그 가운데서 죽은 자들을 내어주매 각 사람이 자기의 행위대로 심판을 받고(계 20:13)
보라 내가 속히 오리니 내가 줄 상이 내게 있어 각 사람에게 그의 일한대로 갚아 주리라(계 22:12)

계 시 록	⁸하늘에서 나서 내게 들리던 음성이 또 내게 말하여 가로되 네가 가서 바다와 땅을 밟고 섰는 천사의 손에 펴 놓인 책을 가지라 하기로 ⁹내가 천사에게 나아가 작은 책을 달라 한즉 천사가 가로되 갖다 먹어버리라 네 배에는 쓰나 네 입에는 꿀 같이 달리라 하거늘 ¹⁰내가 천사의 손에서 작은 책을 갖다 먹어버리니 내 입에는 꿀 같이 다나 먹은 후에 내 배에서는 쓰게 되더라 ¹¹저가 내게 말하기를 네가 많은 백성과 나라와 방언과 임금에게 다시 예언하여야 하리라 하더라 (계 10:8~11) ⁸죽임을 당한 어린양의 생명책에 창세 이후로 녹명되지 못하고 이 땅에 사는 자들은 다 짐승에게 경배하리라 (계 13:8) ¹²또 내가 보니 죽은 자들이 무론 대소하고 그 보좌 앞에 섰는데 책들이 펴 있고 또 다른 책이 펴졌으니 곧 생명책이라 죽은 자들이 자기 행위를 따라 책들에 기록된 대로 심판을 받으니.... ¹⁵누구든지 생명책에 기록되지 못한 자는 불 못에 던지우더라 (계 20:12~15) ²⁷무엇이든지 속된 것이나 가증한 일 또는 거짓말 하는 자는 결코 그리로 들어오지 못하되 오직 어린양의 생명책에 기록된 자들뿐이라 (계 21:27)
비 교	³²그러나 합의하시면 이제 그들의 죄를 사하시옵소서 그렇지 않사오면 원컨대 주의 기록하신 책에서 내 이름을 지워 버려주옵소서 ³³여호와께서 모세에게 이르시되 누구든지 내게 범죄하면 그는 내가 내 책에서 지워버리리라 (출 32:32~33) ⁷그 때에 내가 말하기를 내가 왔나이다 나를 가리켜 기록한 것이 두루마리 책에 있나이다 (시 40:7) ¹⁶그 때에 여호와를 경외하는 자들이 피차에 말하매 여호와께서 그것을 분명히 들으시고 여호와를 경외하는 자와 그 이름을 존중히 생각하는 자를 위하여 여호와 앞에 있는 기념 책에 기록하셨느니라 (현대인의 성경: 여호와를 두려워하는 자와 그의 이름을 귀하게 여기는 자들의 이름을 그 앞에 있는 기념책에 기록해 두셨다 (말 3:16) ⁸인자야 내가 네게 이르는 말을 듣고 그 패역한 족속 같이 패역하지 말고 네 입을 벌리고 내가 네게 주는 것을 먹으라 하시기로 ⁹내가 보니 한 손이 나를 향하여 펴지고 그 손에 두루마리 책이 있더라 ¹⁰그가 그것을 내 앞에 펴니 그 안팎에 글이 있는데 애가와 애곡과 재앙의 말이 기록되었더라 (겔 2:8~10) ²내가 입을 벌리니 그가 그 두루마리를 내게 먹이시며 ³내게 이르시되 인자야 내가 네게

비교	주는 이 두루마리로 네 배에 넣으며 네 창자에 채우라 하시기에 내가 먹으니 그것이 내 입에서 달기가 꿀 같더라(겔 3:2~3)
예	¹¹기록되었으되 주께서 가라사대 내가 살았노니 모든 무릎이 내게 꿇을 것이요 모든 혀가 하나님께 자백하리라 하였느니라 ¹²이러므로 우리 각인이 자기 일을 하나님께 직고하리라(롬 14:11~12) ⁵저희가 산 자와 죽은 자 심판하기를 예비하신 자에게 직고하리라(벧전 4:5)

33. 짐승의 표는 무엇인가?(계 13:16~18)

성경에서 기록하고 있는 짐승의 표를 정리하면 다음과 같이 다섯 가지의 특징을 가지고 있으며, 이 특징에 대해 이야기 하고자 한다.

> ¹⁶저가 모든 자 곧 작은 자나 큰 자나 부자나 빈궁한 자나 자유한 자나 종들로 그 오른손이나 이마에 표를 받게 하고 ¹⁷누구든지 이 표를 가진 자 외에는 매매를 못하게 하니 이 표는 곧 짐승의 이름이나 그 이름의 수라 ¹⁸지혜가 여기 있으니 총명 있는 자는 그 짐승의 수를 세어 보라 그 수는 사람의 수니 육백 육십 륙이니라(계 13:16~18)

[짐승의 표 – 다섯 가지 특징]

① 모든 사람이 예외 없이 받게 되는 표이다(강제성)
② 이 표는 사람의 오른 손이나 이마에 받게 된다(신체보관)
③ 이 표는 매매하는데 사용하는 것으로 이 표가 없으면 매매할 수 없다(강제성)
④ 이 표는 짐승의 이름, 짐승의 숫자, 사람의 숫자이며, 666 숫자이다(적그리스도)
⑤ 이 표를 받도록 만드는 사람은 땅에서 올라온 짐승이다(적그리스도)

이 짐승의 표를 받게 만드는 자는 땅에서 올라온 짐승이라고 하는데 이 짐승이 누구냐 하면 땅의 상인[61](귀족, 거짓 선지자)을 가리키고 있으므로, 땅의 상인들이 짐승의 표를 받게 한다고 하는 것이다. 이들은 바다에서 올라온 짐승[62](신 바벨론 제국)으로부터 권한을 위임받아 사람들에게 이 표를 받도록 만든다. 그래서 어린아이부터 어른까지, 가난한 자든 부자든 상관없이 무조건 받도록 하는데 강제성을 띄고 있는 것을 볼 수 있다.

우리 인간에게 짐승의 표를 선택할 수 있는 선택의 자유권이 박탈된 것이다. 설상 이 표를 받지 않는다고 가정해도 이 표가 없으면 매매를 하지 못하도록 한다는 것인데 이는 생존권에 위협이 되는 것이다. 사람이 먹지 않고 살 수 있다면야 모르겠지만 그럴 수 없기 때문에 식량과 생필품을 살 수 없다면 그건 생존의 위협이 달려 있게 됨을 볼 수 있다.

그리고, 이 짐승의 표에 대해 간단히 정리하자면 매매를 위한 필요한 수단이라고 하였으므로, 사람이 받아야만 가능한 것으로 보아 매매를 위한 장치 또는 기구라고 보여 지는데, 성경은 이 짐승의 표가 사람의 몸속 안으로 들어간다고 아래와 같이 말씀하고 있다.

① KJV: to receive a mark in their right hand, or in their foreheads(계 13:16)
② NIV: to receive a mark on his right hand or on his forehead(계 13:16)

즉, NIV에서는 사람의 피부 위(on)라고 하는데 반하여 KJV에서는 사람의 피부 속 안(in)으로 표현을 하고 있다. 결국 이 짐승의 표가 사람 몸에 부착되어 다니거나 아니면 몸 안으로 들어가거나 하는 둘 중의 하나일 것으로 보여진다. 그런데 오늘날(2018년 현재) 매매수단을 위한 장치(기구)가 몸 안으로 들어가는 기술까지 실현되고 있는 것으로 보아 KJV에서 표현하고 있는 것이 더 정확하다고 볼 수 있다. 그렇게 본다면 성경(KJV)의 단어 하나 하나의 표현력이 신기하고, 놀랍고, 대단하다고 볼 수 있다. 과연 2000년 전에 어떻게 이 매매수단을 위한 장치(짐승의 표)가 몸 안으로 들어가는 것을 알 수 있었을 것인가 하는가 말이다. 그래서 성경은 하나님의 감동으로 된 책(딤후 3:16; 벧후 1:21)[63]이며, 하

---

61 땅의 상인: 계18:15,23; 19:19~21 / 제2부 제14장 48 참조: 용과 짐승은 무엇을 나타내는가?)
62 바다에서 올라온 짐승: 계 13:1~10; 17:1~18 / 제2부 제14장 48 참조: 용과 짐승은 무엇을 나타내는가?
63 모든 성경은 하나님의 감동으로 된 것으로 교훈과 책망과 바르게 함과 의로 교육하기에 유익하니 (딤후 3:16)

나님의 말씀이라고 말하지 않을 수 없다.

그렇다면 상인들은 왜 이 짐승의 표를 만들고, 사람들로 받게 하는지를 먼저 추론을 해 보면 몇 가지 이유를 들 수 있을 것이다. 그 중에 가장 두드러진 이유는 편리성, 보관성을 들 수 있을 것이다. 매매를 돕기 위한 장치가 일단 우리 몸 안에 들어오면 물건을 사고 팔 때마다 내 손(머리) 안에 있는 장치를 통해 인식하여 지불하면 되는 것인데, 이는 화폐(동전, 지폐, 수표 등) 또는 신용카드를 들고 다니지 않아도 되고, 분실이나 도난의 위험도 없는 편리성과 보관의 장점을 가지고 있는 것이다.

그리고 상인들의 입장에서 보면 항상 고객의 정보를 수집하길 원하고 있는데 이 칩은 정보를 한 번에 수집할 수 있는 장점을 가지고 있다. 상인들은 회원관리를 통하거나 거래 행위를 통해서 고객의 소비취향, 지출능력 등을 수집하여 마케팅에 활용하고 판매를 극대화하기 위하여 정보를 수집하기를 원하는 것이다. 그래서인지 사람들은 해킹이나, 불법 거래를 통해 기업들이 가지고 있는 회원정보와 같은 고객의 정보를 습득하는 것을 볼 수 있으며, 기업들은 보안관리 또는 직원관리의 허점이 노출되어 가끔씩 고객의 정보가 유출되어 사회적인 이슈가 되고 있는 것을 보게 된다.

따라서 매매를 위한 장치가 몸 안으로 들어가게 되면 한 번의 결제로 인하여 모든 정보를 한꺼번에 수집할 수 있는 장치가 될 수 있기에 상인들은 사람들에게 이 장치를 받도록 유도할 가능성이 매우 크다고 보여진다. 따라서 이 장치는 사람들과 상인들과 정부로 하여금 매력적인 편리성과 보관성, 정보수집 능력을 가진 장치로 부각될 가능성이 매우 높다.

그럼 이 표가 무엇인지에 대해 좀 더 설명하면, 매매를 위한 장치로 현재의 기술로 몸 안으로 들어가는 것이 가능하다고 위에서 언급하고 있는데, 이 장치가 일명 베리칩, 포지티브칩, 생체칩이라 불리고 있다. 그리고 이 칩과 관련된 기사를 아래에 일부 발췌함으로써 신뢰성을 높이고자 한다.

예언은 언제든지 사람의 뜻으로 낸 것이 아니요 오직 성령의 감동하심을 입은 사람들이 하나님께 받아 말한 것임이니라(벧후 1:21)

'15.04.03. 경향신문기사 발췌. '몸 안의 칩 유용한 미래 기술일까, 섬뜩한 감시 도구일까?'
어플라이드 디지털솔루션이라는 회사가 개발한 칩으로서 '확인용 칩(verification chip)'의 약자. 16자리의 고유번호를 내장하고 있는 RFID 방식이다. 미 식품의약국(FDA)으로부터 2004년 인체에 사용할 수 있다는 승인을 받았지만 2010년 안전과 개인정보 보호에 대한 우려가 커지면서 생산이 중단된 상태다. 하지만 그 이후에도 다양한 회사들이 개발한 체내 칩이 사용되고 있다.

(이식방법)
① 주사 바늘로 단번에 칩을 몸 안으로 이식하며, 한 번 이식하면 겉으로 드러나지 않는다
② 수술로 제거하기 전까지는 빠지지 않음

(사용 사례)
① 오하이오의 한 영상감시시스템 회사 직원 2명 이식(2007년)
② 네덜란드 로테르담의 한 나이트클럽 VIP식별을 위해 생체칩 이식
③ 스웨덴 에피센터 생체칩 이식

(활용분야)
① 손만 대면 문이 열리고
② 가석방 죄수 감시용
③ 에이즈 환자 모니터링 활용방안이 있었으나 거센 논란 후 취소(인도네시아 파푸아주 2007년)
④ 분쟁지역에 들어간 기자, 자원봉사자에게 삽입하면 납치당했을 때 위치 추적
⑤ 출석체크, 컴퓨터 잠금장치 해제, 구매기록 분석 등

'04.07.15. 아이뉴스24 기사 발췌. '매트릭스가 현실로? 멕시코, 생체칩 대량이식 충격

멕시코 법무장관을 비롯한 법무부 직원 160여 명 생체칩 이식
멕시코 정부 요인들 외에도 1천 명 이상 의학적 이유로 칩을 이식한 상태
- 위치 추적 등에도 적극 응용될 것으로 보인다

〈16.08.26. 세계일보 기사 발췌. '손 안의 칩으로 세상사는 슈퍼 휴먼.. 당신도?〉

호주 사람들 사이에서 자기 손에 마이크로 칩을 넣는 시술이 유행
- 시술비용 호주 화폐로 80달러(약7만원)~140달러(약12만원)

'16.04.27. 서울신문 기사 발췌. '축구입장권, 이제 피부에 심으세요

아르헨티나 프로축구 아틀레티코 티그레가 경기장 입장권을 칩으로 만들어 피부에 이식하는 '패션티겟(Passion Ticket)'을 발매
- 홈구장 입구 스캐너에 팔뚝을 대고 회전문 통과하는 모습을 시연하기도 함

'15.11.01. theeconomiccollapseblog.com에 실린 기사 발췌

The UN Plans To Implement Universal Biometric Identification For All of Humanity by 2030
· 유엔은 2030년까지 인류에게 생체 인식을 구현하려는 계획을 가지고 있음

'15. 8.11. viva100.com에 실린 기사 발췌, 내 몸속에 전자칩? 생체칩? 생체칩 적극 도입한 스웨덴 IT업체 '에피센터'
에피센터의 협업공간에서 일하는 직원 250명 중 약 15~20% 이식함

'15. 7.29. 연합뉴스에 실린 기사 발췌, 종이통장 120년 만에 역사 속으로 9월부터 단계 축소
- 2017. 9월부터 미 발행 원칙

〈'15.12.27. 한국경제에 실린 기사 발췌, 현금 없는 나라로 가는 스웨덴〉
- 교회 헌금도 스마트폰 앱으로, 현금거래 비중 20%밖에 안돼

'16.12.06. 매일경제, 장바구니 들고 나오니 '자동결제'...계산대 없앤 인공지능 매장
- 아마존 '인공지능매장'아마존고 발표, 생체인식 · 딥러닝 이용해 쇼핑내역 확인, 내년 초 오픈...2020년까지 2000개매장

'17.07.24. 조선비즈, 손님은 물건 담아 나가면 끝....계산대 긴 줄 사라진 '아미존 수퍼'
- 카메라, 센서가 쇼핑 상품체크...손님이 매장 나서면 자동결제

'17.07.25. 한겨레, 절반은 인간, 절반은 신용카드?
- 미국 IT기업, 희망직원 몸에 '생체 칩', 출퇴근관리 · 구내식당 결제에 사용, '빅브라더'논란 피하기 어려울 듯

> '17.07.27. MBC, 美 IT기업 신용카드·신분증 대신 '생체칩' 이식 논란
> – 미국 위스콘신주의 한 IT기업, 85명가운데 50명이 생체칩 이식을 자신해서 선택

　위 기사 외에도 2013. 2. 24. 경향신문에 실린 기사(과학오디세이 '베리칩 인간과 전자감시 사회)를 참고하여 부연 설명하자면 다음과 같다. 이 칩은 아래의 그림처럼 무선주파수 발생기인 RFID 칩의 일종으로서 스캔방식으로 칩 안의 정보를 순식간에 인식할 수 있으며, 쌀 한 톨(아래그림 참조 ; 길이 12mm 너비 2.1mm) 만한 크기만큼 작고, 몸 안에서 흐르는 전류로 평생 배터리를 교체할 필요가 없는 칩이다. 이 칩 안에는 개인의 신분을 확인할 수 있는 유전자 정보 또는 고유 번호(16자리)가 저장되어 있어서 금융거래, 유전자와 같은 생체정보, 질환 및 진료 같은 의료정보 등 이 칩을 통해 확인할 수 있으며, GPS와 연결되면 언제 어디서든 위치 추적도 가능하여 개인의 신분확인, 건강관리, 자산관리에 유용하게 사용될 것이라 한다.

　그래서 이 칩을 활용하여 대형마트 쇼핑 시 스캐너를 통해 나의 신분과 함께 동시에 물품정보를 확인하고 전자결제까지 이루어지며, 진료를 받기 위해 복잡한 절차 없이 내 몸 안에 있는 칩을 스캔을 통해 생체정보와 진료기록들을 확인할 수 있으며, 나이트클럽에 가서도 입장권, 술 주문과 같은 생활의 편의성을 느낄 수 있다고 하였다.

　이런 장점 외에 위험성도 이 신문에서 경고하고 있는데 사생활 역시 심각하게 침해될 가능성이 높고, 위치추적도 가능하여 개인정보를 수집해 감시할 수 있다 하였고, 지금은 개인적인 자율적 선택에 의해 이루어지지만 언제가 정부나 기업이 특정한 목적을 위해 강제로 추진될 수 있음을 알려주고 있다.

　실례로 미국의 예를 들어 설명하고 있는데 2010년 3월 미국 의회에서 '건강보험개혁법'이 통과되었는데 이 법안에 전 국민에게 베리칩을 이식한다는 내용이 포함되어 있다고 한다. 이를 위해 2013년까지 준비하고, 2016년까지 유예기간을 거쳐 2017년까지 강제로 실시한다고 밝히고 있다. 이로 인하여 인간의 존엄성이 심각하게 훼손될 수 있음을 밝히고 있다(경향신문, '[과학 오디세이]' '베리칩' 인간과 전자감시 사회' 2013.02.24. / 신문기사 중 일부 발췌하여 편집)

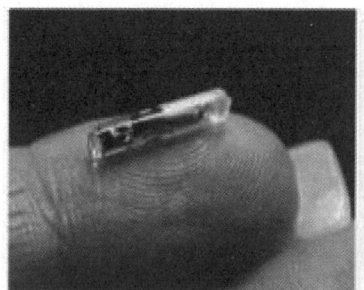
⟨ 사진: pinterest ⟩

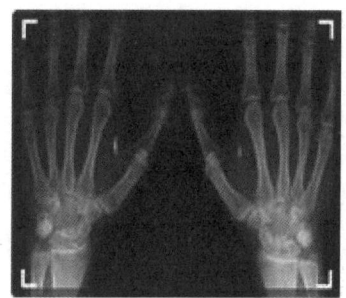
⟨ 사진: pinterest ⟩

⟨666 바코드분석⟩

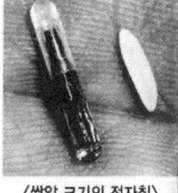
⟨쌀알 크기의 전자칩⟩
(베리칩,베리텍,RFID)

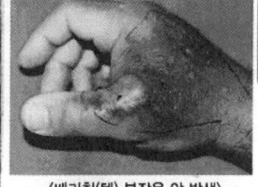
⟨베리칩(텍) 부작용 암 발생⟩
http:// cafe.naver.com/grace0406/7734
성경에 종기 (독한 헌데, 요한계시록 16:2), 현디
애완견에 종기로 죽은 사례가 보도 됨

베리칩은 RFID칩을 쌀알만한 캡슐속에 넣어 사람의 몸 속에 삽입하기 위해 만든 생
신분증, 여권 등을 대신하게 되면 모든 금융 및 상품거래를 도맡게 될 전망입. 짐
오른손 안에나 이마 안에 표를 받고, 또 이 표를 받지 못하면 매매를 못한다고 기록

⟨ 사진: 대전종교문제연구소 ⟩
- 기독교포털뉴스('13.10.31)

위와 같이 우리 몸 안으로 들어가는 생체칩은 장점뿐만 아니라 단점이 있다는 것을 신문을 통해 간단히 알아봤지만, 이 칩의 단점에 대해 단순히 단점이라는 표현보다는 너무나 큰 위험성을 가지고 있다고 말하는 것이 더 적절한 표현이다. 그 이유는 개인의 사생활과 인권의 침해를 가져다 줄 수 있기 때문이다.

미국에서도 강행적으로 실시하겠다는 목표도 있지만 유엔(UN)에서도 전 세계의 모든 인간에게 생체칩 이식을 2030년까지 확대할 방침을 계획하고 있다고 본다며('15.11.01. theeconomiccollapseblog.com에 실린 기사 인용), 그리고 유엔(UN)의 계획이 실제로 실행될지 여부는 알 수 없으나 실행된다고 가정하면, 우리나라의 경우도 유엔(UN)의 계획에 따라 그리 멀지 않은 때에 이 문제가 논의될 가능성이 있다.

그렇게 된다면 지금은 선택적으로 받는 것이지만 앞으로는 이 칩을 의무적으로든 아니면 강제적으로든 정부나 기업에서 받도록 유도할 가능성이 높고, 서두에 이야기 한 대로 사람에게 선택권이 주어지지 않을 수 있는 상황까지 몰리게 된다.

이 생체칩의 부작용에 대해 설명해보자.

첫째, 이 칩은 하나의 장치이다 보니 이 장치가 불의의 사고를 당하여 내 몸의 신체의 일부가 부상과 동시에 이 칩이 깨질 수 있다는 것이다.

이러한 가정은 지극히 발생가능한 상황일텐데, 이 칩이 일단 깨지게 되면 그 화학성 물질로 인하여 내 몸의 건강의 안정성을 담보하지 못할 수 있다고 한다. 예를 들어 이 칩을 절대로 받아서는 안 될 사람들은 운동선수들일 것이며, 유도, 태권도, 격투기, 야구, 배구, 미식축구, 아이스하키 등과 같이 손과 몸으로 활동량이 많은 운동선수가 해당 될 것이고, 또한 청소년이나 어린아이가 활동성이 많으므로 위험 가능성이 높은 고위험군에 속할 것으로 보인다.

둘째, 위 기사에서도 언급하였다시피 이 생체칩 안에는 나의 모든 정보, 즉 주민번호, 재산, 나의 건강 상태뿐만 아니라 나의 유전자 정보까지 담고 있어서, 이 생체칩 안에 있는 정보를 얻고 싶어 하는 사람들이 너무나 많을 것이라는 것이다.

현재도 신용카드 정보나 회원관리 정보를 획득하기 위하여 컴퓨터 전문가들이 일부러 빼내거나 업무상 실수로 정보가 유출되어 사회적인 이슈가 되는 것을 볼 수 있는데, 이 칩 안에 있는 정보는 나의 모든 정보를 담고 있어서 한 번 유출되면 돌이키기가 너무 어려울 것이라 예상되어진다.

만약 신용카드 정보 또는 어떤 사이트에 내가 가입한 정보가 유출된다면 여러 가지 자구노력을 통해 신용카드를 바꾸거나, 사용하지 않거나, 폐지시키거나, 이사를 가는 등 피할 방법을 모색할 수 있을 것인데, 이 칩은 나만의 고유정보까지 포함되어 있어서 한번 유출되고 나면 돌이킬 수 없는 것이고, 또한 GPS까지 연결시키면 위치추적이 가능하여 내가 어디로 이사를 가도 피할 수 없게 된다. 그리고 이 칩을 관리하는 정부, 기관, 기업이 올바르고, 정직하고, 투명하고, 안전하게, 100%의 보안을 담보할 수 없기에 두려움이 앞서게 된다.

성경은 우리 인간을 향해 정직하지도, 선하지도, 올바르지 않다고 말하고 있기에[64] 이

---

64 정직하지도, 선하지도, 올바르지 않다고 성경은 말하고 있기에: "여호와께서 사람의 죄악이 세상에 가득함

칩을 관리하는 정부, 기관, 기업이 악의적이든, 아니면 통제의 수단이든, 아니면 정말 선한 목적이든 상관없이 이 칩을 100% 안전하게 관리할 수 있느냐 하는 의문이 있다. 그들은 혹 100%의 안정성이 있다고 말을 할지는 모르겠지만, 실제로 우리의 생활가운데 벌어지는 일상들을 보면 전혀 그렇지 않음을 볼 수 있다.

셋째, 성경은 짐승의 표를 받지 말라고 하고 있다. 이 표는 몸 안으로 들어가는 것을 의미하고 있기에 이 생체칩이 짐승의 표일 가능성이 매우 높으므로 그 칩을 받아서는 안 될 것으로 보인다.

그리고 한 가지를 더 이야기하자면 이 칩을 관리하는 기관 또는 정부가 실수든, 고의든 또는 관리 소홀(해킹포함)로 인하여 나의 정보가 어느 순간 완전히 지워질 수도 있으며, 이 칩을 이용하여 나의 생각이나 의지를 컨트롤할 수도 있다고 한다. 그렇게 된다면 일순간 나의 정보가 지워짐으로 인해 '나'라는 개인의 존재와 내가 모아둔 재산 등 모든 것이 순식간에 사라질 수 있다는 것과 각 사람에게 주어진 자유가 박탈되고 생각이나 자유의지 또한 없어지면서 마치 로봇과 같이 누군가에 의해 조정되어지는 인생으로 전락할 가능성도 있다는 내용이다.

위와 같이 생체인식 칩이 긍정적인 측면도 있지만 심각한 위험성도 있기에 이 칩을 강제적으로 받기 전까지는 이식을 하고 안하고는 각자의 자유의지에 따라 선택하겠지만 우리 그리스도인들은 이 생체인식 칩에 대해서 정말 고민하고 고민하여 우리 몸 안에 들어가는 것을 일단 유보하길 원하며, 추후 계속해서 짐승의 표인지를 주시할 필요가 있다고 보여진다. 그것이 성경의 말씀대로 강제성을 띄고 있는지, 그리고 매매의 수단으로서 이 표가 없으면 매매를 하지 못하게 하는 것인지를 더욱 더 주시해 봐야 한다고 생각한다.

과 그의 마음으로 생각하는 모든 계획이 항상 악할 뿐임을 보시고"(창 6:5); "여호와께서 하늘에서 인생을 굽어 살피사 지각이 있어 하나님을 찾는 자가 있는가 보려 하신즉 다 치우쳤으며 함께 더러운 자가 되고 선을 행하는 자가 없으니 하나도 없도다"(시 14:2,3); "모든 사람이 죄를 범하였으매 하나님의 영광에 이르지 못하더니"(롬 3:23); "곧 모든 불의, 추악, 탐욕, 악의가 가득한 자요 시기, 살인, 분쟁, 사기, 악독이 가득한 자요 수군수군하는 자요 비방하는 자요 하나님의 미워하시는 자요 능욕하는 자요 교만한 자요 자랑하는 자요 악을 도모하는 자요 부모를 거역하는 자요 우매한 자요 배약하는 자요 무정한 자요 무자비한 자라"(롬 1:29~31)

이 칩은 우리에게 삶의 편리함을 가져다주겠지만, 한편으로는 너무 위험한 가능성도 있기 때문에 신중을 기하기 위함이고, 성경에서 예언한 대로 짐승의 표라고 예상되어지는 부분이 많기에 더욱 그런 것이다.

또한 짐승의 표는 짐승의 수(666)이기도 하고, 사람의 수(666)라고 하고 있는데 이 칩 안에는 바코드가 들어 있고, 바코드 속에는 666이라는 숫자가 있다. 요한계시록에서는 짐승에 대해서 바다에서 올라온 짐승과 땅에서 올라온 짐승이라고 한다(계 13장 참조). 성경은 이들이 적그리스도임을 밝히고 있고, 이 두 짐승은 모두 신 바벨론에 속해 있는 제국과 상인(왕족)들이라는 특징을 가지고 있으며, 마지막 때에 이들이 사람들에게 강제적으로 받도록 만드는 주체가 될 것을 의미하고 있다.

그리고 사람의 수라고 말하는 것으로 보아 음녀일 가능성이 많다는 것이다. 요한계시록에서는 짐승과 관련된 사람은 오직 음녀밖에 없기 때문이다. 그러므로 이 짐승의 표는 신 바벨론 제국과 상인들과 음녀를 가리킨다고 말할 수 있을 것 같다.

성경이 우리에게 말씀하시는 것은 짐승의 표를 손목이나 이마에 받지 말라고 하고 있을 뿐이고, 우리가 정작 손목에 매며 이마에 붙일 것은 짐승의 표가 아닌 하나님이 말씀이라고 하나님은 우리에게 가르치고 있을 뿐이다(신 6:8)

> ⁵너는 마음을 다하고 성품을 다하고 힘을 다하여 네 하나님 여호와를 사랑하라 ⁶오늘날 내가 네게 명하는 이 말씀을 너는 마음에 새기고 ⁷네 자녀에게 부지런히 가르치며 집에 앉았을 때에든지 길에 행할 때에든지 누웠을 때에든지 일어날 때에든지 이 말씀을 강론할 것이며 ⁸너는 또 그것을 네 손목에 매어 기호를 삼으며 네 미간에 붙여 표를 삼고(신 6:5~8)

To him that overcometh

제12장

요한계시록 14장

34. 처음 익은 열매(계 14:4)

사람은 인간적(인본주의적)으로 사람이 수고하고 노력을 통해 얻는 것에 대해 자신의 것이라고 말하지만 성경은 그렇게 말씀하고 있지 않고 오히려 모든 것의 주인은 하나님이라고 가르치고 있다. 이는 근본적으로 땅을 창조하신 분도 하나님이시고, 사람을 만드시는 분도 하나님이시기에 모든 것의 주인은 하나님 자신이라고 하시는 것이다.

또한 비록 사람이 소산물을 수확하기는 하지만 열매를 맺을 수 있도록 하나님이 때에 이른 비와 늦은 비를 내려 주시기에 사람이 수확할 수 있는 것이라고 말씀하고 있다(신 11:14)[65] 그리고 사람이 수고하고 갈고 닦는 땅에 대해서는, 우리가 이 땅에서 살아 갈 때에 잠시 동안만 사용하라고 놔둔 것에 불과하다. 성경은 소산물에 대한 그 소유의 개념을 명확히 하고 있다.

첫 열매는 농부가 땅에서 첫 번째로 수확하는 소출(열매)을 말하는 것으로서, 하나님은 첫 번째로 수확하는 열매에 대해서는 농부의 것이 아닌 하나님의 것으로 말씀하셨다(출 13:12; 23:19; 민 18:13; 잠 3:9). 그리고 출애굽기 13:12; 23:19에서 하나님은 이스라엘 백성이 애굽에서 종으로 살고 있는 그들을 이끌어 내기 위하여 애굽에 있는 사람이나 가축이나 할 것 없이 초태생이 죽게 하고 나서야(애굽 왕의 교만으로 9번이나 약속을 지키지 않음)

---

[65] 이른 비와 늦은 비: "여호와께서 너희 땅에 이른비, 늦은비를 적당한 때에 내리시리니 너희가 곡식과 포도주와 기름을 얻을 것이요"(신 11:14)

출애굽 할 수 있었기에 처음 난 소산물에 대해서는 하나님의 것이라고 가르치고 있다.

사실 그 보다 훨씬 앞서 성경에서 첫 열매를 하나님께 드린 장면을 찾아보면, 아담의 아들 아벨이 양의 첫 새끼와 기름을 하나님께 드렸고(창 4:4), 아브라함은 조카 롯을 구하고 난 뒤 살렘왕 멜기세덱에게 십분의 일을 드렸으며(창 14:18,20), 하나님은 아브라함을 시험할 때에 그의 독생자 이삭을 제물로 드릴 것을 요구하였고(창 22:1,2), 야곱은 에서를 피해 도망가다가 벧엘에서 평안히 다시 돌아오면 십분의 일을 드리겠다고 서원하고 있다(창 28:21,22). 이처럼 첫 번째의 것은 하나님의 것이라 알려 주고 있는 것이다.

그래서인지 사도 바울은 수많은 그리스도의 제자가 나오도록 수고하였는데 그 중에서 에배네도(롬 16:5)를 가리킬 때 성경이 가르치는 가치관과 하나님의 시각으로 아시아에서 얻는 그리스도의 처음 익은 열매라고 표현을 한 것이다.

이와 같이 요한계시록 14:4에서 이스라엘의 12지파에 속한 144,000명을 처음 익은 열매라고 하는데 이는 추수시점이고, 부활 때이며, 그리스도인들이 천국으로 들려올라갈 때로서 하나님의 인자의 낫으로 수확하는 때(계 14:15,16)[66]를 말하고, 이 시점이 동시간대에 모든 그리스도인들이 천국에 들려올라가서 144,000명을 분류할 것인지, 아니면 144,000명만 먼저 올라갈 것인지 정확히 알 수 없으나 이들에 대해서 처음 익은 열매라고 하였다. 즉 위에서 설명한 것처럼 첫 번째로 수확하는 열매는 하나님의 것(출 13:12; 23:19; 민 18:13; 잠 3:9)이라 말씀하신 것처럼 이들 144,000명은 부활하는 사람들로서 하나님께 드려지는 첫 번째 열매가 되는 것이다.

그리고 예수 그리스도는 죽은 자 가운데서 다시 살아나서 잠자는 자들에게 있어서 처음 열매가 되셨다고 말씀하셨다(고전 15:20). 이는 이 땅에 살았던 사람으로 죽음을 경험하고 부활한 분은 여럿(마르다의 오라버니 나사로, 요 11:44[67] / 사르밧 과부의 아들, 왕상 17:23[68] / 유두고라는 청년, 행 20:9~12[69]) 있었으나 죽었다가 부활하고 하늘로 승천하

---

66 또 다른 천사가 성전으로부터 나와 구름 위에 앉은이를 향하여 큰 음성으로 외쳐 가로되 네 낫을 휘둘러 거두라 거둘 때가 이르러 땅에 곡식이 다 익었음이로다 하니 구름 위에 앉으신 이가 낫을 땅에 휘두르매 곡식이 거두어지니라(계 14:15,16)

67 죽은 자가 수족을 베로 동인채로 나오는데 그 얼굴은 수건에 싸였더라 예수께서 가라사대 풀어 놓아 다니게 하라 하시니라(요 11:44)

68 엘리야가 그 아이를 안고 다락에서 방으로 내려서서 그 어미에게 주며 이르되 보라 네 아들이 살았느니라(왕상 17:23)

69 유두고 하는 청년이 창에 걸터 앉았다가 깊이 졸더니 바울이 강론하기를 더 오래 하매 졸음을 이기지 못

시는 분은 오직 예수님밖에 없기에 모든 죽은 자들 가운데 처음 되신 분으로 인류 역사의 '첫 열매'가 되신 분은 예수님이시라는 것을 말씀하고 있다(고전 15:20). 그리고 144,000명에 대해서는 추수 시점에 하나님께 드려지는 사람들로서 알곡 중에 분류되어진 '첫 열매'인 것이다.

[질문 1] 하나님이 알곡을 한 번에 수확해서 144,000명을 분류할 것인가? 아니면 144,000명만 먼저 수확할 것인가?

성경에는 이에 대해 명확하게 설명되어 있지 않다. 다만 우리가 살고 있는 이 땅에서 농부가 수확하는 것을 비추어 보면 모든 소산물을 한 번에 다 수확하지는 않지만 먼저 수확하는 것이 따로 있다. 이와 같이 하나님의 때도 첫 번째로 수확하는 것이 있지 않을까 조심스럽게 추측해본다.

[질문 2] 이스라엘 지파만 첫 열매가 될 것인가?

일단 [질문 1]에서와 같이 첫 번째로 수확하는 것이 있다는 가정 하에 이야기 하자면, 성경은 이스라엘의 12지파에 속한 144,000명에 대해서 처음 익은 열매라고 하였다. 이에 대한 해석을 문자 그대로 해석하여,

① 이스라엘 12지파만 해당하는 것인지,
② 예수님이 마태복음에서 천국을 이야기 하실 때 비유로 말씀하시듯 이스라엘 12지파는 비유이고, 요한계시록 7:9에서 말씀하신 것처럼 각 나라와 족속과 백성과 방언(all nations, kindreds, people, tongues, 모든 민족들, 족속들, 백성들, 언어들의 무리)에서 첫 열매가 나타날지,
③ 각 나라별로, 민족별로, 대륙별로, 언어별로 나타날지 아니면

하여 삼 층 누에서 떨어지거늘 일으켜 보니 죽었는지라 바울이 내려가서 그 위에 엎드려 그 몸을 안고 말하되 떠들지 말라 생명이 저에게 있다 하고 올라가 떡을 떼어 먹고 오래 동안 곧 날이 새기까지 이야기하고 떠나니라 사람들이 살아난 아이를 데리고 와서 위로를 적지 않게 받았더라(행 20:9~12)

④ 다른 어떤 식으로 첫 열매가 곳곳에 나타날지는 단정적으로 말할 수 없고 그 날이 되어야만 정확히 알 수 있을 것 같다. 결국 첫 열매에 대한 절대 주권은 하나님께 있으니 하나님이 결정하시는 영역이다. 다만, 개인적인 희망은 ②③④ 안에서 나타났으면 좋겠다. 만약 개인적인 추측으로 첫 열매로 부활하는 사람이 곳곳에서 나타난다면 하나님의 말씀이 정말 이뤄진다는 것을 바라보고, '성경이 사실이다'라고 고백하고, 하나님을 찬양하는 사람들이 곳곳에 나타날 수 있다고 생각한다.

그러나 개인적인 희망사항이 아닌 성경에 기록되어진 문자 그대로 이스라엘 백성만 첫 열매가 된다고 한다면, 한국에서 태어난 그리스도인들은 이스라엘 백성 입장에서 볼 때, 이방인에 불과하기에 절대로 첫 열매가 될 수가 없다. 그렇다고 해서 실망할 필요는 없을 것 같다. 성경은 예수 안에서 죽는 자들이 복되다 하였으니, 비록 첫 열매가 안 된다 하더라도 천국잔치에 초청을 받을 수 있는 영광은 누리게 될 것이다. 다시 한 번 말하면 첫 열매가 되는 결정권은 우리에게 있는 것이 아니라 오직 우리 하나님에게만 있는 것이다.

그리고 천국에는 144,000명만 있는 것이 아니라 무수한 성도들(계 7:9)[70]이 함께 있기에 우리도 장차 그 가운데 포함되어 있는 것이다. 성경에는 죽음을 안 보고 승천한 에녹, 엘리야, 시신이 모압 땅 어디에 묻혔는지 알 수 없는 모세, 구약의 위대한 선지자들, 신약의 12제자들, 사도 바울, 스데반 등등 성경에 나온 수많은 인물들도 무수한 성도들 가운데 포함되어 있기 때문이다.

그런데, 이단들 가운데 144,000명에 대해 속단하여 말하거나, 144,000명만 구원받는다는 어리석은 말을 하는데, 이는 하나님의 능력을 무시하고 왜곡하는 것이다. 하나님은 악인이 죽는 것을 기뻐하지 않고 오히려 돌이켜 돌아오는 것을 기뻐하며(겔 33:11)[71], 모

---

70 이 일 후에 내가 보니 각 나라와 족속과 백성과 방언에서 아무도 능히 셀 수 없는 큰 무리가 흰 옷을 입고 손에 종려 가지를 들고 보좌 앞과 어린양 앞에 서서(계 7:9)
71 주 여호와의 말씀에 나의 삶을 두고 맹세하노니 나는 악인의 죽는 것을 기뻐하지 아니하고 악인이 그 길에서 돌이켜 떠나서 사는 것을 기뻐하노라 이스라엘 족속아 돌이키고 돌이키라 너희 악한 길에서 떠나라 어찌 죽고자 하느냐 하셨다 하라(겔 33:11)

든 사람이 구원받기를 원하시는 분이시다(딤전 2:4).⁷²

또한 하늘, 태양, 달, 별들을 창조하신 분이 누구신가?

하나님이 아니신가! 하다못해 우리가 살고 있는 이 땅 가운데 살고 있는 사람만 해도 50억 명이 넘게 살고 있는데 기껏 144,000명만 구원을 받는다는 말을 하고 있으니 헛소리에 지나지 않으며, 허망한 말에 불과하다고 말하지 않을 수 없다. 이에 대해서 베드로는 "성경에 알기 어려운 것이 더러 있다 하면서 무식한 자들과 군세지 못한 자들이 억지로 풀다가 스스로 멸망에 이르렀다"(벧후 3:15~16)⁷³고 말씀하였는데 정말 이들에 대해서 잘 말하고 있는 것이다.

계시록	⁴이 사람들은 여자로 더불어 더럽히지 아니하고 정절이 있는 자라 어린양이 어디로 인도하든지 따라가는 자며 사람 가운데서 구속을 받아 처음 익은 열매로 하나님과 어린양에게 속한 자들이니(계 14:4)
비교	⁴아벨은 자기도 양의 첫 새끼와 그 기름으로 드렸더니 여호와께서 아벨과 그 제물은 열납하셨으나(창 4:4) ¹⁸살렘왕 멜기세덱이 떡과 포도주를 가지고 나왔으니 그는 지극히 높으신 하나님의 제사장이었더라....²⁰너희 대적을 네 손에 붙이신 지극히 높으신 하나님을 찬송할찌로다 하매 아브람이 그 얻은 것에서 십분 일을 멜기세덱에게 주었더라(창 14:18~20) ¹그 일 후에 하나님이 아브라함을 시험하시려고 그를 부르시되 아브라함아 하시니 그가 가로되 내가 여기 있나이다 ²여호와께서 가라사대 네 아들 네 사랑하는 독자 이삭을 데리고 모리아 땅으로 가서 내가 네게 지시하는 한 산 거기서 그를 번제로 드리라(창 22:1~2)

---

72 하나님은 모든 사람이 구원을 받으며 진리를 아는데 이르기를 원하시느니라(딤전 2:4)
73 또 우리 주의 오래 참으심이 구원이 될 줄로 여기라 우리 사랑하는 형제 바울도 그 받은 지혜대로 너희에게 이같이 썼고 또 그 모든 편지에도 이런 일에 관하여 말하였으되 그 중에 알기 어려운 것이 더러 있으니 무식한 자들과 군세지 못한 자들이 다른 성경과 같이 그것도 억지로 풀다가 스스로 멸망에 이르느니라(벧후 3:15~16:)

비교	²¹나로 평안히 아비 집으로 돌아가게 하시오면 여호와께서 나의 하나님이 되실 것이요 ²²내가 기둥으로 세운 이 돌이 하나님의 전이 될 것이요 하나님께서 내게 주신 모든 것에서 십분 일을 내가 반드시 하나님께 드리겠나이다 하였더라(창 28:21~22) ¹²너는 무릇 초태생과 네게 있는 생축의 초태생을 다 구별하여 여호와께 돌리라 수컷은 여호와의 것이니라 ¹³나귀의 첫 새끼는 다 어린양으로 대속할 것이요 그렇게 아니하려면 그 목을 꺾을 것이며 너의 아들 중 모든 장자 된 자는 다 대속할찌니라....¹⁵그 때에 바로가 강퍅하여 우리를 보내지 아니하매 여호와께서 애굽 나라 가운데 처음 낳은 것을 사람의 장자로부터 생축의 처음 낳은 것까지 다 죽이신고로 초태생의 수컷은 다 여호와께 희생으로 드리고 우리 장자는 다 대속하나니(출 13:12~15) ¹⁹너의 토지에서 처음 익은 열매의 첫 것을 가져다가 너의 하나님 여호와의 전에 드릴찌니라 너는 염소 새끼를 그 어미의 젖으로 삶지 말찌니라(출 23:19) ¹³그들이 여호와께 드리는 그 땅 처음 익은 모든 열매는 네 것이니 네 집에 정결한 자마다 먹을 것이라(민 18:13) ⁹네 재물과 네 소산물의 처음 익은 열매로 여호와를 공경하라(잠 3:9) ⁵또 저의 교회에게도 문안하라 나의 사랑하는 에배네도에게 문안하라 저는 아시아에서 그리스도께 처음 익은 열매니라(롬 16:5) ³또 참으로 나와 멍에를 같이 한 자 네게 구하노니 복음에 나와 함께 힘쓰던 저 부녀들을 돕고 또한 글레멘드와 그 외에 나의 동역자들을 도우라 그 이름들이 생명책에 있느니라 (빌 4:3) ²⁰그러나 이제 그리스도께서 죽은 자 가운데서 다시 살아 잠자는 자들의 첫 열매가 되셨도다....²³그러나 각각 자기 차례대로 되리니 먼저는 첫 열매인 그리스도요 다음에는 그리스도 강림하실 때에 그에게 붙은 자요(고전 15:20~23)

[질문 3] 비유적이든, 문자적이든 실제로 하나님께 드리기 위해 첫 열매로 부활한 사람이 나타났을 때 세상에는 무슨 소문들이 퍼질 것인가?

> **[엘리야가 하늘로 승천할때 입고 있는 옷이 떨어졌다]**
>
> (⁹건너매 엘리야가 엘리사에게 이르되 나를 네게서 취하시기 전에 내가 네게 어떻게 할 것을 구하라 엘리사가 가로되 당신의 영감이 갑절이나 내게 있기를 구하나이다 ¹⁰가로되 네가 어려운 일을 구하는도다 그러나 나를 네게서 취하시는 것을 네가 보면 그 일이 네게 이루려니와 그렇지 않으면 이루지 아니하리라 하고 ¹¹두 사람이 행하며 말하더니 홀연히 불수레와 불말들이 두 사람을 격하고 엘리야가 회리바람을 타고 승천하더라 ¹²엘리사가 보고 소리지르되 내 아버지여 내 아버지여 이스라엘의 병거와 그 마병이여 하더니 다시 보이지 아니하는지라 이에 엘리사가 자기의 옷을 잡아 둘에 찢고 ¹³엘리야의 몸에서 떨어진 겉옷을 주워가지고 돌아와서 요단 언덕에 서서 ¹⁴엘리야의 몸에서 떨어진 그 겉옷을 가지고 물을 치며 가로되 엘리야의 하나님 여호와는 어디 계시니이까 하고 저도 물을 치매 물이 이리 저리 갈라지고 엘리사가 건너니라(왕하 2:9~14)

첫 예물로 드리기 위한 이들(144,000명)이 먼저 부활하여 공중으로 들려올라갈 때 이를 본 목격자들도 있을 것이고, 실제로 보지 못하고 소문을 들은 사람들이 허다하게 많을 것이다. 그리고 부활할 때는 엘리야가 승천할 때 입고 있던 겉옷이 떨어진 것처럼(왕하 2:13) 첫 열매로 부활한 자들도 입고 있던 옷이 벗겨지고 공중에서 빛나고 깨끗한 흰 세마포로 갈아입을 것 같다(계 3:5; 19:8)[74]

그렇다면, 그 부활을 목격한 자들은 떨어진 옷도 보게 될 것 같은데 이들의 반응은 어떨 것 같은가?

아마도 이들 중 어떤 이들은 두렵고 떨고 있는 사람도 있을 것이고, 아! 실제로 성경에 예언의 말씀이 사실이었구나 하고 하나님의 말씀을 살아있는 말씀이라고 고백하면서 하나님께 영광을 돌리는 이들도 있을 것이다. 그리고 이런 부활의 소식이 삽시간에 퍼질 것이다. 그 소문 가운데 사실도 있을 것이지만 거짓말도 퍼져 나갈 것이다. 아마도 거짓말이 꼬리에 꼬리를 물 듯 진실보다 거짓말이 상당히 빠른 속도로 퍼져나갈 것이다.

이에 대해 잠시 성경을 들여다보면 비슷한 사건이 있다. 예수님의 부활사건이다. 예수

---

[74] 흰 세마포로 갈아 입는다: 제2부 제7장 25 참조(흰 옷)

님이 돌아가시고 난 뒤 아리마대 요셉이라는 자가 예수님의 시신을 장사지내고 무덤에 두었으나 장사 지낸 삼일 뒤 예수님은 말씀하신대로 부활하셨다. 이때 파수꾼들은 무덤을 지키고 있었고 예수님이 부활되는 순간 어떤 일이 벌어지는 것을 알고 있었다. 그리고 그 벌어진 일들에 대해 보고를 받은 제사장들은 무덤을 지켰던 파수꾼들을 처벌하지 않고 오히려 돈으로 매수하여 매수된 파수꾼들로 하여금 예수의 제자들이 훔쳐갔다고 거짓 소문을 내게 되었다.

거짓말로 진실을 덮으려고 했던 것이다. 사실 파수꾼들이 실수가 있었거나 임무를 소홀히 하였다면 그에 해당하는 벌을 받았어야 한다. 이에 대해 사도 바울이 옥에 갇혔을 때를 보면 갑자기 지진이 나고 옥문이 열렸을 때 이를 지키고 있던 간수가 자살하려고 했는데(행 16:27), 간수는 사형에 해당하는 벌만큼의 처벌을 받을 것이라는 것을 알고 있었기에 자살하려고 시도했던 것이다. 그런데 예수님의 무덤을 지키는 자들은 벌도 받지도 않고 오히려 돈을 받았다는 것이고, 그리고 그것도 자신의 입으로 직무 유기한 일들에 대해 떠벌리고 다녔던 것이다.

이와 마찬가지로 144,000명의 첫 번째 부활사건이 실제로 이루어졌을 때에도 소문이 퍼질 것이다. 예수님 부활사건 당시에 제사장들이 돈으로 매수해서 거짓말을 퍼뜨렸듯이 거짓말을 지어내어 소문을 내게 할 것이다. 소문 중에는 진실과 거짓말이 회자되면서 사람들을 혼란스럽게 만들 것이다. 예수님 당시처럼 예수님의 제자가 훔쳐갔다는 식의 예수를 믿는 사람들이 훔쳐갔다는 식의 거짓말은 아닐 것이다. 만약 훔쳐갔거나 납치했다고 한다면 사람들은 찾아내자고 난리가 날 테니까 말이다.

그래서 아마도 사람들이 찾는 행위를 못하도록 다른 말을 만들어 낼 것 같다. 그 거짓말은 현 세대에 살아가는 우리가 실제로 미혹할 수 있는 신비한 말로 거짓말을 만들어 낼 것이다. 그래야 찾아보았는데 없고, 조사해봤는데 없고 나중엔 찾을 필요가 없다 하며 포기하게 만들 것이지 않을까 한다.

예를 들어 이 거짓말 가운데 하나가 외계인(UFO)이 나타나서 데리고 갔다는 말을 만들어내면 사람들은 어떤 반응을 보일까? 이 말을 믿는 이들도 있지만, 안 믿는 사람들도 있으면서도 소문은 쉽게 퍼 나르게 될 것 같다. 그리고 실제로 없어진 사람들(144,000명)에 대해 찾아도 찾지 못하게 되면 이러한 소문을 듣는 사람들은 외계인이 데리고 갔다는 것에 무게를 두지 않을까 한다.

144,00명이 부활된 사건보다 외계인이 존재하느냐? 아니면 존재하지 않느냐?

서로 간에 난상 토론으로 다투게 될 것 같기도 하다. 소문을 듣는 사람들 가운데 부활 소식을 통해서 예수님의 재림과 심판을 걱정하고 자신의 죄를 뉘우치고 회개하기보다 거짓말과 같은 속임수에 넘어가 세상의 흐름을 따라가지 않을까 걱정스럽다. 성경에서 말하는 마지막 때에는 미혹하는 자들이 일어나고, 어떻게든 미혹할 수 있도록 만든다고 한다.

144,000명은 첫 열매로서 어떻게 부활될 지는 그 때 가봐야 비로소 알게 되겠지만 우리가 부활의 소망을 가지고 세상의 소리보다 하나님의 말씀을 듣고, 읽고, 묵상하면서, 때를 분별하면서 예수님의 오실 것을 바라보며, 미혹되지 않도록 자신을 지켜내는 자가 되어야 할 것 같다.

35. 진노의 포도주 잔의 의미는 무엇인가?(계 14:8)

붉은 포도주를 보면 색상이 사람의 피와 많이 비슷한 것을 관찰할 수 있는데, 포도주의 의미를 요한계시록에서는 사람의 피로 비유하고 있다. 요한계시록 17:1~2에서 음녀가 받을 심판(죄)을 보여주겠다 하면서 음녀가 땅의 임금들과 음행하였고, 음행의 포도주에 취하였다고 하는데, 이는 음녀와 땅의 임금들이 하나님의 백성들을 핍박(계 13:10)하여 죽음(계 16:6)에 이르도록 하게 한 것을 나타내고 있다.

하나님은 요한계시록 14:19과 이사야 63:1,5에서 악을 행한 무리들을 진노의 포도주 틀로 밟을 거라고 하면서 그들의 죽음(피)을 의미하고 있는 것을 보게 된다(제2부 제12장 37 참조: 포도주 틀).

따라서 요한계시록 14:8에서 진노의 포도주 잔의 의미는 음녀가 사람들을 음행하게 만들고, 하나님의 백성들을 피를 흘려 죽게 만든 것처럼 하나님께서 음녀와 짐승들에게 피로 되갚아 주실 것을 말씀하고 있는 것이다. 그리고 진노의 포도주 잔에 포도주 외에는 섞인 것이 없다는 것은 물이나 불순물을 타서 포도주를 혼탁하게 하지 않은 것처럼 그들에게 피를 흘려 죽이는 것 외에 죄를 탕감하거나 축소시키는 일은 없다는 것을 나타낸다고 보여진다.

계시록	⁸또 다른 천사 곧 둘째가 그 뒤를 따라 말하되 무너졌도다 무너졌도다 큰 성 바벨론이여 모든 나라를 그 음행으로 인하여 진노의 포도주로 먹이던 자로다 하더라(계 14:8)
비교	¹⁰사로잡는 자는 사로잡힐 것이요 칼로 죽이는 자는 자기도 마땅히 칼에 죽으리니 성도들의 인내와 믿음이 여기 있느니라(계 13:10) ¹⁹천사가 낫을 땅에 휘둘러 땅의 포도를 거두어 하나님의 진노의 큰 포도주 틀에 던지매(계 14:19) ⁶저희가 성도들과 선지자들의 피를 흘렸으므로 저희로 피를 마시게 하신 것이 합당하니이다 하더라(계 16:6) ¹또 일곱 대접을 가진 일곱 천사 중 하나가 와서 내게 말하여 가로되 이리 오라 많은 물 위에 앉은 큰 음녀의 받을 심판을 네게 보이리라 ²땅의 임금들도 그로 더불어 음행하였고 땅에 거하는 자들도 그 음행의 포도주에 취하였다 하고(계 17:1~2) ¹에돔에서 오며 홍의를 입고 보스라에서 오는 자가 누구뇨 그 화려한 의복 큰 능력으로 걷는 자가 누구뇨 그는 내니 의를 말하는 자요 구원하기에 능한 자니라 ²어찌하여 네 의복이 붉으며 네 옷이 포도즙 틀을 밟는 자 같으뇨.... ⁵내가 본즉 도와주는 자도 없고 붙들어 주는 자도 없으므로 이상히 여겨 내 팔이 나를 구원하며 내 분이 나를 붙들었음이라 ⁶내가 노함을 인하여 만민을 밟았으며 내가 분함을 인하여 그들을 취케 하고 그들의 선혈로 땅에 쏟아지게 하였느니라(사 63:1~6)
예	⁷너는 네 주 아합의 집을 치라 내가 나의 종 곧 선지자들의 피와 여호와의 종들의 피를 이세벨에게 갚아주리라.... ¹⁰이스르엘 지방에서 개들이 이세벨을 먹으리니 저를 장사할 사람이 없으리라 하셨느니라 하고 곧 문을 열고 도망하니라(왕하 9:7~10)

36. 밤낮 괴로움을 받으리라(계 14:11; 20:10)

속되거나 가증한 자(계 21:27; 22:15), 악인(마 13:49,50)은 새 예루살렘성 안에 들어가지 못하고 성 바깥에 있는 불 못에 던져지게 되는데 이곳은 불과 유황이 타는 못(lake, 호수 계 20:10)이다. 불 못은 불로 인해서인지 연기가 세세토록 피어 올라간다고(계 14:11) 말씀하고 있고, 예수님은 그곳을 구더기도 죽지 않는 곳, 불도 꺼지지 않는 곳, 불로 소금을 치듯 사람도 불속에서 소금처럼 튄다고 하는 곳(막 9:47~49)이라 말씀하셨다.

이 불 못은 마치 다니엘의 세 친구(사드락, 메삭, 아벳느고)가 풀무 불에 던져진 곳(단 3:22~23)과 예수님이 비유로 설명하신 부자와 거지 나사로에 대해 설명하신 곳과 비슷한 양상을 보인다. 비유로 말씀하신 불 못 속에서 괴롭고 고통스러워하는 부자는 아브라함 품에 있는 나사로를 보며 손가락 끝에 있는 물 한 방울로도 자신을 시원하게 할 수 있다고 생각하고 있다(눅 16:20~26).

불 못 형벌의 고통과 괴로움은 한 순간도 아니고, 하루도 아니고, 그렇다고 기간이 정해져 있지도 않는 곳으로서 계속해서, 영원히 받아야만 하는 멸망의 형벌(살후 1:8~9)의 장소인 것이다. 그렇기에 불 못에 있는 부자가 고통스러워하듯이 밤낮으로 또한 쉼 없이 겪어야만 하는 고통과 괴로움으로 이를 갈 수밖에 없는 모습(마 8:12; 13:50; 22:13; 24:51; 25:30; 눅 13:28)을 성경에서 말씀하고 있는 것이다.

계시록	¹¹그 고난의 연기가 세세토록 올라가리로다 짐승과 그의 우상에게 경배하고 그 이름의 표를 받는 자는 누구든지 밤낮 쉼을 얻지 못하리라 하더라(계 14:11) ¹⁰또 저희를 미혹하는 마귀가 불과 유황 못(lake)에 던지우니 거기는 그 짐승과 거짓 선지자도 있어 세세토록 밤낮 괴로움을 받으리라(계 20:10)
비교	²²왕의 명령이 엄하고 풀무가 심히 뜨거우므로 불꽃이 사드락과 메삭과 아벳느고를 붙든 사람을 태워 죽였고 ²³이 세 사람 사드락과 메삭과 아벳느고는 결박된채 극렬히 타는 풀무 가운데 떨어졌더라(단 3:22~23) ¹²그 나라의 본 자손들은 바깥 어두운 데 쫓겨나 거기서 울며 이를 갈게 되리라 (마 8:12)

비교	⁴⁹세상 끝에도 이러하리라 천사들이 와서 의인 중에서 악인을 갈라내어 ⁵⁰풀무 불에 던져 넣으리니 거기서 울며 이를 갈리라(마 13:49) ¹³임금이 사환들에게 말하되 그 수족을 결박하여 바깥 어두움에 내어 던지라 거기서 슬피 울며 이를 갊이 있으리라 하니라(마 22:13) ⁵¹엄히 때리고 외식하는 자의 받는 율에 처하리니 거기서 슬피 울며 이를 갊이 있으리라(마 24:51) ³⁰이 무익한 종을 바깥 어두운 데로 내어 쫓으라 거기서 슬피 울며 이를 갊이 있으리라 하니라(마 25:30) ⁴⁷만일 네 눈이 너를 범죄케 하거든 빼어버리라 한 눈으로 하나님의 나라에 들어가는 것이 두 눈을 가지고 지옥에 던지우는 것보다 나으니라 ⁴⁸거기는 구더기도 죽지 않고 불도 꺼지지 아니하느니라 ⁴⁹사람마다 불로서 소금 치듯함을 받으리라(막 9:47~49) ²⁸너희가 아브라함과 이삭과 야곱과 모든 선지자는 하나님 나라에 있고 오직 너희는 밖에 쫓겨난 것을 볼 때에 거기서 슬피 울며 이를 갊이 있으리라(눅 13:28) ²⁴불러 가로되 아버지 아브라함이여 나를 긍휼히 여기사 나사로를 보내어 그 손가락 끝에 물을 찍어 내 혀를 서늘하게 하소서 내가 이 불꽃 가운데서 고민하나이다(for I am tormented in this flame)(눅 16:24) ⁸하나님을 모르는 자들과 우리 주 예수의 복음에 복종하지 않는 자들에게 형벌을 내리시리니 ⁹이런 자들은 주의 얼굴과 그의 힘의 영광을 떠나 영원한 멸망의 형벌을 받으리로다(살후 1:8~9) ²⁷무엇이든지 속된 것이나 가증한 일 또는 거짓말 하는 자는 결코 그리로 들어오지 못하되 오직 어린양의 생명책에 기록된 자들뿐이라(계 21:27) ¹⁵개들과 술객들과 행음자들과 살인자들과 우상 숭배자들과 및 거짓말을 좋아하며 지어내는 자마다 성 밖에 있으리라(계 22:15)

37. 포도주 틀(계 14:19; 19:15)

하나님은 이사야를 통해 말씀하시면서 에돔에서 나오는 하나님 자신의 모습을 설명하고 계시는데, '화려한 의복과 큰 능력으로 걸어오고 있고, 의를 말하며 구원에 능하신 분'이라 말씀하고 있다(사 63:1) 그러면서 에돔(민족)이 피로 말미암아 옷이 더럽혀졌다고 하시며, 하나님 자신의 옷도 에돔에 있는 자들처럼 피로 말미암아 더럽혀졌다고 말씀하고 있다.

옷이 더럽혀진 이유를 살펴보면 에돔 민족과 하나님과는 서로 다르다는 것을 알게 된다. 에돔 민족은 애굽에 행한 포악한 행위(욥 1:10)로 자신들의 옷을 더럽혀졌지만, 하나님은 의로움으로 그들을 심판하심으로 더러워진 것을 보게 된다. 즉 하나님 자신의 노(anger)와 분함(fury)으로 무리들을 밟아버려서 죽이게 되어 그들이 흘린 선혈(피)이 하나님 자신이 입고 있던 화려한 의복에 튀게 되었고 그로 인하여 옷이 더러워졌다고 말씀하고 있다.

하나님은 에돔 민족이 죽음을 당하여 그들의 피가 땅에 쏟아지게 되었다고 말씀하고 있고, 에돔 민족(또는 만민, 사 63:1,6)을 포도주 틀로 비유하여 밟았다고 하신다. 즉 포도주 틀이라고 하는 것은 진노의 심판을 받게 되는 에돔 민족의 심판을 말하는데, 요한계시록에서 보면 땅에서 하나님의 계명을 따르지 않고 사는 무리, 민족, 방언들의 심판이라고 볼 수 있을 것이다.

계시록	¹⁹천사가 낫을 땅에 휘둘러 땅의 포도를 거두어 하나님의 진노의 큰 포도주 틀에 던지매(계 14:19) ¹⁵그의 입에서 예리한 검이 나오니 그것으로 만국을 치겠고 친히 그들을 철장으로 다스리며 또 친히 하나님 곧 전능하신 이의 맹렬한 진노의 포도주 틀을 밟겠고(계 19:15)
비교	¹에돔에서 오며 홍의를 입고 보스라에서 오는 자가 누구뇨 그 화려한 의복 큰 능력으로 걷는 자가 누구뇨 그는 내니 의를 말하는 자요 구원하기에 능한 자니라 ²어찌하여 네 의복이 붉으며 네 옷이 포도즙 틀을 밟는 자 같으뇨 ³만민 중에 나와 함께한 자가 없이 내가 홀로 포도즙틀을 밟았는데 내가 노함(in mine anger)을 인하여 무리를 밟았고 분함(in my fury)을 인하여 짓밟았으므로 그들의 선혈이 내 옷에 뛰어 내 의복을 다 더럽혔음이니 ⁴이는 내 원수 갚는 날이 내 마음에 있고 내 구속할 해가 왔으나

비교	⁵내가 본즉 도와주는 자도 없고 붙들어 주는 자도 없으므로 이상히 여겨 내 팔이 나를 구원하며 내 분이 나를 붙들었음이라 ⁶내가 노함을 인하여 만민을 밟았으며 내가 분함을 인하여 그들을 취케 하고 그들의 선혈로 땅에 쏟아지게 하였느니라(사 63:1~6) ¹⁰네가 네 형제 야곱에게 행한 포학을 인하여 수욕을 입고 영원히 멸절되리라(옵 1:10)

제13장

요한계시록 19~21장

38. 거짓 선지자는 누구인가?(계 19:20)

요한계시록에는 거짓 선지자에 대해 다음과 같은 특징을 가지고 있다고 말하고 있다.

① 개구리 같은 더러운 영(귀신의 영)이 입에서 나와서 이적을 행하고, 천하 임금들에게 가서, 하나님과 전쟁을 하기 위해 사람을 모은다(계 16:13).
② 이적을 행하여 미혹한다(계 19:20).
   - 짐승의 표를 받게 하고, 우상에게 경배하도록 하던 자.
   ⓐ 이적: 우상에게 생명력을 주고 우상이 말을 하게 한다. (마치 갈멜산에서 엘리야 선지자처럼) 불이 하늘에서 땅으로 내리게 한다(계 13:13~15).
   ⓑ 우상에게 경배하지 않는 자를 죽인다(계 13:15).
   ⓒ 짐승의 표를 받게 하며, 표가 없는 자는 매매를 못하게 한다(계 13:16,17).
③ 짐승과 산채로 불 못에 던져진다.

> ¹³또 내가 보매 개구리 같은 세 더러운 영(three unclean spirits)이 용의 입과 짐승의 입과 거짓 선지자의 입에서 나오니 ¹⁴저희는 귀신의 영(the spirits of devils)이라 이적을 행하여 온 천하 임금들에게 가서 하나님 곧 전능하신이의 큰 날에 전쟁을 위하여 그들을 모으더라 (계 16:13)
>
> ²⁰짐승이 잡히고 그 앞에서 이적을 행하던 거짓 선지자도 함께 잡혔으니 이는 짐승의 표를 받

> 고 그의 우상에게 경배하던 자들을 이적으로 미혹하던 자라 이 둘이 산채로 유황불 붙는 못에 던지우고 (계 19:20)
>
> ¹⁰또 저희를 미혹하는 마귀가 불과 유황 못에 던지우니 거기는 그 짐승과 거짓 선지자도 있어 세세토록 밤낮 괴로움을 받으리라 (계 20:10)

이들의 특징을 "땅에서 올라온 짐승"[75]과 비교하면 동일한 부분이 많다. 미혹하고, 짐승의 표를 받게 하고, 우상을 만들어 경배하게 하는 것이 같기에 거짓 선지자는 곧 "땅에서 올라온 짐승인 땅의 상인들"을 가리키는 것으로 보인다.

그러나 실제로 땅의 상인들이 사람들을 직접 미혹하지는 않을 것이라 보인다. 왜냐하면 그들은 왕족이기도 하고, 거대한 상인들이기 때문이다. 이들은 뒤에서 가지고 있는 권력과 돈으로 거짓 선지자들을 매수하여 자기의 뜻대로 조정하거나 움직이도록 할 것이다.

그래서 백성과 그리스도인들을 실제로 미혹하여 하나님을 떠나게 하거나 대적하도록 하는 것은 우리가 보는 거짓 종교지도자들이 될 것이고, 땅의 상인들은 표면에 나타나지 않을 것이기 때문이다.

> ¹¹내가 보매 또 다른 짐승이 땅에서 올라오니 새끼 양 같이 두 뿔이 있고 용처럼 말하더라 ¹²저가 먼저 나온 짐승의 모든 권세를 그 앞에서 행하고 땅과 땅에 거하는 자들로 처음 짐승에게 경배하게 하니 곧 죽게 되었던 상처가 나은 자라 ¹³큰 이적을 행하되 심지어 사람들 앞에서 불이 하늘로부터 땅에 내려오게 하고 ¹⁴짐승 앞에서 받은바 이적을 행함으로 땅에 거하는 자들을 미혹하며 땅에 거하는 자들에게 이르기를 칼에 상하였다가 살아난 짐승을 위하여 우상을 만들라 하더라 ¹⁵저가 권세를 받아 그 짐승의 우상에게 생기를 주어 그 짐승의 우상으로 말하게 하고 또 짐승의 우상에게 경배하지 아니하는 자는 몇이든지 다 죽이게 하더라 ¹⁶저가 모든 자 곧 작은 자나 큰 자나 부자나 빈궁한 자나 자유한 자나 종들로 그 오른손에나 이마에 표를 받게 하고 ¹⁷누구든지 이 표를 가진 자 외에는 매매를 못하게 하니 이 표는 곧 짐승의 이름이나 그 이름의 수라 ¹⁸지혜가 여기 있으니 총명 있는 자는 그 짐승의 수를 세어 보라 그 수는 사람의 수니 육백 육십 륙이니라 (계 13:11~18)

---

75 땅에서 올라온 짐승: 계 13:1~17, 제2부 제14장 48 참조(용과 짐승은 무엇을 나타내는가? 3.땅에서 올라온 짐승)

39. 바다에서 죽은 자와 음부도 내어주매(계 20:13,14)

　마지막 날인 예수님으로부터 심판을 받는 그 날에는 바다에서 죽은 자들, 사망과 음부(지옥)도 심판을 받게 되며, 각자의 행위대로 심판을 받게 되는 것이고, 죄가 있는 것은 불못에 던져진다고 한다(계 20:13,14).
　이와 비슷하게 욥기서에서도 물과 음부와 멸망의 웅덩이도 하나님 앞에 드러난다고 하였는데(욥 26:5,6) 이는 요한계시록에서의 바다를 욥기서에서는 물이라 하였고, 요한계시록에서의 사망과 음부를 욥기서에서는 음부와 멸망의 웅덩이로 표현하고 있다. 따라서 마지막 심판 때에는 바다에서 죽은 자도, 음부라는 곳도 심판을 받는다는 것이다.

계시록	¹³바다가 그 가운데서 죽은 자들을 내어주고 또 사망과 음부도 그 가운데서 죽은 자들을 내어주매 각 사람이 자기의 행위대로 심판을 받고 ¹⁴사망과 음부도 불못에 던져지니 이것은 둘째 사망 곧 불못이라(계 20:13~14)
비교	⁵음령들이 큰 물과 수족 밑에서 떠나니(개역개정: 죽은 자의 영들이 물 밑에서 떨며 물에서 사는 것들도 그러하도다) ⁶하나님 앞에는 음부도 드러나며 멸망의 웅덩이도 가리움이 없음이니라(욥 26:5~6)

40. 새 하늘과 새 땅(계 21:1)

　성경에서 말씀하시길 '새 하늘과 새 땅'은 하늘에서 우리에게 내려올 것이라 말씀하셨다(계 21:1~2) 그리고 그 '새 하늘 새 땅'에서는 우리가 현재 보고 있는 하늘, 땅, 바다가 더 이상 존재하지 않고 사라질 것이라 말씀하셨다.
　요한계시록에서의 '새 하늘 새 땅'은 거룩한 도성, 새 예루살렘 성, 하나님의 거룩한 신부로 불리는 곳으로 금, 은, 진주, 에메랄드 등 각종 보석으로 지어진 도성이다. 그 성에서는 하나님이 함께 살고 있고, 사람들의 모든 눈물을 닦아주시고, 사망, 애통, 곡하는 것, 아픈 것이 다시는 있지 않을 것이라 하였다. 성 안에 있는 성도들은 생명수와 생명나무를 값없이 마시며 영원히 살게 될 거라 하시며, 또한 하나님과 어린양의 영광을 빛(태양과 달이 필요 없음)으로 도성 안에 가득 찬 것을 볼 것이고, 어린양의 얼굴을 맞대어 보며 살 것이라 하였다(계 21~22장 참조).

이와 비슷하게 이사야는 하나님이 새 하늘과 새 땅을 즐거움으로 창조하였고, 백성으로 기쁨으로 삼았다고 하고, 우는 소리와 부르짖는 소리가 없고, 죽는 유아와 노인이 없을 것이고, 가옥을 건축하며 살고, 포도원을 재배하고 열매를 먹을 것인데 타인이 와서 빼앗는 일은 없을 것이며, 해함도 없고 상함도 없으며, 하나님이 부르기 전에 응답하고 듣겠다 하며, 이리와 어린양이 함께 먹고, 사자가 소처럼 짚을 먹을 것이라 하였다(사 65:17~25).

즉 '새 하늘 새 땅'은 이사야 선지자와 사도 요한이 말한 내용이 서로 비슷한 점이 많다. 새 하늘과 새 땅에 아픔, 고통, 괴로움, 눈물이 없다는 의미는 결국 기쁨, 즐거움, 행복이 넘치는 곳이기에 그래서 베드로는 하나님의 영광으로 가득 찬 새 하늘과 새 땅을 바라본다고(벧후 3:13) 말하고, 사도 바울 또한 더 나은 본향을 사모한다고 말한 이유일 것이다(히 11:16).[76]

계시록	[1]또 내가 새 하늘과 새 땅을 보니 처음 하늘과 처음 땅이 없어졌고 바다도 다시 있지 않더라 [2]또 내가 보매 거룩한 성 새 예루살렘이 하나님께로부터 하늘에서 내려오니 그 예비한 것이 신부가 남편을 위하여 단장한 것 같더라(계 21:1~2)
비교	[17]보라 내가 새 하늘과 새 땅을 창조하나니 이전 것은 기억되거나 마음에 생각나지 아니할 것이라 [18]너희는 나의 창조하는 것을 인하여 영원히 기뻐하며 즐거워할지니라 보라 내가 예루살렘으로 즐거움을 창조하며 그 백성으로 기쁨을 삼고 [19]내가 예루살렘을 즐거워하며 나의 백성을 기뻐하리니 우는 소리와 부르짖는 소리가 그 가운데서 다시는 들리지 아니할 것이며 [20]거기는 날 수가 많지 못하여 죽는 유아와 수한이 차지 못한 노인이 다시는 없을 것이라 곧 백세에 죽는 자가 아이겠고 백세 못되어 죽는 자는 저주 받은 것이리라 [21]그들이 가옥을 건축하고 그것에 거하겠고 포도원을 재배하고 열매를 먹을 것이며 [22]그들의 건축한데 타인이 거하지 아니할 것이며 그들의 재배한 것을 타인이 먹지 아니하리니 이는 내 백성의 수한이 나무의 수한과 같겠고 나의 택한 자가 그 손으로 일한 것을 길이 누릴 것임이며 [23]그들의 수고가 헛되지 않겠고

---

[76] 저희가 이제는 더 나은 본향을 사모하니 곧 하늘에 있는 것이라 그러므로 하나님이 저희 하나님이라 일컬음 받으심을 부끄러워 아니하시고 저희를 위하여 한 성을 예비하셨느니라(히 11:16)

비교	그들의 생산한 것이 재난에 걸리지 아니하리니 그들은 여호와의 복된 자의 자손이요 그 소생도 그들과 함께 될 것임이라 ²⁴그들이 부르기 전에 내가 응답하겠고 그들이 말을 마치기 전에 내가 들을 것이며 ²⁵이리와 어린양이 함께 먹을 것이며 사자가 소처럼 짚을 먹을 것이며 뱀은 흙으로 식물을 삼을 것이니 나의 성산에서는 해함도 없겠고 상함도 없으리라 여호와의 말이니라(사 65:17~25) ²²나 여호와가 말하노라 나의 지을 새 하늘과 새 땅이 내 앞에 항상 있을 것 같이 너희 자손과 너희 이름이 항상 있으리라(사 66:22) ¹³우리는 그의 약속대로 의의 거하는바 새 하늘과 새 땅을 바라보도다(벧후 3:13) ¹⁶저희가 이제는 더 나은 본향을 사모하니 곧 하늘에 있는 것이라 그러므로 하나님이 저희 하나님이라 일컬음 받으심을 부끄러워 아니하시고 저희를 위하여 한 성을 예비하셨느니라(히 11:16)

* 부록 3, 6 참조 (3.새 예루살렘 성과 에덴동산의 비교, 6.천국은 어떤 곳인가?)

41. 장막(계 21:3~4; 7:13~17; 13:6, 15:5)

1) 구약에서의 장막

장막은 시내산에서 하나님이 모세에게 지시하여 만든 것으로 하나님이 보여주신 모양[77]으로 만들었고, 장막에 필요한 기구들도 하나님이 보여주는 모양으로 만들게 되었다(출 25:9,40; 26:30).

히브리서 기자는 장막에 대해 설명하기를 장막 안에는 첫 번째 장막과 두 번째 장막이 있는데, 첫 번째 장막은 성소이며, 두 번째 장막은 지성소라 하였다. 첫 번째 장막(성소, sanctuary)에는 등잔대와 상과 진설병을 두는 곳이며, 두 번째 장막(지성소, the Most Holy

---

77 하나님이 보여주신 모양: 구약의 성막은 모형임(히 8:5 "저희가 섬기는 것은 하늘에 있는 것의 모형과 그림자라 모세가 장막을 지으려 할 때에 지시하심을 얻음과 같으니 가라사대 삼가 모든 것을 산에서 네게 보이던 본을 좇아 지으라 하셨느니라")

Place)은 금으로 싼 언약궤, 만나를 담은 금 항아리, 아론의 싹난 지팡이와 언약의 돌판이 있는 곳이라 하였고, 이 둘 사이를 휘장으로 구분한다 하였다(히 9:1~4; 출 26:33).[78]

첫 번째 장막인 성소는 제사장들이 항상 섬기는 예식을 행하는 곳이고, 두 번째 장막은 대제사장 혼자서만 들어갈 수 있는데, 그것도 일 년에 단 한차례만 들어갈 수 있다. 대제사장이 들어갈 때에는 본인과 백성의 죄를 위해서 피가 없이는 들어갈 수 없는 곳이라 하였다(히 9:6~7).[79]

하나님은 장막에 대해 말씀하시길 출애굽 한 이스라엘 백성들 가운데 거하기(dwell, 거주하다) 위하여 하나님 자신을 위하여 지을 것을 명하셨고(출 25:8), 장막 가운데서도 특별히 지성소에서 만날 것이고 이스라엘 백성을 위하여 말씀하시라 하였다(출 25:22). 그래서 이 구별된 장소에서 하나님은 모세와 얼굴을 대면하여 말씀하셨던 것이다(출 33:11).[80]

정리하자면, 장막은 하나님이 이스라엘 백성과 함께 하기 위하여 임재 하신 장소이며, 그 장막 안에 있는 성소와 지성소는 특별히 구별된 사람(제사장, 대제사장, 모세)만이 출입이 가능하였고, 그 구별된 장소에서 하나님은 친히 얼굴을 맞대어 보고 말씀하셨던 장소이다.

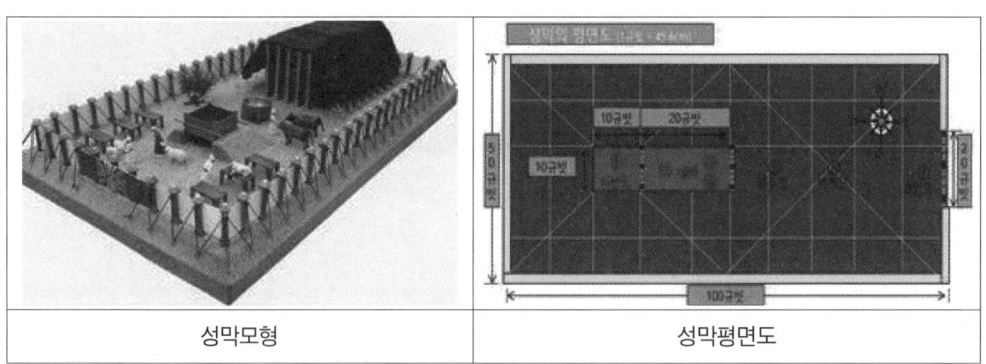

| 성막모형 | 성막평면도 |

---

[78] 첫 언약에도 섬기는 예법과 세상에 속한 성소가 있더라 예비한 첫장막이 있고 그 안에 등대와 상과 진설병이 있으니 이는 성소라 일컫고 또 둘째 휘장 뒤에 있는 장막을 지성소라 일컫나니 금향로와 사면을 금으로 싼 언약궤가 있고 그 안에 만나를 담은 금항아리와 아론의 싹난 지팡이와 언약의 비석들이 있고(히 9:1~4)
그 장을 갈고리 아래 드리운 후에 증거궤를 그 장안에 들여 놓으라 그 장이 너희를 위하여 성소와 지성소를 구별하리라(출 26:33)
[79] 이 모든 것을 이같이 예비하였으니 제사장들이 항상 첫장막에 들어가 섬기는 예를 행하고 오직 둘째 장막은 대제사장이 홀로 일년 일차씩 들어가되 피 없이는 아니하나니 이 피는 자기와 백성의 허물을 위하여 드리는 것이라(히 9:6~7)
[80] 사람이 그 친구와 이야기함 같이 여호와께서는 모세와 대면하여 말씀하시며 모세는 진으로 돌아오나 그 수종자 눈의 아들 청년 여호수아는 회막을 떠나지 아니하니라(출 33:11)

2) 요한계시록에서의 장막

요한계시록에서 장막이란 표현이 총 4번(계 21:3~4; 7:13~17; 13:6, 15:5) 나오는데 구약에서처럼 구조에 대해 설명하고 있지 않고, 단지 하나님의 백성과 함께 있는 장소라고 말씀하시고 있으며, 이곳(장막)에 있으면 눈물이 없고, 사망이 없고, 애통이 없으며, 곡하거나 아픈 것이 없으며, 흰옷을 입으며, 밤낮 하나님을 섬기며, 주리지도 않고, 목마르지도 않고, 생명수 샘으로 인도하여 마실 수 있는 장소라고 알려 주고 있다. 결국 이 장막은 곧 새 예루살렘 성이라는 것을 알 수 있다.

3) 장막의 목적(구약의 장막과 요한계시록의 장막)

하나님이 모세를 통해 짓도록 만든 장막과 사도 요한이 환상을 통해 본 장막의 지은 목적이 서로 일치(하나님이 임재 하는 장소, 출25:8; 계 7:13~17; 21:3~4)하고 있다. 즉 구약의 장막의 지은 목적은 하나님이 택한 백성, 출애굽 한 백성, 종에서 자유의 몸으로 해방된 백성, 구원받은 백성들과 함께 있기를 원하여 만든 장소였다면, 하늘나라에 있는 장막(새 예루살렘 성)은 하나님이 택한 백성, 사탄으로부터 해방된 백성, 장차 구원받은 백성이 머무는 장소라는 것이다.

그러나 한 가지 다른 것은 구약의 장막은 성소와 지성소가 구별되어 있고, 그 구별된 장소(성소와 지성소)에서 특별히 제사장(대제사장, 모세)만이 출입하고, 얼굴을 맞대어 만나고, 말씀을 듣는 장소였다면, 요한계시록에서의 장막은 성소와 지성소가 없는 곳으로서 모든 구원받은 백성이 함께 얼굴을 맞대어 볼 수 있고, 말씀을 들을 수 있는 곳이다.

4) 십자가 사건으로 성소와 지성소가 하나가 되다

장차 구원받은 백성이 거하는 장막(새 예루살렘 성)에는 성소와 지성소의 구분 없이 모든 구원받은 백성이 얼굴을 맞대어 볼 수 있게 된 것[81]은 오직 예수님의 은혜라고 말할 수밖

---

[81] 얼굴을 맞대어 볼 수 있게 된 것: 제2부 제14장 45참조(그의 얼굴을 볼 터이요(계 22:4)

에 없다. 그 이유는 예수님이 십자가에 죽으실 때 성소와 지성소의 구분이 되었던 (한 장의) 휘장이 찢어져 두 개가 되어버렸는데(마 27:51; 막15:38; 눅 23:45)[82], 이것은 휘장의 기능이 상실하여 성소와 지성소 간의 구분이 사라진 것을 의미하고 있다.

이는 특별히 구별된 제사장(대제사장, 선지자)만이 들어갔던 장소가 예수님 십자가 사건으로 말미암아 예수를 믿는 사람은 누구든지 직접 하나님을 만날 수 있는 통로의 길이 열리게 된 것이다. 예수님이 흘리신 피, 즉 단번에 흘리신 거룩한 피(보혈)로 말미암아(히 9:11~12)[83] 그 통로가 우리들에게 열린 것이다.

5) 예수님의 말씀

십자가 사건 이후 우리가 직접 하나님께 나아갈 수 있었는데, 이에 대해 하나님의 아들이신 예수님이 말씀하시길 "나는 길이요 진리요 생명이니 나로 말미암지 않고서는 아버지께로 올 자가 없느니라"(요 14:6) 하였고, '나를 본 자는 아버지를 보았다'(요14:9)[84]하였으며, 자신이 하늘로 올라 간 뒤에 우리를 위하여 보혜사를 보내주시겠다 하시면서 '그 보혜사가 오시면 우리를 고아처럼 버려두지 않고 우리 안에 거하시면서 가르치시겠다고' 말씀하고 있다(요 14:16~18,26)[85]. 그리고 실제로도 성령님이 이 땅에 있는 믿는 자들에게 찾아오셨다(행 1:8; 2:1~4).[86] 하나님은 출애굽시절에는 불기둥과 구름기둥으로 이스라엘

---

[82] 이에 성소 휘장이 위로부터 아래까지 찢어져 둘이 되고 땅이 진동하며 바위가 터지고(마 27:51)
이에 성소 휘장이 위로부터 아래까지 찢어져 둘이 되니라(막 15:38)
성소의 휘장이 한가운데가 찢어지더라(눅 23:45)

[83] 그리스도께서 장래 좋은 일의 대제사장으로 오사 손으로 짓지 아니한 곧 이 창조에 속하지 아니한 더 크고 온전한 장막으로 말미암아 염소와 송아지의 피로 아니하고 오직 자기 피로 영원한 속죄를 이루사 단번에 성소에 들어 가셨느니라(히 9:11~12)

[84] 예수께서 가라사대 빌립아 내가 이렇게 오래 너희와 함께 있으되 네가 나를 알지 못하느냐 나를 본 자는 아버지를 보았거늘 어찌하여 아버지를 보이라 하느냐(요 14:9)

[85] [16]내가 아버지께 구하겠으니 그가 또 다른 보혜사를 너희에게 주사 영원토록 너희와 함께 있게 하시리니저는 진리의 영이라 세상은 능히 저를 받지 못하나니 이는 저를 보지도 못하고 알지도 못함이라 그러나 너희는 저를 아나니 저는 너희와 함께 거하심이요 또 너희 속에 계시겠음이라 내가 너희를 고아와 같이 버려두지 아니하고 너희에게로 오리라....보혜사 곧 아버지께서 내 이름으로 보내실 성령 그가 너희에게 모든 것을 가르치시고 내가 너희에게 말한 모든 것을 생각나게 하시리라(요 14:16~18,26)

[86] 오직 성령이 너희에게 임하시면 너희가 권능을 받고 예루살렘과 온 유대와 사마리아와 땅 끝까지 이르러 내 증인이 되리라 하시니라(행 1: 8)
오순절날이 이미 이르매 저희가 다 같이 한곳에 모였더니 홀연히 하늘로부터 급하고 강한 바람 같은 소리가

백성들을 인도하셨다면 이제는 성령님이 우리 안에 내주하시면서, 말씀하시고, 삶을 인도하고 계신 것이다.

6) 제자들의 증언

예수님을 따르는 제자들 또한 이야기 하는 것을 성경에서 찾아보면, 베드로는 "너희는 택하신 족속이요 왕 같은 제사장들"이라 하였고(벧전 2:9), 사도 바울은 "우리가 그 안에서 그를 믿음으로 말미암아 담대함과 하나님께 당당히 나아감을 얻느니라"(엡 3:12), "그러므로 우리가 긍휼하심을 받고 때를 따라 돕는 은혜를 얻기 위하여 은혜의 보좌 앞에 담대히 나아갈 것이니라"(히 4:16) 하면서 구약의 제사장처럼 우리가 직접 하나님 앞에 갈 수 있다고 가르치고 있다.

7) 믿는 자의 몸이 성막이기에 직접 나아가는 것이 당연하다

우리가 직접 하나님께 나아갈 수 있었던 또 다른 이유는, 사도 바울이 말하길 "너희가 하나님의 성전인 것과 하나님의 성령이 너희 안에 거하시는 것을 알지 못하느뇨"(고전 3:16)하면서 우리의 몸이 성막이요 성전이라는 것을 가르쳐주고 있다. 그리고 예수님 또한 우리의 몸이 성막(성전)이라는 것을 알려주고 있는데, 진리의 성령이 오셔서 우리 안에 계시겠다(요 14:16,17) 하였고, 라오디게아 교회를 향해 말씀하실 때 '누구든지 예수를 초청하면 예수님은 그 초청하는 자에게로 들어가 그와 더불어 먹고, 그 영접한 사람은 예수님과 함께 먹을 것'(계 3:20[87])이라 말씀하셨는데 이는 장막의 목적('하나님이 임재하기 위함, 출25:8; 계 7:13~17: 21:3~4)과 같은 의미로서 우리의 몸이 성막(성전)이라는 것을 뒷받침하다. 한 가지를 덧붙이자면, 찬송가의 가사(통일찬송가 223장, "우리 모든 수고 끝나 세상 장막 벗고서 모든 근심 걱정 사라진 후에 주를 뵙고 성도함께 면류관을 쓰리라 새 예루살렘에서") 또한

있어 저희 앉은 온 집에 가득하며 불의 혀 같이 갈라지는 것이 저희에게 보여 각 사람 위에 임하여 있더니 저희가 다 성령의 충만함을 받고 성령이 말하게 하심을 따라 다른 방언으로 말하기를 시작하니라(행 2:1~4)

[87] 볼찌어다 내가 문밖에 서서 두드리노니 누구든지 내 음성을 듣고 문을 열면 내가 그에게로 들어가 그로 더불어 먹고 그는 나로 더불어 먹으리라(계 3:20)

우리 육체의 몸을 성막이라고 부르고 있다. 결국 십자가 사건 이후 구약의 성막의 역할이 이제는 우리의 몸이 대신하여 성전이 되어 우리 몸에 내주 하시는 성령님께 나아갈 수 있는 것이다.

계시록	³내가 들으니 보좌에서 큰 음성이 나서 가로되 보라 **하나님의 장막**(the tabernacle of God)이 사람들과 함께 있으매 하나님이 저희와 함께 거하시리니 저희는 하나님의 백성이 되고 하나님은 친히 저희와 함께 계셔서 ⁴모든 눈물을 그 눈에서 씻기시매 다시 사망이 없고 애통하는 것이나 곡하는 것이나 아픈 것이 다시 있지 아니하리니 처음 것들이 다 지나갔음이러라(계 21:3~4) ¹³장로 중에 하나가 응답하여 내게 이르되 이 흰옷 입은 자들이 누구며 또 어디서 왔느뇨 ¹⁴내가 가로되 내 주여 당신이 알리이다 하니 그가 나더러 이르되 이는 큰 환난에서 나오는 자들인데 어린양의 피에 그 옷을 씻어 희게 하였느니라 ¹⁵그러므로 그들이 하나님의 보좌 앞에 있고 또 그의 성전에서 밤낮 하나님을 섬기매 보좌에 앉으신 이가 그들 위에 **장막을 치시리니**(Therefore are they before the throne of God, and serve him day and night in his temple: and he that sitteth on the throne shall dwell among them) ¹⁶저희가 다시 주리지도 아니하며 목마르지도 아니하고 해나 아무 뜨거운 기운에 상하지 아니할찌니 ¹⁷이는 보좌 가운데 계신 어린양이 저희의 목자가 되사 생명수 샘으로 인도하시고 하나님께서 저희 눈에서 모든 눈물을 씻어 주실 것임이러라(계 7:13~17) ⁶짐승이 입을 벌려 하나님을 향하여 훼방하되 그의 이름과 **그의 장막**(his tabernacle) 곧 하늘에 거하는 자들을 훼방하더라(계 13:6) ⁵또 이 일 후에 내가 보니 **하늘에 증거 장막의 성전이 열리며**(the temple of the tabernacle of the testimony in heaven was opened) ⁶일곱 재앙을 가진 일곱 천사가 성전으로부터 나와 맑고 빛난 세마포 옷을 입고 가슴에 금띠를 띠고(계 15:5~6)
비교	⁸내가 그들 중에 거할 성소를 그들을 시켜 나를 위하여 짓되 ⁹무릇 내가 네게 보이는 대로 장막의 식양과 그 기구의 식양을 따라 지을찌니라….²²거기서 내가 너와 만나고 속죄소 위 곧 증거궤 위에 있는 두 그룹 사이에서 내가 이스라엘 자손을 위하여 네게 명할 모든 일을 네게 이르리라….⁴⁰너는 삼가 이 산에서 네게 보인 식양대로 할찌니라 (출 25:8~40) ³⁰너는 산에서 보인 식양대로 성막을 세울찌니라(출 26:30)

42. 생명수 샘물로 목마른 자에게 값없이 주심(계 21:6)

　　예수님은 생명수를 마시길 원하는 사람은 누구든지 와서 마시라 하며, 값을 지불하지 않고도 마실 수 있다고 말씀하시고 있다. 우리 인간은 조건이나 제한을 두면서 누구는 되고, 안 되고 하지만 하나님은 선한 분이시기에 생명수를 마시길 원하는 사람은 어떠한 자격도, 조건도 두고 있지 않다. 즉 누구든지 와서 마시길 원하는 사람은 오라고 말씀하고 있다. 이 말씀은 이사야 선지자를 통해서도 말씀하셨고(사 55:1), 예수님이 이 땅에 오셨을 때에도 말씀하셨으며(요 7:37), 장차 오시겠다고 요한에게 환상을 보여주면서도 모두 동일하게 말씀하셨다(계 21:6; 22:17).

　　그렇다면, 생명수는 무엇이며, 어디에 있는데 하나님은 우리를 향해 마시라 하시는가?

　　생명수는 말 그대로 생명이 되는 물로서 우리의 생명을 회복하고, 치유하고, 갈증이 나지 않고, 목마르지 않도록 하며, 영원히 생명을 얻는 물이라는 것이다(겔 47:9,12). 그리고 이 생명수는 예수님(요 7:37)과 새 예루살렘 성(계 21:6; 22:1)[88]에 있다고 성경에 기록되어 있다. 그러므로 생명수가 있는 예수님께 오라는 것이며, 새 예루살렘 성에 와서 마시라 하는 것이다. 누구든지 생명수를 와서 마시게 된다면 생명을 살리는 물이기에 그 영혼이 영원히 살 수 있는 것이다. 그리고 새 예루살렘 성에는 생명수와 함께 생명나무(창 2:9; 3:24; 계 22:2)[89]도 있기에 같이 먹고 마시라고 우리에게 말씀하고 있는 것이다.

　　성경에 보면 값없이 생명수를 마시는 대표적인 인물을 한 사람을 꼽을 수 있을 것 같다. 그는 강도였던 사람이다. 그는 예수님이 십자가에 돌아가실 때 함께 있었던 자로서 '예수님께 자신을 기억해달라고 부탁'했던 인물이다. 예수님은 그 강도가 죽음을 맞이하기 전 자신을 향해 고백했던 단 한마디 말(자신은 죄가 있어서 벌을 받지만 예수님이 행하신 일은 옳지

88　또 내게 말씀하시되 이루었도다 나는 알파와 오메가요 처음과 나중이라 내가 생명수 샘물로 목 마른 자에게 값 없이 주리니(계 21:6)
　　또 저가 수정 같이 맑은 생명수의 강을 내게 보이니 하나님과 및 어린양의 보좌로부터 나서(계 22:1)

89　여호와 하나님이 그 땅에서 보기에 아름답고 먹기에 좋은 나무가 나게 하시니 동산 가운데에는 생명나무와 선악을 알게하는 나무도 있더라(창 2:9)
　　이같이 하나님이 그 사람을 쫓아 내시고 에덴동산 동편에 그룹들과 두루 도는 화염검을 두어 생명나무의 길을 지키게 하시니라(창 3:24)
　　길 가운데로 흐르더라 강 좌우에 생명 나무가 있어 열 두가지 실과를 맺히되 달마다 그 실과를 맺히고 그 나무 잎사귀들은 만국을 소성하기 위하여 있더라(계 22:2)

않은 일이 없다 하며 하나님 나라에 임할 때 자신을 생각해달라고 말함)로 인하여 그 강도를 향해 "오늘 네가 나와 함께 낙원에 있으리라(눅 23:39~43)"고 하면서 그를 구원하여 줬다. 그래서 그 강도는 지금 낙원에서 예수님과 함께 하며, 값없이 생명수를 마시고 있는 것이다.

이와 같이 생명수를 값없이 마실 수 있음에도 불구하고 예수님은 혼인잔치의 비유를 들어 안타까움을 우리에게 설명해 주고 있다. 어느 한 임금이 사람을 초청하였으나 바쁘다는 이유(밭을 샀다고, 소를 샀다고, 결혼을 했다고 하며)로 오지 않자, 다시 종들을 거리로 보내어 아무나 잔치에 데려오라고 강권하는 이야기인데, 이 잔치에 참여하지 못한 자들에게 예수님은 '청함을 받은 자는 많되 택함을 입은 자는 적다'고 말씀하고 있으면서 오지 않았던 자들에 대해서 '전에 청하였던 그 사람은 하나도 내 잔치를 맛보지 못하리라'고 말씀하셨다(마 22:1~14; 눅 14:15~24).

생명수는 위에 나온 강도와 같이, 혼인 잔치에 초청을 받은 자와 같이, 모두 아무런 자격이나 조건 없이, 돈을 내지 않고 마실 수 있음을 성경은 가르쳐 주고 있는 것이다.

계시록	⁶또 내게 말씀하시되 이루었도다. 나는 알파와 오메가요 처음과 나중이라 내가 생명수 샘물로 목마른 자에게 값없이 주리니(계 21:6) ¹⁷성령과 신부가 말씀하시기를 오라 하시는도다 듣는 자도 오라 할 것이요 목마른 자도 올 것이요 또 원하는 자는 값없이 생명수를 받으라 하시더라(계 22:17)
비교	¹너희 목마른 자들아 물로 나아오라 돈 없는 자도 오라 너희는 와서 사먹되 돈 없이, 값없이 와서 포도주와 젖을 사라(사 55:1) ³⁷명절 끝날 곧 큰 날에 예수께서 서서 외쳐 가라사대 누구든지 목마르거든 내게로 와서 마시라(요 7:37) ⁹이 강물이 이르는 곳마다 번성하는 모든 생물이 살고 또 고기가 심히 많으리니 이 물이 흘러 들어 가므로 바닷물이 소성함을 얻겠고 이 강이 이르는 각처에 모든 것이 살 것이며.... ¹²강 좌우 가에는 각종 먹을 실과나무가 자라서 그 잎이 시들지 아니하며 실과가 끊치지 아니하고 달마다 새 실과를 맺으리니 그 물이 성소로 말미암아 나옴이라 그 실과는 먹을 만하고 그 잎사귀는 약 재료가 되리라(겔 47:9~12)

43. 해나 달의 비침이 쓸데없음(계 21:23,25)

에덴동산과 우리가 살고 있는 이 땅은 해와 달(창 1:15~19)로 우리를 밝혀 주고 있다면 예수님 계신 '새 예루살렘 성'은 하나님의 영광으로 우리를 밝혀줄 것이라 말씀하고 있다. 그래서 밤이 없다는 것이다(계 21:25; 22:5).[90]

그런데, 하나님의 영광의 밝기가 해와 달이 필요가 없을 정도라고 한다면, 그 밝기는 엄청날 것이라 여겨지는데, 성경은 그 빛의 밝기에 대해서 우리가 추측할 수 있도록 말씀해주고 있다. 모세가 시내산에 율법과 계명을 받기 위해 올라갈 때에 하나님의 영광이 산 위에 나타났는데, 산 밑에서 바라본 이스라엘 백성의 눈에는 그 모습은 마치 "맹렬한 불" 같이 보인다 하였다(출 24:12,17).

여기서 '맹렬한 불'이라고 말씀하신 것은 육안으로도 확인할 수 있을 정도로 명확하고, 실제적이며, 그 불의 크기와 세기는 아마도 사람이 두려울 정도로 불빛을 품어내고 있었기에 이렇게 표현한 것 같다. 그리고 모세가 두 돌판(십계명)을 가지고 내려올 때에는 모세의 얼굴에 광채가 났는데 이 모습을 본 이스라엘 백성은 두려워하게 되었고, 모세는 그들을 위하여 수건으로 얼굴을 가리게 되었다(출 34:29~35).

즉 시내산에 나타났던 하나님의 영광이 '맹렬한 불'이었고, 모세 얼굴에서 나타났던 광채가 사람이 두려울 정도로 밝았다면 '새 예루살렘 성'에서의 하나님과 예수님의 영광의 광채가 얼마나 밝을 것인지 조금은 이해되는 듯하다. 그렇기에 해와 달이 필요 없는 것이라 말씀하시는 것 같다.

계시록	²³그 성은 해나 달의 비침이 쓸데없으니 이는 하나님의 영광이 비취고 어린양이 그 등이 되심이라....²⁵성문들을 낮에 도무지 닫지 아니하리니 거기는 밤이 없음이라 (계 21:23~25) ⁵다시 밤이 없겠고 등불과 햇빛이 쓸데없으니 이는 주 하나님이 저희에게 비취심이라 저희가 세세토록 왕노릇하리로다(계 22:5)

90　성문들을 낮에 도무지 닫지 아니하리니 거기는 밤이 없음이라(계 21:25)
　　다시 밤이 없겠고 등불과 햇빛이 쓸데 없으니 이는 주 하나님이 저희에게 비취심이라 저희가 세세토록 왕노릇하리로다(계 22:5)

비교	¹⁵또 그 광명이 하늘의 궁창에 있어 땅에 비취라 하시고(그대로 되니라) ¹⁶하나님이 두 큰 광명을 만드사 큰 광명으로 낮을 주관하게 하시고 작은 광명으로 밤을 주관하게 하시며 또 별들을 만드시고 ¹⁷하나님이 그것들을 하늘의 궁창에 두어 땅에 비취게 하시며 ¹⁸주야를 주관하게 하시며 빛과 어두움을 나뉘게 하시니라 하나님의 보시기에 좋았더라 ¹⁹저녁이 되며 아침이 되니 이는 네째 날이니라(창 1:15~19) ¹²여호와께서 모세에게 이르시되 너는 산에 올라 내게로 와서 거기 있으라 너로 그들을 가르치려고 내가 율법과 계명을 친히 기록한 돌판을 네게 주리라....¹⁷산 위의 여호와의 영광이 이스라엘 자손의 눈에 맹렬한 불 같이 보였고(출 24:12~17) ²⁹모세가 그 증거의 두 판을 자기 손에 들고 시내산에서 내려오니 그 산에서 내려올 때에 모세는 자기가 여호와와 말씀하였음을 인하여 얼굴 꺼풀에 광채가 나나 깨닫지 못하였더라 ³⁰아론과 온 이스라엘 자손이 모세를 볼 때에 모세의 얼굴 꺼풀에 광채 남을 보고 그에게 가까이 하기를 두려워하더니 ³¹모세가 그들을 부르니 아론과 회중의 모든 어른이 모세에게로 오고 모세가 그들과 말하니 ³²그 후에야 온 이스라엘 자손이 가까이 오는지라 모세가 여호와께서 시내산에서 자기에게 이르신 말씀을 다 그들에게 명하고 ³³그들에게 말하기를 마치고 수건으로 자기 얼굴을 가리웠더라(출 34:29~33)

44. 속된 것들이 그리로(성 안으로) 들어가지 못하되(계 21:27; 22:15)

새 예루살렘 성에는 믿음을 지키는 자들이 입성하여 예수님과 함께 거하게 되는데 그곳에 못 들어오는 자들이 있다. 못 들어오는 자에 대해서는 '속된 것, 가증한 것, 거짓말하는 자, 개들, 술객(마술사), 행음 자, 살인자, 우상숭배자'가 이에 해당하는데(계 21:27; 22:15), 구약에서도 동일하게 말하고 있다. 진(진영, camp) 밖에 똥, 가죽, 변소, 더러운 것을 진영 밖에 두도록 하였고(신 23:2; 레 4:12; 8:17; 16:27; 민 5:2~3), 모세가 구스 여자를 취하였을 때 미리암이 모세를 비방하자 여호와의 진노로 문둥병이 들어 그 병이 낫기까지 진밖에 있었고(민 12:1~14), 밤에 몽설한 자(신 23:10) 또한 진영 안에 있을 수가 없었다. 결국 더러운 것은 진영 안으로 결코 들어 올 수가 없었던 것이다.

그리고 느헤미야가 성을 중수 할 때 레갑의 아들 말기야가 중수한 문이 분문인데 이는 똥문(the dung gate, 느 3:14)[91]이다. 즉 분문(똥문)은 똥, 배설물, 가죽, 변소를 가기 위한 출입구인 것이다. 결국 더러운 것은 진영 안이든, 새 예루살렘 성이든 결단코 들어갈 수가 없는 것으로서 구약의 말씀과 요한계시록의 말씀은 일치한 것이다.

계시록	²⁷무엇이든지 속된 것이나 가증한 일 또는 거짓말 하는 자는 결코 그리로 들어오지 못하되 오직 어린양의 생명책에 기록된 자들뿐이라(계 21:27) ¹⁵개들과 술객들과 행음자들과 살인자들과 우상 숭배자들과 및 거짓말을 좋아하며 지어내는 자마다 성 밖에 있으리라(계 22:15)
비교	¹²똥 곧 그 송아지의 전체를 진 바깥 재 버리는 곳인 정결한 곳으로 가져다가 불로 나무 위에 사르되 곧 재 버리는 곳에서 사를 찌니라(레 4:12) ¹⁷그 수송아지 곧 그 가죽과 고기와 똥은 진 밖에 불살랐으니 여호와께서 모세에게 명하심과 같았더라(레 8:17) ²⁷속죄제 수송아지와 속죄제 염소의 피를 성소로 들여다가 속죄하였은즉 그 가죽과 고기와 똥을 밖으로 내어다가 불사를 것이요(레 16:27) ²이스라엘 자손에게 명하여 모든 문둥병 환자와 유출병이 있는 자와 주검으로 부정케 된 자를 다 진 밖으로 내어 보내되 ³무론남녀하고 다 진 밖으로 내어 보내어 그들로 진을 더럽히게 말라 내가 그 진 가운데 거하느니라 하시매(민 5:2~3) ¹⁰구름이 장막 위에서 떠나갔고 미리암은 문둥병이 들려 눈과 같더라....¹⁴....칠일 간 부끄러워하지 않겠느냐 그런즉 그를 진 밖에 칠일을 가두고(민 12:10~14) ²너의 진 밖에 변소를 베풀고 그리로 나가되....¹⁰너희 중에 누가 밤에 몽설함으로 부정하거든 진 밖으로 나가고 진 안에 들어오지 아니하다가(신 23:2~10) ¹⁶제사장들도 여호와의 전 안에 들어가서 깨끗케 하여 여호와의 전에 있는 모든 더러운 것을 끌어내어 여호와의 전 뜰에 이르매 레위 사람들이 취하여 바깥 기드론 시내로 가져갔더라(대하 29:16)

---

91 분문은 벧학게렘 지방을 다스리는 레갑의 아들 말기야가 중수하여 문을 세우며 문짝을 달고 자물쇠와 빗장을 갖추었고(느 3:14)

제14장

요한계시록 22장

45. 그의 얼굴을 볼 터이요(계 22:4)

사도 바울은 이 땅에서 우리가 주님의 얼굴을 뵈옵는 것을 선명하고 뚜렷하게 볼 수 없음을 거울로 빗대로 설명하고 있다. 요즘 거울이야 아주 잘 보이지만 당시 2000년 전에는 오늘날과 같이 깨끗하지 않았을 것이기에 거울을 예로 들어 설명한 듯하다. 사도 바울의 요지는 이 땅 가운데 살아가는 동안에는 주님의 얼굴을 제대로 볼 수 없지만 장차 갈 곳, 하늘에 있는 더 나은 본향(히 11:16; 고후 12:2; 계 21:2, 셋째하늘, 새 예루살렘 성)[92]에서는 주님을 선명하게 얼굴과 얼굴을 맞대어 볼 것이라 하고 있으며, 주님을 온전히 알 것이라 말하고 있다. 이와 마찬가지로 사도 요한도 사도 바울과 같이 그의 얼굴(예수님의 얼굴)을 보게 될 것이라 말하고 있다. 그리고 새 예루살렘 성에 있는 자들의 이마 위에 주님의 이름이 기록되어 있다라고 알려주고 있다.

---

[92] 저희가 이제는 더 나은 본향을 사모하니 곧 하늘에 있는 것이라 그러므로 하나님이 저희 하나님이라 일컬음 받으심을 부끄러워 아니하시고 저희를 위하여 한 성을 예비하셨느니라(히 11:16)
내가 그리스도 안에 있는 한 사람을 아노니 십 사년 전에 그가 셋째 하늘에 이끌려 간 자라 (그가 몸 안에 있었는지 몸 밖에 있었는지 나는 모르거니와 하나님은 아시느니라(고후 12:2)
또 내가 새 하늘과 새 땅을 보니 처음 하늘과 처음 땅이 없어졌고 바다도 다시 있지 않더라(계 21:2)

계시록	³다시 저주가 없으며 하나님과 그 어린양의 보좌가 그 가운데 있으리니 그의 종들이 그를 섬기며 ⁴그의 얼굴을 볼 터이요 그의 이름도 저희 이마에 있으리라(계 22:3~4)
비교	¹²우리가 이제는 거울로 보는 것 같이 희미하나 그 때에는 얼굴과 얼굴을 대하여 볼 것이요 이제는 내가 부분적으로 아나 그 때에는 주께서 나를 아신 것 같이 내가 온전히 알리라(고전 13:12)

46. 개들(dogs)은 누구를 말하는가?(계 22:15)

요한계시록 22:15에서 말씀한 개들은 사람과 가까이 있는 동물인 강아지를 말하는 것이 아니라, 사람으로서 게으르고, 탐욕이 심하고, 몰지각하고, 자기 이득만을 취하고, 술에 취한 자를 가리키고 있다(사 56:10~12; 빌 3:2).

계시록	¹⁵개들과 술객들과 행음자들과 살인자들과 우상 숭배자들과 및 거짓말을 좋아하며 지어내는 자마다 성 밖에 있으리라(계 22:15)
비교	¹⁰그 파숫군들은 소경이요 다 무지하며 벙어리 개라 능히 짖지 못하며 다 꿈꾸는 자요 누운 자요 잠자기를 좋아하는 자니 ¹¹이 개들은 탐욕이 심하여 족한 줄을 알지 못하는 자요 그들은 몰각한(understand) 목자들이라 다 자기 길로 돌이키며 어디 있는 자이든지 자기 이만 도모하며 ¹²피차 이르기를 오라 내가 포도주를 가져오리라 우리가 독주를 잔뜩 먹자 내일도 오늘같이 또 크게 넘치리라 하느니라(사 56:10~12) ²개들을 삼가고 행악하는 자들을 삼가고 손할례당을 삼가라(빌 3:2)

47. 성 밖(성 바깥)은 어떤 곳인가?(계 22:15)

1) 성 밖은 어떤 곳인가?

속되거나 가증한 자(계 21:27; 22:15)는 결단코 새 예루살렘성 안으로 들어가지 못하기에 이들은 성 밖에 있을 수밖에 없는데, 이 성 밖에 대해 예수님은 바깥 어두운 곳(마 8:12; 22:13; 25:30), 풀무 불(마 13:42,50)이라 하였고, 꺼지지 않는 불(눅 3:17), 사도 요한은 요한계시록에서 불 못(계 20:15)이라고 말하고 있다. 그리고 이 불 못에 대해 요한계시록 20:10에서 좀 더 자세히 설명하고 있는데 불 못은 불과 유황이 타는 못(lake)이라 설명하고 있다.

불 못에 대해 예수님은 거지 나사로와 부자 이야기로 불꽃 속에서 괴로움으로 호소하고 있는 부자의 모습을 설명하면서 불꽃 속은 마치 불 못과 같은 장소로 보여진다(눅 16:19~31) 그리고 불꽃 속에 있는 부자와 아브라함 품속에 있는 거지 나사로 사이에는 커다란 간격이 있다고 하였다. 그 간격에 대해 예수님은 "구렁(a great gulf[93] fixed, 구렁텅이, 눅 16:26)[94]"이라고 말씀해주셨고, 이 구렁텅이로 인하여 서로 통행할 수 있는 장소가 아니기에 서로 갈 수가 없다고 말씀해주셨다. 하지만 서로 왕래할 수는 없지만 바라볼 수는 있을 것만 같다.

〈쿰란동굴 협곡, pixabay〉

〈쿰란동굴, pixabay〉

---

93 gulf: ① 만(보통 bay보다 크며 폭에 비해 안 길이가 길다) the Gulf of Mexico 멕시코 만
　　② 《문어》 소용돌이(whirlpool); (지표(地表)의) 깊은 구멍, 깊이 갈라진 틈
　　③ 《비유적》 (넘을 수 없는) 큰 간격, 현격(between)
94 이뿐 아니라 너희와 우리 사이에 큰 구렁이 끼어 있어 여기서 너희에게 건너가고자 하되 할 수 없고 거기서 우리에게 건너 올 수도 없게 하였느니라(눅 16:26)

그리고 불 못의 크기는 설명하고 있지 않으나 성경에 쓰인 못(lake)이 연못(pond)이 아니라 호수(lake)라고 하는데, 호수마다 그 크기는 다르겠지만 일단은 불 못은 결코 작지 않을 것으로 보여진다. 이곳에는 생명책에 기록되지 않은 사람뿐만 아니라 마귀들도 있어야 하기에 호수(lake)라고 쓴 것이 아닌가 한다.

2) 불 못은 어떠한 곳인가?(제2부 제12장 36 참조: 밤낮 괴로움을 받으리라, 계 20:10)

3) 불 못에 있는 자들은 누구인가?

불 못에 있는 자들은 생명책에 기록되지 않는 자(계 20:15)와 거짓 선지자, 마귀, 짐승(계 20:10)이 있다. 생명책에 기록되지 않는 자들에 대해서 성경은 가증한 일, 거짓말 하는 자(계 21:27), 개들, 술객, 행음자, 살인자, 우상숭배자, 거짓말을 좋아하며 지내는 자(계 22:15), 무익한 종(마 25:30), 불법을 행하는 자(마 13:41), 악인(마 13:49), 불의한 자(고전 6:9), 외식하는 자(마 24:51), 주를 사랑하지 않는 자(고전 16:22), 거짓 선지자, 짐승(계 20:10) 등등 일일이 말하기가 어려울 정도로 생명책에 기록되지 않는 사람의 모습이 너무나 많고, 사람뿐만 아니라 마귀(계 20:10) 또한 있으며, 형태가 보이지도 않는 사망과 음부(계 20:14)도 불 못에 있게 된다.

계시록	¹⁰또 저희를 미혹하는 마귀가 불과 유황 못(lake)에 던지우니 거기는 그 짐승과 거짓 선지자도 있어 세세토록 밤낮 괴로움을 받으리라....¹⁴사망과 음부도 불못에 던지우니 이것은 둘째 사망 곧 불못이라 ¹⁵누구든지 생명책에 기록되지 못한 자는 불 못에 던지우더라(계 20:10~15) ²⁷무엇이든지 속된 것이나 가증한 일 또는 거짓말 하는 자는 결코 그리로 들어오지 못하되 오직 어린양의 생명책에 기록된 자들뿐이라(계 21:27) ¹⁵개들과 술객들과 행음자들과 살인자들과 우상 숭배자들과 및 거짓말을 좋아하며 지어내는 자마다 성 밖에 있으리라(계 22:15)
비교	¹²그 나라의 본 자손들은 바깥 어두운 데 쫓겨나 거기서 울며 이를 갈게 되리라(마 8:12) ⁴¹인자가 그 천사들을 보내리니 저희가 그 나라에서 모든 넘어지게 하는 것과 또 불법을

비교	행하는 자들을 거두어 내어 ⁴²풀무 불에 던져 넣으리니 거기서 울며 이를 갊이 있으리라 ....⁴⁹세상 끝에도 이러하리라 천사들이 와서 의인 중에서 악인을 갈라내어 ⁵⁰풀무 불에 던져 넣으리니 거기서 울며 이를 갈리라(마 13:41~50) ¹³임금이 사환들에게 말하되 그 수족을 결박하여 바깥 어두움에 내어 던지라 거기서 슬피 울며 이를 갊이 있으리라 하니라(마 22:13) ⁵¹엄히 때리고 외식하는 자의 받는 율에 처하리니 거기서 슬피 울며 이를 갊이 있으리라 (마 24:51) ³⁰이 무익한 종을 바깥 어두운 데로 내어 쫓으라 거기서 슬피 울며 이를 갊이 있으리라 하니라(마 25:30) ¹⁷손에 키를 들고 자기의 타작마당을 정하게 하사 알곡은 모아 곡간에 들이고 쭉정이는 꺼지지 않는 불에 태우시리라(눅 3:17) ⁹불의한 자가 하나님의 나라를 유업으로 받지 못할 줄을 알지 못하느냐 미혹을 받지 말라 음란하는 자나 우상 숭배하는 자나 간음하는 자나 탐색하는 자나 남색하는 자나 ¹⁰도적이나 탐람하는 자나 술 취하는 자나 후욕하는 자나 토색하는 자들은 하나님의 나라를 유업으로 받지 못하리라(고전 6:9~10) ²²만일 누구든지 주를 사랑하지 아니하거든 저주를 받을찌어다 주께서 임하시느니라 (고전 16:22)

4) 범죄한 천사(마귀)는 불 못에 언제 가게 되는가?

 범죄한 천사에 대해 베드로는 심판 때 이후에 불 못에 던져질 것을 말하고 있으며(벧후 2:4), 그 전까지는 지옥에서 구덩이에 던져져 있을 것을 알려 주고 있다. 그러므로 하나님의 최종 심판 때가 이르게 되면 범죄한 천사인 마귀, 사탄은 영원한 불 못에 던져 질 것이다.

> ⁴하나님이 범죄한 천사들을 용서치 아니하시고 지옥에 던져 어두운 구덩이에 두어 심판 때까지 지키게 하셨으며 For if God spared not the angels that sinned, but cast them down to hell, and delivered them into chains of darkness, to be reserved unto judgment (*chain: 사슬, 쇠줄, 주로 복수로 격식 또는 문예체에서는 속박, 구속)(벧후 2:4)

48. 용과 짐승은 무엇을 나타내는가?

1) 용, 마귀, 옛 뱀

용은 참으로 다양한 이름을 가지고 있다. 이름을 나열하면, 큰 용이요, 옛 뱀이요, 마귀요, 사탄이요, 온 천하를 꾀던 자요, 밤낮 참소하던 자(계 12:9,10; 20:2), 처음부터 범죄 한 자(요일 3:8)라고 말하고 있다. 이렇게 다양한 이름을 가지고 있지만 용의 실제 이름은 루시퍼(계명성)이다(사 14:12, 제2부 제2장 9 참조: 새벽별).

뱀은 하나님이 에덴동산을 창조한 시점(창세기)부터 등장한다. 성경에는 뱀에 대해서 '들짐승 중에 가장 간교하다'라고 하고 있고(창 3:1)[95], 그 간교한 특성으로 하와를 먼저 속인다. 선악과를 먹으면 "반드시 죽음이 오는 것"임에도 불구하고 "결코 죽지 않는다"하며, "하나님과 같이 된다"고 속인다(창 3:4-5) 하나님과 같이 된다는 의미가 마치 사람이 하나님의 속성과 권능을 가질 수 있는 것처럼 하와를 미혹했던 것이다.

그리고, 사탄은 하와를 통해 첫 번째 사람인 아담을 미혹했던 것처럼 두 번째 아담(롬 5:14)[96]이신 예수님을 미혹하려고 했다. 사탄은 예수님이 광야에서 40일간 금식한 이후에 나타나서 세 가지로 미혹(돌을 떡으로 바꾸어 배고픔을 채워라, 성 꼭대기에서 뛰어 내리라, 천하만국을 주겠다. 마 4:1~11; 막 1:12,13; 눅 4:1~13)한다. 그러나 예수님에게는 성공하지 못하고 실패한다.

사탄[97]은 요한계시록 12:9,10에서 정의하듯이 천하를 미혹하고, 밤낮 고소하는 자로서 마지막 때에 천년동안 옥에 갇혔다가 풀려나지만 다시 죄를 돌이키지 못하고 하나님을 대적하기 위하여 천하를 미혹하여 전쟁을 일으키고 만다. 그래서 결국 유황불이 타는 불못에 던져져서 영원토록 형벌을 받게 된다(계 20:7~10).[98]

---

[95] 여호와 하나님의 지으신 들짐승 중에 뱀이 가장 간교하더라 뱀이 여자에게 물어 가로되 하나님이 참으로 너희더러 동산 모든 나무의 실과를 먹지 말라 하시더냐(창 3:1)

[96] 그러나 아담으로부터 모세까지 아담의 범죄와 같은 죄를 짓지 아니한 자들 위에도 사망이 왕노릇하였나니 아담은 오실 자의 표상이라(롬 5:14)

[97] 사탄(Satan): 이름의 뜻 대적자

[98] 천년이 차매 사단이 그 옥에서 놓여 나와서 땅의 사방 백성 곧 곡과 마곡을 미혹하고 모아 싸움을 붙이리니 그 수가 바다 모래 같으리라 저희가 지면에 널리 퍼져 성도들의 진과 사랑하시는 성을 두르매 하늘에서 불이 내려와 저희를 소멸하고 또 저희를 미혹하는 마귀가 불과 유황 못에 던지우니 거기는 그 짐승과 거짓 선

사탄은 사람들이 "광명한 새벽별이신 예수님"(계 22:16)[99]을 따라가지 못하도록 이 땅에 사는 자들을 미혹하기 위해 자신을 "광명의 천사로 가장"한다(고후 11:14). 그래서 사탄이 하나님인 것처럼 가장하여 사람들을 미혹하여 자신을 따르게 하여 결국 참 하나님이신 예수님으로부터 멀리 떠나도록 만든다. 이처럼 사탄은 하나님이 만드신 질서를 파괴하고 있고 그 이름의 뜻대로 하나님을 대적하고 있으며 처음부터 하나님을 대적하고 있는 것이다(요일 3:8). 마지막으로 사탄(Satan, Devil, 대문자, 계 12:9; 20:2)을 따르는 무리들이 있는데 이들의 이름은 마귀(devil), 귀신(devil), 용의 사자들(his angels)이다(계 12:7).[100]

용 (루시퍼)	
이름	○ 큰 용, 옛 뱀, 마귀, 사탄, 온 천하를 꾀던(미혹) 자, 밤낮 참소하던 자 (계 12:9~10, 20:2)
모습	○ 붉은 색의 용, 7개의 머리 – 각 머리에 왕관을 씀(7개 왕관) (계 12:3) ○ 10개의 뿔
활동	○ 용의 꼬리로 하늘의 별 1/3을 땅에 던짐(계 12:4) ○ 용이 해산 하는 여인 앞에서 아이를 삼키고자 함(계 12:4) ○ 미가엘과 싸워 패망하여 땅으로 쫓겨남(계 12:7~16)
활동	– 하늘에 있을 곳을 얻지 못해 땅에 쫓겨남 – 자기의 때가 얼마 남지 못한 것을 알고 분을 내며 땅으로 내려감 – 남자를 낳은 여인을 박해하고, 물로 죽이려하나 실패함 ○ 여인의 남은 후손과 싸우려 함(계 12:17) ○ 바다에서 올라 온 짐승에게 권세를 줌(용에게 경배하게 함) (계 13:4) └ 땅에 사는 자들로부터 경배 받음(계 13:4,8) ○ 천사에 의해 쇠사슬로 무저갱에 천년동안 갇힘(계 20:1~3) ○ 천년 뒤 풀려나서 다시 미혹(곡과 마곡)하여 전쟁을 일으킴(계 20:7~10)

지자도 있어 세세토록 밤낮 괴로움을 받으리라(계 20:7~10)

[99] 광명한 새벽별이신 예수님: "나 예수는 교회들을 위하여 내 사자를 보내어 이것들을 너희에게 증거하게 하였노라 나는 다윗의 뿌리요 자손이니 곧 광명한 새벽별이라 하시더라"(the bright and morning star) (계 22:16)

[100] 하늘에 전쟁이 있으니 미가엘과 그의 사자들이 용으로 더불어 싸울쌔 용과 그의 사자들(his angels)도 싸우나
(계 12:7)

최후	○ 영원한 불과 유황 못에 던져짐(계 20:7~10) └ 천년 뒤 사람을 미혹하여 전쟁을 일으키나 불 못에 던져짐
용, 마귀, 옛뱀, 사탄	⁹큰 용이 내쫓기니 옛 뱀 곧 마귀라고도 하고 사단이라고도 하며 온 천하를 꾀는 자라 그가 땅으로 내쫓기니 그의 사자들도 그와 함께 내쫓기니라(the great dragon was cast out, that old serpent, called the Devil, and Satan) ¹⁰내가 또 들으니 하늘에 큰 음성이 있어 가로되 이제 우리 하나님의 구원과 능력과 나라와 또 그의 그리스도의 권세가 이루었으니 우리 형제들을 참소하던 자 곧 우리 하나님 앞에서 밤낮 참소하던 자가 쫓겨 났고(계 12:9~10) ²용을 잡으니 곧 옛 뱀이요 마귀요 사단이라 잡아 일천년 동안 결박하여 (And he laid hold on the dragon, that old serpent, which is the Devil, and Satan, and bound him a thousand years)(계 20:2)
마귀 귀신	³⁶귀신 들렸던 자의 어떻게 구원 받은 것을 본 자들이 저희에게 이르매 They also which saw it told them by what means he that was possessed of the devils was healed(눅 8:36) ¹⁵귀신을 내어 쫓는 권세도 있게 하려 하심이러라 (And to have power to heal sicknesses, and to cast out devils)(막 3:15)
마귀 귀신	²⁷마귀(the devil)로 틈을 타지 못하게 하라(엡 4:27) ⁸죄를 짓는 자는 마귀(the devil)에게 속하나니 마귀는 처음부터 범죄함이라 하나님의 아들이 나타나신 것은 마귀의 일을 멸하려 하심이니라(요일 3:8) ⁷하늘에 전쟁이 있으니 미가엘과 그의 사자들이 용으로 더불어 싸울쌔 용과 그의 사자들도 싸우나(Michael and his angels fought against the dragon; and the dragon fought and his angels)(계 12:7)
그 외	²그 때에 너희가 그 가운데서 행하여 이 세상 풍속을 좇고 공중의 권세 잡은 자를 따랐으니 곧 지금 불순종의 아들들 가운데서 역사하는 영이라(엡 2:2) ¹⁴이것이 이상한 일이 아니라 사단도 자기를 광명의 천사로 가장하나니(고후 11:14)

2) 바다에서 올라온 짐승

(1) 바다에서 올라온 짐승은 누구인가?

바다에서 올라 온 짐승의 특징을 보면 머리에 참람된 이름이 가득하고, 일곱 머리(일곱왕)를 가지고 있는데, 이 짐승의 머리에 앉아 있는 것이 여자라고 말씀하고 있는 것이 특징이다(계 13:1; 17:3,10,11).[101] 따라서 먼저 이 여인에 대해 먼저 이야기를 해야 이 짐승에 대해 명확히 설명할 수 있을 것 같다. 성경은 이 여자에 대해 "손에 가증한 것을 담은 금잔을 가지고 있다", "땅의 음녀들의 어미, 가증한 것들의 어미, 큰 바벨론"이다(계 17:4~6)[102], "많은 물 위에 앉아 있다"(계 17:15,18)[103], "모든 민족이 음행하고, 사치 행위를 한다"(계 18:1~3)[104]라고 말씀하였다. 이에 대해 이사야 선지자와 예레미야 선지자도 바벨론의 심판을 말씀하면서 비슷한 말씀을 하고 있는데, "여러 왕족의 여 주인"(사 47:5,7,10)[105], "온 세계가 취하는 금잔을 가지고 있다"(렘 51:7[106]), "많은 물가에 살고

---

[101] 내가 보니 바다에서 한 짐승이 나오는데 뿔이 열이요 머리가 일곱이라 그 뿔에는 열 면류관이 있고 그 머리들에는 참람된 이름들이 있더라(계 13:1)
곧 성령으로 나를 데리고 광야로 가니라 내가 보니 여자가 붉은 빛 짐승을 탔는데 그 짐승의 몸에 참람된 이름들이 가득하고 일곱 머리와 열 뿔이 있으며...또 일곱 왕이라 다섯은 망하였고 하나는 있고 다른이는 아직 이르지 아니하였으나 이르면 반드시 잠간 동안 계속하리라 전에 있었다가 시방 없어진 짐승은 여덟째 왕이니 일곱 중에 속한 자라 저가 멸망으로 들어가리라(계 17:3,10~11)

[102] 그 여자는 자주 빛과 붉은 빛 옷을 입고 금과 보석과 진주로 꾸미고 손에 금잔을 가졌는데 가증한 물건과 그의 음행의 더러운 것들이 가득하더라 그 이마에 이름이 기록되었으니 비밀이라, 큰 바벨론이라, 땅의 음녀들과 가증한 것들의 어미라 하였더라 또 내가 보매 이 여자가 성도들의 피와 예수의 증인들의 피에 취한지라 내가 그 여자를 보고 기이히 여기고 크게 기이히 여기니(계 17:4:~6)

[103] 천사가 내게 말하되 네가 본바 음녀의 앉은 물은 백성과 무리와 열국과 방언들이니라 ....또 네가 본바 여자 는 땅의 임금들을 다스리는 큰 성이라 하더라(계 17:15,18)

[104] 이 일 후에 다른 천사가 하늘에서 내려오는 것을 보니 큰 권세를 가졌는데 그의 영광으로 땅이 환하여지더라 힘센 음성으로 외쳐 가로되 무너졌도다 무너졌도다 큰 성 바벨론이여 귀신의 처소와 각종 더러운 영의 모이는 곳과 각종 더럽고 가증한 새의 모이는 곳이 되었도다 그 음행의 진노의 포도주를 인하여 만국이 무너졌으며 또 땅의 왕들이 그로 더불어 음행하였으며 땅의 상고들도 그 사치의 세력을 인하여 치부하였도다 하더라(계 18:1~3)

[105] 딸 갈대아여 잠잠히 앉으라 흑암으로 들어가라 네가 다시는 열국의 주모라 칭함을 받지 못하리라....말하기를 내가 영영히 주모가 되리라 하고 이 일을 네 마음에 두지도 아니하며 그 종말도 생각지 아니하였도다....네가 네 악을 의지하고 스스로 이르기를 나를 보는 자가 없다 하나니 네 지혜와 네 지식이 너를 유혹하였음이니라 네 마음에 이르기를 나 뿐이라 나 외에 다른이가 없다 하였으므로(사 47:5,7,10)

[106] 바벨론은 여호와의 수중의 온 세계로 취케 하는 금잔이라 열방이 그 포도주를 마시고 인하여 미쳤도다(렘 51:7)

있다"(렘 51:13)[107], "사치하고 평안히 지낸다"(사 47:8)[108]라고 하였다. 여기서 많은 물가는 요한계시록 17:15,18에서 백성, 무리, 열국, 방언을 나타낸다고 말씀하고 있다. 결국 짐승의 머리를 타고 있는 여인은 신·구약 성경 모두 음녀이며 바벨론이라는 것을 뒷받침하고 있기에 여인이 타고 있는 짐승, 즉 바다에서 올라온 짐승은 '바벨론 국가 또는 바벨론 제국'을 설명하고 있는 것으로 볼 수 있다.

  (2) 여덟 번째 왕은 누구인가?

> [8]네가 본 짐승은 전에 있었다가 시방은 없으나 장차 무저갱으로부터 올라와 멸망으로 들어갈 자니 땅에 거하는 자들로서 창세 이후로 생명책에 녹명되지 못한 자들이 이전에 있었다가 시방은 없으나 장차 나올 짐승을 보고 기이히 여기리라(계 17:8)
>
> [10]또 일곱 왕이라 다섯은 망하였고, 하나는 있고 다른 이는 아직 이르지 아니하였으니 이르면 반드시 잠간 동안 계속하리라(계 17:10)
>
> [11]전에 있었다가 시방 없어진 짐승은 여덟째 왕이니 일곱 중에 속한 자라 저가 멸망으로 들어가리라(계 17:11)

  짐승에 대해서는 바벨론 국가(제국, 위 ①참조)라고 이미 이야기 했기에 일곱 머리, 여덟 번째 왕 모두 바벨론 국가인 것이다. 그런데 요한계시록 17:8,10,11을 놓고 볼 때 좀 이해하기가 쉽지 않고 오히려 말씀이 충돌하는 느낌이 있다. 8절에서는 전에는 있었다가 지금 없어졌다 하고, 10절에서는 지금은 있는데 다른 이는 오직 않았다 하며, 11절에서는 지금 없어졌다 하며, 이 세 구절의 말씀이 읽으면 난독증이 걸린 것처럼 이해가 되지 않고 기운이 쫙 빠지는 느낌이 든다.
  이에 대해 말씀을 천천히 비교해보면 요한계시록 17:8과 17:11은 서로 같은 것을 표현하고 있는 것을 발견하게 된다. 이는 두 개의 단서를 통해 찾을 수 있는데 '멸망으로 들어갈 자'와 ' 시방(지금) 없어진 짐승'이라고 표현하고 있는 것인데, 이를 통해 서로 같은 것

---

107 많은 물 가에 거하여 재물이 많은 자여 네 탐남의 한정, 네 결국이 이르렀도다(렘 51:13)
108 그러므로 사치하고 평안히 지내며 마음에 이르기를 나 뿐이라 나 외에 다른이가 없도다 나는 과부로 지내지도 아니하며 자녀를 잃어버리는 일도 모르리라 하는 자여 너는 이제 들을찌어다(사 47:8)

이 아닐까 하는 생각을 가지게 된다.

그리고 또 하나는 설득하기에는 좀 어설프지만 요한계시록 17:10과 연결해서 설명하고자 할 때 위 두 말씀(계 17:8,11)이 서로 같다는 전제하에만 설명이 가능할 것 같다는 것이다. 사실 두 말씀이 전혀 연관성이 없고, 서로 다르다고 한다면 설명하기에는 어렵기 때문이다.

종합하자면 17:8과 17:11이 서로 같다는 전제하에 다음 표와 같이 설명할 수 있을 것 같다. 그리고 17:10에서 "지금은 있고"라는 단서를 통해 이 시기에 대해서 사도 요한이 살고 있었던 당시로서, 로마제국으로부터 통치를 받았던 시기로 간주하고자 한다.

구절 (17장)	시점	첫 번째 왕 ~ 다섯 번째 왕	여섯 번째 왕	일곱 번째 왕	여덟 번째 왕
10절	사도 요한 생존시점	이미 망하였고	하나는 있고	다른 이는 아직 이르지 아니함 (나타나면 잠깐)	일곱 중에 속함 (무저갱에서 올라 왔다가 멸망으로 들어감)
		(바벨도시[18], 바벨 론제국 등)	로마제국	(신바벨론제국)	
8절 11절	일곱 번째 왕이 사라진 시점	전에는 있었고		시방 없어진	
		(바벨도시~바벨론제국~로마제국)		(신바벨론제국)	
※ 일곱 개의 머리를 가지고 있고, 하나가 상하여 죽게 된 것 같다가 회복되어짐(계 13:1~3)					

그렇다면 이 일곱 번째와 여덟 번째 왕은 누구를 말하고 있는 것일까? 그리고 과연 우리가 살고 있는 시대를 놓고 말할 수 있을까? 하는 문제점을 가지고 있다. 사실 사도 요한이 말한 시기부터 지금까지(약 2천년간) 이 말씀에 대해 많은 논쟁을 불러 왔었을 것 같기도 하고, 현재까지 이 예언의 말씀이 아직 성취되지 않은 것으로 볼 때에 이 문제를 다룬다는 것은 쉽지 않을 것이다. 또한 이 예언의 말씀이 우리가 살고 이 시대에 이루어질지 아니면 앞으로 백 년이나 이백 년 뒤일지 아니면 그보다 더 먼 천 년이나 이천 년 뒤에 이루어질지는 아무도 알 수도 없기 때문이기도 하다.

하지만 우리는 종종 마지막 시대를 살아간다고 서로 이구동성으로 말하고 있고, 설상

---

109 바벨도시 : 니므롯이 건설한 도시로서 시날 땅에 바벨탑을 쌓은 도시(창 10:8, 11:1~9)

우리가 살고 있는 당대에 이루어지지 않더라도 한번쯤은 이 시대를 놓고 생각을 해볼 수는 있지 않을까 한다.

그런 뜻에서 먼저 바벨론에 대해서 먼저 살펴보면, 창세기 11장에서 니므롯이 세운 최초의 바벨도시(창 10:8; 11:1~9)가 나타나고, 그 이후 바벨론(단 1:2)[110]이라는 국가가 유대 지방과 그 일대를 통일하는 강력한 국가를 형성하며, 그 이후 예수님이 살고 있었던 당시이며 사도 요한이 살았던 시대로서 로마라는 제국이 등장했다. 이 로마제국에 대해 바벨론 국가를 상징하기도 한다(계 17:10).

이와 같이 바벨(론)이라는 것이 도시에서 국가로, 그리고 제국으로 그 크기가 확장되는 것을 볼 수 있게 된다. 그러면 우리가 살고 있는 이 시대를 놓고 볼 때에 우리에게 나타날 "신 바벨론"은 어쩌면 로마제국보다 더 큰 것이 나타날 수도 있지 않을까 한다. 물론 그 크기가 커졌다고 해서 다음에 나타날 "신 바벨론제국"이 더 커질 것이냐 하는 다툼이 있을 수 있으나, 일단 로마제국보다 더 커질 가능성은 충분이 있다고 보인다.

그리고 지금은 전 세계적으로 나라(국가)가 많이 있고, 신 냉전주의를 살고 있는 이 시대에 과연 로마제국보다 더 강력한 제국이 세워질까 의심이 생기기도 하지만, 만약 그 우려했던 것이 현실로 되어 진다면 전 세계를 단일국가로 묶은 나라로 만들 수 있지 않을까 한다. 마치 유럽연합(EU)이 미국을 대항하여 유럽을 하나의 국가의 개념으로 통합하고자 했던 것처럼 앞으로는 국가 간 연합(국제연합, UN)이 아닌 전 세계를 하나의 국가로 보아야 한다는 시각을 나타내는 것이 아닐까 한다. 이에 대해 전 세계를 단일국가로 추구하려는 세력도 있는 것처럼 '유튜브'를 통해 볼 수 있는데 그 세력들이 추구하는 단일국가에 대해서 'NWO(NEW WORLD ORDER, 신세계 질서[111])'라고 말하고 있다.

그리고 한 가지 재미있는 사실은 미국 1달러 지폐 뒷면을 보면 피라미드가 있고, 그 하단에 라틴어로 쓰여진 문구 "Novus Ordo Seclorum"이 있는데 이를 번역하면 '신세계질서'라고 한다. 이것이 우연인지 아니면 계획된 것인지 알 순 없지만 일치한다는 것에 주목해야 할 것 같다. 만약 이러한 계획을 세우는 자들이 실제로 있고 그들이 꿈꾸던 것이 현실

---

110 주께서 유다 왕 여호야김과 하나님의 전 기구 얼마를 그의 손에 붙이시매 그가 그것을 가지고 시날 땅 자기 신의 묘에 이르러 그 신의 보고에 두었더라(단 1:2)

111 NWO(NEW WORLD ORDER, 신세계질서): 「그림자정부」해냄출판사 이리유카바, 「마지막신호」예영커뮤니케이션즈출판사, 데이비드차 참조

로 이루어질지는 아무도 모르는 것이고, 설상 된다고 해도 'NWO'가 '신 바벨론제국'일지 여부 또한 아무도 모르겠지만, (오직 주님만이 아실 것이다.) 성경에서 말씀하고 있는 바는, 우리는 우리 각자가 살고 있는 이 시대에서, 다가오는 시대가 바벨론제국 때와 같이 환난의 시대이든, 지금처럼 나름대로 평화와 싸움의 공존의 시대이든 상관없이 우리의 믿음을 통해 인내하며 '이기는 자(제2부 제2장 5 참조: 이기는 자가 되어라)'가 되어야 할 것이다.

⟨ 미국 1달러 지폐(뒷면), pixabay ⟩

⟨ Novus Ordo Seclorum ⟩

	짐승 I (바다에서 올라온 짐승 ; 붉은 빛의 짐승, 계 13:1~10; 17:1~18) *신 바벨론제국과 신흥 10개국
이름	○ 머리에 참람된 이름을 가지고 있고(계 13:1) ○ 참람된 이름은 가득히 있음(계 17:3)

모습	○ 7개의 머리와 10개의 뿔이 있고 뿔에는 왕관을 씀(10개 왕관) (계 13:1)
	   – 표범 같고, 발은 곰의 발처럼, 입은 사자의 입 같음(계 13:2)
	   – 붉은 빛의 짐승(계 17:3)
	 ※ 일곱 머리 = 여자가 앉은 일곱 산 = 일곱 왕(계 17:10,11)
	   └ 아는 것이 지혜임

활동	○ 용에게 능력과 보좌와 권세를 받음(계 13:2)
	   └ 땅에 사는 모든 자들이 용과 짐승에게 경배함(계 13:4,8)
	   └ 큰 말과 참람된 말을 함(계 13:5)
	     * 참람된 말: 하나님의 이름, 장막, 하늘에 거하는 자에 대해 훼방함(6절)
	   └ 기간: 42개월 동안 일을 하는 권세(세계를 다스림) (계 13:5)
	     * 모든 족속, 백성, 방언, 나라를 다스림(7절)
	     * 성도들과 싸우게 되고 이기게 됨(overvome): 성도들의 순교(7,10절)
	     * 기간: 잠간 동안(a short space, 계17:10)

활동		○ 전에는 있었다가 시방(지금)은 없는 짐승(계 17:8) ┗ 장차 무저갱으로부터 올라와 멸망으로 들어갈 자이다(계 17:8) ┗ 땅에 거하는 자들로서 창세 이후로 생명책에 기록되지 못한 자들이 보고 기이히 여긴다(계 17:8)
짐승	짐승 머리	○ 머리: 7개의 머리 중 하나가 상처를 받았다가 다시 회복됨(계 13:3) ┗ 온 땅(all the world)이 이를 보고 이상히 여기고 따름(계 13:4) ┗ 일곱 머리 = 음녀가 앉아 있는 일곱 산 = 일곱 왕(계 17:9~11) * 짐승의 일곱 머리를 아는 것이 지혜 있는 것(계 17:9) * 다섯은 망하고, 하나는 있고, 다른 이는 아직 이르지 않았으나 온다. 올 때의 기간은 잠깐 동안이다(계 17:11) - 지금 없어진 짐승은 여덟(8) 번째 왕인데 일곱 중에 속한 것이다(계 17:11) - 8번째 왕은 멸망으로 들어간다(계 17:11)
	10개의 뿔	○ 짐승의 10개의 뿔 : 10명의 왕(계 17:12~17) ┗ 아직 나라를 얻지 못하였으나, 짐승과 더불어 임금처럼 권세를 받는데, 권세 받는 동안은 일시 동안이다 * 기간 : 일시 동안(one hour, 1시간) ┗ 10명의 왕이 자신들의 권세와 능력을 짐승에게 넘겨줌 ┗ 10명의 왕이 어린양과 싸우나 패함 - 어린양과 함께 있는 자들(= 부르심을 받고, 선택함을 받고, 충성된 자)도 이긴다
	공모	○ 짐승과 10명의 왕이 음녀를 불로 죽임(계 17:16) ┗ 짐승과 왕들이 음녀를 미워하고, 망하게 하고, 벌거벗기고, 살을 먹고 불로 태워버린다
최후		○ 짐승과 거짓 선지자들이 살아있는 채로 불 못에 던져짐(계 19:19~21)

3) 땅에서 올라온 짐승

요한계시록 13:11~18에서 땅에서 올라온 짐승에 대해 특징을 찾아보면 아래 표와 같이 세 가지 특징을 가지고 있는데,

① 바다에서 올라온 짐승으로부터 권세를 부여 받고,
② 그 권세로 사람을 미혹하고, 우상에게 경배하게 하며,
③ 사람들에게 짐승의 표를 받게 하는 인물이다.

> ¹¹내가 보매 또 다른 짐승이 땅에서 올라오니 새끼양 같이 두 뿔이 있고 용처럼 말하더라 ¹²저가 먼저 나온 짐승의 모든 권세를 그 앞에서 행하고 땅과 땅에 거하는 자들로 처음 짐승에게 경배하게 하니 곧 죽게 되었던 상처가 나은 자니라 ¹³큰 이적을 행하되 심지어 사람들 앞에서 불이 하늘로부터 땅에 내려 오게 하고 ¹⁴짐승 앞에서 받은바 이적을 행함으로 땅에 거하는 자들을 미혹하며 땅에 거하는 자들에게 이르기를 칼에 상하였다가 살아난 짐승을 위하여 우상을 만들라 하더라 ¹⁵저가 권세를 받아 그 짐승의 우상에게 생기를 주어 그 짐승의 우상으로 말하게 하고 또 짐승의 우상에게 경배하지 아니하는 자는 몇이든지 다 죽이게 하더라 ¹⁶저가 모든 자 곧 작은 자나 큰 자나 부자나 빈궁한 자나 자유한 자나 종들로 그 오른손에나 이마에 표를 받게 하고 ¹⁷누구든지 이 표를 가진 자 외에는 매매를 못하게 하니 이 표는 곧 짐승의 이름이나 그 이름의 수라 ¹⁸지혜가 여기 있으니 총명 있는 자는 그 짐승의 수를 세어 보라 그 수는 사람의 수니 육백 육십 륙이니라(계 13:11~18)

위 특징과 비슷한 인물이 요한계시록 18:11~17,23에서 나타나는데 이를 살펴보면,

ⓐ 상품을 파는 상인들이 땅의 왕족들이라 하고,
ⓑ 복술을 행하여 만국을 미혹하는 자이며,
ⓒ 바벨론을 통해 치부한 자들이라고 한다.

> ¹¹땅의 상고들이 그를 위하여 울고 애통하는 것은 다시 그 상품을 사는 자가 없음이라 ¹²그 상품은 금과 은과 보석과 진주와 세마포와 자주 옷감과 비단과 붉은 옷감이요 각종 향목과 각종 상아 기명이요 값진 나무와 진유와 철과 옥석으로 만든 각종 기명이요 ¹³계피와 향료와 향과 향유와 유향과 포도주와 감람유와 고운 밀가루와 밀과 소와 양과 말과 수레와 종들과 사람의 영혼들이라 ¹⁴바벨론아 네 영혼의 탐하던 과실이 네게서 떠났으며 맛 있는 것들과 빛난 것들이 다 없어졌으니 사람들이 결코 이것들을 다시 보지 못하리로다 ¹⁵바벨론을 인하여 치부한 이 상품의 상고들이 그 고난을 무서워하여 멀리 서서 울고 애통하여 ¹⁶가로되 화 있도다 화 있도다 큰 성이여 세마포와 자주와 붉은 옷을 입고 금과 보석과 진주로 꾸민 것인데 ¹⁷그러한 부가 일시간에 망하였도다 각 선장과 각처를 다니는 선객들과 선인들과 바다에서 일하는 자들이 멀리 서서 ²³등불 빛이 결코 다시 네 가운데서 비취지 아니하고 신랑과 신부의 음성이 결코 다시 네 가운데서 들리지 아니하리로다 너의 상고들은 땅의 왕족들이라 네 복술을 인하여 만국이 미혹되었도다(계 18:11~23)

즉 위에서 말한 특징들을 비교하면 ①과 ⓐ이, ②와 ⓑ이, ③과 ⓒ이 서로 비슷하다(제2부 제13장 38 참조: 거짓 선지자).

좀 더 살펴보면 왕족이라는 것은 왕 또는 나라로부터 그 권위를 부여받기 때문에 바다에서 올라온 짐승이 바벨론을 가리키고 있는 것으로 볼 때, 땅에서 올라온 짐승은 곧 왕족이며, "상인들"인 것이다(계 18:15,23).

한편 요한계시록 13:11에서 바다에서 올라온 짐승의 모습 중에 두 개의 뿔을 가지고 있다고 말하고 있는 것으로 보아 상인은 두 명을 가리키는 것으로 보인다. 그리고 두 명의 상인은 구체적으로 누구인지를 성경에서는 언급하고 있지는 않다. 하지만 오늘날 우리가 살고 이 시대가 마지막 시대를 향해 나아가고 있다는 전제 하에 이 두 명의 상인에 대해 한번 이야기 했으면 한다. 물론 사도 요한이 말한 시대부터 2천 년간 이 예언의 말씀이 아직 성취되지 않았다. 그리고 우리가 사는 이 시대에 이루어질지 아니면 앞으로 오랜 시간이 흐른 뒤에 이루어질지는 아무도 알 수 없지만 그럼에도 불구하고 우리가 살고 있는 이 시대를 놓고 생각을 해 보았으면 한다.

오늘날 세계 경제의 부를 축적하고 있는 자를 두 명으로 압축하라고 하면 누구를 가리킬까? 세계 100대 부자에서 단연 손꼽히는 빌게이츠, 워렌 버핏 등등 말할 수 있을 것 같지만, "로스차일드그룹"와 "록펠러그룹"이라고 말한다면 이에 대해 '아니다'라고 이의를 달 수 있는 사람은 많지 않을 것 같다. 따라서 이 로스차일드와 록펠러가 과연 성경에서 말하는 두 개의 뿔로서 바다에서 올라 온 짐승인지 아닌지는 알 수 없으나 다만 우리가 살고 있는 이 시대에 아니길 바랄뿐이다.

	짐승 II (땅에서 올라온 짐승) 땅의 상인들
이름	○ 땅의 상인들, 치부한 상인, 땅의 왕족들, 복술을 행하는 자, 미혹하던 자(계 18:15,23) ○ 거짓 선지자(계 19:19~21)
모습	○ 2개의 뿔: 어린양처럼 2개의 뿔(계13:11)
활동	○ 권세(계13:11~18) └ 용처럼 말을 하고, 땅에 사는 자들에게 명령함 　- 첫 번째 짐승에게 경배하게 함(계 13:11~12) └ 사람 앞에서 이적을 행함 - 하늘에서 불을 내림(계 13:13) └ 땅에 사는 자들을 미혹함(계 13:14) 　- 첫 번째 짐승의 우상을 만들고, 사람이 만든 우상이 말을 하는 이적을 보이기도 하며(계 13:15) └ 경배하지 아니하는 자를 죽임(계 13:15) └ 사람에게 '짐승의 표'를 받게 함(손/이마) (계 13:17) └ 바벨론의 패망을 보고 애통해 함(계 18:11~17,23) 　- 바벨론을 통해 치부한 상인, 땅의 왕족들, 복술을 행하고, 만국을 미혹하던 자 └ 거짓 선지자(계 19:19~21) 　ⓐ 짐승의 표를 받게 하고 　ⓑ 짐승의 우상에게 경배하게 하고 　ⓒ 이적을 통해 미혹하던 자
최후	○ 짐승과 거짓 선지자들이 살아있는 채로 불 못에 던져짐(계 19:19~21)

4) 음녀와 바벨론 성

	음녀와 바벨론 성
이름	○ 큰 바벨론(음녀, 계 17:5)과 큰 성 바벨론(큰 성, 계 18:2)
음녀	○ 이름: 큰 바벨론, 땅의 음녀들과 가증한 것들의 어미(사람) (계 17:5) ① 모습(계 17:4~6,18) 　ⓐ 자주 빛과 붉은 빛 옷을 입고 　ⓑ 금과 보석과 진주로 꾸미고(decked,, 장식하고) 　ⓒ 손에는 가증한 것을 담은 금잔을 가지고 있으며 　ⓓ 이마에 하나의 이름이 기록되어 있음 　　– 이름은 비밀로 되어 있었으나 밝혀짐 ; 큰 바벨론 　　– 이름: 큰 바벨론이며, 땅의 창녀들과 가증한 것들의 어미 　　　↳ a name, MYSTERY, BABYLON THE GREAT, THE MOTHER OF HARLOTS AND ABOMINATIONS OF THE EARTH, 대문자) 　ⓔ 음녀는 일곱 머리 위에 앉아 있다(계 17:7~11) 　　(일곱 머리 = 일곱 산 = 일곱 왕) ② 활동. 　ⓐ 성도들의 피와 예수의 증인들의 피에 취한 자이다(계 17:6) 　ⓑ 많은 물(백성, 무리, 열국, 방언) 위에 앉아 있다(계 17:15) 　ⓒ 땅의 임금들을 다스리는 큰 성이다(계 17:18) ③ 최후 　ⓐ 10명의 왕과 짐승이 하나가 되어 음녀를 미워하고, 불로 죽임 당함(계 17:16,17) 　　– 음녀를 망하게 하고, 벌거벗기고, 살을 먹고, 불로 아주 살라버림
바벨론 성	○ 이름: 큰 성 바벨론 (지형적 ; 도시, 건물) (계 18:2) ① 모습(계 18:1~3) 　ⓐ 귀신의 처소였던 곳 　ⓑ 각종 더러운 영이 모이는 곳 　ⓒ 각종 더럽고 가증한 새가 모이는 곳 ② 활동(계 18:1~3) 　* 바벨론의 행위로 본인과 모든 민족이 음행하게 되고, 바벨론의 사치 행위로 땅에서 올라온 짐승(상인)이 부유하게 함 ② -1 죄 값(계 18:4~8) 　ⓐ 바벨론의 죄가 하늘에 상달되어 하나님께서 기억하게 되었다

| 바벨론성 | ⓑ 바벨론의 죄 값으로 두 배로 치르게 된다
ⓒ 자기를 영화롭게 하고 사치하였다
ⓓ 죄 값은 하루 동안(in one day) 받게 된다
③ 최후: 재앙(사망, 애통, 흉년, 불)으로 망하게 된다(계 18:8)
　ⓐ 고통과 애통함이 있다(계 18:7).
　　- 자신을 여왕으로 앉은 자라하며, 과부가 아니기에 결단코 애통함이 없다 한다
　ⓑ 땅의 왕들, 땅의 상인들, 바다위에 있는 자들은 애통해한다(계 18:9~23)
　ⓒ 음악, 세공업자, 맷돌 소리, 등불 빛, 신랑 신부의 소리 등 아무 소리가 들리지 않게 된다. 즉 완전 패망함(계 18:21~24)
　ⓓ 하늘에 있는 자들은 기뻐한다(계 18:21~24) |

[바벨론 심판내용 비교 (요한계시록과 구약 / 계 17~18장; 사 13~14장; 47장; 렘 50~51장)]

주제	성경	내용
이름	계	○ 이름 : 큰 바벨론(땅의 음녀들과 가증한 것들의 어미 ; 사람) (계 17:5)
	구약	○ 이름 : 바벨론은 여호와의 수중의 온 세계로 취케 하는 금잔이라(렘 51:7) 　└, 열방이 그 포도주를 마시고 인하여 미쳤도다(렘 51:7) ○ 여러 왕족의 여주인이라 하고, 영원히 여주인이 되리라 함(사 47:5,7) 　└, 다른 이가 없고, 과부도 아니며 자녀를 잃어버리지도 않는다 함(사 47:10)
모습	계	○ 손에는 가증한 것을 담은 금잔을 가지고 있으며, 성도들의 피와 예수의 증인들의 피에 취한 자이다(계 17:4~6) ○ 많은 물(백성, 무리, 열국, 방언) 위에 앉아 있으며, 땅의 임금들을 다스린다 (계 17:15,18) ○ 바벨론의 행위로 본인과 모든 민족이 음행하게 되고, 바벨론의 사치 행위로 땅에서 올라온 짐승(상인)이 부유하게 됨(계 18:1~3)
	구약	○ 네가 붉은 옷을 입고 금장식으로 단장하고, 눈을 그려 꾸밀지라도(렘 4:30). ○ 사치하고 평안히 지냄(사 47:8) ○ 온 세계가 취하는 금잔을 가지고 있고, 뭇 민족이 그 금잔의 포도주로 취함 (개역개정) (렘 51:7) ○ 많은 물가에 살고, 재물이 많다(렘 51:13) ○ 사람이 메뚜기 같이 많고, 환성을 높임(렘 51:14)

재앙·심판	재앙 심판	계	○ 재앙이 미친다(사망, 애통, 흉년, 불) (계 18:8) ○ 큰 맷돌 같은 돌을 바다에 던지고, 큰 성 바벨론이 이와 같이 비참히 던져서 다시는 보이지 않음(계 18:21~24) – 음악(거문고, 풍류, 퉁소, 나팔)이 없다. 등불 빛도 없다. 세공업자, 신랑 신부 등등이 없다
		구약	○ 여호와의 날 – 잔혹히 분냄과 맹렬히 노하는 날(사 13:9) ○ 사람이 순금보다 적(희소)을 것이다(사 13:12) ○ 하늘의 해, 달, 별이 빛이 나지 못함, 하늘을 진동시키며, 땅이 흔들리고(사 13:10,12) ○ 거주자가 없고, 거처할 곳도 없음(사 13:20) ○ 멸망의 빗자루로 청소하리라(사 14:23) ○ 사람을 아끼지 않는다(사 47:3) ○ 바벨론이 몰락하게 되고(렘51:64), 소돔과 고모라처럼 된다(사13:19; 렘 50:40) ○ 황무지가 되고, 지나가는 사람이 없고, 탄식한다(렘 50:13; 51:43) ○ 불에 타버린 산이 되고, 영원히 황무지가 된다(렘 51:25,26) ○ 바벨론이 바다에 던져진다(렘 51:42)
	기간	계	○ 재앙이 하루 동안에 이른다(계 18:8)
		구약	○ 한 날에 자녀를 잃을 것이다(사 47:9)
	상달	계	○ 바벨론의 죄가 하늘에 상달되어 하나님께서 기억하게 된다(계 18:5)
		구약	○ 화가 하늘에 미쳤고 궁창에 달함(렘 51:9)
	애통	계	○ 땅의 왕들, 땅의 상인들, 바다에 있는 선장, 선원, 선객 애통함(계 18:9,11,17)
		구약	○ 해산하는 여인처럼 고통하며, 서로 놀라며, 얼굴이 불꽃같이 됨(사 13:8)
	기쁨	계	○ 하늘의 성도들과 사도들과 선지자들이 즐거워 함(계 18:20)
		구약	○ 바벨론의 심판을 통해 하늘이 기뻐함(렘 51:47,48)
도망하라		계	○ 내 백성아, 거기서 나와 그의 죄에 참여하지 말고 재앙을 받지 말라(계18:4)
		구약	○ 각기 본향으로 도망가라(사 13:14) ○ 도망하여라(렘 50:16)

부록
요한계시록 이해 도구들

1. 성경
2. 성경에 나오는 면류관
3. 새예루살렘과 에덴동산 비교
4. 요한계시록의 12지파와 구약의 12지파 비교
5. 셀 수 없는 명사를 복수로 사용한 의미
6. 천국은 어떤 곳인가?
7. 성경에 나오는 천사
8. 최초의 바벨(창 10:1–11:9)
9. 인자가 들려야 하리니(요 3:14; 눅 23:39~43; 민 21:4~9)
10. 육신의 정욕과 안목의 정욕과 이생의 자랑(창 3:6; 마 4:4~12; 요일 2:16)
11. 이방인의 구원
12. 애굽에 나타난 10가지 재앙
13. 광야에서의 이스라엘 백성의 불순종
14. 요셉의 인생
15. 대홍수 이전 세대
16. 숫자의 의미
17. 일곱 교회
18. 일곱 봉인, 일곱 나팔, 일곱 대접, 일곱 인물(요약)
19. 일곱 봉인: 요한계시록 6장, 8장
20. 일곱 나팔: 요한계시록 8장~9장
21. 진노의 큰 날, 큰 지진, 천체의 변화, 피 섞인 우박과 불, 불·연기·유황, 쑥
22. 공관 복음의 재앙

1. 성경

하나님은 이스라엘 백성들에게 성경을 자세히 읽어보라고 도전하고 있다(사 34:16). 이렇게 자신있게 말씀하신 이유는 성경은 하나님의 감동으로 된 책이라고 말씀하고 있기 때문이다(딤후 3:16; 벧후 1:21). 그리고 성경을 읽어보라고 하는 도전은 이스라엘 백성에게만 한 것이 아니라 이 땅에 살고 있는 모든 이들에게 말씀하고 있다고 보인다(사 34:16). 그래서 성경을 읽어보고 빠진 것이 있는지, 짝이 없는 것이 있는지 확인해보라는 것이다. 예수님은 하나님의 말씀(성경)에 대해 천지는 없어질 것(처음 하늘과 처음 땅은 없어짐, 계 21:1,2)[1]이지만 하나님 말씀은 없어지지 않을 것이라 확고하게 말씀하고 있다(막 13:31; 사 40:8).

성경은 하나님의 말씀이고, 영원히 있을 말씀이기에 우리를 향해 하나님의 말씀을 손목에 매라고, 이마에 붙이라고(신 6:8)[2] 말씀하셨고, 달려가는 길에도 읽고(합 2:2)[3], 낮과 밤(주야)에도 묵상하라고(수 1:8; 시 1:2)[4] 하는 등 여러 가지 말씀으로 우리에게 권하고 있다. 하나님은 우리가 이렇게 말씀을 읽고 따를 때에는 형통하며(수 1:8; 시 1:3)[5] 복(계 1:3)[6]이 있다고 말씀하신다.

우리가 보고 있는 성경, 하나님의 말씀은 빠진 것이 없이 짝을 이루며, 영원히 없어지지 않고 성도와 함께 있는 살아 있는 생명의 말씀이다. 그래서인지 요한계시록을 읽다보니 하나의 사건이나 말씀이 성경 전체 속에 두 세 차례 반복적으로 나타나는 것이 있어서 이 책을 통해 쉽게 비교하여 볼 수 있도록 요한계시록과 비교되는 말씀을 같이 적어두었으

---

1 또 내가 새 하늘과 새 땅을 보니 처음 하늘과 처음 땅이 없어졌고 바다도 다시 있지 않더라 또 내가 보매 거룩한 성 새 예루살렘이 하나님께로부터 하늘에서 내려오니 그 예비한 것이 신부가 남편을 위하여 단장한 것 같더라(계 21:1~2)
2 너는 또 그것을 네 손목에 매어 기호를 삼으며 네 미간에 붙여 표를 삼고(신 6:8)
3 여호와께서 내게 대답하여 가라사대 너는 이 묵시를 기록하여 판에 명백히 새기되 달려 가면서도 읽을 수 있게 하라(합 2:2)
4 이 율법책을 네 입에서 떠나지 말게 하며 주야로 그것을 묵상하여 그 가운데 기록한대로 다 지켜 행하라 그리하면 네 길이 평탄하게 될 것이라 네가 형통하리라(수 1:8)
오직 여호와의 율법을 즐거워하여 그 율법을 주야로 묵상하는 자로다(시 1:2)
5 저는 시냇가에 심은 나무가 시절을 좇아 과실을 맺으며 그 잎사귀가 마르지 아니함 같으니 그 행사가 다 형통하리로다(시 1:3)
6 이 예언의 말씀을 읽는 자와 듣는 자들과 그 가운데 기록한 것을 지키는 자들이 복이 있나니 때가 가까움이라 (계 1:3)

며, 이는 신명기 19:15에서 기록한 것 같이 "두 증인의 입으로나 세 증인의 입으로 그 사건을 확정할 것"이라는 말씀처럼 우리들에게 한 번만 말씀하시는 것이 아니라 반복해서 말씀하신 것이다. 결국 '성경은 짝이 없는 것이 없고(짝을 이루고 있으며), 하나님이 명하셨고, 모으셨다는 말씀(사 34:16)'이 확실히 맞다는 것을 나는 고백하지 않을 수 없게 되었다.

> ¹⁶모든 성경은 하나님의 감동으로 된 것으로 교훈과 책망과 바르게 함과 의로 교육하기에 유익하니(딤후 3:16)
>
> ¹⁹또 우리에게 더 확실한 예언이 있어 어두운데 비취는 등불과 같으니 날이 새어 샛별이 너희 마음에 떠오르기까지 너희가 이것을 주의하는 것이 가하니라 ²⁰먼저 알 것은 경의 모든 예언은 사사로이 풀 것이 아니니 ²¹예언은 언제든지 사람의 뜻으로 낸 것이 아니요 오직 성령의 감동하심을 입은 사람들이 하나님께 받아 말한 것임이니라(벧후 1:19~21)

> ¹⁶너희는 여호와의 책을 자세히 읽어보라 이것들이 하나도 빠진 것이 없고 하나도 그 짝이 없는 것이 없으리니 이는 여호와의 입이 이를 명하셨고 그의 신이 이것들을 모으셨음이라 (사 34:16)
>
> ⁷풀은 마르고 꽃은 시듦은 여호와의 기운이 그 위에 붊이라 이 백성은 실로 풀이로다 ⁸풀은 마르고 꽃은 시드나 우리 하나님의 말씀은 영영히 서리라 하라 (사 40:7~8)
>
> ³¹천지는 없어지겠으나 내 말은 없어지지 아니하리라(막 13:31)
>
> ¹⁵또 우리 주의 오래 참으심이 구원이 될 줄로 여기라 우리 사랑하는 형제 바울도 그 받은 지혜대로 너희에게 이같이 썼고 ¹⁶또 그 모든 편지에도 이런 일에 관하여 말하였으되 그 중에 알기 어려운 것이 더러 있으니 무식한 자들과 굳세지 못한 자들이 다른 성경과 같이 그것도 억지로 풀다가 스스로 멸망에 이르느니라 ¹⁷그러므로 사랑하는 자들아 너희가 이것을 미리 알았은즉 무법한 자들의 미혹에 이끌려 너희 굳센데서 떨어질까 삼가라 ¹⁸오직 우리 주 곧 구주 예수 그리스도의 은혜와 저를 아는 지식에서 자라 가라 영광이 이제와 영원한 날까지 저에게 있을찌어다(벧후 3:15~18)

> ⁵예수께서 하나님의 아들이심을 믿는 자가 아니면 세상을 이기는 자가 누구뇨 ⁶이는 물과 피로 임하신 자니 곧 예수 그리스도시라 물로만 아니요 물과 피로 임하셨고 ⁷증거하는 이는 성령이시니 성령은 진리니라 ⁸증거하는 이가 셋이니 성령과 물과 피라 또한 이 셋이 합하여 하나이니라 (요일 5:5~8)

2. 성경에 나오는 면류관

1) 성경에는 다섯 개의 면류관이 있다

면류관		상급 (이기는 자에게 주는 상급)
썩지 않을 면류관 (an incorruptible crown)	고전 9:25	이기기를 다투는 자마다 모든 일에 절제하나니 저희는 썩을 면류관을 얻고자 하되 우리는 썩지 아니할 것을 얻고자 하노라
자랑의 면류관 (crown of rejoicing)	살전 2:19	우리의 소망이나 기쁨이나 자랑의 면류관이 무엇이냐 그의 강림하실 때 우리 주 예수 앞에 너희가 아니냐
의의 면류관 (a crown of righteousness)	딤후 4:8	이제 후로는 나를 위하여 의의 면류관이 예비되었으므로 주 곧 의로우신 재판장이 그 날에 내게 주실 것이니 내게만 아니라 주의 나타나심을 사모하는 모든 자에게니라
영광의 면류관 (a crown of glory)	벧전 5:4	그리하면 목자장이 나타나실 때에 시들지 아니하는 영광의 면류관을 얻으리라
생명의 면류관 (the crown of life)	약 1:12	시험을 참는 자는 복이 있도다. 이것에 옳다 인정하심을 받은 후에 주께서 자기를 사랑하는 자들에게 약속하신 생명의 면류관을 얻을 것임이니라.
	계 2:10	네가 장차 받을 고난을 두려워 말라 볼찌어다. 마귀가 장차 너희 가운데서 몇 사람을 옥에 던져 시험을 받게 하리니 너희가 십일 동안 환난을 받으리라 네가 죽도록 충성하라 그리하면 내가 생명의 면류관을 네게 주리라

2) 면류관의 단어 뜻풀이?

(국어사전) 제왕의 정복에 갖추어 쓰던 관으로서, 국가의 대제(大祭) 때나 왕의 즉위에 때 썼던 관이다.

(영어사전) 면류관은 영어(KJV)로 crown이며, 뜻은 왕관, 정부, 왕권, 월계수, 챔피언 등이다.

월계수	면류관	왕관
〈 월계관을 쓴 손기정 선수 〉	〈 그림: 나무위키 〉	〈 그림: pixabay 〉

3) 성경에서의 면류관은 왕관일까? 아니면 월계수일까?

성경을 보면 면류관에 대해서 많이 말씀하고 있는데 대부분 왕관으로 해석되어지는데 딱 한 부분이 월계수라고 해석할 수 있는 부분이 디모데후서 2:5 (개역한글) "경기하는 자가 법대로 경기하지 아니하면 면류관을 얻지 못할 것"이라고 말씀이다. 이 구절에 대해 운동 경기를 하는 사람이 승리자가 될 때 쓰는 면류관으로 이해되지만, 영어(KJV)로는 "And if a man also strive for masteries, yet is he not crowned, except he strive lawfully (strive: 노력하다, 애쓰다 / masteries: 숙달, 통달, 지배력)"이며, 이 부분을 직역하면 "통달하기 위해 노력하는 사람"으로서 운동 경기를 하는 사람이 아닌 것이다.

다만 우리에게 전달하고 싶은 의미를 일치하기 위해, 그리고 쉽게 전달하기 위해 위와 같이 번역을 하였던 것 같다. 따라서 면류관은 썩어져서 없어질 월계수와 같은 것이 아니라 썩지 않는 금과 보석 같은 걸로 만든 왕관인 것이다.

4) 면류관(왕관)은 누가 쓰는가?

위의 단어 뜻풀이에서 나타나듯 왕이 쓰는 관으로서, 왕관은 나라를 다스리는 임금만이 쓰는 왕관이다. 그리고 왕이 아닌 사람이 쓰는 관을 절대로 왕관이라고 부르지는 않는다. 즉 임금이 쓰는 것에 대해서만 왕관이라고 부르는 것이다. 그런데 성경에서는 임금이 쓰는 왕관을 하나님께서 우리에게 주신다고 말씀하고 있다.

베드로전서 2:9에서는 "너희는 택하신 족속이요 왕 같은 제사장"이라고 하고 있으며, 우리에게 "자랑의 면류관, 의의 면류관, 영광의 면류관, 생명의 면류관"을 주신다 하며, 요한계시록 20:6에서는 "너희가 그리스도와 더불어 천년동안 왕 노릇하리라"하고 말씀하고 있다. 즉 여러 말씀들을 통해 하나님께서 우리를 왕으로 삼아 주신다고 하시기에 우리가 왕이 되고, 면류관인 왕관을 쓰게 된다는 것이다.

5) 왕은 누구와 사는가?

하나님은 우리에게 왕으로 삼아 주신다고 하셨는데, 이에 대해 강원도에 목회하셨던 목사님과 면류관에 대해 이야기를 나누면서 들었던 내용으로 대신하고자 한다. 목사님이 내게 묻기를 왕은 어디서 살고 있으며, 누구와 살고 있느냐 하면서 이런 이야기를 하셨다. 왕은 성(왕궁) 같은 곳에서 살 것인데 혼자 사는 것이 아니라 왕과 신하, 백성 등 많은 사람들과 함께 더불어 살아가는 것이라 말씀하셨다.

그리고 만약 왕이 혼자 산다면 그게 어디 왕이라 볼 수 있겠느냐고?

백성도 없는 왕이 무슨 왕이고, 성에서 혼자 살고 있다면 그게 성으로서 가치가 전혀 없고 오히려 감옥이 아니겠느냐고 하셨다. 또한 하나님께서 우리를 왕으로 삼아 주실 때, 나를 포함하여 많은 사람들이 왕이 될 것이며 함께 모여서 같이 살지는 않을 것이라 하셨다. 그 이유는 왕은 왕끼리 모여 사는 것이 아니라, 한 나라를 다스리는 임금이기에 모여 산다는 것은 이치에 맞지도 않는다는 것이다. 즉 서로 나뉘어져서 한 나라를 다스리며 살아간다는 의미라는 것이다.

저 천국에서는 하나님께서 우리로 하여금 한 나라를 다스리게 할지, 몇 개의 나라를 다스리게 할지 모르지만, 하나님은 우리에게 나라를 다스리는 왕으로 만들어주신다는 말씀에 나는 고개를 끄덕일 수밖에 없었다.

6) 천국의 집은 다양하다?

예수님은 요한복음 14:1~3에서 하나님의 집에는 거할 곳이 많다고[7] 하시면서 우리를 위하여 처소, 집을 마련하신다고 말씀하고 있다. 즉 예수님이 계신 천국에는 우리를 위한 집이 있다는 이야기인데, 성경에는 집 종류에 대해 말씀하고 있지는 않지만, 우리를 왕 노릇하게 하신다고 하셨기에 그에 합당하게 살 만한 성 같은 곳이 있을 것이다. 즉 성(왕궁)도 있고 집도 있기에 우리가 거할 장소인 처소(집)는 다양하게 있다는 논리가 성립된다.

7) 천국에도 계급이 있다?

너희는 왕 같은 제사장이고(벧전 2:9)[8], 왕 노릇 한다(계 20:6)[9] 하셨고, 위에서 이야기 한 것처럼 왕은 혼자 사는 것이 아니라 조력자, 섬기는 자, 백성들과 함께 살고 있기에 왕이라는 그 자체가 계급인 것이다. 따라서 예수님 계신 곳인 천국에는 계급이 있다고 봐야 한다. 고린도전서 15:40~42에서 하늘에 속한 자의 영광이 따로 있다고 말씀하시면서 '해의 영광이 다르고, 달의 영광이 다르고, 별의 영광도 다르고, 별과 별사이에 영광도 다르다'고 말씀[10]하고 있다. 즉 부활한 사람들의 받는 영광이 다르다는 것인데 어떤 이는 해처럼, 달처럼, 별처럼 받는 영광을 받게 된다는 것이다.

이는 고린도전서 3장 12~15절에서 '부끄러운 구원을 받는 이들도 있다'[11]는 말씀으로

---

7 너희는 마음에 근심하지 말라 하나님을 믿으니 또 나를 믿으라 내 아버지 집에 거할 곳이 많도다 그렇지 않으면 너희에게 일렀으리라 내가 너희를 위하여 처소를 예비하러 가노니 가서 너희를 위하여 처소를 예비하면 내가 다시 와서 너희를 내게로 영접하여 나 있는 곳에 너희도 있게 하리라(요 14:1~3)

8 오직 너희는 택하신 족속이요 왕 같은 제사장들이요 거룩한 나라요 그의 소유된 백성이니 이는 너희를 어두운 데서 불러 내어 그의 기이한 빛에 들어가게 하신 자의 아름다운 덕을 선전하게 하려 하심이라(벧전 2:9)

9 이 첫째 부활에 참예하는 자들은 복이 있고 거룩하도다 둘째 사망이 그들을 다스리는 권세가 없고 도리어 그들이 하나님과 그리스도의 제사장이 되어 천년 동안 그리스도로 더불어 왕노릇 하리라(계 20:6)

10 하늘에 속한 형체도 있고 땅에 속한 형체도 있으나 하늘에 속한 자의 영광이 따로 있고 땅에 속한 자의 영광이 따로 있으니 해의 영광도 다르며 달의 영광도 다르며 별의 영광도 다른데 별과 별의 영광이 다르도다. 죽은 자의 부활도 이와 같으니(고전 15:40~42)

11 만일 누구든지 금이나 은이나 보석이나 나무나 풀이나 짚으로 이 터 위에 세우면 .각각 공력이 나타날 터인데 그 날이 공력을 밝히리니 이는 불로 나타내고 그 불이 각 사람의 공력이 어떠한 것을 시험할 것임이니라 만일 누구든지 그 위에 세운 공력이 그대로 있으면 상을 받고 누구든지 공력이 불타면 해를 받으리니 그러나 자기는 구원을 얻되 불 가운데서 얻은 것 같으리라(고전 3:12~15)

도 확인이 될 것 같은데, 하나님과 동행하여 천국으로 들려 올려간 에녹이 받을 영광과 부끄러운 구원받는 이가 받는 영광이 '똑같지 않다'라고 말씀하고 있는 것이다. 이렇듯 천국에서는 사람이 받는 영광이 다르기에 천국에서는 왕 노릇 하는 신분을 하나님으로부터 받는 사람이 있다는 것이다.

3. 새 예루살렘 성과 에덴동산 비교

새 예루살렘 성과 에덴동산은 다를 거라고 생각하지만, 결론부터 말하자면 에덴동산은 새 예루살렘 성의 작은 모형(예표)이라 말할 수 있다. 새 예루살렘 성에 생명수의 강, 생명나무, 금과 보석 등이 있는 것처럼 하나님이 아담을 위해 만드셨던 에덴동산에도 동일하게도 그와 같은 것들이 존재했음을 알 수 있다. 그리고 생명나무가 에덴동산 가운데 있었던 것처럼 새 예루살렘 성에 있는 생명나무의 위치 또한 가운데 있는 것을 볼 수 있다. 즉 아래의 표와 같이 새 예루살렘 성과 에덴동산은 너무나 비슷하다는 것이다.

따라서 에덴동산은 새 예루살렘 성과 서로 비슷한 공통점이 많은 정황들로 보아 작은 모형이라 말했던 것이 이상하지 않다는 것이다. 또한 비슷한 것들을 성경 속에서 더 찾을 수 있는데, 광야에서 지었던 장막에 대해서 모세는 시내산에서 본 그대로 장막을 지었다라고 말했으며(출 25:9), 이에 히브리서 기자는 하늘의 모형과 그림자라고 말했던 것이다(히 8:5).

또한 에스겔 선지자도 이상 중에 보았던 하늘의 성전 모양이 새 예루살렘 성전과 비슷하게 네모반듯한 모습을 보이고 있다(겔 40:47) 그리고 이스라엘 백성이 실제로 살았던 예루살렘의 옛 도시 모양도 정사각형[12]의 모양을 가지고 있다. 물론 크기에는 차이가 있지만 사각형이라는 공통점을 찾을 수 있다.

---

12 예루살렘의 옛 도시: 예루살렘의 옛 시가지는 총면적이 $1km^2$에 불과한 지역으로, 한 변의 길이가 1km쯤 되는 성벽으로 둘러싸여 있다. 이 좁은 지역을 두부 자르듯 네 구역으로 나눠 유대인, 아르메니아인, 무슬림, 기독교인이 거주하고 있다. 그리고, 옛 시가지를 둘러싼 예루살렘 성벽은 전체 길이가 약 4km로 살짝 어긋난 정사각형 형태이다(두산백과 출처)

공통점		비교
강 (생명수)	요한 계시록	22:1 ; 생명수의 강이 하나님과 어린양으로부터 나와서 길 가운데 흐름
	창세기	2:10 ; 강이 에덴에서 발원하여 동산을 적시고 갈라져 네 근원이 되었음
	에스겔	47:1 ; 성전에서 발원한 강이 동쪽 문지방 밑으로 물이 나옴
생명나무 (가운데)	요한 계시록	2:7 ; 내가 하나님의 낙원에 있는 생명나무의 과실을 주어 먹게 하리라 　　　(the tree of life, which is in the midst of the paradise of God) 22:2 ; 길 가운데 있는(in the midst) 강 좌우에 생명나무 있음 　　　달마다 열두 가지 열매를 맺음 　　　잎사귀가 만국을 소성(healing, 치유)
	창세기	2:9 ; 동산 가운데 생명나무 있음 (& 선악을 알게 하는 나무도 있음) 　　　(in the midst of the good for food ; the tree of life) 2:16 ; 동산 각종 나무의 실과는 네가 임의로 먹되 3:22~24 ; 생명나무를 따먹고 영생할까하여, 에덴동산에 그룹들과 화염 　　　검을 두어 생명나무의 길을 지키게 함
	에스겔	47:12 ; 강 좌우 각종 과실나무, 달마다 새 열매 맺고, 잎사귀는 약 재료
귀한 보석과 진주	요한 계시록	21:18~20 ; 성곽은 벽옥, 성은 정금, 성의 기초석은 각색 보석(12가지보석) 　　　　- 벽옥, 남보석, 옥수, 홍마노(sardonyx)....자정 21:21 ; 열두 문은 열두 진주(pearls) 21:21 ; 성의 길은 정금(the street of the city was pur gold)
	창세기	2:11~12 ; 금이 있는 하윌라 온 땅에 둘렀으며, 그 땅의 금은 정금이요 　　　　베델리엄(진주)과 호마노12도 있으며
광명	요한 계시록	21:23 ; 하나님의 영광과 어린양의 등불로 새 예루살렘 성을 밝힘 　　　(해나 달의 비췸이 쓸데없음) 22:5 ; 밤이 없음
	창세기	1:15,16 ; 두 광명(해, 달)이 땅을 비추고, 1:18,19 ; 낮과 밤이 있음
	에스겔	44:4,5 ; 여호와의 영광이 성전에 가득 참(겔 45:4)
수명	요한 계시록	- 죽음이 없는 영원한 삶
	창세기	- 아담이 에덴동산에서 쫓겨나지 않았다면, 생명나무(창 2:9 ; 3:22,24) 를 먹으며 영원히 살았을 것이다. 그러나 선악과나무를 먹으므로 죽음(창 2:17 정녕 죽으리라, thou shalt surely die)이 오게 되었다. 그럼에도 불구 하고 사람은 홍수 이전까지 약 700~1000년 정도의 삶을 살았다.

즉 위와 같이 새 예루살렘 성과 에덴동산, 에스겔 선지자가 보았던 성전, 그리고 이스라엘 백성들이 거주하였던 옛 도시를 보면 우연의 일치로 비슷한 것이 아니라 전적인 하나님의 주권 하에 만들어진 것으로 봐야 한다. 또한 모세, 에스겔, 히브리서 기자 모두 하늘에 있는 새 예루살렘 성이 진짜라고 말하고 있는 것으로 보아 이 땅에 있었던 에덴동산 및 장막은 하나의 작은 예표로서 모형에 불과하며 진짜 원형은 새 예루살렘 성을 가리키고 있는 것이다.

에덴동산은 이 땅에 아담을 위해 특별히 만들었던 동산이었고 그 동산에서 하나님은 아담과 동행하기를 원하셨는데, 인간의 타락으로 그 에덴동산은 사라지고 말았다. 인간의 타락에도 불구하고 하나님은 우리를 사랑하여 우리를 구원하고 천국에 이르도록 하기 위하여 이 땅에 예수님을 보내주셨고, 천국이 어떠한 곳인지를 여러 선지자와 제자들에게 말씀하여 주셨던 것이다.

그래서 사도 바울은 에덴동산을 사모하거나 회복하자고 한 것이 아니라 '하늘에 있는 더 나은 본향을 사모'한다고(히 11:16)[14] 하였으니 더 나은 본향은 곧 하나님과 어린양이 계신 새 예루살렘 성을 가리킨다. 그러므로 우리도 사도 바울을 따라 더 나은 본향에 들어가도록 사모하여야 할 것이다.

위와 같이 서로 비슷하다는 것을 좀 더 확대 해석해 보자면, 하늘에 있는 것(새 예루살렘 성)이 우리가 살고 있는 이 땅에도 있다면 반대로 이 땅에 있는 것 또한 하늘에 있다고 하는 것이 성립되지 않을까 한다. 성경을 통해 몇 가지 예를 들면, 엘리야가 광야에서 하늘로 올라갈 때 불 병거가 내려왔다고 하였다. 불 병거는 불로 된 마차이다.

애굽의 군대가 출애굽하는 이스라엘 백성을 쫓아 올 때 병거를 타고 쫓아왔다. 이때 애굽 군대가 타고 온 병거와 엘리야를 태우고 올라간 병거가 다를 수도 있겠지만 병거라는 점에 주목할 필요가 있다. 그리고 하늘 보좌 위에는 대접, 보좌(throne, seat), 나팔 등이 있으며, 예수님은 우리에게 아버지 집에 거할 곳이 많이 있으므로 우리들을 위해 처소(집)를 마련하겠다고(요 14:2) 하였으니 이 땅에서 보았던 집 같은 것이 천국에도 있는 것이고, 그 집에 우리가 살게 될 거라고 말씀하시는 것이다. 그리고 집에는 건물만 있는 것이 아니라

---

13 베델리엄과 호마노: bdellium(진주) and the onyx-stone(호마노)
14 저희가 이제는 더 나은 본향을 사모하니 곧 하늘에 있는 것이라 그러므로 하나님이 저희 하나님이라 일컬음 받으심을 부끄러워 아니하시고 저희를 위하여 한 성을 예비하셨느니라(히 11:16)

침대, 식탁, 의자 등 세간살이도 있어야 하기에 성경에는 글로 표현하고 있지 않지만 이 세상에 있는 것들이 천국에도 있다고 말할 수 있는 것이다.

> ⁹무릇 내가 네게 보이는 대로 장막의 식양과 그 기구의 식양을 따라 지을찌니라(출 25:9)
>
> ⁴⁷그가 또 그 뜰을 척량하니 장이 일백척이요 광이 일백척이라 네모 반듯하며 제단은 전 앞에 있더라(겔 40:47)
>
> ²이스라엘 하나님의 영광이 동편에서부터 오는데 하나님의 음성이 많은 물소리 같고 땅은 그 영광으로 인하여 빛나니 ³그 모양이 내가 본 이상 곧 전에 성읍을 멸하러 올 때에 보던 이상 같고 그발 하숫가에서 보던 이상과도 같기로 내가 곧 얼굴을 땅에 대고 엎드렸더니 ⁴여호와의 영광이 동문으로 말미암아 전으로 들어가고 ⁵성신이 나를 들어 데리고 안 뜰에 들어가시기로 내가 보니 여호와의 영광이 전에 가득하더라(겔 43:2~5)
>
> ⁵저희가 섬기는 것은 하늘에 있는 것의 모형과 그림자라 모세가 장막을 지으려 할 때에 지시하심을 얻음과 같으니 가라사대 삼가 모든 것을 산에서 네게 보이던 본을 좇아 지으라 하셨느니라(히 8:5).
>
> ²내 아버지 집에 거할 곳이 많도다 그렇지 않으면 너희에게 일렀으리라 내가 너희를 위하여 처소를 예비하러 가노니(요 14:2)

4. 요한계시록의 12지파와 구약의 12지파 비교

* 요한계시록: 유다, 르우벤, 갓, 아셀, 납달리, **므낫세**, 시므온, 레위, 잇사갈, 스블론, 요셉, 베냐민
* 구약: 르우벤, 시므온, 레위, 유다, **단**, 납달리, 갓, 아셀, 잇사갈, 스블론, 요셉, 베냐민

〈차이점〉

구약에서는 단지파가 있지만, 요한계시록에는 없다. 대신 단 지파 대신 므낫세가 등장

하는데 므낫세는 요셉의 맏아들이다. 결국 첫 열매로서 요셉과 그의 아들이 하나님의 인 치심을 받는데, 요셉지파는 두 분깃으로 인치심을 받는 셈이다.

1) 단지파가 제외된 이유

> 요한계시록에는 이스라엘 12지파를 언급하면서 단지파를 제외하고 있는데(계 7:5-8), 이런 배경에서 적그리스도가 단지파에서 나올 것이라는 주장들이 제기되고 있다(출처: 라이프성경 사전).

위 라이프성경사전에서 풀이한대로 단지파 가운데 적그리스도가 나타날 것으로 인하여 요한계시록에서의 12지파 가운데 제외된 것인지는 정확하지는 않지만 요셉의 아버지 야곱은 임종 시기가 다가올 때 자녀 한 명 한 명에 대해 기도하는 장면이 나오는데 단에 대해서 다음과 같이 기도의 내용이 나온다. 즉 "단은 이스라엘의 한 지파 같이 그 백성을 심판하리로다. 단은 길의 뱀이요 첩경의 독사로다 말굽을 물어서 그 탄 자로 뒤로 떨어지 게 하리로다"(창 49:16,17) 하였다.

즉 야곱은 아들 '단'에 대해서 '뱀'이고, '독사'라 하였으며, 말을 탄 자를 넘어뜨리기 위하여 말굽을 물어버린다고 하면서 저주의 예언을 하였던 것이다. 여기서 '뱀과 독사는 사탄'(계 12:9)[15]을 연상케 하며, '말을 탄 자는 백마를 탄 자(계 19:11~21)인 예수 그리스도'를 상징하는 것 같다. 이런 의미에서 단은 12지파에서 인치심을 받을 때 제외된 것이 아닌가 한다.

그러면, 다시 창세기로 돌아와서 야곱의 아들 요셉이 양을 치고 있는 형들을 찾으러 갔을 때 야곱의 아들들 가운데 누군가가 요셉이 오는 것을 보고 꿈꾸는 자가 오고 있으니 그를 죽여서 그 꿈이 이루어지겠는가 하였다("서로 이르되 꿈꾸는 자가 오는 도다. 자, 그를 죽여 한 구덩이에 던지고 우리가 말하기를 악한 짐승이 그를 잡아먹었다 하자 그 꿈이 어떻게 되는 것을 우리가 볼 것이니라 하는지라," 창 37:19,20) 그 이후 유다가 요셉을 노예로 팔아버리자고 제안을 하게 된다. 여기서 살펴보면 요셉을 팔아버릴 것을 제안한 사람은 유다라고 말하고

---

15 큰 용이 내어 쫓기니 옛 뱀 곧 마귀라고도 하고 사단이라고도 하는 온 천하를 꾀는 자라 땅으로 내어 쫓기니 그의 사자들도 저와 함께 내어 쫓기니라(계 12:9)

있지만 요셉을 죽이자고 말한 사람은 설명되어 있지 않다.

혹시 죽이는 자가 유다가 아닐까도 생각을 해볼 수도 있겠으나, 하나님은 유다지파 가문을 통해서 다윗과 예수그리스도가 나온 것(마 1:1~17)을 헤아려볼 때에 요셉을 죽이자고 말한 사람은 유다가 아닐 것으로 확신한다. 다시 원점으로 돌아가서 죽이자고 말한 사람은 설명되어 있지 않으나 혹시 '단'이 아닐까라고 생각을 해보면 약간의 설득력이 있어 보인다. 요셉의 아버지 야곱은 '단'에 대해서 '독사요 뱀(사탄)'이라 하였고, '말을 탄 자(예수)'를 넘어뜨린다고 하였기에, '단'이 의도하였던, 의도하지 않았던 간에 요셉을 죽여서 그 꿈이 실현되지 않도록 막으려고 했던 것이 아닐까 한다.

만약 단이 죽이자고 말했던 사람이라고 가정했을 때, 예수님의 열 두 제자 중 하나인 가룟 유다와 어찌보면 너무 흡사한 모습을 보는 것 같다. 아니 소름이 끼칠 정도로 너무나 닮았다.

가룟 유다도 예수님은 은 30냥에 팔아서 죽게 했던 것처럼, 혹시 '단'이 요셉을 죽이자고 한 것이 아닐까?

그래서 요한계시록에서 첫 열매로 인치 심을 받을 때 '단 지파'가 제외 된 것이 아닐까 추측해본다.

2) 요셉지파가 두 분깃을 받는 이유

요셉지파가 두 분깃을 받는 부분에 대해 성경에서는 이스라엘 백성이 가나안 땅에 들어가서 땅을 배분할 때에 요셉 자손(에브라임과 므낫세)이 자신들의 가족이 복을 받아 큰 민족이 되었다고 하며 한 분깃으로 안 되고 더 나누어 달라고 여호수아에게 요청한다. 여호수아는 그들에게 "너는 큰 민족이요 큰 권능이 있으니 한 분깃만 가질 것이 아니라"하며 거주민을 쫓아내어 차지하라 하였고(수 17:14~18), 에스겔 선지자는 "주 여호와가 말하노라 너희는 이 지계대로 이스라엘 십 이 지파에게 이 땅을 나누어 기업이 되게 하되 요셉에게는 두 분깃이니라(겔 47:13)"라고 말하면서 요셉지파는 두 분깃이라는 것을 뒷받침하고 있다.

순서	구약의 12지파 순서				요한계시록	
	창 29:31~30:24; 35:28	창 35:23~26	창 49:8~27 (낳은순서)	역대상 2:1~2	인 맞은 지파 (계 7:4~8)	
	낳은 순서	서열순서	유언순서	순서	순서	낳은순서
1	르우벤	레아(언니)	르우벤	르우벤	르우벤	유다	3
2	시므온	레아(언니)	시므온	시므온	시므온	르우벤	1
3	레위	레아(언니)	레위	레위	레위	갓	7
4	유다	레아(언니)	유다	유다	유다	아셀	8
5	단	빌하(라헬시녀)	잇사갈	단	잇사갈	납달리	6
6	납달리	빌하(라헬시녀)	스블론	납달리	스블론	므낫세	-
7	갓	실바(레아시녀)	요셉	갓	단	시므온	2
8	아셀	실바(레아시녀)	베냐민	아셀	요셉	레위	3
9	잇사갈	레아(언니)	단	잇사갈	베냐민	잇사갈	9
10	스블론	레아(언니)	납달리	스블론	납달리	스블론	10
11	요셉	라헬(동생)	갓	요셉	갓	요셉	11
12	베냐민	라헬(동생)	아셀	베냐민	아셀	베냐민	12
					*단지파 없음	

* 라반의 딸: 레아와 라헬이며, 레아의 시녀는 실바이고, 라헬의 시녀는 빌하이다.

레아와 라헬의 비교	
레아	라헬
라반의 첫째 딸(창 29:16)	라반의 둘째 딸(창 29:16)
시력이 좋지 않음(창 29:17)	곱고 아리따움(창 29:17)
야곱으로부터 사랑을 덜 받음(창 29:18,30)	야곱으로부터 사랑받음(창 29:18,30)
여호와를 바라본 여인(창 29:32) (르우벤을 낳고 여호와께서 나의 괴로움을 돌보셨다고 말함)	여호와를 바라보지 못한 여인(창 30:1,2) (아들을 못 가지는 원인을 마치 야곱에게 있는 것처럼 말함) 아버지의 드라빔(우상)을 훔침(창 31:19)
여섯 명의 아들을 낳음(창 35:23)	두 명의 아들을 낳음(창 35:24)
가나안 땅의 막벨라 굴에 매장(창 49:30,31.) -막벨라 굴: 야곱, 야곱의 어미 리브가도 묻힘)	베냐민을 낳고 죽으며, 에브랏 근처에서 장사 지냄(창 35:18,19)

[질문] 라헬은 왜 에브랏 곧 베들레헴 길에서 죽었을까?(창 35:19)

(배경) 성경에서 라헬과 관련 되어진 부분을 설명하자면 라헬은 남편 야곱이 장인에게서 떠나고자 할 때에 아버지(라반)가 우상으로 섬기고 있는 드라빔을 몰래 훔쳐서 가지고 나왔다(창 31:19) 그러나 남편 야곱은 이를 알지 못해 장인 라반에게 "그 신을 가지고 있는 자는 살지 못할 것이요(창 31:32)"라고 말을 하게 되었다. 그 이후 야곱은 가나안 땅의 세겜 지역에서 레아의 딸 디나가 강간을 당하자 레아의 아들 시므온과 레위는 세겜 남자를 모두 죽이는 사건이 발생하여 야곱은 가족을 이끌고 벧엘로 가서 하나님께 단을 쌓을 것이라 말한 다음 가족들에게 이방 신상들을 버리고 의복을 바꾸어 입으라 하였다(창 35:2) 그래서 야곱의 가족들은 가지고 있던 이방신을 세겜 땅에 묻고 벧엘로 가서 제사드렸다. 그러고 난 다음 벧엘을 떠나 에브랏에 도착할 즈음 에브랏 근처에서 라헬은 베냐민을 낳다가 죽게 된다. 에브랏은 베들레헴의 옛 지명인데, 라헬은 에브랏에 들어가지 못하고 죽게 된다.

(라헬이 죽은 이유) 라헬이 죽은 이유에 대해 성경은 설명하고 있지는 않다. 다만 성경에 몇 가지 단서를 토대로 그 이유를 추정하고자 한다. 물론 이 이야기는 추정에 불과하다. 첫 번째

추정은 야곱이 드라빔을 훔친 자는 살지 못할 것이라 하였기에 그 말씀이 지금 이루어진 것이다. 두 번째 추정은 베냐민을 잉태하고 있는 가운데 이동하므로 몸이 지치고 힘들어 건강이 쇠약하여 죽게 되었을 것이다. 마지막으로 "속된 것들, 더러운 것들은 하나님이 계신 진영과 새 예루살렘 성으로 못 들어가듯이[제2부 제14장 44 참조: 속된 것들이 그리로(성 안으로) 들어가지 못하되] 라헬이 드라빔을 베냐민을 낳을 때까지 소유하고 있었거나 아니면 세겜에서 디나가 부끄러움을 당한 뒤 드라빔을 세겜 땅까지 소유했던 이유로 에브랏에 들어가지 못했던 것이 아닌가 추정해본다. 어쨌든 라헬은 에브랏(베들레헴)에 입성하지 못하고 죽었으며, 야곱이 사랑했던 여인이었지만 야곱과 함께 묻히지 못하고 그의 언니 레아가 야곱과 함께 막벨라 굴에 묻히게 되었다.

[벧엘과 베들레헴 비교(출처: 라이프성경사전)]

구분	벧엘 [Bethel]	베들레헴 [Bethlehem]
뜻	하나님의 집	떡(빵) 집'(house of bread)
옛지명	'루스'로 알려졌던 성읍(창 28:19)	옛 지명은 '에브랏'(창 48:7)
위치	• 예루살렘 북쪽 세겜 방향으로 약 19㎞ • 아이 성의 서쪽 약 3㎞ 지점	예루살렘에서 남서쪽 약 8㎞ 지점
기타	아브라함 이후(창 12:8) 구약 족장들이 일찍부터 제단을 쌓고 하나님을 경배했던 곳이다. 특히 야곱이 형 에서를 피해 하란으로 도망가던 길에 꿈을 통해 하나님의 역사를 본 후 '하나님의 집'이라는 뜻의 '벧엘'이라 함(창 28:19)	예수 그리스도의 고향이기도 했다 (마 2:1; 눅 2:15~18) 토지가 비옥하여 서남쪽 약 3㎞ 지점에는 감람, 포도, 무화과 등의 과수원이 펼쳐져 있다

5. 셀 수 없는 명사를 복수로 사용한 의미

1) 셀 수 없는 명사

우리가 시장에 가서 물건을 살 때에 이거주세요, 저거주세요 하는데, 이거, 저거가 한 개인지, 두 개인지 명확하게 표현하지 않는 말을 사용해서 몇 번에 걸쳐 주인과 사야할 수량에 대해서 이야기 하는 것을 보게 된다. 그리고 셀 수 있는 물건 가운데서도 복수를 잘 이야기 안하듯이 셀 수 없는 명사에 대해서 복수를 사용하기는 더 어려울 것으로 보인다. 그런데 이 셀 수 없는 명사에 대해서 요한계시록을 읽다보면 복수로 사용되는 부분들이 있다.

예를 들어, 번개, 천둥, 음성, 하늘이 대표적인 단어들이다. 이 단어들은 우리나라 말로는 절대로 복수로 사용하지 않는 단어들이기도 하다. 그런데 영어성경(KJV)으로 보면 복수명사(lightnings, thunderings, voices, heavens)로 되어 있는 것이 특징이다. 영어는 단수와 복수의 개념이 우리나라와 달리 정확하게 표현하는 특징을 가지고 있는데, 그런 특징으로 본다면, 셀 수 없는 명사에 대해서 복수로 표현했다고 하는 것은 의미가 있다고 보여진다.

이에 대해 잠깐 영어에 대한 간략한 이해를 돕고자 인테넷에 올라온 정보를 아래와 같이 옮겨 보았다. 아래 자료를 읽어보면 셀 수 없는 명사도 보통명사화 하여 셀 수 있는 것으로 표현을 한다고 하였다.

[셀 수 없는 명사의 보통명사화] – 네이버에 등록된 글 참조 ferrion 2005.03.01. 15:45.
"물질명사"는 셀 수 없는 명사이므로 부정관사 "a(n)"이 붙이지도 않고, "복수명사"로 만들지도 않는 것이 원칙이다. 그런데 "물질명사"에 부정관사를 붙이거나 복수명사를 만들 수 있는 경우가 있는데 이때를 "물질명사"의 "보통명사화"라고 한다.

물질명사의 보통명사화란 "물질명사"의 뜻이 변하여 그 물질의 "종류", 그 물질로 만든 "제품", 그 물질로 된 개별적인 "개체", 또는 "구체적인 사건" 등을 나타내는 경우에는 보통명사가 되어 셀 수 있는 명사가 된다는 의미이다.

이때는 물질명사 앞에 부정관사 "a(n)"이 붙을 수 있고 "복수명사"로 만들 수도 있다. 그런데 물질명사가 제품을 나타낼 때 물질명사가 반드시 복수명사로 바꿔야 하는 경우가 종종 있다. "glass"가 제품을 나타낼 때 "잔"을 의미하는 "a glass"가 될 때도 있지만 "안경"을 의미하는 "glasses"로도 된다. 또한 "silk"는 "silks"로 되면 "비단옷"이라는 의미가 된다. 또한 천을 의미하는 "공단"의 뜻을 가진 "satin"은 "satins"라고 쓸 경우에 공단으로 만든 "새틴옷"이 된다. "털"을 의미하는 "fur"가 "furs"라고 쓸 경우에는 "모피제품"을 나타낸다.

Glass is apt to break. 유리는 깨지기 쉽다. 〈☞Glass →물질명사〉
He has a glass in his hand. 그는 손에 유리잔을 가지고 있다. 〈☞a glass →제품(보통명사화)〉

Our cat has very soft fur. 우리 고양이는 아주 부드러운 털을 가지고 있다. 〈☞fur →물질명사〉
He pulls out her furs in his trunk. 그는 트렁크 안에서 그녀의 털가죽 옷을 꺼낸다. 〈☞furs →제품(보통명사화)〉

The rock contains a high percentage of iron. 그 광석은 철의 함유량이 높다. 〈☞iron →물질명사〉
Smooth cloth with an iron. 다리미로 천을 펴라. 〈☞an iron →제품(보통명사화)〉

The sun gives us light. 태양은 우리에게 빛을 준다. 〈☞light →물질명사〉
May I trouble you for a light? 담뱃불 좀 빌릴까요? 〈☞a light →개체(보통명사화)〉

I drank coffee to wake myself up. 잠이 깨어 정신이 맑아지도록 나는 커피를 마셨다. 〈☞coffee →물질명사〉
He sell various coffees at the shop. 그는 그 가게에서 다양한 종류의 커피를 판다. 〈☞coffees →종류(보통명사화)〉

Fire burns wood. 불은 나무를 태운다. 〈☞Fire →물질명사〉
There was a fire last night. 지난밤 화재가 있었다. 〈☞a fire →사건 현상(보통명사화)〉

2) 번개, 천둥, 소리

셀 수 없는 명사인 번개, 천둥, 소리이지만 이를 한 번만 발생한 것이 아니라 여러 차례가 발생하는 것을 알려주기 위해 복수(s)를 붙여서 보통명사화하여 계량화 한 것으로 보인다. 비록 셀 수 없는 명사를 사용해도 의미 전달은 충분히 하였을 것 같지만 하나님은 세밀한 하나님이시기에 그에 대해 자세히 기록되어지도록 셀 수 없는 명사이지만 복수명사로 사용한 것이 분명하다.

계	⁵보좌로부터 번개와 음성과 뇌성(lightnings and thunderings and voices)이 나고 보좌 앞에 일곱 등불 켠 것이 있으니 이는 하나님의 일곱 영이라(계 4:5)
비교	¹⁶제 삼일 아침에 우뢰와 번개(thunders and lightnings)와 빽빽한 구름이 산 위에 있고 나팔 소리가 심히 크니 진중 모든 백성이 다 떨더라(출 19:16) ¹⁸뭇 백성이 우뢰와 번개와 나팔소리와 산의 연기를 본지라 그들이 볼 때에 떨며 멀리 서서(all the people saw the thunderings, and the lightnings, and the noise of the trumpet, and the mountain smoking)(출 20:18)

[묵상: 백성들이 우레와 번개 앞에 떨었던 이유는 무엇일까?(출 19:16)]

출애굽 한 이스라엘 백성이 시내산에 있을 때 우뢰와 번개와 구름이 있고, 나팔 소리가 심히 커서 이스라엘 백성이 떨었다고 하였던 것처럼 하나님 보좌에도 시내산에 있었던 우뢰, 번개, 음성들이 있다.

그러면 왜 이스라엘 백성들이 떨었을까 궁금하다. 이에 대해 두 가지를 들어서 설명할 수 있을 것 같다.

첫째, 우리나라에서도 비가 올 때면 천둥과 번개를 동반하는 경우가 있는데 이때 굉장히 무섭고 두려운 마음이 든다. 그런데 이런 소리를 더 가까이에서 들은 적이 있었는데 말레이시아에서 1년간 거주하면서 자주 접하는 부분이었다. 하루에 한 번쯤은 비가 오는 경우가 많았는데, 한번 비가 쏟아질 때는 무섭도록 쏟아지면서 천둥과 번개를 동반할 때가 있다. 이때 천둥이 들리는 소리는 우리나라에서 듣는 것에 거짓말을 보태면 거의 10배 이상 큰 것 같고 천둥이 정말 가까운 곳에서 치는 것처럼 느껴진다. 그래서 천둥이 치면 창문이 흔들릴 정도이니 그 소리가 두렵게 느껴졌다. 이처럼 시내산에서 천둥이 쳤을 때 이스라엘 백성은 그곳과 아주 가까이 있었기에 두려워 떨었던 것이 아니었을까 라고 생각한다.

둘째, 이스라엘 백성이 있는 곳이 시내산이기도 하지만 광야라는 곳이다. 광야는 물이 없어서 여러 차례 하나님과 모세를 원망했던 지역의 특징을 가지고 있는 곳으로 그만큼 비가 잘 오지도 않았던 곳이라는 것이다. 그렇기에 시내산에서 번개, 구름, 천둥소리가 날 때에 비가 왔는지 안 왔는지 알 순 없으나 백성들이 떨었던 이유가 일반적으로 경험했던 즉 비가 오면서 천둥치는 것이 아니라, 마치 모세가 불에 타고 있는 떨기나무가 타지 않는 모습을 본 것처럼 일반적으로 사람들이 경험해 보지 못한 현상으로 비가 오지 않는 상황에서 천둥과 번개가 친 것이 아닌가 하는 생각도 든다. 그래서 이스라엘 백성들이 마른하늘에 날벼락 치듯이 천둥이 울리게 되니 무서워서 떨었던 이유가 아닐까 하는 생각도 든다. 일반적인 자연현상으로 설명할 수 없는 일들이 벌어진 것 같이 마른 하늘에 천둥과 번개소리가 동반하지 않았을까 한다.

결론적으로 이스라엘 백성들이 떨었던 이유가 첫 번째인지, 두 번째인지, 아니면 둘 모두 인지 알 순 없으나 하나님의 위엄 앞에 우리는 보잘 것 없는 그런 나약하고 미약한 존재라는 것이 느껴진다.

⁵보좌로부터 번개와 음성과 뇌성(lightnings and thunderings and voices)이 나고 보좌 앞에 일곱 등불 켠 것이 있으니 이는 하나님의 일곱 영이라(계 4:5)

비교
¹⁶제 삼일 아침에 우뢰와 번개(thunders and lightnings)와 빽빽한 구름이 산 위에 있고 나팔 소리가 심히 크니 진중 모든 백성이 다 떨더라(출 19:16)

¹⁸뭇 백성이 우뢰와 번개와 나팔소리와 산의 연기를 본지라 그들이 볼 때에 떨며 멀리 서서(all the people saw the thunderings, and the lightnings, and the noise of the trumpet, and the mountain smoking)(출 20:18)

3) 하늘

위에서 셀 수 없는 명사와 번개, 천둥, 소리에 대해 이야기 하였는데 하늘에 대해서도 성경을 읽다 보면 단수와 복수로 설명하고 있다는 것이다. 우리가 알고 있는 세상의 가치관으로는 도저히 이해가 되지 않는 부분이다. 그러나 '한국컴퓨터선교회'에서는 하늘을 히브리어는 '샤마임'이고 헬라어는 '우라노스'라 하면서 복수형이라고 확인 해주고 있다.

사도 바울도 하늘이 하나가 아닌 복수라고 말씀하고 있는데, 고린도교회에 보내는 편지 속에 '셋째 하늘'(고후 12:1~5)에 올라간 사람에 대해 이야기 하고 있다. 즉 하늘이 하나가 아니라는 것이 성경에서도 확인되는 셈이다. 우리는 흔히 하늘이 하나라고, 우리가 보고 있는 것이 전부라고 생각을 하지만, 성경은 하나가 아닌 여러 개의 하늘로 구성되어 있고, 진짜 하늘을 바라봐야 한다고 알려주기 위해 복수로 쓰인 듯하다.

[하늘 heaven]

우주의 중요한 구성요소로, 하나님께서 해, 달, 별 등을 만들어 두신 곳이다(창 1:1,14-18). 또한 하나님이 거하시는 곳으로(왕상 8:30; 시 2:4), 하나님은 그곳에서 땅을 살펴보고 계시며(시 102:19), 예수님께서 승천해 계신 곳이기도 하다(눅 24:51; 히 9:24). 하늘로 번역된 대표적인 히브리어는 '샤마임'(shamayim)은 '높다'에서 유래한 말로 아주 높이 그리고 끊임없이 펼쳐져 있는 대기권 전체를 가리킨다(욥 26장, 히브리인들의 궁창 개념). 신약의 헬라어는 '우라노스'(ouranos)로, 복수형으로 쓰이는 것이 보통이어서 여러 개의 하늘이 있었다고 보았던 것 같다〈출처: 한국컴퓨터선교회-KCM사전〉.

계	¹¹하늘(heaven)로부터 큰 음성이 있어 이리로 올라오라 함을 저희가 듣고 구름을 타고 하늘로 올라가니 저희 원수들도 구경하더라(계 11:11) ¹²그러므로 하늘(heavens)과 그 가운데 거하는 자들은 즐거워하라 그러나 땅과 바다는 화 있을찐저 이는 마귀가 자기의 때가 얼마 못된 줄을 알므로 크게 분내어 너희에게 내려 갔음이라 하더라(계 12:12)
비교	¹무익하나마 내가 부득불 자랑하노니 주의 환상과 계시를 말하리라 ²내가 그리스도 안에 있는 한 사람을 아노니 십 사년 전에 그가 세 째 하늘(such an one caught up to the third heaven)에 이끌려 간 자라 (그가 몸 안에 있었는지 몸 밖에 있었는지 나는 모르거니와 하나님은 아시느니라) ³내가 이런 사람을 아노니 (그가 몸 안에 있었는지 몸 밖에 있었는지 나는 모르거니와 하나님은 아시느니라) ⁴그가 낙원으로 이끌려가서 말할 수 없는 말을 들었으니 사람이 가히 이르지 못할 말이로다 ⁵내가 이런 사람을 위하여 자랑하겠으나 나를 위하여는 약한 것들 외에 자랑치 아니하리라(고후 12:1~5)

4) 왕들, 제사장들, 사망과 음부의 열쇠들

성경에서 왕, 제사장, 열쇠에 대해 비록 단수로 표현하고 있는 듯하지만 위에서(1,2) 이야기 한 것과 같은 의미로 성경은 복수의 의미로 하나가 아닌 두 개 이상의 복수로 보는 것이 맞다고 말하고 있다. 하나님은 우리를 한 사람만 왕으로 제사장으로 삼고자 하는 것이 아니라 여러 사람을 세워 왕들로, 제사장들로 삼으시는 것이다. 이를 나에게 적용하면 구약과 우리가 살고 있는 이 시대는 신분과 출생에 따라 왕과 제사장이 나눠지지만 하나님의 때에는 우리 각자도 왕이 될 수도 있고, 제사장이 될 수 있는 특권을 누릴 수 있다는 것이다. 그러기 위해서는 하나님의 말씀을 듣고, 읽고, 지키는 자인 이기는 자가 되어야 한다(계 2:26).[16]

또한 지옥과 사망의 열쇠에 대해서도 복수로 사용하고 있는데, 이곳도 위와 같은 의미로 보면 지옥과 사망은 하나가 아니라 여러 개가 있는 것이다. 그러므로 지옥이라는 곳은 다양한 형태의 지옥이 있다라고 말할 수 있을 것이다.

계	[6]그 아버지 하나님을 위하여 우리를 나라와 제사장으로 삼으신 그에게 영광과 능력이 세세토록 있기를 원하노라 아멘(And hath made us kings and priests unto God and his Father; to him be glory and dominion for ever and ever. Amen)(계 1:6) [18]곧 산 자라 내가 전에 죽었었노라 볼찌어다 이제 세세토록 살아 있어 사망과 음부의 열쇠를 가졌노니(I am he that liveth, and was dead; and, behold, I am alive for evermore, Amen; and have the keys of hell and of death)(계 1:18)

6. 천국은 어떤 곳인가?

1) 성경에서 천국이라는 단어가 사용된 곳은?

성경에서는 천국이라는 단어를 직접적으로 사용한 곳은 마태복음과 디모데후서(4:18)[17] 뿐이다. 마가복음과 누가복음에서는 '천국'을 '하나님의 나라'로, 요한복음에서는 '영생'이란 단어로 말씀하고 있으며, 예수님이 십자가에 돌아가실 때 함께 못 박힌 강도에게는 '낙원'(눅 23:43)이라고 표현을 하고 있다. 이처럼 천국이라는 단어는 성경에서는 제한적으로 표현하고 있지만, 천국은 하나님의 나라이고 영생이 있는 곳이며 낙원인 것이다. 그리고 한 가지 주목할 부분은 마태복음에서는 천국을 전파하실 때 마가복음과 누가복음에는 없는 '비유'라는 표현으로 어떻게 사람이 천국에 갈 수 있는지에 대해서 말씀하셨다.

16　이기는 자와 끝까지 내 일을 지키는 그에게 만국을 다스리는 권세를 주리니(계 2:26)
17　주께서 나를 모든 악한 일에서 건져내시고 또 그의 천국에 들어가도록 구원하시리니 그에게 영광이 세세 무궁토록 있을찌어다 아멘(딤후 4:18)

2) 천국은 어디에 있는가?

(1) 천국은 하늘에 있다(하늘천국, 셋째하늘)

위에서 말한 것처럼 천국은 하나님의 나라인데, 한자로 천국을 표현하면 하늘 천(天), 나라 국(國)으로 쓰고 있고, 영어로는 Heaven으로 이 단어의 의미는 하늘에 있는 천국을 의미하고 있다. 사전적 의미로는 천국의 위치는 우리 인간이 현재 발로 밟고 살아가고 있는 이 땅이 아니고 하늘에 있는 나라로 표현하고 있다.

성경에서도 사전적 의미와 별반 다르지 않게 같은 맥락으로 쓰여있는 것을 발견하게 된다. 그리스도인들은 누구든지 닮고 싶어 하고 가장 본이 되는 인물 중 한 분이 에녹이 아닌가 하는데, 하나님과 동행했던 에녹은 "하나님이 그를 데려가시므로 세상에 있지 않다"(창 5:24)고 하면서 에녹을 데리고 간 그 곳이 우리가 살고 있는 이 땅을 의미하지 않는다. 그리고 엘리야도 불 병거를 타고 하늘로 올라갔다 하였고, 사도 바울은 '셋째 하늘(고후 12:1~5[18])'에 올라간 사람에 대해 이야기하였으며, 또한 하늘에 있는 더 나은 본향을 사모한다고 하였다(히 11:16).

그리고 요한계시록에 나오는 두 증인도 부활하여 구름을 타고 하늘로 올라간다 하였으며(계 12:12),[19] 예수님도 동일하게 부활하신 이후 하늘로 승천하셨다(행 1:9).[20] 그리고 우리도 마지막 때에는 하늘로 들려 올라간다(살전 4:17)[21]라고 말씀을 하고 있기에, 천국은 우리가 살고 있는 이 땅이 아니라는 것은 분명하며, 천국은 하늘에 있는데 사도 바울이 말한 셋째 하늘이 아닐까 한다.

그런데 성경에서는 하늘과 땅이 없어질 것이라 말씀하시며 하늘이 두루마리가 말리듯

---

18 무익하나마 내가 부득불 자랑하노니 주의 환상과 계시를 말하리라 내가 그리스도 안에 있는 한 사람을 아노니 십 사년 전에 그가 세째 하늘에 이끌려 간 자라 (그가 몸 안에 있었는지 몸 밖에 있었는지 나는 모르거니와 하나님은 아시느니라) 내가 이런 사람을 아노니 (그가 몸 안에 있었는지 몸 밖에 있었는지 나는 모르거니와 하나님은 아시느니라) 그가 낙원으로 이끌려가서 말할 수 없는 말을 들었으니 사람이 가히 이르지 못할 말이로다 내가 이런 사람을 위하여 자랑하겠으나 나를 위하여는 약한 것들 외에 자랑치 아니하리라 (고후 12:1~5)

19 그러므로 하늘과 그 가운데 거하는 자들은 즐거워하라 그러나 땅과 바다는 화 있을찐저 이는 마귀가 자기의 때가 얼마 못된 줄을 알므로 크게 분내어 너희에게 내려 갔음이라 하더라(계 12:12)

20 이 말씀을 마치시고 저희 보는데서 올리워 가시니 구름이 저를 가리워 보이지 않게 하더라(행 1:9)

21 그 후에 우리 살아 남은 자도 저희와 함께 구름 속으로 끌어 올려 공중에서 주를 영접하게 하시리니 그리하여 우리가 항상 주와 함께 있으리라(살전 4:17)

사라질 것(계 6:14; 21:1)이라 하고 있기에, 우리가 살고 있는 이 땅의 모습이 마치 바뀌는 것처럼 표현을 하고 있다. 사도 요한은 요한계시록 21장에서 '새 하늘과 새 땅'을 보고 있을 때 거룩한 성인 새 예루살렘 성이 하나님께로부터 하늘에서 내려온다고 하고 있으므로 이 말씀을 보면 '새 예루살렘 성'이 마치 우리가 살고 있는 이 땅에 내려오는 것처럼 생각을 불러일으킨다. 하지만 사도 요한 자신이 그동안 보아왔던 처음 하늘과 처음 땅이 없어졌고, 바다도 있지 않더라 말씀하시면서 새 예루살렘 성이 내려오는 곳을 보고 있을 때(계 21:1~2) 그 자신이 서 있던 곳이 분명하지 않음을 볼 수 있다.

결국 천국은 위에서 언급한 후자와 같이 우리가 살고 있는 이 땅이 갑자기 바뀌어 천국의 모습으로 바뀔 수도 있겠다는 가정보다는 우리가 육적인 눈을 통해서는 보이진 않지만 사도 바울이 말한 셋째 하늘, 바로 그 곳에 천국이 있다고 보는 것이 타당하다고 본다.

> ¹⁶저희가 이제는 더 나은 본향을 사모하니 곧 하늘에 있는 것이라 그러므로 하나님이 저희 하나님이라 일컬음 받으심을 부끄러워 아니하시고 저희를 위하여 한 성을 예비하셨느니라(히 11:16)
>
> ¹⁴하늘은 종이 축이 말리는 것같이 떠나가고 각 산과 섬이 제 자리에서 옮기우매 ¹⁵땅의 임금들과 왕족들과 장군들과 부자들과 강한 자들과 각 종과 자주자가 굴과 산 바위틈에 숨어 ¹⁶산과 바위에게 이르되 우리 위에 떨어져 보좌에 앉으신 이의 낯에서와 어린양의 진노에서 우리를 가리우라 ¹⁷그들의 진노의 큰 날이 이르렀으니 누가 능히 서리요 하더라(계 6:14~17)
>
> ¹또 내가 새 하늘과 새 땅을 보니 처음 하늘과 처음 땅이 없어졌고 바다도 다시 있지 않더라 ²또 내가 보매 거룩한 성 새 예루살렘이 하나님께로부터 하늘에서 내려오니 그 예비한 것이 신부가 남편을 위하여 단장한 것 같더라(계 21:1~2)

(2) 천국은 우리 마음에 있다(심령, 천국)

실제적 천국은 하늘에도 있지만 우리 마음에도 천국이 있다고 예수님이 알려주셨다. 예수님은 '하나님의 나라는 볼 수 있게 임하는 것이 아니요 너희 안에 있다'고 하였고(눅 17:21), 산상수훈에서도 '심령이 가난한 자 복이 있나니 천국이 저희 것임이요'라 하셨고(산상수훈, 마 5:3~10), '너희가 하나님의 성전인 것과 하나님의 성령이 너희 안에 거한다'

하였으며(고전 3:16),²² '누구든지 내 음성을 듣고 문을 열면 내가 그에게로 들어가 그와 함께 더불어 먹고 살겠다'(계 3:20)²³ 하셨다. 이와 같이 예수님도, 사도 바울도, 사도 요한도 우리 안, 우리의 마음, 우리의 심령 안에 천국이 있다고 알려 주고 있다.

그래서 우리가 이 땅에 삶을 살아가면서도 천국의 삶을 맛²⁴보며 살 수 있게 되는 것이고, 그 맛을 경험하면 경험할수록 천국의 삶을 더 사모하게 되는 것이다. 그래서 예수님이 계신 그 곳이 천국이요, 내 주 예수 모신 곳이 그 어디나 하늘 나라요, 주 예수와 동행하는 곳 그 어디나 하늘나라라고 우리가 부르는 찬송가(통일찬송가 495장)의 가사처럼 우리 마음, 심령에 천국이 있다.

> ²⁰바리새인들이 하나님의 나라가 어느 때에 임하나이까 묻거늘 예수께서 대답하여 가라사대 하나님의 나라는 볼 수 있게 임하는 것이 아니요 ²¹또 여기 있다 저기 있다고도 못하리니 하나님의 나라는 너희 안에 있느니라(눅 17:20~21)
>
> ³심령이 가난한 자는 복이 있나니 천국이 저희 것임이요 ⁴애통하는 자는 복이 있나니 저희가 위로를 받을 것임이요 ⁵온유한 자는 복이 있나니 저희가 땅을 기업으로 받을 것임이요 ⁶의에 주리고 목마른 자는 복이 있나니 저희가 배부를 것임이요 ⁷긍휼히 여기는 자는 복이 있나니 저희가 긍휼히 여김을 받을 것임이요 ⁸마음이 청결한 자는 복이 있나니 저희가 하나님을 볼 것임이요 ⁹화평케 하는 자는 복이 있나니 저희가 하나님의 아들이라 일컬음을 받을 것임이요 ¹⁰의를 위하여 핍박을 받은 자는 복이 있나니 천국이 저희 것임이라(마 5:3~10)

(3) 천국은 북방 하늘에 있다(하늘 천국, 셋째 하늘)

천국(새 예루살렘 성)은 위에서 언급한 것처럼 셋째 하늘과 우리의 심령 하늘에 있다고 이야기 하였는데, 실제의 천국(새 예루살렘 성)의 위치는 성경에서 북편 하늘(욥 26:7), 북방(욥 37:2; 시 48:2), 북향(겔 9:2), 북극 집회(사 14:13)에 있다고 알려주고 있다. 따라서 천국은 우리가 살고 있는 지구를 넘어 북쪽 위, 셋째 하늘에 천국(새 예루살렘 성)이 있는 것이다.

---

22 너희가 하나님의 성전인 것과 하나님의 성령이 너희 안에 거하시는 것을 알지 못하느뇨(고전 3:16)
23 볼찌어다 내가 문밖에 서서 두드리노니 누구든지 내 음성을 듣고 문을 열면 내가 그에게로 들어가 그로 더불어 먹고 그는 나로 더불어 먹으리라(계 3:20)
24 맛: 너희는 여호와의 선하심을 맛보아 알찌어다 그에게 피하는 자는 복이 있도다(시 34:8)

> ⁷그는 북편 하늘을 허공에 펴시며 땅을 공간에 다시며(욥 26:7)
>
> ²북방에서는 금빛이 나오나니 하나님께는 두려운 위엄이 있느니라(욥 37:2)
>
> ¹여호와는 광대하시니 우리 하나님의 성, 거룩한 산에서 극진히 찬송하리로다 ²터가 높고 아름다워 온 세계가 즐거워함이여 큰 왕의 성 곧 북방에 있는 시온산이 그러하도다 (시 48:1~2)
>
> ²내가 본즉 여섯 사람이 북향한 윗 문 길로 좇아오는데 각 사람의 손에 살륙하는 기계를 잡았고 그 중에 한 사람은 가는 베옷을 입고 허리에 서기관의 먹 그릇을 찼더라 그들이 들어 와서 놋 제단 곁에 서더라 ³그룹에 머물러 있던 이스라엘 하나님의 영광이 올라 성전 문지방에 이르더니 여호와께서 그 가는 베옷을 입고 서기관의 먹 그릇을 찬 사람을 불러 ⁴이르시되 너는 예루살렘 성읍 중에 순행하여 그 가운데서 행하는 모든 가증한 일로 인하여 탄식하며 우는 자의 이마에 표하라 하시고(겔 9:2~4)
>
> ¹²너 아침의 아들 계명성(Lucifer)²⁵이여 어찌 그리 하늘에서 떨어졌으며 너 열국을 엎은 자여 어찌 그리 땅에 찍혔는고 ¹³네가 네 마음에 이르기를 내가 하늘에 올라 하나님의 뭇별 위에 나의 보좌를 높이리라 내가 북극 집회의 산 위에 좌정하리라(사 14:12~13)

3) 천국의 크기는 어느 정도인가?

천국의 크기를 말하기에 앞서 새 예루살렘 성에 대해 먼저 이야기를 하고 넘어가야 할 것 같다. 사도 요한은 요한계시록에서 새 예루살렘 성이 내려오는 모습을 보았고 그 모양이 큐빅 모양이요, 가로, 세로, 높이가 각각 12,000스다디온(1스다디온 192m × 12,000 = 약 2,300km / 지구의 둘레는 40,074km이며 반지름은 약 2만km이다)이라 하였다. 그리고 새 예루살렘 성에 대해서 어린양의 신부이고, 도성이고, 하나님과 어린양의 영광이 비추고 있고, 생명수, 생명나무가 있고, 각종 보석으로 지어져 있다라고 말씀하고 있다(계 21~22장).

이와 같이 새 예루살렘 성이 천국이라고 말하는 것에는 틀림이 없는 것 같다. 하지만 천국이 새 예루살렘 성 정도의 크기만 한 것인가 하는 데에는 의구심이 생긴다. 수학으로

---

25 계명성 : Lucifer(부록 16 참조 : 새벽별)

표현하자면 천국의 크기가 새 예루살렘 성이다(천국 = 새 예루살렘 성)라고 하거나 아니면 천국은 새 예루살렘 성보다 크다(천국 > 새 예루살렘 성)라고 하는 의구심이다.

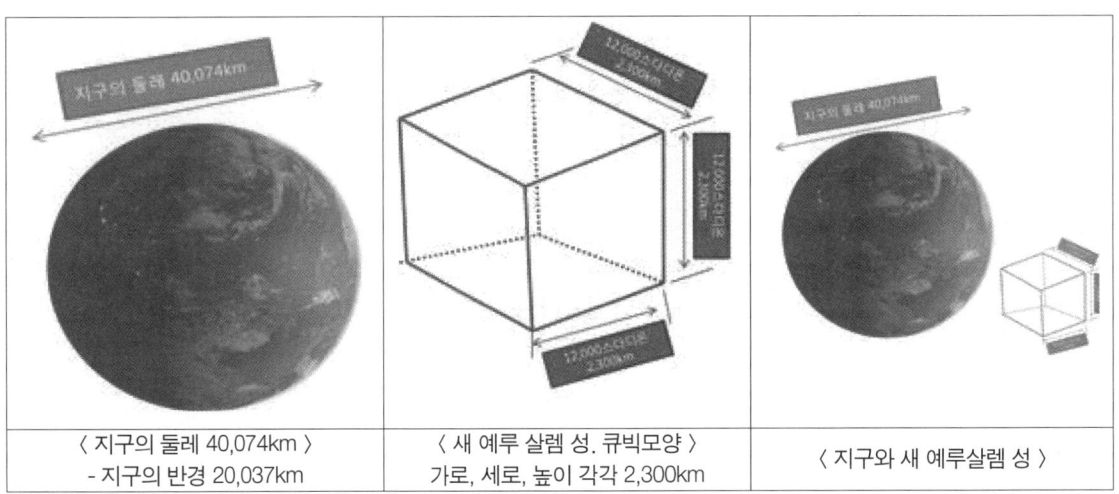

〈 지구의 둘레 40,074km 〉
- 지구의 반경 20,037km

〈 새 예루살렘 성. 큐빅모양 〉
가로, 세로, 높이 각각 2,300km

〈 지구와 새 예루살렘 성 〉

이 의구심을 풀기 전에 먼저 다루어야 할 부분은 천국과 새 예루살렘 성에 쓰인 단어의 뜻을 풀어야 그 크기를 다룰 수 있을 것 같다. 위에서 천국을 하나님의 나라, 영생(heaven, the kingdom of God, eternal life)이라고 표현하여 국가, 나라, 왕권의 의미를 담고 있으며, 그 크기를 가늠할 수 없는 셀 수 없는 단어로 표시를 하고 있다는 것인데 반하여 새 예루살렘 성(New jerusalem city)은 도시(city)라고 표현함으로서, 국가 또는 나라의 수도 또는 도시의 의미를 담고 있고 셀 수 있는 단어로 표현하고 있다. 따라서 천국은 하나님의 나라이고, 새 예루살렘 성은 천국(하나님의 나라)의 수도라고 말할 수 있지 않을까 한다.

성경(창세기 1장)에 천국의 크기를 유추할 수 있는 표현들이 있는데, 하나님은 말씀으로 두 광명(해, 달)을 만드셨고, 그리고 셀 수 없는 별들을 만드셨고 그 별들을 하늘의 궁창에 두셨고, 하늘과 땅을 만드셨다고 말씀하고 있다. 이 의미 속에 이미 온 우주 만물을 창조하신 분이라는 것을 설명하고 있기 때문에 하나님은 온 우주의 기원을 알고 계시며, 나아가 그 모든 세계를 덮고 있다 라고 말할 수 있기에 하나님의 세계는 온 우주보다 더 크다 라고 말해도 틀리지는 않는다. 결국 하나님의 세계는 곧 천국으로 표현할 수 있는 것이고, 그 천국의 크기는 우리의 상상을 초월하고 있다고 봐야 한다. 그러므로 새 예루살렘 성은 city로 표현하고 있듯이 도시, 도성으로서 천국의 수도가 아닐까 한다.

4) 천국은 무엇으로 만들어졌는가?

성경에는 천국이란 표현도 많지 않고(마태복음, 디모데후서), 또한 무엇으로 만들어져 있는지 설명하고 있지 않기에 요한계시록에 나타난 부분 그것도 아주 작은 일부분만 표현되어 있는 예수님의 신부, 새 예루살렘 성을 살펴보면서, 천국이 무엇으로 만들어져 있는지 가늠해야 할 것 같다.

먼저 우리가 살고 있는 이 땅의 모습을 간략히 살펴보면 우리는 물, 흙, 나무, 꽃, 산, 바다, 강, 시멘트, 아스팔트, 건물과 빌딩을 보며 살아가고 있는데, 그 모습들 가운데 금, 진주와 같은 보석으로 지어져 있는 것이 하나도 없음을 우리는 안다. 그리고 우리가 지은 건물들 가운데 보석과 같은 광채가 나는 것이 없다는 것 또한 안다. 물론 창문이 빛을 통해 반사가 되어 눈이 부시기는 하지만 스스로 광채가 나는 것은 없다.

그런데, 요한계시록을 살펴보면 새 예루살렘 성은 그 크기가 지구의 약 1/10만한데, 그 전체가 각종 금, 진주, 보석 등으로 지어져 있다고 말씀하고 있다. 성문, 성벽, 길 등 온통 빛이 나는 정금(황금), 진주, 각종 보석으로 지어져 있다고 알려 주고 있다. 그리고 그 성에는 하나님의 영광의 빛이 비추고 있어서 해와 달과 같은 광명체가 필요 없다고 말씀하고 있다. 그 새 예루살렘 성 자체가 눈부시고, 휘황찬란할 것을 알려 주고 있는 것이다. 그래서 아마 우리가 직접 눈으로 보게 되는 날이 오면 너무 아름다워서 호흡이 멈출 듯하고, 입이 쩍 벌어지고, 정말 말로 표현할 수 없을 정도의 기쁨을 이기지 못할 정도로 놀라워 할 것이다.

그리고 우리는 이 땅에서 흙으로 된 길, 시멘트 길, 아스팔트 등의 길을 걷게 되지만, 새 예루살렘 성은 황금으로 된 길을 걷게 된다고 말씀하고 있는데 한번 상상을 해보면 놀라울 것이다. 우리는 우리가 살고 있는 이 땅에서도 금, 보석이 귀하고, 값지고, 아름답고, 빛이 나는 것이라는 알고 있다. 그렇기에 사람은 귀하고 희소성이 있는 금과 보석으로 집을 짓지 않는다. 그런데 새 예루살렘 성은 금, 진주, 보석 자체로 만들었다고 말씀하고 있으며, 새 예루살렘 성의 크기는 위에서 언급한 것처럼, 지구의 약 1/10만한 크기로 되어 있는데 그 자체가 금이라고 하니 상상만 해도 어마 어마하다고 말하지 않을 수 없는 것이다.

그리고 성 안에 있는 길(street) 자체도 엄청 많고, 길고 넓게 분포되어 있을 거라고 생각

되는데, 그 모든 것이 금으로 되어져 있다고 한다. 그리고 이 금은 도금으로 된 것이 아닌 99.99%의 순도 높은 정금이라고 말씀하고 있다. 또한 성은 12개의 대문이 있으며, 이 문들은 하나의 통으로 되어진(조각조각 붙여서 만든 것이 아닌) 진주로 만든 대문이라고 하며, 12개 모두가 진주로 된 것이라 하였다.

그리고 에메랄드, 사파이어 등 각종 보석으로 기초석으로 삼아 만들었다고 한다. 그러니 새 예루살렘 성 자체가 얼마나 아름다울지 상상하기도 어렵고, 말로 표현하기는 더 어려울 것이라는 것에는 동의할 것이다. 이처럼 새 예루살렘 성은 우리가 살고 있는 세상과 비교가 될 수 없는 정말 아름다움의 극치라고 말할 수 있을 것이다.

기초석	성곽의 12보석 (계 21:19~20)			줄	제사장 흉폐에 있는 12보석 (출 28:15~29; 39:8~21)			기초석
	개역한글	KJV	호칭		개역한글	KJV	호칭	
1	벽옥	a jasper	벽옥	1	홍보석	a sardius	홍옥수 (carnelian)	6
2	남보석	sapphire	청옥, 사파이어		황옥	a topaz	황옥	9
3	옥수	a chalcedony	옥수		녹주옥	a carbuncle	석류석	-
4	녹보석	an emerald	취옥, 에메랄드	2	석류석	an emerald	취옥, 에메랄	4
5	홍마노	sardonyx	붉은줄 무늬마노		남보석	a sapphire	청옥, 사파이어	2
6	홍보석	sardius	홍옥수 (carnelian)		홍마노	a diamond	다이아몬드	-
7	황옥	chrysolyte	귀감람석 (chrysolite)	3	호박	a ligure	jacinth 추정	11
8	녹옥	beryl	녹주석		백마노	an agate[25]	마노	-
9	담황옥	a topaz	황옥		자수정	an amethyst	자수정	12
10	비취옥	a chrysoprasus	녹옥수 (chrysoprase)	4	녹보석	a beryl	녹주석	8
11	청옥	a jacinth	호박		호마노	an onyx[26]	sardonyx 추정	5
12	자정	an amethyst	자수정		벽옥	a jasper	벽옥	1

5) 천국은 이 땅과 또 무엇이 다른가?

이 땅에서 우리의 삶은 한 순간인데 기껏해야 100년 정도도 삶을 살지 못하면서 그 시간

---

26 agate: 마노이며, 불순물에 따라 홍마노, 줄마노, 홍줄마노, 이끼마노, 성지마노가 있다. [출처: 두산백과]
27 onxy: 줄마노. 백색과 홍색 줄무늬의 것은 사도닉스(홍줄마노)라 하며, 8월의 탄생석 [출처: 두산백과]

도 아픔과, 슬픔, 눈물, 고통, 죽음을 맛보며 살아가게 되고, 거짓과 미혹을 받으며 고난의 삶을 살아가는 곳이지만, 새 예루살렘 성에서는 죽음도, 아픔도, 눈물도, 미혹도, 거짓도 없는 곳이라고 말씀하고 있다. 이 이야기를 다른 말로 표현하자면 웃음이 있고, 즐거움이 가득하고, 행복과 기쁨만으로(롬 14:17) 영원히 살아가게 되는 곳을 말하는 것이다.

결국, 우리가 장차 갈 본향 천국은 금과 각종 보석으로 지어진 곳에서 생명수를 마시고, 달마다 열리는 생명나무의 과일을 먹으면서 예수님과 왕노릇하며 영원히 살아가게 될 것이다. 그러니 믿는 성도는 천국을 사모하지 않을 수 없을 것 같다.

6) 성경은 왜 제한적으로 천국을 설명했을까?

2000년 전에 오신 예수님이 제자들과 함께 있으면서 천국에 대해 말씀하시면서 성경 본문에 기록된 말씀 이외에도 구체적으로 언급하셨는지는 알 수 없다. 단지 우리는 성경에 기록된 단 한 가지 사실(요 21:25, "예수의 행하신 일이 이 외에도 많으니 만일 낱낱이 기록된다면 이 세상이라도 이 기록된 책을 두기에 부족할 줄 아노라")로 하나님은 성경에 기록된 일부 말씀(제한된 말씀)을 통해 전체를 바라보라고 말씀하시는 듯하다.

예를 들어 설명하자면, 우리가 해외로 여행을 간다고 할 경우, 우리는 서점이나 도서관에 달려가서 여행을 가고자 하는 나라의 여행정보 책을 구할 것이다. 이때 여행정보 책자의 두께를 살펴보면 꽤 두껍다. 100여 페이지 정도의 분량이 있는 책이 있는 반면, 약 300~400여 페이지나 되는 책자도 있다. 그리고 그 안에 있는 글씨 또한 10point 글자 정도의 크기로 된 작은 글씨로 빽빽하게 기록되어 있다. 즉 여행을 가고자 하는 국가의 정보를 알려주는 책자가 그 만큼 두꺼운 데도 보고나면 이마저도 뭔가 부족한 것을 느낀다.

하물며 사도 요한이 살았던 당시에는 더욱더 오늘날처럼 인쇄술과 종이 기술이 발달하지도 않았던 시대이고, 두루마리 책자라는 한정된 분량을 통해 기록해야만 하는 상황이라면 천국을 세세하게 기록할 수 없었을 것 같다. 그래서 천국을 제한적으로 설명할 수밖에 없지 않았을까 하는 추측을 하게 된다. 물론 이 해석은 완전하지는 않지만 어느 정도는 타당하다고 볼 수 있지 않을까 한다.

이에 대해 만약 우리가 외국인에게 한국의 대표적인 건물을 2~3페이지 내에 설명하라고 한다면 어떤 건물을 설명해야 할지 고민스러울 것 같다.

　① 옛 고궁?
　② 청와대?
　③ 국회의사당?
　④ 63빌딩?
　⑤ 동대문?

　아마 쉽게 선택하지 못하는 사람도 있을 것이다.
　쉽게 선택할 수 있도록 시대를 좀 더 거슬러 올라가면 조선 시대의 건축물을 설명하라고 한다면 무엇을 설명할 것인가?
　아마도 대부분 경복궁을 선택하지 않을까 한다. 아마도 왕이 살았던 곳이고, 화려하게 지어져 있고 대표적으로 내세울 만한 곳이기에 선택하지 않을까 한다. 우리도 대표적인 것을 설명하듯 하나님께서도 가장 대표적인 예루살렘 성에 대해 말씀하고 있는 듯하다. 그리고 성의 크기로 보아 엄청 큰 곳인데 성 안에 있는 모습 전부를 설명하고 있지는 않은 듯하다. 단지 생명수, 생명나무, 길 이런 몇 몇 부분에 대해서만 언급할 뿐이다.
　그리고 위에서와 같이 우리가 경복궁을 설명한다고 해서 그것이 조선 시대의 상황을 모두 설명했다고 말할 수 있을까?
　청와대의 모습을 설명한다고 해서 그것이 한국 전체의 모습이라고 말할 수 있을까?
　전혀 그렇지 않다는 것이다. 이처럼 요한계시록에 나와 있는 새 예루살렘 성이 천국 전체라고 말한다는 것은 어리석은 일이지 않을까 한다. 천국을 왜 제한적으로 설명했는지는 두루마기의 한계 때문인지, 아니면 일부를 통해 전체를 보기를 원하셨던 것인지, 아니면 다른 하나님의 깊은 뜻이 있어서 인지는 오직 하나님만이 아실 것인데, 요한복음 21:25("예수의 행하신 일이 이 외에도 많으니 만일 낱낱이 기록된다면 이 세상이라도 이 기록된 책을 두기에 부족할 줄 아노라")과 같이 모든 것을 세세히 기록하지 못했을 것이라는 것에 주목해서 새 예루살렘 성을 통해 천국을 바라보는 것이 우리에게 필요하지 않을까 한다.
　비록 성경이 천국 전체를 설명하고 있지는 않지만, 새 예루살렘 성의 크기로 보아 하나님이 계신 하나님의 세계와 천국은 새 예루살렘 성보다 훨씬 크고 놀라운 곳이라고 생각할 수 있지 않을까 하며, 새 예루살렘 성이 정금과 각종 보석으로 지어져있고, 하나님의 영광으로 가득 찬 곳에서 우리가 영원히 살아간다는 사실에 주목을 해야 할 것 같다.

7) 천국에 대해 말하는 분들의 이야기를 우리는 어떻게 들어야 할까?

간혹 우리는 천국을 가 보았던 사람의 이야기를 책, 영상, 설교 등을 통해 들은 경험이 있을 것이다. 그분들이 보고 경험한 천국에 대해서는 하나님께서 특별하게 보여준 것이라고 말할 수밖에 없을 것인데, 그분들이 본 천국의 모습이 모두 같지는 않은 걸로 보아 그분들이 본 모습들은 천국에서 아주 작은 일부분만 보았을 가능성이 높다는 것이다. 따라서 그 분들이 본 천국은 하나님께서 허락하신 것만 보았을 것이라고 봐야한다.

우리는 이에 대해서 그분들이 본 천국에 대해 '거짓이다, 비성경적이다, 이단이다'라고 하며 천국을 경험한 모든 사람들에 대해 부정적으로 바라보는 경향이 있는데, 우리는 이에 대해 조심해야 할 부분은 우리 대부분은 천국이라는 곳을 가보지 않았고, 천국 전체를 보지도 않았기에 단정지어 그분들이 경험한 천국에 대해 부정적으로 말할 필요는 없을 것 같다. 예를 들어 눈먼 사람이 코끼리를 더듬는 것과 같이, 서울도 안 가본 사람이 서울에 대해 이렇다 저렇다 하며 우기듯 말하듯이 말이다.

우리가 보지도 못한 천국에 대해 부정하듯 막을 필요는 없다고 보여진다. 우리는 단지 하나님께서 그 분에게 보여주신 뜻이 무엇인지, 그리고 하나님께서 그분을 통해 말씀하시는 뜻이 무엇인지, 성경을 통해 그 근간에 오류가 있는지, 영적으로 깨어 있는 삶의 도움이 되는 부분이 있는지, 교훈으로 삼을 부분이 있는지 분별하면 되지 않을까 한다. 만약 그 분들의 이야기가 성경적인 가치관과 다르고 영적인 경각심에도 도움이 되지 않는다면 다시는 듣지 말아야겠지만, 만약 영적 경각심이나 도움이 된다고 한다면 마음속으로 간직하며 신앙생활을 하다가 나중에 천국에 가서 확인하면 좋지 않을까 한다.

천국을 보거나, 갔다 온 사람의 이야기가 우리에게 전달하는 메시지가 나름대로 이유가 있다고 보여지므로 우리에게는 분별력이 필요하다고 보여진다. 우리는 분별을 위해서도, 신앙생활을 위해서도 늘 하나님께 기도하며 간구하는 요청이 필요한 것 같다.

7. 성경에 나오는 천사

　성경에는 천사가 등장하는데 천사가 어떤 역할을 하는지에 대해서는 명확히 알려주지는 않지만 대략 등장하는 천사가 가브리엘(기쁜 소식을 전하는 천사), 미가엘(전쟁을 수행하는 천사), 섬기는 천사, 힘센 천사, 나팔 부는 천사, 대접을 가진 천사 등등 다양한 천사가 있다. 이들 천사들 중에는 성도들이 부리는 천사(히 1:14)도 있고, 성도와 같은 동료 천사(계 22:9)도 있다.

　이들 천사들 가운데 성도들을 섬기는 천사(마 18:10; 히 1:14)가 있다고 말씀하고 있다. 특히 마태복음 18:10에서 어린아이가 예수님께 오는 것을 어른들이 막으려 할 때 예수님은 어른들(유대인)을 향해 어린아이를 함부로 대하지 말라고 말씀하시면서 "저희의 천사들이 항상 하나님의 얼굴을 보고" 있다고 말씀하셨다.

　이때 '저희의 천사들'이라고 말씀하시는 내용으로 보아 어린아이에게 항상 따라 다니는 천사들이 있는 것이고 이 천사들은 항상 하나님과 소통하고 있다고 말씀하고 있다. 물론 따라 다니는 천사가 어린 아이에게만 있다고 생각하지는 않고, 모든 사람에게는 따라 다닌 천사들이 있다고 생각한다. 그래서 우리가 흔히 수호천사에 대해서 이야기하고 있는 근거가 이 말씀에서 연유되었을 것이다.

　따라다니는 천사에 대해 「뷰티풀 천국 쇼킹지옥」(김종원 목사 저, 베다니출판사, 2012년)에 보면 이에 대해 언급하고 있다. 사람에게는 따라다니는 천사가 있고, 때로는 그 천사들이 돕기도 한다 하였다. 그리고 그 천사의 숫자는 하나님과 동행하는 정도에 따라 그 수가 많고 적을 수도 있다 하는데 사람이 죄를 범하면 따라 다니는 천사들이 가까이서 따라다니는 것이 아니라 돕지 못하고 멀리서 따라 다니기만 한다고 말하였다. 성경에서는 따라다니는 천사의 구체적인 역할에 대해서는 언급되진 않았지만, 섬기는 천사(마 18:10; 히 1:14)가 있다고 말씀하고 있기에 「뷰티풀 천국 쇼킹지옥」에서 쓰인 내용과 비슷한 것 같다.

　그리고 예수님께서 말씀하신 어린아이에게 업신여기지 말라고 말씀하시면서 어린 아이와 함께 있는 그 천사들이 항상 하나님의 얼굴을 뵙고 있다고 하는 것으로 보아 어린 아이에게 벌어지는 행동을 다 관찰하고 하나님께 보고를 하는 듯하고, 또한 하나님의 심판대에 자신들의 행위 책(계 20:12)[28]이 있다고 하는 것으로 보아 우리의 행실 하나하나를 그들이 기록하고 있지 않을까 한다.

그렇다면 우리는 마태복음 18:10과 히브리서 1:14에서와 같이 우리를 동행하는 천사가 있고, 부리는 천사가 있기에 우리는 행동 하나하나를 조심해야 할 것이다. 우리의 행동을 낱낱이 기록 및 보고하고 있을 것이기 때문이다. 그리고 우리가 어려움이 처하거나 도움이 필요할 때 천사들이 우리를 돕도록 하나님께 부탁하는 기도를 하도록 해야겠다.

사도 요한은 환상을 통해 보았던 천사에게 두 번이나 엎드려 경배하려 하자 천사는 자신에게 하지 말라고 말리고 있다. 그리고 그 천사들은 경배를 받아야 할 대상은 자신이 아니라고 말하고 있다(계 19:9~10; 22:8~9). 따라서 사도 요한이 경험하였고, 성경에 기록되었듯이 천사를 섬기거나, 경배하거나 하는 일을 성도들은 절대로 해서는 안 되는 것이고, 천사들도 이야기 했듯이 경배를 받아야 할 분은 오직 하나님 밖에는 없으므로 우리는 하나님께만 경배하여야 한다(계 4장 참조).

참고로 사탄의 수하 중에 "그의 사자"(계 12:7)가 있는데 이는 영어(KJV)로는 angel로 표현함. 이는 원래 천사였으나, 사탄으로 인해 타락한 천사가 된 마귀(벧후 2:4)인 것이다.

미가엘 가브리엘	[7]하늘에 전쟁이 있으니 미가엘과 그의 사자들이 용으로 더불어 싸울째 용과 그의 사자들도 싸우나(Michael and his angels fought against the dragon; and the dragon fought and his angels)(계 12:7) [19]천사가 대답하여 가로되 나는 하나님 앞에 섰는 가브리엘이라 이 좋은 소식을 전하여 네게 말하라고 보내심을 입었노라(눅 1:19)
그 외 천사들	[10]삼가 이 소자 중에 하나도 업신여기지 말라 너희에게 말하노니 저희 천사들이 하늘에서 하늘에 계신 내 아버지의 얼굴을 항상 뵈옵느니라(마 18:10) [14]모든 천사들은 부리는 영으로서 구원 얻을 후사들을 위하여 섬기라고 보내심이 아니뇨(히 1:14)

---

28   또 내가 보니 죽은 자들이 무론 대소하고 그 보좌 앞에 섰는데 책들이 펴 있고 또 다른 책이 펴졌으니 곧 생명책이라 죽은 자들이 자기 행위를 따라 책들에 기록된대로 심판을 받으니(계 20:12)

그 외 천사들	²또 보매 힘 있는 천사(a strong angel)가 큰 음성으로 외치기를 누가 책을 펴며 그 인을 떼기에 합당하냐 하니(계 5:2) ⁶일곱 나팔 가진 일곱 천사가 나팔 불기를 예비하더라(계 8:6) ⁶또 보니 다른 천사가 공중에 날아가는데(계 14:6) ¹또 일곱 대접을 가진 일곱 천사 중 하나가 와서 내게 말하여 가로되(계 17:1) ²¹이에 한 힘센 천사(a mighty angel)가 큰 맷돌 같은 돌을 들어 바다에 던져 가로되 큰 성 바벨론이 이같이 몹시 떨어져 결코 다시 보이지 아니하리로다(계 18:21)
천사는 경배의 대상이 아님	⁹천사가 내게 말하기를 기록하라 어린양의 혼인 잔치에 청함을 입은 자들이 복이 있도다 하고 또 내게 말하되 이것은 하나님의 참되신 말씀이라 하기로 ¹⁰내가 그 발 앞에 엎드려 경배하려 하니 그가 나더러 말하기를 나는 너와 및 예수의 증거를 받은 네 형제들과 같이 된 종이니 삼가 그리하지 말고 오직 하나님께 경배하라 예수의 증거는 대언의 영이라 하더라(계 19:9~10) ⁸이것들을 보고 들은 자는 나 요한이니 내가 듣고 볼 때에 이 일을 내게 보이던 천사의 발 앞에 경배하려고 엎드렸더니 ⁹저가 내게 말하기를 나는 너와 네 형제 선지자들과 또 이 책의 말을 지키는 자들과 함께 된 종이니 그리하지 말고 오직 하나님께 경배하라 하더라 (계 22:8~9)
용, 마귀, 옛뱀, 사탄	²용을 잡으니 곧 옛 뱀이요 마귀요 사단이라 잡아 일천년 동안 결박하여(And he laid hold on the dragon, that old serpent, which is the Devil, and Satan, and bound him a thousand years)(계 20:2) ⁸죄를 짓는 자는 마귀에게 속하나니 마귀는 처음부터 범죄함이니라 하나님의 아들이 나타나신 것은 마귀의 일을 멸하려 하심이니라(요일 3:8)
마귀 귀신	²⁷마귀로 틈을 타지 못하게 하라(엡 4:27) ³⁶귀신 들렸던 자의 어떻게 구원 받은 것을 본 자들이 저희에게 이르매 (They also which saw it told them by what means he that was possessed of the devils was healed)(눅 8:36) ¹⁵귀신을 내어 쫓는 권세도 있게 하려 하심이러라(And to have power to heal sicknesses, and to cast out devils)(막 3:15)

마귀 귀신	⁷하늘에 전쟁이 있으니 미가엘과 그의 사자들이 용으로 더불어 싸울째 용과 그의 사자(Michael and his angels fought against the dragon; and the dragon fought and his angels)(계 12:7)
타락한 루시퍼 와 범죄한 천사	²너 아침의 아들 계명성이여 어찌 그리 하늘에서 떨어졌으며 너 열국을 엎은 자여 어찌 그리 땅에 찍혔는고(How art thou fallen from heaven, O Lucifer, son of the morning! how art thou cut down to the ground, which didst weaken the nations!)(사 14:12) ¹⁴하나님이 범죄한 천사들을 용서치 아니하시고 지옥에 던져 어두운 구덩이에 두어 심판때까지 지키게 하셨으며(For if God spared not the angels that sinned, but cast them down to hell, and delivered them into chains of darkness, to be reserved unto judgment)(벧후 2:4)

8. 최초의 바벨(창 10:1~11:9)

1) 바벨이 세워졌던 시기: 함의 손자 니므롯의 때이다(창 10:8,10)

2) 최초로 바벨이 세워졌던 장소: 시날 평지(창 10:10; 11:2)

바벨의 뜻: '두 강 사이'란 뜻. 티그리스 강과 유브라데 강 사이의 충적토로 이뤄진 바벨론 평지(출처: 라이프성경사전)

3) 바벨의 특징(창 11:1~4)

(1) 당시는 언어가 하나였던 시기.
(2) 벽돌로 성읍과 탑을 건설하였음.
(3) 자신의 이름을 높이고자 함.
  * 탑을 쌓았던 이유: 탑을 하늘에 닿도록 하여 자신의 이름을 드높이고자 함.

4) 바벨(성읍)의 최후(창 11:6,9)

여호와께서 언어를 혼잡케 하여 바벨에 모인 무리들을 지면에 흩어버림.

5) 바벨(성읍)을 세웠던 니므롯은 누구인가?

(1) 노아의 4대 손이며, 함의 손자이며, 구스의 아들 가운데 여섯 번째로 니므롯을 세상의 첫 용사요 사냥꾼이라 함(창 10:8,9)

(2) 세상에 (나온) 처음 영걸(a might one, 창 10:7; 대상1:10)

[노아의 족보]

- 노아는 세 명의 아들이 있으며, 그 이름은 셈, 함, 야벳이다.
- 함은 가나안의 아버지(창 9:18)라 특별히 소개하고 있다.
  → 함은 술에 취하여 옷을 벗고 잠을 자고 있는 아버지를 보고 셈과 야벳에게 이야기 하는데, 이 사건(창 9:22)으로 함은 아버지 노아로부터 저주를 받게 된다. 그런데 저주는 잘못을 저지른 함이 아니라 그의 자녀 가운데 가나안이 저주를 받아 셈과 야벳의 종이 될 것이라 하였다(창 9:25,26)
  → 함의 아들은 구스, 미스라임, 붓, 가나안이 있다(창 10:6)

---

6) 언어와 종족과 나라로 나누어진 시기는 언제인가?

(1) 셈의 5대 손자가 있을 때이다(창 10:22,25)

  * 계보: 셈 – 아르박삿과 아람외 3명 – 셀라(아르박사의 아들) – 에벨(셀라의 아들) – 벨렉이 있을 때(에벨의 첫 아들)

(2) 함의 4대 손자가 있을 때이다(창 10:6~8)

  * 계보: 함 – 구스, 가나안외 2명 – 니므롯(구스의 여섯 번째 아들. 니므롯이 태어날 때는 구스의 다섯 번째 아들 라아마가 이미 두 명의 아들(스바와 드단)이 있었다.

(3) 야벳의 3대 손자가 있을 때이다(창 10:1~5)
  * 계보: 야벳 - 고멜과 야완외 2명 - 고멜과 야완의 아들.

9. 인자가 들려야 하리니(요 3:14; 눅 23:39~43; 민 21:4~9)

예수님은 광야에서 뱀을 든 것 같이 인자도 들려야 한다고 말씀하셨는데(요 3:14) 이 이야기를 설명하기 위해 잠시 이스라엘 백성이 출애굽 하여 광야로 가면서 발생했던 일을 살펴볼 필요가 있다.

출애굽기, 레위기, 민수기, 신명기를 읽다보면 홍해를 건너는 이스라엘 백성이 광야를 지나가면서 물이 없거나 먹을 음식이 없을 때 하나님과 지도자인 모세를 원망하는 모습을 자주 발견하게 된다. 그러면 하나님께서는 그 때마다 물과 음식을 공급해주었다. 이스라엘 백성은 이런 과정을 몇 차례 경험한 가운데에 불뱀 사건이 있었다. 이스라엘 백성이 물과 먹을 것이 없어서 어려움이 생기자 그들은 하나님을 향해서 간구하거나 아니면 모세를 통해 기도해 줄 것을 요청하는 것이 아니라 하나님과 모세를 향해 원망을 하는 모습을 보이게 된다.

그러자 하나님은 그들에게 불뱀을 보내서 죽게 하는 사건이 일어났던 것이다. 이스라엘 백성이 불뱀에 물려 죽어나가자 그들은 잘못했다며 용서해 달라고 간구하였고, 하나님은 모세에게 놋뱀을 장대위에 달라고 명령하여 물린 자들이 놋뱀을 쳐다보면 살 것이라 알려 주었다. 그 이후 장대 위에 놋뱀을 달았고, 뱀에 물린 자들이 놋뱀을 쳐다보게 되어 '살았다'고 성경은 말씀하고 있다(민 21:4~9).

이 불뱀 사건과 예수님이 말씀한 인자가 들려야 한다는 것과 어떤 연관이 있는지를 살펴보면 두 가지가 연관이 있다는 것을 알 수 있다. 첫 번째로는 불뱀이 장대 위에 걸린 모습과 예수님이 십자가 위에 돌아가신 모습이 서로 비슷하다는 것이고, 두 번째로는 쳐다보는 것으로 치료(구원)되었다는 사실이다.

첫째, 장대 위에 놋뱀을 달고 있는 모습이 예수님께서 십자가에 달린 모습과 일치하다는 것이다. 하나님은 불뱀에 물린 자를 위해 놋뱀을 만들어서 장대 위에 달도록 하였는데 그 모습을 설명하면 장대는 가로로, 뱀은 세로로 해서 걸었을 것이다. 왜냐하면 뱀에 물린 자들이 쳐다볼 수 있도록 해야만 했고, 멀리 있어도 볼 수 있도록 해야 했기에 장대와 놋뱀을 서로 나란히(일렬로) 걸지 않고 어긋나게 걸었을 것이다. 즉 이 모양은 아래의 사진 중 '요르단의 느보산에 있는 놋뱀'을 참조하면 당시의 사건을 기념하여 만든 조형물인데, 장대 위에 단 놋뱀의 형상이 예수님께서 골고다 언덕에서 십자가에 달린 모습과 비슷하게 십자가의 모양을 가지고 있다는 것이다.

둘째, 뱀에 물린 자들이 놋뱀을 쳐다본즉 살았다고 하는데(민 21:9), 여기서 생각할 것은 세상 가치관으로 보면 일단 뱀에 물리면 독을 빼내거나, 약을 발라서 낫게 하도록 하는 것이 정상적이라고 생각하겠지만 하나님은 그런 방법으로 그들을 회복시키지 않았다는 것이다. 누구든지 쉽고, 간단하게, 그리고 치료를 못 받아서 죽었다고 변명의 소지가 없도록 놋뱀을 쳐다보기만 해도 구원(치유)의 길을 열어 놓았던 것이다.

하나님은 단지 놋뱀을 쳐다보는 그 한 가지 조건만으로 죽지 않고 살렸던 것처럼, 성경은 예수님을 바라보는 것만으로도 죽지 않고 산 사람이 있다는 것을 말씀하고 있다. 예수님이 십자가에 못 박힐 때 그 옆에 있었던 강도들 중 한 명이 이에 해당한다.

두 명의 강도 중 한 강도는 예수님을 조롱하였지만 다른 강도는 예수님을 바라보며 자신을 생각해달라고 요청하였다. 예수님은 그 요청한 강도에게 오늘밤 나와 함께 낙원에 있으리라고 말씀해주셨다(눅 23:39~43) 강도는 비록 죄 때문에 육적으로는 죽음이 왔지만 영적으로는 죽지 않고 영원한 삶을 살게 된 것이다. 그리고 죄로 인하여 영원한 형벌을 받을 수밖에 없었지만 예수님을 바라보고 고백함으로 영원히 형벌 속에 갇혀 있는 것이 아니라 예수님과 함께 영원히 낙원에서 살 수 있게 된 것이다.

이러한 연유로 예수님은 그 자신에 대해서 모세가 놋뱀을 든 것처럼 자신이 들려야 한다고 말씀하셨던 것이고(요 3:14), 인간의 모든 죄를 담당하기 위하여(사 53:6) 예수님이 실제로 골고다 언덕에 십자가에 들려서 올라갔던 것이다.

성경에는 예수님을 상징하는 말씀과 사건들이 많이 등장하는데 이 놋뱀 사건도 예수님을 상징하는 여러 가지의 예표 중의 하나이다. 우리가 예수를 바라보고, 예수 이외에는 구원이 없다(요 14:6; 행 4:12) 고백할 때에 우리에게 구원의 길이 열리는 것이다. 십자가만이 구원의 길이다.

요르단 느보산에 있는 놋뱀(십자가 형상, pixabay)

아브라함 얀센 〈골고다 언덕 - 십자가〉

민수기	⁴백성이 호르산에서 진행하여 홍해 길로 좇아 에돔 땅을 둘러 행하려 하였다가 길로 인하여 백성의 마음이 상하니라 ⁵백성이 하나님과 모세를 향하여 원망하되 어찌하여 우리를 애굽에서 인도하여 올려서 이 광야에서 죽게 하는고 이곳에는 식물도 없고 물도 없도다 우리 마음이 이 박한 식물을 싫어하노라 하매 ⁶여호와께서 불뱀들을 백성 중에 보내어 백성을 물게 하시므로 이스라엘 백성 중에 죽은 자가 많은지라 ⁷백성이 모세에게 이르러 가로되 우리가 여호와와 당신을 향하여 원망하므로 범죄하였사오니 여호와께 기도하여 이 뱀들을 우리에게서 떠나게 하소서 모세가 백성을 위하여 기도하매 ⁸여호와께서 모세에게 이르시되 불뱀을 만들어 장대 위에 달아 물린 자마다 그것을 보면 살리라 ⁹모세가 놋뱀을 만들어 장대 위에 다니 뱀에게 물린 자가 놋뱀을 쳐다본즉 모두 살더라(민 21:4~9)
비교	¹⁴모세가 광야에서 뱀을 든것 같이 인자도 들려야 하리니(요 3:14) ³⁴이에 무리가 대답하되 우리는 율법에서 그리스도가 영원히 계신다 함을 들었거늘 너는 어찌하여 인자가 들려야 하리라 하느냐 이 인자는 누구냐(요 12:34)
예	³⁹달린 행악자 중 하나는 비방하여 가로되 네가 그리스도가 아니냐 너와 우리를 구원하라 하되 ⁴⁰하나는 그 사람을 꾸짖어 가로되 네가 동일한 정죄를 받고서도 하나님을 두려워 아니하느냐 ⁴¹우리는 우리의 행한 일에 상당한 보응을 받는 것이니 이에 당연하거니와 이 사람의 행한 것은 옳지 않은 것이 없느니라 하고 ⁴²가로되 예수여 당신의 나라에 임하실 때에 나를 생각하소서 하니 ⁴³예수께서 이르시되 내가 진실로 네게 이르노니 오늘 네가 나와 함께 낙원에 있으리라 하시니라(눅 23:39~43)

증거	⁶예수께서 가라사대 내가 곧 길이요 진리요 생명이니 나로 말미암지 않고는 아버지께로 올 자가 없느니라(요 14:6) ¹²다른이로서는 구원을 얻을 수 없나니 천하 인간에 구원을 얻을만한 다른 이름을 우리에게 주신 일이 없음이니라 하였더라(행 4:12)

10. 육신의 정욕과 안목의 정욕과 이생의 자랑(창 3:6; 마 4:4~12; 요일

최초의 사람 아담과 하와는 하나님의 말씀보다 그들의 눈에 보이는 대로 행하는 것을 원했다. 그래서 에덴동산에 있는 모든 실과를 원하는 만큼 따서 먹을 수 있었음에도 불구하고 하나님께서 말씀하신 단 하나의 선악과나무를 먹지 말라(창 2:17)²⁹는 그 말씀을 지키지 못하여 하나님 앞에 죄를 범하게 되었다.

이 선악과나무에 대해서 하와는 "먹음직도 하고, 보암직도 하고, 지혜롭게 할 만큼 탐스럽다"(창 3:6)고 할 정도로 매우 욕심이 나는 과일이라고 말하고 있다. 그만큼 아름다운 과일이었기에 하와가 유혹에 넘어가지 않았을까 하는 상상을 해본다. 하지만 다른 한편으로는 하와의 눈에는 그렇게 매혹적으로 보였을지 몰라도 실상은 에덴동산에는 다양한 과일이 있었던 것을 감안하면 다른 과일과 별반 다르지 않고 비슷비슷한 수준이지 않았을까 하는 생각도 해본다.

왜냐하면, 세상에 있는 모든 과일을 놓고 생각을 해보면 예쁘고, 탐스럽고, 먹음직스러운 사과, 복숭아, 딸기와 같은 과일이 있지만 그렇지 못하고 못생긴 과일도 있기 때문이다. 그리고 그 맛이라는 것이 보는 것과 맛이 일치하는 것도 있지만 예뻐보여도 맛이 밋밋한 맛을 내면서 무슨 맛인지 알 수 없는 과일도 있고, 예쁘진 않지만 매력적인 맛을 내는 과일도 존재하기 때문이다.

에덴동산에 있던 선악과나무의 열매가 과연 어떻게 생겼는지는 모르겠지만 세상에서 보이는 과일과 별반 다르지 않을 것 같다.

---

29 선악을 알게하는 나무의 실과는 먹지 말라 네가 먹는 날에는 정녕 죽으리라 하시니라(창 2:17)

그런데 왜 하와는 그렇게 먹고 싶고, 보기에도 좋고, 탐스럽다고 생각했을까?

정말 유혹에 넘어갈 정도로 매혹적이었을까?

아마도 아담과 하와는 자신들에게 허락되어진 것은 언제든지 먹을 수 있고, 늘 먹는 거라고 생각하였기에 유혹의 대상이 되진 않았을 것이지만, 그 단 하나 선악과나무에 대해서는 하나님이 못 먹게 했다고 하면서 불평과 의구심, 그로부터 잉태되어지는 그 열매의 탐스럽게 느껴지는 욕심, 그리고 사탄(뱀)이 주는 하나님과 같이 될 수 있다는 유혹의 말에 아담과 하와는 불순종의 길을 택했던 것이다.

이에 대해 성경은 다음과 같이 말하고 있다.

> 도적질한 물이 달고 몰래 먹는 떡이 맛이 있다 하는 도다(잠 9:17).
> 하나님이 사람을 정직하게 지으셨으나 사람은 많은 꾀를 내었다(전 7:29).

위의 두 가지 말씀이 범죄한 아담과 하와에게 딱 들어맞는 것 같다.

성경은 '육신의 정욕과 안목의 정욕과 이생의 자랑이 하늘에서 온 것이 아니라 세상을 쫓아서 왔다'(요일 2:16)고 말씀하고 있다. 이 말씀을 창세기 3:6과 비추어보면 '먹음직도'는 육신의 정욕과 '보암직도'는 안목의 정욕이며, '지혜롭게 할 만큼 탐스럽게'는 이생의 자랑인 것이다. 아담과 하와는 육신의 정욕과 안목의 정욕과 이생의 자랑을 이기지 못한 것이다. 그 싸움에서 지고 만 것이다. 그래서 하나님의 말씀을 따르지 않아서 죄가 사람에게 들어왔고, 에덴에서 쫓겨났고, 죽음이 왔고, 우리에게 그 죄가 우리에게도 있는 것이다.

하지만 이 땅에 두 번째로 오신 아담인 예수그리스도는 이 육신의 정욕, 안목의 정욕, 이생의 자랑에 대해서 통과(승리)하셨다. 예수님이 공생의 사역을 시작하기 앞서 광야로 나가 40일 금식하며 기도하셨다. 이때 40일 금식을 마친 뒤 마귀가 예수님께 와서 세 가지 시험을 한다.

① 배고프니까 돌을 떡으로 바꾸어 먹으라 한다.
② 성전 꼭대기에서 뛰어내리라 한다.
③ 천하만국을 보여주면서 자신(마귀)를 따르면 천하만국을 줄 것이라 미혹을 한다.

그러나 예수님은 이 세 가지 시험에 대해서 말씀으로 마귀를 대적하며 사람이 떡으로만 살 것이 아니고, 하나님을 시험하지 말라 하였으며, 오직 하나님께 경배하라 하며 마귀가 주는 시험에 넘어가지 않고 말씀으로 승리하셨던 것이다.

첫 번째 사람인 아담은 실패하였다. 이는 그가 흙으로 육체로 지음을 받았기에 하늘의 것을 바라보지 않고 땅의 것을 바라보았지만 두 번째 사람이면서 하나님이신 예수님은 하늘에서 오셨기에 땅의 것을 바라보지 않고 하늘의 것을 바라볼 수 있었던 것이다.

그러므로 우리 인간은 첫 번째 사람 아담과 두 번째 사람 예수를 거울로 삼아 우리가 무엇을 바라보고 추구해야 할 것인지를 생각해야 할 것이다. 아담의 실패를 통해 어떤 결과와 어떤 인생을 살아갔는 지를, 그리고 승리하신 예수그리스도를 통해 어떤 은혜와 세상에 어떤 영향을 끼쳤는지를 살펴보고 거울로 삼아야 하는 것이다.

아담은 비록 실패했고, 이젠 돌이킬 수 없지만 우리는 현재 삶을 돌이킬 수 있는 시간을 가지고 있기 때문이다. 그러므로 우리는 이 싸움에서 실패하지 말고 승리를 하여야 한다. 설상 넘어진다 하더라도 다시 일어나면 되고, 또 넘어지면 오뚝이 같이 일어나서 마지막 끝날 때에 이기는 자가 되면 되는 것이다. 또한 이 싸움에서 이미 승리를 하신 분이 우리에게 있고, 그분이 우리를 향해 응원하고 계시며, 천군천사들 동원시키며 지켜주고 있기에 우리는 가능한 것이다. 그러므로 인내하고 주님을 따르는 삶을 매일 매일 이뤄가야 할 것이다.

창	⁶여자가 그 나무를 본즉 먹음직도 하고 보암직도 하고 지혜롭게 할 만큼 탐스럽기도 한 나무인지라 여자가 그 실과를 따먹고 자기와 함께한 남편에게도 주매 그도 먹은지라 (창 3:6)
비교	⁴예수께서 대답하시되 기록하기를 사람이 떡으로만 살 것이 아니라 하였느니라 ⁵마귀가 또 예수를 이끌고 올라가서 순식간에 천하 만국을 보이며 ⁶가로되 이 모든 권세와 그 영광을 내가 네게 주리라 이것은 내게 넘겨준 것이므로 나의 원하는 자에게 주노라 ⁷그러므로 네가 만일 내게 절하면 다 네 것이 되리라 ⁸예수께서 대답하여 가라사대 기록하기를 주 너의 하나님께 경배하고 다만 그를 섬기라 하였느니라 ⁹또 이끌고 예루살렘으로 가서 성전 꼭대기에 세우고 가로되 네가 만일 하나님의 아들이어든 여기서 뛰어 내리라 ¹⁰기록하였으되 하나님이 너를 위하여 그 사자들을 명하사 너를 지키게 하시리라 하였고 ¹¹또한 저희가 손으로 너를 받들어 네 발이 돌에 부딪히지 않게 하시리라 하였느니라 ¹²예수께서 대답하여 가라사대 말씀하기를 주 너의 하나님을 시험치 말라 하였느니라 (마 4:4~12)

| 예 | ¹⁶이는 세상에 있는 모든 것이 육신의 정욕과 안목의 정욕과 이생의 자랑이니 다 아버지께로 좇아 온 것이 아니요 세상으로 좇아 온 것이라(요일 2:16) |

11. 이방인의 구원

1) 구원의 시작

하나님은 천지만물을 말씀으로 창조하셨는데, 이는 말씀의 선포가 먼저 이루어졌고 그 이후 '빛이 생겼고, 물과 물이 나누어지는 등' 초자연적인 현상들이 이루어졌다. 하지만 사람(아담)만큼은 친히 흙(the dust of the ground)으로 지으셨고, 그 코에 생기를 불어넣어 사람이 생령(man became a living soul)이 되었다(창 1:1~2:7). 그런 아담이 선악과나무를 먹는 죄로 말미암아 벗은 것이 드러나자 무화과 나뭇잎으로 치마를 만들어 가렸지만(창 3:7), 하나님은 그에게 가죽 옷을 지어 입히셨다(창 3:21). 이 가죽옷은 하나님이 어떤 동물을 죽이고 나서 벗긴 동물의 가죽으로 만든 옷이므로 즉 핏 값으로 얻은 가죽 옷이라는 것이다. 그 가죽 옷은 타락하여 벌 것 벗은 몸을 가려주기 위하여 하나님이 아담과 하와에게 친히 만들어 주셨던 것이다.

하나님이 아담에게 옷을 만들어 주셨던 것은 사람이 죄를 덮지 않고서는 살 수 없다는 것을 가리키는 것이고, 그것은 오직 피로만 가능하다는 것을 시사하고 있는 것으로서 예수그리스도를 상징하기도 한다. 하나님은 사람을 만들면서 동물의 형상이 아닌 하나님의 형상으로 만들었으며, 친히 손으로 만든 작품이기에 우리 인간을 향한 관심과 사랑의 대상이 될 수밖에 없었던 것이다. 그래서 하나님은 아무도 멸망하지 않고 구원받기를 원하는 것이 하나님의 뜻(겔 33:11; 벧후 3:9)이라 말씀하고 있는 것이다.

> ¹¹주 여호와의 말씀에 나의 삶을 두고 맹세하노니 나는 악인의 죽는 것을 기뻐하지 아니하고 악인이 그 길에서 돌이켜 떠나서 사는 것을 기뻐하노라 이스라엘 족속아 돌이키고 돌이키라 너희 악한 길에서 떠나라 어찌 죽고자 하느냐 하셨다 하라(겔 33:11)
>
> ⁹주의 약속은 어떤이의 더디다고 생각하는 것 같이 더딘 것이 아니라 오직 너희를 대하여 오래 참으사 아무도 멸망치 않고 다 회개하기에 이르기를 원하시느니라(벧후 3:9)

2) 이방인의 구원

이스라엘 백성은 선택받은 민족이라 하고, 이스라엘 백성 이외의 사람을 이방인이라 이야기하지만, 사실 하나님 입장에서 보면 이방인은 아무도 없음을 발견하게 된다. 그 배경에는 하나님은 아담을 하나님의 형상으로 만들었으나 아담이 선악과를 먹음으로 죄가 들어왔고, 그 이후 세상에 죄악이 가득하며 마음에 항상 악한 마음을 품는 것을 보시고(창 6:4) 홍수로 사람을 심판하게(창 7장) 하셨으며, 홍수 이후에는 노아의 가족만이 살아남아 그 가족을 통해 민족이 나눠지는 것을 보게 된다(창 10장). 결국 모두가 한 뿌리에서 시작되는 것을 발견하게 된다.

그러나 성경은 또한 이방인이라는 표현을 하고 있기에, 이방인의 구원에 대해 이야기를 하기 위해서는 하나님이 아브라함에게 나타났던 시기로 거슬러 올라가야 할 것 같다.

하나님은 갈대아 우르에 있는 아브라함을 불러 하나님이 지시한 땅인 가나안 땅으로 가도록 인도하면서 그에게 약속하신 말씀들이 있는데, 그 약속의 내용 속에 이방 민족이 포함되어 있음을 발견하게 된다.

하나님은 아브라함에게 약속의 말씀으로 '동서남북 보이는 땅 모두를 주겠고, 자손이 티끌처럼 많을 것인데 셀 수 있을 것[30]이라 하며(창 13:14~17),[31] 또한 하늘에 있는 별들처

---

30 티끌을 셀 수 있을 것: 성경은 우리가 티끌을 셀 수 있을 것이라 말씀하였지만 실제로는 어려움이 있을 것이다. 왜냐하면 영어로 dust(먼지, 창3:16)기 때문이다. 하지만 하나님은 가능하신데 그 이유는 우리의 머리털까지도 세신바 되었기 때문이다(눅 12:7 너희에게는 심지어 머리털까지도 다 세신 바 되었나니 두려워하지 말라 너희는 많은 참새보다 더 귀하니라)

31 롯이 아브람을 떠난 후에 여호와께서 아브람에게 이르시되 너는 눈을 들어 너 있는 곳에서 동서남북을 바라보라 보이는 땅을 내가 너와 네 자손에게 주리니 영원히 이르리라 내가 네 자손으로 땅의 티끌 같게 하리니 사람이 땅의 티끌을 능히 셀 수 있을 찐대 네 자손도 세리라 너는 일어나 그 땅을 종과 횡으로 행하여 보라 내가 그것을 네게 주리라(창 13:14~17)

럼 많을 것이라 하였고(창 15:5),[32] 여러 민족의 아버지'가 될 것이라 하였다(창 17:4).[33] 이와 같이 아브라함의 자손 가운데에는 여러 민족이 포함되어 있는 것을 발견하게 되는데 이는 이스라엘 백성(민족)만 지칭하는 것은 아닐 것이라는 것이다. 이에 대해 예수님도 "동서로터 많은 사람이 아브라함, 이삭, 야곱과 함께 천국에 앉아 있을 것"(마 8:11)이라 말씀하시면서 아브라함에게 약속하셨던 말씀을 확증하셨던 것을 발견할 수 있기 때문이다.

또한 선지자들도 이를 뒷받침하고 있는데 이사야, 스가랴 선지자들도 다음과 같이 말씀하였다. "여호와의 이름을 사랑하며, 나의 종이 되며, 안식일을 지키고, 언약을 지키는 이방인마다 하나님의 성산으로 이끌겠다"(사 56:6~7)라고 하였고, '원방에서 아들과 딸이 올 것'이라 하였다(사 60:4, 슥 8:7,8).[34]

그리고 사도 바울도 하나님은 '이방인에게도 하나님이 되신다 하였고(롬 3:29), 그리스도께 속한 자면 아브라함의 자손이요 약속대로 유업을 이을 자'(갈 3:29)[35]라고 말씀하고 있다. 말씀을 정리하면, 비록 이방인이라고 불리는 자라 할지라도 여호와를 사랑하면 하나님의 종이 되며, 그리스도께 속한 사람은 누구든지 하나님의 유업을 받을 수 있기에 이스라엘 백성만 해당되는 것이 아니라 이방인에게도 구원이 이르게 되는 것을 발견할 수 있게 된다.

3) 이방인에게 복음이 퍼지다

이방인에게 복음이 퍼져나간 시기는 예수님이 이 땅에 오신 이후인데, 예수님은 이스라엘 백성들이 거들떠도 안보는 사마리아 사람을 찾아가서 복음을 전하셨던 때(요 4:1~42 참조)이다. 예수님의 십자가에서 죽음과 부활이후에 예수를 믿는 제자들에게도 핍박과 순

---

[32] 그를 이끌고 밖으로 나가 가라사대 하늘을 우러러 뭇별을 셀 수 있나 보라 또 그에게 이르시되 네 자손이 이와 같으리라(창 15:5)
[33] 내가 너와 내 언약을 세우니 너는 열국의 아비가 될찌라(창 17:4)
[34] 네 눈을 들어 사면을 보라 무리가 다 모여 네게로 오느니라 네 아들들은 원방에서 오겠고 네 딸들은 안기워 올것이라(사 60:4)
만군의 여호와가 말하노라 내가 내 백성을 동방에서부터, 서방에서부터 구원하여 내고 인도하여다가 예루살렘 가운데 거하게 하리니 그들은 내 백성이 되고 나는 성실과 정의로 그들의 하나님이 되리라(슥 8:7~8)
[35] 너희가 그리스도께 속한 자면 곧 아브라함의 자손이요 약속대로 유업을 이을 자니라(갈 3:29)

교가 이어지고(행 8:1),[36] 예수 믿는 사람들이 사도를 제외하고 예루살렘을 떠나면서 복음이 이방인들에게도 퍼져나가는 것을 보게 된다. 그 가운데서도 이방인에게 가장 두드러진 사역을 하였던 사도 바울의 복음 사역[37]이 크게 영향을 끼쳤던 것을 알 수 있다. 그리하여 이 복음은 이스라엘을 떠나 유럽을 거쳐 아프리카와 아메리카로, 그리고 아시아로 오면서 우리나라에게도 복음의 역사가 흐르게 되는 것을 보게 된다.

4) 그러면 왜 이스라엘에 복음이 떠나 있었을까?

왜 복음이 이스라엘을 떠나서 이방인에게 그토록 오래 있었던 배경에는 성경에서 찾아볼 수 있다. 잠시 예수님이 빌라도에게 잡혀서 심문받을 때로 돌아가 보면, 빌라도는 예수님이 죄가 없다는 것을 알았고, 그래서 유대인들에게 세 번이나(눅 23:22)[38] 거듭 말하였지만, 빌라도는 유대인들이 민란이 일어날까봐 무서워 모인 무리들 앞에서 손을 씻고 자신에게는 죄가 없다하면서 그 핏 값을 모인 무리들이 담당하라 하였다(마 27:24). 그러자, 모인 무리들은 예수님이 핏 값을 자신과 자신의 자손들에게까지 담당할 것이라 외치게 되는데(마 27:24~25),[39] 유대인들이 하나님의 아들을 죽인 것과, 죄가 없는 분을 죽인 대가와 정말 무책임한 말로 인하여 복음이 약 2천년 동안 이스라엘을 떠나 유럽으로 아프리카로 아시아로 복음이 퍼져나가게 된 것이라 보여진다.

물론 시대적 배경으로 예루살렘에 심한 핍박(행 8:1)으로 예수 믿는 사람들이 떠나야 했지만 그 원인에는 유대인들이 그 '피 값을 자신과 자손들이 담당할 것'(마 27:24,25)이라는 것에 있다고 말할 수 있을 것 같다.

---

36 사울이 그의 죽임 당함을 마땅히 여기더라 그 날에 예루살렘에 있는 교회에 큰 핍박이 나서 사도 외에는 다 유대와 사마리아 모든 땅으로 흩어지니라(행 8:1)
37 사도 바울의 복음사역: 신약성경 27권 중 13권 기록(히브리서를 포함하면 14권 기록)
  - 13권: 로마서, 고린도전후서, 갈라디아서, 에베소서, 빌립보서, 골로새서, 데살로니가전후서, 디모데전후서, 디도서, 빌레몬서
38 빌라도가 세 번째 말하되 이 사람이 무슨 악한 일을 하였느냐 나는 그 죽일 죄를 찾지 못하였나니 때려서 놓으리라 한대(눅 23:22)
39 빌라도가 아무 효험도 없이 도리어 민란이 나려는 것을 보고 물을 가져다가 무리 앞에서 손을 씻으며 가로되 이 사람의 피에 대하여 나는 무죄하니 너희가 당하라 백성이 다 대답하여 가로되 그 피를 우리와 우리 자손에게 돌릴찌어다 하거늘(마 27:24~25)

이에 대해서 사도 바울은 다음과 같이 이야기하며 복음이 이스라엘 백성을 떠나 이방인들에게 이르렀다는 것을 보여주고 있다. "오늘까지 혼미한 심령과 보지 못할 눈과 듣지 못할 귀를 주셨고"(롬 11:8), "유대인들이 넘어짐으로 구원이 이방인에게 이르렀으며(롬 11:11), 이방인의 충만한 수가 이를 때까지 이스라엘이 더러는 완악하게 될 것"(롬 11:25)이라 하였다. 이처럼 복음이 한 동안 유대인들을 떠나 있었던 것이다.

5) 이방인의 충만한 수

비록, 유대인들에게 복음이 2천년 동안 떠나 있었지만 사도 바울은 "이방인의 충만한 수가 이르면"(롬 11:25) 하면서 이방인의 숫자가 어느 정도인지는 알려지지 않았으나 충만한 수가 이르렀을 때에 이스라엘 백성이 회복될 것을 암시하고 있다. 신기하게도 이스라엘이라는 국가가 역사 속에서 사라진 뒤[40] 사람들의 기억 속에도 잊혀졌고, 단지 성경 속에서만 언급되었던 민족, 입으로만 전해지던 민족이 1948년 5월 14일 이스라엘이라는 국가로 등장하면서 사람들을 놀라게 만들었다.

약 2천 년간 존재하지도 않았던 나라이며, 없어졌다가 생겨난 유일한 국가인 이스라엘이란 국가가 세상에 등장하여 그 위상을 나타내고 있다. 그리고 오늘날 우리가 살고 있는 2018년을 바라보면 이스라엘 나라 가운데 예수를 믿는 백성들이 점차 늘어나고 있다는 것을 듣게 되면서, 지금 이 시기가 성경에서 말하는 이스라엘이 회복되는 시기가 아닌가 생각을 한다. 다시 말하면, 우리가 살아가고 있으면서 점점 다가오는 이 시대가 사도 바울이 말한 "이방인의 충만한 수"가 도래되는 시대가 아닐까 한다.

---

40   이스라엘이 사라진 뒤: 북 이스라엘 왕국은 BC 722년에 앗시리아에 의해 망하고, 남 유다 왕국은 BC 587년 바벨론 국가에 의해 정복당하였으며, BC 1세기경에는 이스라엘이 로마제국의 지배하에 있어서 이스라엘이라는 국가 또는 나라는 1948년까지는 세상에 존재하지 않았음(출처: 다음백과 일부 편집)

6) 아브라함의 출신 지역과 구원 계획

아브라함의 고향을 살펴보면 그의 고향은 갈대아 우르이다(창 11:27~28).[41] 이 갈대아 우르 지역은 수메르(Sumer)의 수도(라이프성경사전 출처)인데, 이 지역에 대해 「고대 근동의 신화와 종교」에서 밝히길 "고대 문명의 시초를 이룬 지역으로서 메소포타미아의 문명의 발원지라 하고, '메소포타미아'라는 표현은 두 개의 희랍어 낱말, 곧 '메소스'(between)와 '포타모스'(river)가 합쳐져서 이루어진 것이라 하는데 쉽게 이해하자면 '티그리스와 유프라테스 두 강 사이에 있는 지역"이라고(고대 근동의 신화와 종교, 2006. 2. 28. ㈜살림출판사 출처) 말하고 있다.

그리고 니므롯이 건설한 도시이며 최초의 바벨탑이 세웠던 도시가 시날 평지(창 10:8~10; 11:1~9)라고 하는데, 시날(Shinar)의 뜻이 "'두 강 사이'란 뜻이며 티그리스 강과 유브라데 강 사이의 충적토로 이뤄진 바벨론 평지"(라이프성경사전 출처)라 알려주고 있는데, 갈대아 우르 지역과 거의 일치한다.

또한 성경에서는 바벨론 왕 느브갓네살이 예루살렘을 침략하여 하나님의 성전 그릇을 시날 땅에 있는 자기 신전에 두었다 하며(단 1:1,2; 스 5:12),[42] 느브갓네살 왕이 꿈을 꾸었을 때 갈대아 술사를 불렀다(단 2:2)[43]고 성경에 기록되어 있으므로 최초의 도시(바벨, 창 11:1~9)가 있었고, 바벨론 제국이 있었던 시날 땅은 여러 정황상 갈대아 사람이 살았던 '우르'지역이다. 참고로 이 지역은 현재 지금의 이라크 땅을 가리키고 있으며, 현재 바벨탑과 동일하지는 않지만 지구라트가 있다. 참고로, 니므롯이 건설하려 했던 바벨탑은 「라이프성경사전」에서 다음과 같이 알려주고 있다.

---

41 데라의 후예는 이러하니라 데라는 아브람과 나홀과 하란을 낳았고 하란은 롯을 낳았으며 하란은 그 아비 데라보다 먼저 본토 갈대아 우르에서 죽었더라(창 11:27~28)
42 유다 왕 여호야김이 위에 있은지 삼년에 바벨론 왕 느부갓네살이 예루살렘에 이르러 그것을 에워쌌더니 주께서 유다 왕 여호야김과 하나님의 전 기구 얼마를 그의 손에 붙이시매 그가 그것을 가지고 시날 땅 자기 신의 묘에 이르러 그 신의 보고에 두었더라(단 1:1~2)
  우리 열조가 하늘에 계신 하나님을 격노케 하였으므로 하나님이 저희를 갈대아 사람 바벨론왕 느부갓네살의 손에 붙이시매 저가 이 전을 헐며 이 백성을 사로잡아 바벨론으로 옮겼더니(스 5:12)
43 왕이 그 꿈을 자기에게 고하게 하려고 명하여 박수와 술객과 점장이와 갈대아 술사를 부르매 그들이 들어와서 왕의 앞에 선지라(단 2:2)

견고하게 구운 벽돌과 그 사이사이를 연결하는 접착제로 역청을 사용하여 만들어졌다(창 11:3).

탑의 모양은 고대 바벨론인들의 신전 건축물(바벨론의 주신은 '마르둑'이었음)로 알려져 있는 지구라트(ziggurrat)처럼 상층부로 올라가면서 점점 좁아지는 계단 모양의 구조물이었을 것으로 추정된다"고 알려주고 있다(라이프성경사전, 2006. 8. 15., 생명의 말씀사).

위와 같이 아브라함의 고향 갈대아 우르 지역은 최초의 도시 바벨이 있었던 지역이고, 바벨론 제국이 세워졌던 지역인 것이다.

〈 플랑드르 화가 대(大) 브뤼겔이 1563년 그린 바벨탑 〉

유럽의회건물(바벨탑모양)
〈 사진: pixabay 〉

〈 지구라트, 이라크: pixabay 〉

아브라함이 갈대아 우르에서 살고 있을 때 하나님은 노아의 홍수가 발생하기 전과 같이 사람들의 악함을 보셨던 것인지 바벨탑 사건 이후 아브라함을 갈대아 우르, 즉 바벨론 문화의 씨앗이 되던 땅에서 살던 아브라함을 불러내어 약속의 땅인 가나안 땅으로 이끌어 내신다. 그리고 야곱의 후손들이[44] 애굽에서 종살이 하고 있던 그들을 불러내어 다시 하나님의 약속의 땅, 가나안으로 인도하셨다.

이를 통해 보면 하나님은 아브라함과 그의 후손을 바벨론 문화의 영향을 받는 영적 어둠이 있던 곳에서 건져내어 하나님과의 영적 회복을 위하여 하나님이 약속하신 땅으로 인도해 주신 것이다. 이는 아브라함의 자손을 통해 인류를 구원하시겠다는 계획을 세우시고 그 구원의 말씀을 성취하기 위하여 이 땅에 예수그리스도를 보내게 된 것이다.

---

44 야곱의 후손: 출 12:37에서 보행하는 장정이 60만이라 하였으니 여자, 아이를 포함하면 2백만명이 넘을 것 같음

하나님이 예수 그리스도를 통한 계획을 세우지 않았다면 "인간은 모든 계획이 항상 악하다"(창 6:5)고 성경에서 말씀하고 있기에 인류는 노아의 홍수 때와 같이 아브라함을 갈대아 우르 지역에서 이끌어내지 않고 모두 망했을 지도 모른다.

그러나 하나님은 선하시고 약속을 지키시는 분으로서 두 번 다시 홍수로 사람을 전멸시키지 않겠다고 약속(창 9:11~13)[45]하셨고, 동서로부터 많은 사람들을 예루살렘으로 이끌겠다고(창 17:4; 슥 8:7,8; 마 8:11)[46] 하셨기에 예수 그리스도를 통한 인류 구원이라는 대역사를 계획하셨다. 그래서 아브라함을 바벨 문화 속에서 살았던 곳, 영적 어두움이 있던 곳에서 건져 낸 것이다. 지금도 이와 같이 하나님은 우리를 영적 어두움에서 건져내어 영적회복이 있는 영원한 나라에 있기를 소망하고 있는 것이다. 그렇기에 예수님은 말씀하셨던 것이다.

"내가 진실로 진실로 너희에게 이르노니 내 말을 듣고 또 나 보내신 이를 믿는 자는 영생을 얻었고 심판에 이르지 아니하나니 사망에서 생명으로 옮겼느니라"(요 5:24)

[갈대아 우르 Ur of the Chaldeans]

남부 메소보다미아의 유브라데 강변에 위치한 아브라함의 고향(창 11:28-31; 15:7; 느 9:7) 우르는 수메르의 수도였으나 후대에 갈대아인들이 바벨론으로 들어온 이후 '갈대아 우르', 혹은 '갈대아인의 우르'(개역개정판)로 불렸다. 아브라함이 살던 당시는 우르의 번영이 절정에 달했던 시기였다. 많은 점토판이 발굴된 것으로 보아 일찍부터 학교가 세워져 있었던 듯하며, 상업의 중심지로서 페르시아 만으로부터 상선(商船)들이 드나들었던 사실을 입증할 만한 증거들이 속속 발견되었다. 교역 물품은 우상 제작에 사용되는 섬록암과 설화석고, 구리, 광석, 상아, 금, 목재 등이었다. 특히 갈대아 우르에서 달신(月神) 숭배가 성행했다는 사실(수 24:2)과 바벨탑의 원형으로 가장 완전한 지구라트(Ziggurat)가 발견된 것은 이 도시가 고대 성경의 역사와 깊은 관계가 있는 지역임을 보여 준다 하겠다(라이프성경사전, 2006. 8. 15., 생명의말씀사)

---

45   내가 너희와 언약을 세우리니 다시는 모든 생물을 홍수로 멸하지 아니할 것이라 땅을 침몰할 홍수가 다시 있지 아니하리라 하나님이 가라사대 내가 나와 너희 및 너희와 함께하는 모든 생물 사이에 영세까지 세우는 언약의 증거는 이것이라 내가 내 무지개를 구름 속에 두었나니 이것이 나의 세상과의 언약의 증거니라 (창9:11~13)

46   내가 너와 내 언약을 세우니 너는 열국의 아비가 될찌라(창 17:4)
만군의 여호와가 말하노라 내가 내 백성을 동방에서부터, 서방에서부터 구원하여 내고 인도하여다가 예루살렘 가운데 거하게 하리니 그들은 내 백성이 되고 나는 성실과 정의로 그들의 하나님이 되리라(슥 8:7~8)
너희에게 이르노니 동서로부터 많은 사람이 이르러 아브라함과 이삭과 야곱과 함께 천국에 앉으려니와 (마 8:11)

[이스라엘 백성이 예수님의 피 값을 자신들과 자손까지 담당할 것이라 함]

²⁴빌라도가 아무 효험도 없이 도리어 민란이 나려는 것을 보고 물을 가져다가 무리 앞에서 손을 씻으며 가로되 이 사람의 피에 대하여 나는 무죄하니 너희가 당하라 ²⁵백성이 다 대답하여 가로되 그 피를 우리와 우리 자손에게 돌릴찌어다 하거늘(마 27:24~25)

²²빌라도가 세 번째 말하되 이 사람이 무슨 악한 일을 하였느냐 나는 그 죽일 죄를 찾지 못하였나니 때려서 놓으리라 한대(눅 23:22)

[이방인의 구원의 말씀]

⁶또 나 여호와에게 연합하여 섬기며 나 여호와의 이름을 사랑하며 나의 종이 되며 안식일을 지켜 더럽히지 아니하며 나의 언약을 굳게 지키는 이방인마다 ⁷내가 그를 나의 성산으로 인도하여 기도하는 내 집에서 그들을 기쁘게 할 것이며 그들의 번제와 희생은 나의 단에서 기꺼이 받게 되리니 이는 내 집은 만민의 기도하는 집이라 일컬음이 될 것임이라 (사 56:6~7)

⁴네 눈을 들어 사면을 보라 무리가 다 모여 네게로 오느니라 네 아들들은 원방에서 오겠고 네 딸들은 안기워 올 것이라(사 60:4)

⁷만군의 여호와가 말하노라 내가 내 백성을 동방에서부터, 서방에서부터 구원하여 내고 ⁸인도하여다가 예루살렘 가운데 거하게 하리니 그들은 내 백성이 되고 나는 성실과 정의로 그들의 하나님이 되리라(슥 8:7~8)

¹¹너희에게 이르노니 동 서로부터 많은 사람이 이르러 아브라함과 이삭과 야곱과 함께 천국에 앉으려니(마 8:11)

²⁷또 그 때에 저가 천사들을 보내어 자기 택하신 자들을 땅 끝으로부터 하늘 끝까지 사방에서 모으리라(막 13:27)

²⁹하나님은 홀로 유대인의 하나님 뿐이시뇨 또 이방인의 하나님은 아니시뇨 진실로 이방인의 하나님도 되시느니라(롬 3:29)

⁸기록된바 하나님이 오늘날까지 저희에게 혼미한 심령과 보지 못할 눈과 듣지 못할 귀를 주셨다 함과 같으니라.... ¹¹그러므로 내가 말하노니 저희가 넘어지기까지 실족하였느뇨 그럴 수 없느니라 저희의 넘어짐으로 구원이 이방인에게 이르러 이스라엘로 시기 나게 함이니라.... ²⁵형제들아 너희가 스스로 지혜 있다 함을 면키 위하여 이 비밀을 너희가 모르기를 내가 원치 아니하노니 이 비밀은 이방인의 충만한 수가 들어오기까지 이스라엘의 더러는 완악하게 된 것이라 (롬 11:8~25)

¹⁸또 하나님이 이방을 믿음으로 말미암아 의로 정하실 것을 성경이 미리 알고 먼저 아브라함에게 복음을 전하되 모든 이방이 너를 인하여 복을 받으리라 하였으니... ²⁹너희가 그리스도께 속한 자면 곧 아브라함의 자손이요 약속대로 유업을 이을 자니라 (갈 3:18~29)

⁹믿음의 결국 곧 영혼의 구원을 받음이라 (벧전 1:9)

12. 애굽에 나타난 10가지 재앙

1) 애굽의 10가지 재앙

번호	재앙	구약 (출애굽기)		술객(마술사)	고센땅
		내용			
1	피 (출7:14~25)	○ 지팡이로 하수의 물을 치자 피로 변함 · 물고기가 죽고, 악취 남 · 애굽 사람은 그 물을 마시기 싫어 함 · 애굽 사람은 마실 물이 없어서 지하수를 파서 마심		동일한 이적을 일으킴 (물→피)	(언급×)
2	개구리 (출8:1~15)	○ 애굽 온 땅에 개구리로 덮어버림 · 모세 기도이후 개구리들이 집, 마당, 밭에 나와 죽음(땅에서 악취가 남)		(언급×)	(언급×)
3	이 (출:8:16~19)	○ 땅의 티끌을 칠 때 티끌이 이가 됨 · 사람과 생축에 오르게 됨 · 술객의 고백: 이일은 하나님의 권능이라 바로 왕에게 말함		이적을 행하나 실패함	(언급×)

4	파리 (출:8:20~32)	○ 바로의 궁, 신하의 집, 애굽 전역에 나타남 · 땅의 해를 받게 됨 * 파리의 재앙이 고센 땅에 없게 한 것은 애굽 백성과 하나님의 백성사이에 구별	(언급×)	파리 없음
5	악질[47] (출:9:1~17)	○ 생축(말, 나귀, 약대, 우양)에게 심한 악질 · 악질로 생축이 죽게 됨 · 애굽 백성의 모든 생축이 죽음 * 악질의 재앙이 고센 땅에 없게 한 것은 애굽 백성과 하나님의 백성사이에 구별	(언급×)	악질 없음
6	종기[48] (출:9:8~12)	○ 풀무의 재 두 움큼으로 티끌이 되고, 독종이 발함 * 애굽의 술객들이 독종으로 바로 왕 앞에 나오지 못함	(언급×)	(언급×)
7	우박 (출:9:13~35)	○ 애굽 전역에 우박(a very grievous hail)이 내림(애굽 역사에 없었던 일임) · 우박이 내릴 때 밖에 있는 사람 짐승, 밭의 채소를 죽게 됨 · 식물이 없어서 나무를 먹게 됨 · 뇌성과 우박과 불을 내리게 됨 * 이때 이삭은 싹이 돋아서 상하였으나, 밀과 나맥(the wheat and the rye 호밀)은 싹이 돋지 않아 상하지 않음	(언급×)	우박 없음
8	메뚜기 (출:10:1~20)	○ 애굽 온 땅에 메뚜기로 가득함 (애굽 역사에 없었던 일임) · 메뚜기로 땅이 어둡게 될 정도로 많음 · 우박으로 상하지 않았던 밭의 채소 푸른 것, 나무 열매 등 다 먹어버림 * 바로의 신하들이 애굽이 망하게 되었으니 이스라엘 백성을 보내 줄 것을 권유하였으나 바로 왕은 거절	(언급×)	(언급×)
9	흑암 (출10:21~29)	○ 삼일 동안 애굽 땅 위에 흑암이 있음 ·너무 어두워 자기 집에서 일어나는 자가 없음(서로 얼굴을 볼 수가 없을 정도로 암흑)	(언급×)	광명 있음
10	장자 (출11:1 ~12:36)	○ 애굽 가운데 왕부터 하인 및 동물까지 처음 난 것 죽음 · 애굽 전국에 전무후무한 큰 곡성 · 애굽에 사망이 없는 집 없음	(언급×)	백성과 가축 죽음 없음

2) 애굽에 재앙이 있을 때 고센 땅에 머문 이스라엘 백성은 재앙을 비껴나갔다!(창47, 48장)

애굽에 나타난 10가지 재앙들이 내리는 과정을 살펴보면 첫 번째 재앙에서 세 번째 재앙(피, 개구리, 이)이 내릴 때까지 이스라엘 백성들이 머물고 있는 고센 땅에도 재앙이 발생되었는지는 언급되어 있지 않아 알 수 없으나, 4번째 재앙인 파리의 재앙이 있을 때 고센 땅에 발생하지 않았다고 말씀하고 있으며, 그 이후 다른 재앙(악질, 우박, 흑암, 장자)이 내릴 때에도 명확히 고센 땅에는 발생하지 않았다고 명시하고 있다. 다시 말하면 4,5,7,9,10번째 재앙(파리, 악질, 우박, 흑암, 장자)에 대해서는 고센 땅에 발생하지 않았다고 하였으며, 6,8번째 재앙(종기, 메뚜기)에 대해서는 언급하지 않았다.

하나님은 4번째 재앙(파리)부터 고센 땅에 재앙이 없었다고 말씀하신 것으로 보아 이스라엘 백성에게는 재앙을 비껴가도록 하나님께서 보호해주셨다. 하나님의 보호하심으로 고센 땅에는 파리와 악질과 우박이 없었고, 애굽이 흑암일 때 광명이 있게 하여 이스라엘 백성들이 살고 있는 고센 땅을 특별히 구별하였다.

고센 땅에는 재앙이 없었고, 애굽인들에게만 재앙이 있듯이 마지막 때에도 하나님은 동일하게 짐승의 표를 받은 자와 우상숭배자들에게만 재앙(황충, 종기 등)이 생기도록 할 것이다. 그래서 하나님은 이들과 하나님의 백성을 구별하기 위해 천사들을 통해 하나님의 백성에게 이마에 표시(계 7:3)를 하시는 것일 것이며, 하나님이 표시한 표로 인하여 고센 땅에 이스라엘 백성이 재앙이 피해가듯 하나님의 백성도 마지막 때의 진노의 일곱 대접의 재앙(계 16장)을 피해가도록 하나님이 지켜주고, 보호해 주실 것이다.

47　악질: very grievous murrain 매우 심한 역병(가축의 전염병)
48　종기: a boil breaking forth with blains upon men and upon beast
　　＊ boil: (의학용어) 부스럼, 종기　/ blain: (의학용어) 물집, 수포,

13. 광야에서의 이스라엘 백성의 불순종(성경 기록순서)

※ 애굽에서 광야에서 이적을 보고도 10번이나 시험(민 14:22)

1) 마라에 이르러 모세를 원망하다(출 15:22~25)

　(1) 이동 지역: 홍해 → 수르광야 → 마라.
　(2) 수르 광야를 지나 마라에 도착할 때까지 3일간 물이 없어서 목말라 한다.
　　① 마라지역에 물이 있었으나 써서 먹지 못하자 모세를 원망한다.
　　② 한 나무를 던지니 물이 달게 변한다.
　　③ 마라에서 법도와 율례를 정한다.

2) 신 광야에서 원망하다(출 16:1~29; 민 11:31~35)

　(1) 이동지역: 엘림과 시내산 사이.
　(2) 고기가 없어서 못 먹게 되었다고 원망하자 모세가 중보기도 한다.
　　① 하나님이 메추라기를 보내준다(개인당 1오멜을 주으라 함).
　　② 이스라엘 백성의 욕심: 각 개인 당 1오멜(an omer, 출16:16)을 걷으라고 말씀하셨는데 10배인 10오멜(ten homers, 민20:32)을 거둔다.
　　　* 1오멜(약2.2ℓ), 10오멜(22ℓ) = 1에바(22ℓ)(출처: 라이프성경사전)
　　③ 이틀 동안 메추라기를 주어서 먹는다.
　　　(종일 종야와 그 이튿날, all that day, and all that night, and all the next day)
　　④ 심히 큰 재앙으로 치신다(욕심을 낸 백성을 죽임)
　　　ⓐ 죽음: 고기를 입에 넣고 씹으려고 할 때 죽는다.
　　　ⓑ 이곳 이름을 기브롯 핫다아로 불린다.

3) 르비딤에서 원망하다(출 17:1~7; 민 20:1~13)

(1) 이동지역: 신광야 → 르비딤.
(2) 모세가 반석을 두 번 친다(하나님의 거룩함을 나타내지 않음).
  ① 반석에서 물을 낸다.
  ② 이곳 이름을 맛사 또는 므리바라 한다.
(3) 모세와 아론이 가나안 땅에 못 들어간다(120세, 123세).

4) 시내 광야에 있는 산(시내산)에서 불순종하다(출 32:1~28)

(1) 이동지역: 르비딤 → 시내광야.
(2) 모세가 시내산에 올라 40일 동안 보이지 않아서 금송아지를 만들고 춤추고 노래한다.
  * 레위 자손이 칼로 각 사람의 형제를, 친구를, 이웃을 죽인다(약 3천명).

5) 아론의 두 아들 죽음(레 10:1~2)

1) 아론의 아들 나답과 아비후가 여호와께 다른 불을 드린다.
2) 불이 여호와 앞에 나와 아론의 두 아들이 여호와 앞에 죽는다.

6) 바란 광야에서 악한말로 원망하다(민 10:12; 11:1~3)

(1) 이동: 시내광야 → 바란광야.
(2) 백성이 악한 말로 원망한다(여호와께서 들음).
  ① 진영 끝에 있는 그들(them)을 불로 태워버린다(the fire of the LORD burnt among them, and consumed them that were in the uttermost parts of the camp)
  ② 그곳 이름을 다베라로 한다.

7) 모세가 구스여자를 취할 때(민 12:1~16)

(1) 모세의 누나 미리암과 형 아론이 모세를 비방한다.
 ① 미리암에게 나병이 생긴다(모세의 중보기도로 7일간만 발생, 진영 밖에 머뭄)
 ② 이곳 지역은 하세롯 지방이다(민 12:16)

8) 가나안 땅 정탐꾼 10명의 불순종하다(민 13장~14:38)

(1) 이동지역: 하세롯지방 → 바란 광야.
(2) 12명의 정탐 보고.
 ① 10명의 정탐 보고: 정복할 수 없다 하면서 자신들을 메뚜기로 비유한다(민 13:33).
 ② 다른 2의 정탐 보고: 정복하러 가자, 그들은 우리의 밥이다 라고 한다(민 14:9)
 ③ 2명의 정탐 보고를 듣지 않고, 10명의 정탐 보고를 듣는 이스라엘 백성들은 원망하며 밤새도록 통곡한다(민 14:1~2)
(3) 여호와 진노: 하나님은 전염병으로 모두 진멸하려 하였으나, 모세의 중보로 위기는 모면하는 대신 만 20세 이상 성인 남녀는 가나안 땅에 못 들어간다(민 14:11,12,29). 단, 갈렙과 여호수아만 예외로 가나안 땅에 들어 갈 수 있었다.

9) 가나안 땅에 올라가지 말라 하였으나 불순종하다(민 14:39~45; 신 1:41~46)

 10명의 정탐꾼의 말을 듣고 원망하며 통곡한 다음 하나님의 진노가 있었음을 모세가 이스라엘 백성에게 알리자 그들 중 일부가 자신들이 범죄하였으니 올라가겠다고 하였다. 모세는 (기회가 지나갔으니) 그들에게 올라가지 말라고 말하였으나, 그들은 또 듣지 않고 올라가다가 아멜렉인과 산간에 사는 가나안에 의해 패하게 된다(민 14:45).

10) 고라, 다단, 아비람이 당을 짓고 모세를 반대하다(민 16:1~2)

* 고라, 다단, 아비람이 회중 250명의 족장과 함께 당을 짓고 모세를 대적한다.

(1) 땅이 갑자기 열려 고라와 다단과 처자와 유아들, 아비람과 처자와 유아들을 살아 있는 채로 삼켜버린다(땅속으로 빨려 들어간다).
(2) 250개의 분향단으로 250명을 불살라버린다(민 16:17,35).
(3) 고라의 아들들은 죽지 않는다(민 26:11).
(4) 고라는 레위의 자손이며, 모세는 이들을 레위 자손이라 한다(민 16:7).

11) 고라사건 이틀 후 이스라엘 백성이 모세와 아론을 원망하다(민 16:41~50)
　　* 여호와가 순식간에 멸하려 한다(민 16:45) → 염병발생 → 모세와 아론의 중재(향을 피움) → 염병이 그친다(14,700명이 죽음).

12) 에돔 땅 우회할 때 원망하다(민 21:4~9)

(1) 이동지역: 호르산 → 홍해를 지나 에돔 땅을 우회로 가는 길.
(2) 이스라엘 백성이 하나님과 모세를 원망한다(먹을 것도 없다, 물도 없다고 원망).
(3) 불뱀을 보내서 이스라엘 백성을 물어 죽게 한다 → 모세의 중보 → 하나님은 놋뱀을 만들어 장대에 걸라고 하다(십자가 모형 / 예수 그리스도 예표) → 뱀에 물린 자들이 놋뱀을 쳐다보면 죽지 않고 살게 된다.

13) 모압 평지에서 음행하다(민 22장~25장)

(1) 발람의 속임수(민 25:18): 이스라엘 백성과 모압 여자가 음행한다.
　① 우상에게 절하고 먹는다.
　② 사건 중심에 시므온의 한 지도자 시므리와 미디안 제사장의 딸 고스비가 있었고 비느하스가 이 둘을 죽이자 염병이 그친다(민 25:8).
　③ 염병으로 24,000명이 죽는다(민 25:9).
　④ 발람도 비느하스와 이스라엘 백성에 의해 죽는다(민 31:8).

[질문] 왜 정탐꾼 10명 때문에 이스라엘 백성 모두(20세이상)가 가나안 땅에 못 들어가고 40년간 방황하며 광야에서 죽었을까?

[답변] 출애굽 한 이스라엘 백성이 광야를 걸어가면서 열 번이 넘도록 불순종한 모습을 보이고 있다. 그런데 성경을 읽다보면 특이한 점이 발견된다. 그것은 죄를 짓게 되면 이스라엘 백성 가운데 모두 진멸하고자 할 때와 그렇지 않고 무리의 상당수가 죽게 되는 경우가 있다. 예를 들어 이스라엘 백성이 물이 없어서 원망하거나, 먹을 것이 없어서 투덜거리거나, 모세가 구스여인을 취하여 지도자들에게 비방을 듣거나, 모세의 지도력에 대해 불만을 제기하였을 때는 죽게 된다는 것은 무척이나 안타까운 현실이지만 이스라엘 백성 모두를 죽이겠다는 말씀은 없었고, 실제로도 이스라엘 백성 가운데 일부만 죽게 되는 것을 보게 된다.

그러나 하나님이 이스라엘 백성 모두 진멸하고자 할 때는 단 두 가지 경우가 있었다. 첫 번째는 시내산에서 우상(금으로 만든 황소)을 만들었을 때 하나님은 모세에게 이스라엘 백성 모두를 진멸하겠다 하였다. 그러나 다행히도 모세의 중보로 모두 죽지는 않았고 일부만 죽음을 맞이하였다는 것이다. 두 번째로는 가나안 땅을 정탐하고 나서 이스라엘 백성 모두를 전염병으로 죽이려 하였으나 이때도 모세의 중보로 모두 죽음을 면하게 되었고, 단 이스라엘 백성 중 여호수아와 갈렙을 제외한 20세 이상의 남녀 모두가 광야에서 죽음을 맞이하게 된다.

그렇다면 왜 모두 죽음의 상황에 몰렸을까 하는 의문점이 생긴다.

위에서 언급하였다시피 범죄하면 범죄한자만 벌을 받거나 일부만 죽을 수도 있었을 텐데, 왜 하나님은 모두를 진멸하겠다고 하셨을까?

여기서 다루고 싶은 것은 정탐꾼에 대한 부분으로서 12명의 정탐꾼 중 10명이 부정적인 이야기를 하였다면, 그들을 제외하고 두 명(여호수아, 갈렙)을 통해 가나안 땅을 정복할 수 있었을 텐데 라는 의문점이다.

그 이유를 추론하자면, 10명의 정탐꾼이 가나안 땅을 보고, 경험하고, 느낀 그들의 이야기가 이스라엘 백성 전역에 퍼지게 되었고, 그 이야기로 인하여 두려움을 가지게 되면서 간담이 녹아져서 아무것도 할 수 없는 존재가 되었기 때문이다. 그 두려움으로 그들이 경험했던 과거의 홍해를 가르고, 만나를 먹고, 아멜렉 전투에서 이겼고, 광야에서 물을 얻는 경험을 했어도, 이스라엘 백성 가운데 크고 위대하신 하나님의 존재가 일순간 사라졌다.

그리고 그들이 가야 할 최종 목적지가 가나안 땅이었음에도 불구하고, 그들은 그 곳에 이미 정착하고 있는 거주민들을 보며 두려움을 가지면서 그들의 목적지를 잊어 버렸다는 것이다. 그들이 가야할 곳, 정착해야 할 곳, 그들의 선조 아브라함과 이삭이 머물렀던 곳, 그리고 하나님의 약속의 땅인 가나안 땅에 대해 두려움을 가지게 되면서, 가나안 땅을 포기하기에 이르게 되었고, 더욱 하나님에 대해서 원망을 하다 보니, 하나님은 그들을 즉시 약속의 땅으로 인도하시기는 어려웠던 것으로 보여진다. 출애굽 한 이스라엘 백성이 애굽에서 종으로 살았던 과거의 기억을 버리지 않고서는 그곳을 정복하거나 정착할 수 없었다는 것을 보았을 것 같다.

그래서 여호수아와 갈렙만 제외하고, 모두(20세이상)가 가나안 땅을 들어가지 못했을 것으로 추측할 수 있을 것 같다. 하나님은 그들이 가나안 땅에 대해서 두려움을 가지고 있었고, 하나님의 약속의 말씀과 하나님의 위대하심을 신뢰하지도 않았으며, 그들의 최종 정착지를 잊었기에 그들은 더 이상 가나안 땅을 밟을 수 없었던 것으로 보여진다. 이것은 오늘날 우리 그리스도인들에게도 동일하게 적용되는 말씀이다. 하나님은 우리에게 하나님께 오라고, 새 예루살렘 성에 오라고, 천국잔치에 참여하라고, 예수님께 오라고 말씀하고 계시는데, 우리는 우리가 가야할 본향인 천국에 대해서 생각하지도 않고 있고, 천국을 마음과 생각 속에 잊어버리고, 사모하지도 않으며, 신뢰하지도 않고, 그렇다고 하나님을 의지하지도 않고 있으며, 예수님께 나아가지도 않고 있는 우리의 모습을 발견하게 된다.

그렇게 우리가 잊어버리고 살거나 살아간다면, 우리는 우리의 목적지를 잃어버리게 될 것이다. 우리는 이 사건을 통해서 최종 정착지인 천국에 들어가지 못할 것이라는 것을 볼 수 있다. 이스라엘 백성이 가나안 땅을 정탐하고 벌어졌던 사건에 대해 우리 현재의 모습을 바라보는 하나의 증거로 삼아도 될 것 같다.

14. 요셉의 인생

요셉이 종이며 이방인으로 애굽의 총리가 되는 모습은 매우 극적이고, 화려한 인생을 살았다는 것을 그리스도인들이라면 누구나 알고 있는 내용일 것이다. 그래서인지 오늘날 많은 그리스도인뿐만 아니라 세상에 있는 많은 대다수가 요셉과 같은 인물(출세, 명예, 권력을 가진 인물이나 의사결정권을 가진 자)이 되기를 바라보며 살아가는 모습을 보게 된다.

그러나 요셉이 총리가 되기 위한 과정을 보면 그가 걸어온 인생이 얼마나 불행하고, 우울하고, 절망에 빠졌던 인물이었다는 것을 간과하지 말아야 한다. 그 불행하게 살아가는 요셉 인생 가운데, 하나님께서 그에게 특별히 개입하시고 사용하시는 모습을 보게 된다. 이스라엘 백성을 살리기 위하여, 이스라엘 백성을 하나의 민족으로 뭉치며 번성하도록 하나님은 요셉의 인생을 개입하고 인도하심을 보게 된다. 그리고 그가 총리가 될 때까지는 깨닫지는 못했겠지만 그가 하나님 앞에서 쓰임받기까지 얼마나 많이 깨어지고, 단련되고, 변화되어지는 모습을 앞으로 전개되는 이야기를 통해 볼 수 있을 것이다.

먼저 요셉의 출생 시기부터 돌아보고자 한다. 요셉이 태어났을 때 그의 부모는 라반이 거하는 땅(밧단아람)에서 살고 있었다(창 28:2; 30:24). 요셉은 아버지 야곱과 친 어머니 라헬, 의붓 어머니인 레아, 빌하, 실라, 10명의 형들과 누나(디나)가 대 가족을 이루며 살고 있는 가정에서 태어났다.

요셉은 외할아버지 라반이 있는 곳에 얼마나 머물러 있었는지는 모르겠지만, 요셉은 태어났을 때부터 순탄한 인생은 아니었음을 알 수 있다. 아버지 야곱은 외할아버지 밑에서 처가살이 하면서 외할버지의 거짓된 약속으로 종노릇하며 일하고(창 31:41), 외가 친척들로부터 재산이 늘어나는 것에 오는 따가운 시선 속에 있었으며(창 31:1), 그는 친 부모 이외에 세 명의 또 다른 어머니, 배 다른 형들과 누나 속에 살았으니 참으로 기구한 인생이 시작이었을 것이다.

그러던 어느 날 요셉의 아버지 야곱은 갑자기 가족들에게 라반(장인)에게서 떠나야만 한다고 말하고 몰래 도망치듯이 떠나야만 했었고(창 31:22), 떠날 때 어머니 라헬은 할아버지의 신상인 드라빔(이방인의 신상 – 우상)을 훔치게 된다(창 31:19, 요셉이 훔치는 것을 보았는지는 알 수 없으나 그 이후 드라빔이 자기 집에 있는 것을 보았을 것이고 그때에는 훔친 것을 알게 되었을 것이다). 그리고 목적지도 모르면서 걸어가는 가족들을 보면서 그 자신 또한 평안할리 만무하였을 것이다.

　그러한 가운데 가나안 땅을 향해 가는데 큰 아버지인 에서가 자신들의 가족들을 만나러 온다는 소식을 듣게 되는데, 아버지 야곱은 기뻐하는 것이 아니라 불안해하고 두려워한다(창 32:11). 그리고 아버지는 앞장서서 걷는 것이 아니라, 가족들을 앞으로 전진 배치하는 모습을 보게 되면서 아버지에 대한 기대상이 무너지게 된다(창 32:16). 그리고 큰 아버지를 피해 숙곳(세겜성읍)에 가면서 자신들의 가족이 얼마나 미약하고 불안함 속에 있는지를 새삼 발견하게 된다.

　세겜 땅에 있으면서도 그의 가족은 또 한 번의 큰 위기를 맞이한다. 그의 배다른 누나 디나가 세겜 땅에 구경하러 갔다가 그만 그들에게 강간을 당하게 되는 소식을 듣게 되었다(창 34:2,7). 그 이후 형들(시므온과 레위)이 살인과 약탈의 모습을 저지르는 것을 보게 된다. 그로 인한 누나의 아픔, 가족의 불행, 그리고 형들의 잔인하고 포악한 살인자의 모습을 경험하게 된다(창 34:26,27). 그러자 아버지 야곱은 주변 족속들로부터 복수를 당할 것 같은 생각이 들어 그 땅을 떠나게 된다(창 35:1). 정말 한치 앞을 알 수 없는 풍전등화 같은 한바탕 큰 죽음의 회오리바람이 불어왔다. 하나님은 야곱을 생각하여 그 주변 족속들에게 두려움의 마음을 주어 쫓아오지 못하도록 막으셨기에 그들이 죽음을 피할 수 있었던 것이다(창 35:5).

　그리고 이동하면서 어머니 라헬은 점점 배가 불러 오게 된다. 요셉은 자신의 동생 베냐민을 가진 어머니가 임신으로 힘들어 하는 모습을 보면서 이동해야만 했을 것이다. 그 힘든 여정 속에 어머니 라헬은 그만 동생 베냐민을 낳자마자 죽게 되었고 요셉은 그동안 안식처가 되었던 어머니가 갑자기 사라지게 된다(창 35:19). 어머니의 죽음으로 요셉은 그동안 형들로부터, 배다른 어머니로부터 오는 따가운 눈총을 어머니 라헬을 통해 위로 받아 왔던 자리가 사라지게 된 것인데, 이는 가족 내 안식처가 사라짐과 동시에 동생 베냐민을 보살펴야 하는 일까지 감당해야만 했을 것이다.

　이런 요셉을 보면서 측은한 마음을 가지게 된 아버지 야곱은 가장 사랑했던 여인의 아들이기도 한 요셉을 보며 다른 아들들보다 더 많은 사랑과 애정을 쏟게 되고 그에게 특별한 채색옷 까지 입혀주게 되지만(창 37:3), 이러한 부분들이 다른 배다른 형들과 세 명의 어머니로부터는 시기와 질투 그리고 미움이 대상이 되며 자라게 된다(창 37:4). 어느 날은 요셉은 꿈을 꾸게 되었고, 이 일로 형들로부터 더 많은 미움이 대상이 되어버리고(창

37:5~10), 하마터면 형들로부터 죽임을 당할 뻔하기도 하였으나(창 37:20), 다행히도 유다를 통해서 애굽의 종으로 팔리게 되어지면서 죽음을 피하게 된다(창 37:26~28).

그런데 죽음은 면하지만 애굽의 종으로 팔리면서 느껴지는 형들로부터 오는 배신과 더 이상 아버지와 동생 베냐민을 볼 수 없다는 절망과 함께 애굽까지 끌려가는 동안 걸어서 가거나 포승줄에 묶여서 걸어가야만 하는 괴로움의 연속이었을 것이다. 요셉은 앞으로 종으로만 살아야만 하고, 어떤 인생이 그를 맞이하고 있는 지도 모르는 불확실한 상황 속에서 생명의 위험과, 살아서 과연 고향으로 돌아갈 수 있을까 하는 절망 속에서 그는 애굽을 향해 포승줄에 묶여 처량하게 끌려가게 되었던 것이다.

성경은 이 때 요셉의 나이를 밝히고 있다. 그의 나이 17세였으니(창 37:2) 우리나라로 치면 고등학교 2학년에서 3학년정도 되는 청소년이었을 것이다. 이런 나이에 애굽으로 종으로 팔려왔으니 신분의 자유가 없을뿐더러 하루 종일 일을 해야만 하는 자신의 신세와 그리고 자기의 종족이 생활했던 문화와 다른 것에 오는 충격과 무엇보다도 언어가 달라서 오는 의사소통의 어려움(창 42:23)으로 매일같이 눈물과 매 맞음의 연속이었을 것이다.

이제까지의 요셉의 인생을 살펴보면 참으로 기구한 인생이라고 말하지 않을 수 없다. 외할아버지의 속임수에 당하고 큰 아버지와 주변 족속들로부터 위협을 당하는 유약한 아버지, 이방신(드라빔)을 몰래 훔치며 섬겼던 분으로서 동생을 낳다가 죽은 어머니, 다른 배다른 어머니 세 명을 모시고 있었고, 배 다른 형들과 누나가 있었는데 누나는 강간을 당하고, 형들은 살인과 약탈을 저지른 무서운 형들이었다. 그리고 자신에게 절을 하는 꿈을 꾸었다며 더욱 더 형들로부터 오는 미움과 질투의 대상이 되어 죽을 뻔하였다가 종으로 팔리는 신세가 되었으니, 참으로 그가 감당하기에는 너무나 벅찬 인생이었던 것이다.

이 정도의 삶을 보여주고 그가 어떤 인물이 되었을까 이야기 한다면 누가 과연 요셉이 애굽의 총리가 된다고 말할 수 있을까?

아마도 대부분은 거지, 술주정뱅이, 종이였으니 평생 종으로서 살던가 아니면 설사 종의 신분을 벗는다 할지라도 어디선가 입에 풀칠하면서 살아가고 있는 인생이라고 답하지 않을까 한다.

다시 본론으로 돌아와 더 이야기하자면, 요셉은 애굽으로 종으로 팔려 와서 궂은 일을 하며 성심을 다해 일하여 주인 보디발에게 인정을 받고 집 안을 다스리는 모든 권한을 부여 받는다(창 39:5). 그 직책을 받으면서 열심히 일하였지만 보디발의 아내의 모함으로 그만 감옥에 갇힌다(창 39:20).

　참으로 억울한 일이 아닐 수 없다. 정직하고, 애쓰고, 노력했음에도 불구하고, 더군다나 주인으로 모시는 주인의 아내가 잠을 같이 잘 것을 꾀임에도 넘어가지 않았던 그가 그 여주인으로부터 모함에 걸려 감옥에 갇히게 되었으니 얼마나 신세가 원망스럽지 않을 수 있을까?

　그 동안의 노력이 한 순간에 사라지게 된 것이다. 그리고 자신의 억울함을 어느 누구도 살펴보지 않는다. 주인 보디발도 찾아오지 않는다. 종된 신분이었으니 종은 한 번 버리면 끝이라고 생각해서였는지 더 이상 찾아오지도 않고 그는 쓸쓸히 잊혀져가고, 억울함을 풀길이 없는 가운데 그는 감옥에서 생활하게 된다.

　요셉은 감옥에 갇혀있으면서 자신에게 주어진 일을 열심히 수행하게 된다. 그러다보니 간수장으로부터 하나씩 인정받게 되면서 감옥 안에서의 일들을 자신에게 맡기게 되고, 어느덧 거의 모든 일을 맡기면서 요셉은 늘 해오던 데로 성실과 최선을 다하는 모습을 보인다. 그리고 감옥에 갇힌 자들의 마음도 얻으면서 그는 최선을 다한다(창 39:23).

　그러다가 감옥에 갇혀 있는 술 맡은 관원과 떡 굽는 관원이 꿈을 꾼 것을 요셉이 알려주었고 그 해석대로 한 명은 왕에게 돌아갔고, 한 명은 죽음을 맞이한다(창 40:21,22). 술 맡은 관원은 요셉과의 약속했던 요셉의 모함을 해결해주겠다는 것에 대해 잊어버리게 된다(창 40:23). 요셉은 술 맡은 관원이 자신의 억울함을 풀어줄 것이라는 기대감이 있었으나 하루, 이틀, 한 달, 두 달 지나가면서 마음으로 실망과 언제 풀려나갈지 모르는 낙담 속에 살아가게 된다.

　애굽으로 팔려 왔어도 요셉의 인생은 참으로 안 풀려도 너무 안 풀리고, 억움함의 연속이 계속해서 벌어졌다. 자신이 팔려온 것도 억울하고, 종으로 평생 살아가야 하는 것도 억울한데 죄가 없음에도 불구하고 모함으로 감옥에 갇힌 것도 억울하고, 약속을 지키기로 한 사람도 잊어버리고 있으니 요셉의 인생은 말로하기가 정말 어려울 정도로 안타깝고 절망에 빠진 인생이라고 말할 수밖에 없다. 그래서 누군가 그를 건져내지 않는다면 해결할 방법이 전혀 없는 절망에 빠진 사람이 요셉이었던 것이다.

　그러나 요셉은 그런 억울함 속에서도 자신에게 주어진 일을 여전히 최선을 다해 일을 한다. 이 정도 되면 될 대로 대라 하며 포기하는 인생일 수 있었으나 요셉은 그렇지 않고 하루하루를 최선 다할뿐이다. 그러던 어느 날 갑자기 바로 왕이 자신을 부른 것이다(창

41:14). 한낱 미천하고, 보잘 것 없고, 죄인 된 신분이요, 종 된 신분이요, 이방인이요 어느 것 하나 바로 왕 앞에 나갈 수 있는 이유가 없었던 요셉이었다.

바로 왕에게 가보니 꿈을 풀어달라고 자신에게 부탁한다. 요셉은 꿈을 풀 수 있는 분은 오직 하나님이라 말하며(창 41:16), 하나님으로부터 온 지혜로 그 꿈을 풀어주었고, 더 나아가 해결 방안까지 알려주었다. 그러자 바로 왕은 요셉을 갑자기 애굽을 다스리는 총리로 세워주는 것이다(창 41:43).

말도 안 되는 사건이 요셉에게 벌어진 것이다.

어떻게 이런 일이 일어날 수 있겠는가?

이것은 전적인 하나님의 역사로 기적 같은 일이 요셉에게 벌어진 것이다. 그러면서 요셉은 깨닫게 된다. 하나님이 자신을 인도하셨던 모습을 보게 된다. 자신이 아버지 야곱과 함께 있을 때 꿈을 꾼 것, 형들에 의해 종으로 팔린 것, 그리고 애굽의 많은 사람 중에 보디발 장군에게 팔린 것, 보디발에게 인정을 받았던 일들, 여주인(보디발의 아내)으로부터 모함에 걸려 억울하게 감옥에 갇힌 것, 감옥에 갇혀 있으면서 간수장에게 인정받은 것, 감옥에서도 풀려나가지 못하고 계속해서 갇혀 있었던 일, 그리고 술 관원이 약속을 지키지 않았던 것, 그리고 바로 왕에게 갈 수 있었던 것 등등 그 모든 순간순간이 하나님이 자신의 인생에 개입하셔서 이끌어갔던 것을 발견하게 된 것이다.

이와 같이 애굽의 총리가 되는 극적인 순간이 일어나기까지 요셉의 인생은 순탄치 않았고, 억울함과 절망의 연속의 시간이었던 것이다. 그런 요셉을 하나님은 외면하지 않으시고 그의 인생에 찾아가서 요셉을 건지시고, 그의 가족을 건지시고, 그의 민족을 구원하는 일들로 이어지는 하나님의 역사를 볼 수 있다.

요셉의 인생을 보면서 많은 이들이 총리가 되는 것을 희망하지만 요셉이 걸어왔던 인생에 대해서 생각하지도 않을뿐더러 그의 어린 시절이 얼마나 우울하고 암울한 가족사가 있었는지, 그리고 그가 청소년이었을 때 가족으로부터 살인의 위협과 배신의 역사를 당했던 것에 대해 기억하지 못하고 있는 것 같다. 요셉이 애굽의 총리가 되기 전 30세(창 41:46) 이전까지의 그의 인생은 막장 인생이었지만, 그는 지난날의 삶을 선으로 바꾸고, 사랑으로 바꾸면서 자신의 인격과 삶을 변화시키는 것을 볼 수 있다.

그래서 그는 자신을 시기하고, 질투하고, 죽이려했던 형들, 그리고 실제로 종으로 팔았던 형들을 용서하는 모습을 볼 수 있었으며(창 50:19~21), 총리로서도 애굽 사람들을 보호하는 모습(창 47:17~26)을 보게 된다.

우리는 요셉이 총리가 되는 극적인 하나님의 역사를 바라보는 것도 중요하겠지만 그 이면에 요셉이 걸어왔던 30년간의 시련과 아픔이 있었음을 우리는 기억해야 한다. 그가 하나님 앞에서 쓰임 받기 위해 얼마나 그의 인격과 삶이 바뀌어 지고, 단련되어 왔는가에 대해서 말이다. 그러면 지금 우리의 인생길이 비록 요셉과 같이 암담하고 억울하고, 누명을 써서 고생하고 있는 순간이라 할지라도 우리는 포기하지 말고, 실망하지도 말고, 복수의 칼을 갈지도 말고, 사랑으로, 용서의 마음으로, 하나님 앞에 정직한 마음으로 하루하루를 견디다보면 요셉을 인도하셨던 하나님이 우리의 억울함과 아픔을 풀어줄 그날이 우리에게도 일어날 것이다.

15. 대홍수 이전 세대

아래의 표를 보면 하나님이 아담을 창조한 이후부터 홍수가 나기 전까지 아담으로부터 노아까지 10대의 자손이 나오는 것을 볼 수 있으며, 홍수가 발생하는 연도까지의 기간을 계산하면 1655년이 되던 해에 홍수가 발생했다.

홍수가 발생 했던 시기를 보면 몇 가지 특이한 점이 있다. 바로 므두셀라의 죽었던 해에 홍수가 발생했다는 것과 아담으로부터 9대손까지 이미 홍수 이전에 모두 죽음을 맞이했고, 므두셀라는 성경상의 가장 오랜 삶을 살았던 인물(969세)이기도 하지만, 그의 아버지는 하나님과 동행하여 하나님이 직접 하늘로 데리고 간 에녹이었다는 점과 인류 역사의 시작이었던 아담과 므두셀라의 아들 라멕이 동시대에 살고 있었다는 점이다(실제 아담은 므두셀라의 아들 라멕이 65세가 될 때까지 살았음, 1세대~9세대까지 동시대의 삶을 살았음).

이 가운데 가장 두드러진 특징은 에녹의 아들 므두셀라가 죽었을 때에 홍수가 발생한 점이다.

[대(大) 홍수 이전 세대]

시작연도	세대	출생	비고
0년	1대	아담의 창조	
130년	2대	셋의 출생 (대신 둠)	- 아담 130세, 셋 0세
235년	3대	에노스의 출생 (연약하다)	- 아담 235세, 셋 105세, 에노스 0세
324년	4대	게난의 출생 (광대한 소유)	- 아담 324세, 셋 195세, 에노스 90세, 게난 0세
394년	5대	마할랄렐의 출생 (하나님의 찬양)	- 아담 394세, 셋 265세, 에노스 160세, 게난 70세, 마할랄렐 0세
459년	6대	야렛의 출생 (내려감)	- 아담 459세, 셋 330세, 에노스 225세, 게난 135세, 마할랄렐 65세, 야렛 0세
621년	7대	에녹의 출생 (바친다)	- 아담 621세, 셋 492세, 에노스 387세, 게난 297세, 마할랄렐 227세, 야렛 162세, 에녹 0세
686년	8대	므두셀라의 출생 (창던지는 사람)	- 아담 686세, 셋 557세, 에노스 452세, 게난 362세, 마할랄렐 292세, 야렛 227세, 에녹 65세, 므두셀라 0세
873년	9대	라멕의 출생 (강한자)	- 아담 873세, 셋 744세, 에노스 639세, 게난 549세, 마할랄렐 479세, 야렛 414세, 에녹 252세, 므두셀라 187세, 라멕 0세 (*1대~9대까지 동 시대에 살았음)
930년			아담의 죽음 (1대, 930세)
986년			에녹이 하늘로 감 (7대, 365세)
1042년			셋의 죽음 (2대, 912세)
1055년	10대	노아의 출생 (안위함)	- 아담(죽음), 셋(죽음), 에노스 821세, 게난 731세, 마할랄렐 661, 야렛 602세, 에녹(죽음), 므두셀라 369세, 라멕 182세, 노아 0세
1139년			에노스의 죽음 (3대, 905세)
1234년			게난의 죽음 (4대, 910세)
1289년			마할랄렐의 죽음 (5대, 895세)
1421년			야렛의 죽음 (6대, 962세)
1650년			라멕의 죽음 (9대, 777세)
1655년 1655년			므두셀라의 죽음 (8대, 969세) 노아의 홍수 발생(노아 600세)
2005년			노아의 죽음 (10대, 950세)

(창 5:24 "에녹이 하나님과 동행하더니 하나님이 그를 데려 가시므로 세상에 있지 아니하였더라")

16. 숫자의 의미

명칭	의미	내용
일곱 별들	일곱 교회 천사들	■ 일곱 교회의 각 대표 지도자
일곱 금촛대	일곱 교회	■ 에베소~라오디게아교회
일곱 등불	일곱 영(예수) 여호와의 눈	■ 일곱 교회에 전하라고 말씀하신 예수 ■ 온 세상에 두루 행하는 여호와의 눈
일곱 교회	에베소, 서머나, 버가모, 두아디라, 사데, 빌라델비아, 라오디게아	■ 네 행위를 안다 / 회개하라 / 귀 있는 자는 들으라 / 이기는 자가 되어라 / 상급을 준다.
일곱 봉인	하나님의 오른 손에 들린 일곱 봉인된 책(생명책)	■ 재앙 (죽음, 평화 없음, 순교자발생, 천체의 변화, 일곱 나팔)
일곱 나팔	재앙의 나팔	■ 1/3의 피해 (땅, 바다, 강, 태양, 사람)
일곱 우레	비밀로 붙임 (알 수 없음)	■ 하늘에서 인봉하고 기록하지 못하게 함
일곱 대접	재앙의 대접	■ 사람에게 미치는 마지막 재앙
일곱 인물	마지막 시대 대표적인 인물	■ 여인, 붉은 용, 사내아이, 미가엘, 남은 후손, 바다짐승, 땅의 짐승
4색의 말	하늘의 네 바람	■ 흰말, 붉은 말, 검은말, 청황색말 ■ 온 땅에 두루 다니라고 보냄을 받은 자
네 천사	바람을 막고 있는 천사	■ 네 모퉁이(four corners)에 서 있는 천사 - 바람을 불어 땅, 바다, 나무를 손상시킴
144,000명	이스라엘 12지파	■ 마지막 때 추수 시점의 첫 열매
두 증인	두 감람나무	■ 마지막 때 두 명의 증인

17. 일곱 교회

교회	행위	책망	경고	약속(상급)	공통
1. 에베소	악한 자 용납 안함, 자칭사도 시험, 인내, 수고, 열심	첫 사랑 버림	회개하라, 처음 행위를 하라	생명나무	■ 네 행위를 안다 ■ 회개하라 ■ 귀 있는 자는 들으라 ■ 이기는 자가 되어라 ■ 이기는 자에게 상급을 준다
2. 서머나	환난과 궁핍, 사탄의 훼방	(없음)	(경고) 없음 (부탁) 죽도록 충성하라	생명의 면류관 (둘째사망없음)	
3. 버가모	예수를 붙듦, 안디바는 순교자	거짓을 따름 (발람과 니골라당의 교훈)	회개하라	만나와 흰 돌	
4. 두아디라	사업, 사랑, 믿음, 섬김, 인내 (나중 행위가 더 많음)	이세벨 용납 (음행 행위)	회개하라	민족을 다스리는 철장의 권세와 새벽별	
5. 사데	살아있다 하나 죽은 것이고, 온전함이 없음 (몇 사람은 흰옷 입음)	죽은 신앙	회개하라, 죽게 된 것에 힘을 돋우라	흰 옷, 생명책에 기록, 시인함을 받음	
6. 빌라델비아	(칭찬)적은 능력으로 승리 (칭찬보상)열려있는 문, 자칭유대인에게 경배 받음, 시험의 때 지켜줌	(없음)	면류관을 빼앗기지 않도록 하라	성전의 기둥	
7. 라오디게아	미지근한 신앙	차든지 덥든지 하라, 금과 흰옷을 사라	열심을 내고 회개하라	보좌에 앉음	

18. 일곱 봉인, 일곱 나팔, 일곱 대접, 일곱 인물(요약)

[일곱 봉인, 일곱 나팔, 일곱 대접, 일곱 인물]

일곱 봉인	내용	
첫째 (6:1~2)	• 활, 면류관을 가지고 이기려함(conquer 정복)	(승리 / 흰말 탄 자)
둘째 (6:3~4)	• 칼로 땅에 평화 제거 (서로 죽이게 함)	(전쟁 / 붉은 말 탄 자)
셋째 (6:5~6)	• 손에 저울을 가짐(한 데나리온에 밀 한되, 보리 석되) - 기름과 포도주는 손상하지 말라	(기근 / 검은 말 탄 자)
넷째 (6:7~8)	• 사망, 음부(지옥 Hell) ; 땅의 1/4를 죽임 (칼, 굶주림, 사망, 짐승)	(죽음 / 청황색 말 탄 자)
다섯째 (6:9~11)	• 외침 • 핏값(신원) • 쉬라(동무종들 순교: 수가 찰 때까지)	(순교자)
여섯째 (6:12~17)	• 지구천체의 변화: 큰 지진, 해는 검게, 달은 피로, 별은 떨어지고 하늘은 떠나가고, 산과 섬은 제자리로 옮겨짐 • 땅의 모든 사람의 울부짖음: 산과 바위가 자신에게 닥치더라도 하나님의 진노로부터 숨겨 달라 하며, 진노의 큰 날에 누가 능히 서리요 함	
일곱째 (8~9장,11:15~19)	• 반시간동안 고요, 일곱 나팔을 붐 (땅, 바다, 강, 태양, 사람 1/3 피해, 황충,추수, 심판, 새 예루살렘 성)	

일곱 나팔	재난		방법	결과	피해
첫째(8:7)	땅	1/3 피해	우박(피와 불이 섞인 우박)	불에 탐	땅, 수목 1/3
둘째(8:8,9)	바다		큰 산(불붙은 큰산)	피로 변함	바다피조물 1/3죽음 배들의 1/3 파괴
셋째 (8:10,11)	강		큰 별(횃불처럼 타는 큰별) *큰 별이름: wormwood	쑥으로변함	사람이 죽음
넷째(8:12)	태양		타격(smitten) 받음	빛을 잃음	암흑낮, 밤중8시간
〈천사〉	"화로다" 외침		천사(독수리)의 외침(3번)		
다섯째 (9:1~12)	첫번째 화(사람)		전갈 같은 황충(무저갱)	고통(사람)	죽고 싶은 고통 (5개월)
여섯째 (9:13~19)	두번째 화(사람)		네 천사와 마병대	죽음(사람)	사람 1/3 죽음
일곱째 (11:15~19) (10:7)	세번째 화(사람)		큰음성 • 24장로경배 • 성전열림 (언약궤,번개,음성,천둥, 지진,우박) 진노의일곱대접(다이루었다)	추수	심판, 새 예루살렘 성

일곱 대접	쏟는 지역	재앙의 내용
첫째 대접	땅	· 사람에게 악하고 독한 종기가 생김
둘째 대접	바다	· 피로 변함(바다의 모든 생물 죽음)
셋째 대접	강	· 피로 변함(생물이 죽는다는 언급은 없으나 3절 말씀을 유추하여 해석하면 피로 인해 강의 모든 생물이 죽음)
넷째 대접	태양(해)	· 태양에서 나오는 불(fire - 열기)로 사람을 태움
다섯째 대접	짐승의 나라	· 짐승의 나라가 고통(흑암,아픔,종기 · 혀를 깨물음)
여섯째 대접	유프라테스 강	· 강들이 말라버림 ⇒ 전쟁(아마겟돈) ⇒ 주님의 큰날
일곱째 대접	공중	· 강력한 지진, 큰 우박

일곱 인물	인물	의미
첫 번째 인물	여인	회복된 이스라엘
두 번째 인물	붉은 용	사탄
세 번째 인물	사내 아이	예수 그리스도
네 번째 인물	미가엘	미가엘
다섯 번째 인물	남은 후손	예수를 믿는 성도
여섯 번째 인물	짐승(바다)	신 바벨론, 음녀, 신흥 10명의 왕
일곱 번째 인물	짐승(땅)	땅의 상인(왕족, 거짓선지자)

19. 일곱 봉인: 요한계시록 6장, 8장

봉인	징표	내용

첫 번째	흰 말 탄 자	• 활을 가졌고, 한 면류관이 주어졌고, 나가서 정복하고 정복하려 함
		  * 면류관: a crown
		  * 정복: conquer

두 번째	붉은 말 탄 자	• 땅에서 평화를 제거하는 권세가 주어졌고, 그에게 큰 칼도 주어짐 - 결국 그 칼로 그들이 서로 죽이게 됨
세 번째	검은 말 탄 자	• 그의 손에 저울을 가짐 - 사도 요한이 네 짐승들 가운데 한 음성을 들음 • 음성: 밀 한 되(1리터)가 한 데나리온(하루 품삯)이요, 보리 석되(3리터)가 한 데나리온이다. 그리고 그 말 탄 자에게 기름(the oil)과 포도주(the wine)는 손상시키지 말라고 들었음

네 번째	청황색 말 탄 자	• 말 탄 자의 이름은 사망이다 그래서 음부(지옥 Hell)가 따라온다
		  - 청황색 말: 창백한 말 a pale horse
		  - 말 탄 자의 권세: 1/4를 죽일 권세를 가짐
		    ① 칼로(with sword)
		    ② 굶주림으로(with hunger)
		    ③ 사망으로(with death, NIV: with plague, 질병-전염병)
		    ④ 땅의 짐승으로(with the beasts of the earth)

다섯 번째	순교자들의 외침	• 순교자들: 하나님의 말씀과 그들이 가진 증거 때문에 죽임 당한 자들의 혼들(the souls of them)이다 • 순교자들의 외침: "오 거룩하고 참되신 주여 땅에 살고 있는 그들을 심판하시어 우리의 피를 갚아 주실 날이 얼마나 남았나이까?"라고 외침 • 예수님이 그들 각자에게 흰 옷을 주시고 순교자들(종들과 형제들)이 가득 채워질 때까지 잠시만 더 쉬라고 함 ※ 순교자들이 더 있을 것이다(순교자들이 더 생긴다)

여섯 번째	지구의 변화	• 지구천체의 변화:
		  ① 큰 지진이 일어나고
		  ② 해는 검어지고
		  ③ 달은 핏빛으로 변하고
		  ④ 하늘의 별들이 땅에 떨어지고
		  ④ 하늘은 두루마리 같이 말려서 사라지고
		  ⑤ 모든 산과 섬도 각기 제자리에서 옮겨짐(• 평탄하게 됨)
		• 모든 사람의 변화: 재앙이 자신에게 떨어지게 해 달라고 말을 함
		  ① 보좌에 앉으신 분의 얼굴과 어린양의 진노에서 자신을 숨겨달라고 함
		  ② 그분의 진노의 큰 날(the great day)이 임하였기에 누가 감히 설수(can stand) 있겠냐 함
		    * 모든 사람은?
		      왕들, 지배자들, 장군, 부자, 권세자, 종, 자유인

일곱 번째	침묵, 나팔	• 어린양이 뗄 때 하늘에서 고요(silence)함이 있었으며, 그 시간은 반시간(30분, half an hour) 가량이다 • 일곱 천사가 하나님으로부터 일곱 나팔을 받아서 나팔을 붐 • 땅, 바다, 강, 태양의 1/3 피해, 5개월간 황충의 고통, 사람 1/3 죽음, 추수, 심판, 새 예루살렘 성

20. 일곱 나팔: 요한계시록 8장~9장

나팔	재난	내용
첫째 나팔 (8:7)	땅의 1/3	○ 땅의 1/3이 불에 타 버림 • 나무의 1/3이 타버리고 모든 풀도 타버림 • 어떻게? 우박을 통해 타버림(우박에 피와 불이 섞임)
둘째 나팔 (8:8~9)	바다의 1/3	○ 바다의 1/3이 피로 변해 버림 • 바다의 생명가진 피조물 1/3이 죽음 • 배들의 1/3 깨어짐(ship destroyed, 파괴됨) • 어떻게? 거대한 불붙은 큰 산 같은 것이 바다로 던져짐 - 불붙은 산: a great mountain burning with fire
셋째 나팔 (8:10~11)	강의 1/3	○ 강(샘의 근원)이 1/3이 쑥으로 변해 버리게 되고, 사람이 쑥으로 인해 죽게 됨 • 어떻게? 하늘에서 횃불(lamp)같이 타는 큰 별이 강들과 여러 물 샘에 떨어지게 되고, 그 이후 쑥이 되어버림 * 쑥: wormwood * 큰 별의 이름은 쑥(Wormwood)이다
넷째 나팔 (8:12)	천체조명의 1/3	○ 해가 침을 받아(smitten) 낮 1/3, 밤 1/3 비침이 없음(어둠, 암흑) • 어떻게? 해(sum)가 침을 받음(smitten, 타격을 받음) - 태양의 1/3 타격(파괴)되어, 태양과 달과 별의 1/3 비침이 없음. 즉 1/3이 어두워져서 암흑처럼 되어버림 (낮에도, 밤에도 암흑) [묵상] 결국 암흑이 되는 것인데, 하루 24시간을 기준으로 할 때 1/3은 하루 중 8시간이 암흑이 될 것이다(낮 4시간, 저녁 4시간 또는 낮 8시간 또는 밤 8시간 동안 암흑처럼 되어 버린다)
〈천사〉 (8:13)	"화로다" 외침 (wo,wo,wo)	○ 하늘 한 가운데 날아가는 천사가 큰 음성으로 외침 • 땅에 사는 사람들에게 앞으로 "화 있으리라고(Wo, wo, wo)" 3번 외침(다음 5,6,7번째의 나팔소리 때문) * 독수리: 천사(KJV: an angel flying, NIV: an eagle flying) • 천사가 하늘 한 가운데 날아감(the midst of heaven)
다섯째 나팔 (9:1~12)	첫 번째 화 (Wo) (5개월간 고통)	○ 사람들은 5개월간 황충으로 죽고 싶을 정도로 고통 받음 (사람은 황충으로 죽고 싶어 하지만 죽지는 못함) • 어떻게? 황충이 사람을 물어 버림. • 황충은 어디서? - 하늘(heaven)에서 별(a star) 하나가 땅에 떨어짐. - 별이 무저갱(the bottomless pit, 깊은 구렁)의 열쇠를 받았음 - 별이 무저갱을 열어버리자 황충이 올라옴 ① 무저갱에서 올라온 연기로 해와 공기(the sun and the air)가 어두워지고, ② 그 연기 가운데 황충(메뚜기, locusts)들이 땅 위로 나옴 ③ 황충은 전갈의 권세와 능력을 가지고 있음 * 황충: 메뚜기(the smoke locusts, 메뚜기, 독충)

여섯째 나팔
(9:13~19)
	두 번째 화
	사람 1/3
		○ 사람 1/3이 죽음
		• 어떻게? 네 천사가 사람을 죽임(slay, 살해함)
		• 하나님 앞에 있는 금 제단의 네 뿔(four horns)에서 한 음성(a voice)이 나옴
		  - 그 음성은 여섯 번째 천사에게 명령하는 소리 임
		  - 유프라테스 강(큰 강이라 호칭)에 결박하여 있는 네 천사(four angels)를 풀어주라(loose)고 함
		  * 네 천사: 사람들의 1/3을 죽이려고(slay) 예비하여 둔 자들이다 (연·월·시를 위해) • 아마도 하나님의 때를 가리키는 것 같음
		  - 마병대가 있으며 그 수는 이만만(2억)이다.
		  - 마병대로 사람의 1/3이 죽음
		  * 네 천사와 마병대(2억)로 사람의 1/3이 죽음

일곱째 나팔 (11:15~19) (10:7)	세 번째 화 (일곱대접, 추수, 새 예루살렘 성)	• 하늘에 큰 음성이 있었음 → 24장로 경배 → 하늘의 성전 열림. • 하나님의 비밀이 선지자들에게 전한 복음같이 이루어진다(10:7) - 이루어진다(be finished 끝나게 된다, 완성되다) • 진노의 일곱 대접을 부을 때 "다 이루었다"(It is done, 계 16:17)

21. 진노의 큰 날, 큰 지진, 천체의 변화, 피 섞인 우박과 불, 불·연기·유황

구 분	요한계시록	신·구약
진노의 큰 날	계 6:17	사 13:6,9; 단 12:1; 욜 2:30,31; 암 5:20; 마 24:21; 막 13:19
큰 지진 - 산과 섬이 제자리	계 6:12; 16:18 계 6:14; 16:12,20	겔 38:19; 겔 38:20; 나 1:4; 눅 3:5
천체의 변화 - 해(검어짐) - 달(핏빛) - 별(떨어짐) - 하늘이 없어짐	계 6:12; 8:12 계 6:12 계 6:13 계 6:14	사 13:10; 욜 2:31; 3:15; 암 5:20; 마 24:29; 막 13:24; 벧후 3:;7 욜 2:31; 마 24:29; 막 13:24; 마 24:29; 막 13:25; 사 13:13; 마 24:29; 막 13:25
피 섞인 우박과 불	계 8:7; 16:21	겔 38:22; 마 21:44.
불, 연기, 유황	계 9:17; 18:8,9	겔 38:22; 욜 2:30; 눅 17:29; 행 2:19
쑥	계 8:10	렘 9:15; 렘 23:15

1) 요한계시록의 재앙

> ¹²내가 보니 여섯째 인을 떼실 때에 큰 지진이 나며 해가 총담 같이 검어지고 온 달이 피 같이 되며 ¹³하늘의 별들이 무화과나무가 대풍에 흔들려 선 과실이 떨어지는것 같이 땅에 떨어지며 ¹⁴하늘은 종이 축이 말리는 것같이 떠나가고 각 산과 섬이 제 자리에서 옮기우매 ¹⁵땅의 임금들과 왕족들과 장군들과 부자들과 강한 자들과 각 종과 자주자가 굴과 산 바위틈에 숨어 ¹⁶산과 바위에게 이르되 우리 위에 떨어져 보좌에 앉으신 이의 낯에서와 어린양의 진노에서 우리를 가리우라 ¹⁷그들의 진노의 큰 날이 이르렀으니 누가 능히 서리요 하더라(계6:12~17).
>
> ⁷첫째 천사가 나팔을 부니 피 섞인 우박과 불이 나서 땅에 쏟아지매 땅의 삼분의 일이 타서 사위고 수목의 삼분의 일도 타서 사위고 각종 푸른 풀도 타서 사위더라 …. ¹⁰세째 천사가 나팔을 부니 횃불 같이 타는 큰 별이 하늘에서 떨어져 강들의 삼분의 일과 여러 물샘에 떨어지니 ¹¹이 별 이름은 쑥이라 물들의 삼분의 일이 쑥이 되매 그 물들이 쓰게 됨을 인하여 많은 사람이 죽더라 ¹²네째 천사가 나팔을 부니 해 삼분의 일과 달 삼분의 일과 별들의 삼분의 일이 침을 받아 그 삼분의 일이 어두워지니 낮 삼분의 일은 비췸이 없고 밤도 그러하더라(계 8:7~12).
>
> ¹⁷이같이 이상한 가운데 그 말들과 그 탄 자들을 보니 불빛과 자주빛과 유황빛 흉갑이 있고 또 말들의 머리는 사자 머리 같고 그 입에서는 불과 연기와 유황이 나오더라(계 9:17).
>
> ¹²또 여섯째가 그 대접을 큰 강 유브라데에 쏟으매 강물이 말라서 동방에서 오는 왕들의 길이 예비되더라 ¹³또 내가 보매 개구리 같은 세 더러운 영이 용의 입과 짐승의 입과 거짓선지자의 입에서 나오니 ¹⁴저희는 귀신의 영이라 이적을 행하여 온 천하 임금들에게 가서 하나님 곧 전능하신이의 큰 날에 전쟁을 위하여 그들을 모으더라 ¹⁵보라 내가 도적 같이 오리니 누구든지 깨어 자기 옷을 지켜 벌거벗고 다니지 아니하며 자기의 부끄러움을 보이지 아니하는 자가 복이 있도다 ¹⁶세 영이 히브리 음으로 아마겟돈이라 하는 곳으로 왕들을 모으더라 ¹⁷일곱째가 그 대접을 공기 가운데 쏟으매 큰 음성이 성전에서 보좌로부터 나서 가로되 되었다 하니 ¹⁸번개와 음성들과 뇌성이 있고 또 큰 지진이 있어 어찌 큰지 사람이 땅에 있어 옴으로 이같이 큰 지진이 없었더라 ²⁰각 섬도 없어지고 산악도 간데 없더라 ²¹또 중수가 한 달란트나 되는 큰 우박이 하늘로부터 사람들에게 내리매 사람들이 그 박재로 인하여 하나님을 훼방하니 그 재앙이 심히 큼이러라(계 16:12~21).
>
> ⁹그와 함께 음행하고 사치하던 땅의 왕들이 그 불붙는 연기를 보고 위하여 울고 가슴을 치며 (계 18:9).

2) 신·구약의 재앙

⁶너희는 애곡할찌어다 여호와의 날이 가까왔으니 전능자에게서 멸망이 임할 것임이로다....⁹여호와의 날 곧 잔혹히 분냄과 맹렬히 노하는 날이 임하여 땅을 황무케 하며 그 중에서 죄인을 멸하리니 ¹⁰하늘의 별들과 별 떨기가 그 빛을 내지 아니하며 해가 돋아도 어두우며 달이 그 빛을 비취지 아니할 것이로다....¹³나 만군의 여호와가 분하여 맹렬히 노하는 날에 하늘을 진동시키며 땅을 흔들어 그 자리에서 떠나게 하리니....¹⁹열국의 영광이요 갈대아 사람의 자랑하는 노리개가 된 바벨론이 하나님께 멸망당한 소돔과 고모라 같이 되리니 ²⁰그 곳에 처할 자가 없겠고 거할 사람이 대대에 없을 것이며 아라비아 사람도 거기 장막을 치지 아니하며 목자들도 그곳에 그 양떼를 쉬게 하지 아니할 것이요(사 13:6~20).

¹³여호와께서 말씀하시되 이는 그들이 내가 그들의 앞에 세운 나의 법을 버리고 내 목소리를 청종치 아니하며 그대로 행치 아니하고 ¹⁴그 마음의 강퍅함을 따라 그 열조가 자기에게 가르친 바알들을 좇았음이라 ¹⁵그러므로 만군의 여호와 이스라엘의 하나님 내가 말하노라 보라 내가 그들 곧 이 백성에게 쑥을 먹이며 독한 물을 마시우고 ¹⁶그들과 그들의 조상이 알지 못하던 열국 중에 그들을 헤치고 진멸되기까지 그 뒤로 칼을 보내리라 하셨느니라(렘 9:13~15).

¹³내가 사마리아 선지자들 중에 우매함이 있음을 보았나니 그들은 바알을 의탁하고 예언하여 내 백성 이스라엘을 그릇되게 하였고 ¹⁴내가 예루살렘 선지자들 중에도 가증한 일이 있음을 보았나니 그들은 간음을 행하며 행악자의 손을 굳게 하여 사람으로 그 악에서 돌이킴이 없게 하였은즉 그들은 다 내 앞에서 소돔 사람과 다름이 없고 그 거민은 고모라 사람과 다름이 없느니라 ¹⁵그러므로 만군의 여호와 내가 선지자에 대하여 이같이 말하노라 보라 내가 그들에게 쑥을 먹이며 독한 물을 마시우리니 이는 사악이 예루살렘 선지자들에게로서 나와서 온 땅에 퍼짐이라 하시니라(렘 23:13~15).

¹⁹내가 투기와 맹렬한 노로 말하였거니와 그 날에 큰 지진이 이스라엘 땅에 일어나서 ²⁰바다의 고기들과 공중의 새들과 들의 짐승들과 땅에 기는 모든 벌레와 지면에 있는 모든 사람이 내 앞에서 떨 것이며 모든 산이 무너지며 절벽이 떨어지며 모든 성벽이 땅에 무너지리라........²²내가 또 온역과 피로 그를 국문하며 쏟아지는 폭우와 큰 우박덩이와 불과 유황으로 그와 그 모든 떼와 그 함께한 많은 백성에게 비를 내리듯하리라 ²³이와 같이 내가 여러 나라의 눈에 내 존대함과 내 거룩함을 나타내어 나를 알게 하리니 그들이 나를 여호와인줄 알리라(겔 38:19~23).

¹그 때에 네 민족을 호위하는 대군 미가엘이 일어날 것이요 또 환난이 있으리니 이는 개국 이래로 그 때까지 없던 환난일 것이며 그 때에 네 백성 중 무릇 책에 기록된 모든 자가 구원을 얻을 것이라(단 12:1).

⁴그는 바다를 꾸짖어 그것을 말리우시며 모든 강을 말리우시나니 바산과 갈멜이 쇠하며 레바논의 꽃이 이우는도다 (나 1:4).

³⁰내가 이적을 하늘과 땅에 베풀리니 곧 피와 불과 연기 기둥이라 ³¹여호와의 크고 두려운 날이 이르기 전에 해가 어두워지고 달이 핏빛 같이 변하려니와(욜 2:30~31).

¹⁵해와 달이 캄캄하며 별들이 그 빛을 거두도다(욜 3:15).

²⁰여호와의 날이 어찌 어두워서 빛이 없음이 아니며 캄캄하여 빛남이 없음이 아니냐(암 5:20).

⁴⁴이 돌 위에 떨어지는 자는 깨지겠고 이 돌이 사람 위에 떨어지면 그를 가루로 만들어 흩으리라 하시니(마 21:44).

²¹이는 그 때에 큰 환난이 있겠음이라 창세로부터 지금까지 이런 환난이 없었고 후에도 없으리라.....²⁹그 날 환난 후에 즉시 해가 어두워지며 달이 빛을 내지 아니하며 별들이 하늘에서 떨어지며 하늘의 권능들이 흔들리리라(마 24:21~29).

¹⁹이는 그날들은 환난의 날이 되겠음이라 하나님의 창조하신 창초부터 지금까지 이런 환난이 없었고 후에도 없으리라.....²⁴그 때에 그 환난 후 해가 어두워지며 달이 빛을 내지 아니하며 ²⁵별들이 하늘에서 떨어지며 하늘에 있는 권능들이 흔들리리라(막 13:19~24).

⁵모든 골짜기가 메워지고 모든 산과 작은 산이 낮아지고 굽은 것이 곧아지고 험한 길이 평탄하여질 것이요 ⁶모든 육체가 하나님의 구원하심을 보리라 함과 같으니라(눅 3:5~6).

²⁹롯이 소돔에서 나가던 날에 하늘로서 불과 유황이 비오듯하여 저희를 멸하였느니라 ³⁰인자의 나타나는 날에도 이러하리라(눅 17:29~30).

¹⁹또 내가 위로 하늘에서는 기사와 아래로 땅에서는 징조를 베풀리니 곧 피와 불과 연기로다(행 2:19).

⁷이제 하늘과 땅은 그 동일한 말씀으로 불사르기 위하여 간수하신바 되어 경건치 아니한 사람들의 심판과 멸망의 날까지 보존하여 두신 것이니라(벧후 3:7).

3) 전도자의 경고

전도자는 곤고한 날(해 · 달 · 별들이 어둡기 전에)이 이르기 전 창조주를 기억하라고 한다.

> ¹너는 청년의 때에 너의 창조주를 기억하라 곧 곤고한 날이 이르기 전에, 나는 아무 낙이 없다고 할 해들이 가깝기 전에 ²해와 빛과 달과 별들이 어둡기 전에, 비 뒤에 구름이 다시 일어나기 전에 그리하라 ³그런 날에는 집을 지키는 자들이 떨 것이며 힘 있는 자들이 구부러질 것이며 맷돌질 하는 자들이 적으므로 그칠 것이며 창들로 내다보는 자가 어두워질 것이며 ⁴길거리 문들이 닫혀질 것이며 맷돌 소리가 적어질 것이며 새의 소리로 말미암아 일어날 것이며 음악하는 여자들은 다 쇠하여질 것이며 ⁵또한 그런 자들은 높은 곳을 두려워할 것이며 길에서는 놀랄 것이며 살구나무가 꽃이 필 것이며 메뚜기도 짐이 될 것이며 정욕이 그치니 이는 사람이 자기의 영원한 집으로 돌아가고 조문객들이 거리로 왕래하게 됨이니라 ⁶은 줄이 풀리고 금 그릇이 깨지고 항아리가 샘 곁에서 깨지고 바퀴가 우물 위에서 깨지고 ⁷흙은 여전히 땅으로 돌아가고 영은 그것을 주신 하나님께로 돌아가기 전에 기억하라 ⁸전도자가 이르되 헛되고 헛되도다 모든 것이 헛되도다. ¹⁴하나님은 모든 행위와 모든 은밀한 일을 선악 간에 심판하시리라(전 12:1~14).

22. 공관 복음의 재앙

1) 재난의 시작 (All these are the beginning of sorrows)

(1) 미혹이 있다(많은 사람들이 자신을 그리스도라 한다(마 24:4,5; 막 13:5,6).
  ① 거짓 선지자가 많이 일어나서 많은 사람을 미혹한다(마 24:11).
  ② 사람들이 그리스도가 여기 있다. 저기 있다고 미혹한다(마 24:23; 막 13:21; 눅 17:23).
    * 광야에 있다한다 그리고 골방에 있다한다(마 24:26).
  ③ 거짓 그리스도들과 거짓 선지자들이 큰 표적과 기사를 보인다(택하신 자들을 미혹한다)(마 24:24; 막 13:22).

④ 난리와 난리의 소문이 있다(마 24:6; 막 13:7,8; 눅 21:9).

⑤ 두려워하지 말라 이 일이 먼저 있고 끝이 아니다(눅 21:9).

(2) 민족이 민족을, 나라가 나라를 대적한다(마 24:7; 막 13:8; 눅 21:10).

① 불법이 성한다. 그 불법으로 사람의 사랑이 식어진다(마 24:12).

② 예수를 믿는 모든 사람이 미움을 받게 되는데, 미워하는 자들은 모든 민족이다(마 24:9; 막 13:9,13; 눅 21:17).

ⓐ 미움을 받지만 머리털 하나도 상하지 않는다(눅 21:18).

ⓑ 끝까지 견디는 자 구원을 얻는다(마 24:13).

ⓒ 나중까지 견디는 자가 구원을 얻는다(막 13:13).

ⓓ 인내로 너희 영혼을 얻으라(눅 21:19).

ⓔ 먼저 많은 고난을 받으며 이 세대에 버린바 되어진다(눅 17:25).

ⓕ 믿는 사람들을 환난에 넘겨준다. 그리고 죽음을 맞이한다(순교한다)(마 24:9; 눅 21:24).

ⓖ 많은 사람이 시험에 빠진다. 그래서 서로 잡아주고 서로 미워하겠다(마 24:10).

㉠ 형제가 형제를, 아비가 자식을 죽는데 내어주고, 자녀가 부모를 대적하고 죽게 한다(막 13:12; 눅 21:16).[1]

㉡ 부모와 형제와 친척과 벗이 너희를 넘겨주고 너희 중 몇을 죽인다(눅 21:16).

㉢ 공회에 넘겨주고, 회당에서 매질하며, 관장들과 임금 앞에 선다(막 13:9; 눅 21:12).

㉣ 관장과 임금 앞에 서게 되는 것은 증거가 되기 위함이다(막 13:9; 눅 21:13).

㉤ 무슨 말을 할까 염려하지 말라, 성령님이 (말을 넣어 주어) 말하게 한다

---

1 형제가 형제를 내어주고
나 주 여호와가 말하노라 내가 내 모든 산 중에서 그를 칠 칼을 부르리니 각 사람의 칼이 그 형제를 칠 것이며(겔 38:21)
형제가 형제를, 아비가 자식을 죽는데 내어주며 자식들이 부모를 대적하여 죽게 하리라(막 13:12)
심지어 부모와 형제와 친척과 벗이 너희를 넘겨주어 너희 중에 몇을 죽이게 하겠고(눅 21:16)
모세가 그들에게 이르되 이스라엘의 하나님 여호와께서 이같이 말씀하시기를 너희는 각각 허리에 칼을 차고 진 이 문에서 저 문까지 왕래하며 각 사람이 그 형제를, 각 사람이 그 친구를, 각 사람이 그 이웃을 도륙하라 하셨느니라(출 32:27)
아들이 아비를 멸시하며 딸이 어미를 대적하며 며느리가 시어미를 대적하리니 사람의 원수가 곧 자기의 집안 사람이리로다(미 7:6)

(막 13:11).
  ㉥ 변명할 것을 미리 연구하지 않도록 결심하라(눅 21:14).
  ㉦ 모든 대적이 능히 대항하거나 변박할 수 없는 구재(구변)와 지혜를 주신다(눅 21:15).
 (3) 처처에 기근과 지진이 있다(마 24:7; 눅 21:11).
   * 기근과 온역도 있다. 무서운 일과 하늘로서 큰 징조가 있다(눅 21:11).

2) 세상의 끝은 모든 민족에게 천국복음이 전파 될 때에 온다 (마 24:14; 막 13:10)

3) 멸망의 가증한 것이 거룩한 곳에 선다(마 24:15~18; 막 13:14~18)

 (1) 산으로 도망가라(마 24:16).
   ① 예루살렘이 군대에 에워싸이면 멸망이 가까운 줄 알고 산으로 도망가라. 그리고 예루살렘은 이방인의 때가 차기까지 이방인에게 밟힌다(눅 21:20-21,24).
   ② 지붕에 있는 자는 내려가지 말고, 무엇을 가지러 들어가지 말라(마 24:17; 막 13:15; 눅 17:31).
     ⓐ 롯의 처를 생각하라(눅 17:32).
     ⓑ 자기 목숨을 보존하고자 하는 자는 잃을 것이요, 잃는 자는 살리라(눅 17:33).
       * 의미?
         뒤를 돌아보지 말라. 죽으면 죽으리라고 하는 의미이지 않을까 한다.
         (밭에 있는 자는 겉옷을 가지로 뒤로 돌이키지 마라(마 24:18; 막 13:16).
     ⓒ 도망가는 날을 위해 기도하라(마 24:10).
     ⓓ 겨울과 안식일이 되지 않도록 기도하라(마 24:20; 막 13:18).
 (2) 아이 밴 자와 젖먹이는 자들에게 화가 있다(마 24:19; 막 13:17; 눅 21:23).

4) 큰 환난(great tribulation, 고난, 시련)

 (1) 창세로부터 지금까지 이런 환난이 없었고 후에도 없다(마 24:21; 막 13:19).

(2) 모든 육체가 구원을 얻지 못할 뻔 하였으나 하나님이 택하신 자들을 위해 감해 주셨다(마 24:22; 막 13:20).

5) 예수님이 미리 일러주셨다(마 24:25; 막 13:23)

6) 예수님은 모든 이들이 볼 수 있도록 오신다

  (1) 마치 번개가 번쩍임 같이 인자가 오신다(마 24:27; 눅 17:24).
    * 인자가 번개같이 오기 전 믿음의 성도들이 많은 고난과 이 세대에 버린바 되어진다(눅 17:25).
  (2) 인자가 구름을 타고 오신다, 큰 권능과 영광으로 오신다(막 13:26; 눅 21:27).

7) 새들이 모인다(마 24:28; 눅 17:37)

8) 환난 이후[after the tribulation]

  (1) 하늘의 권능이 흔들린다(마 24:29; 막 13:25)
    * 해가 어두워지고, 달이 빛을 잃고, 별들이 하늘에 떨어진다(마 24:29; 막 13:24,25; 눅 21:25).

9) 이 때 인자의 징조가 하늘에서 보인다(마 24:30;31)

  (1) 땅의 모든 족속들이 통곡한다(마 24:30,31; 눅 21:25-26).
  (2) 인자가 구름을 타고 능력과 큰 영광으로 오는 것을 보게 된다(마 24:30,31; 눅 21:27).
  (3) 인자가 큰 나팔소리와 함께 천사들을 보낸다(마 24:30,31; 막 13:27).
    * 보내는 이유는: 택하신 자들을 모은다(하늘 이 끝에서 저 끝까지, 사방에서 모은다)(마 24:30,31; 막 13:27).

10) 계절의 변화를 보듯 재난과 환난을 보거든 분별하라(마 24:32~34; 13:28~30; 눅 21:29-32)

　(1) 무화과나무가 잎사귀를 내면 여름이 가까운 것같이 재난과 환난을 보면 인자가 문 앞에 이른 것을 깨달으라.
　(2) 이 세대가 지나가기 전에 이 일이 이루진다.

11) 천지는 없어진다(마 24:35; 막 13:31; 눅 21:33)
　* 천지는 없어지겠으나 내 말은 없어지지 아니하리라.

12) 하나님의 때는 아무도 모른다(마 24:36,37; 막 13:32,33)

　(1) 하늘의 천사도 모르고, 아들도 모르고, 오직 아버지만 아신다.
　(2) 마치 노아의 때와 같이 인자의 임함도 그러하다(눅 17:26).

13) 사람들은 깨어 있지 못하다

　(1) 홍수전에 사람들은 먹고, 마시고, 장가가고, 시집간다(마 24:38,39; 눅 17:27).
　(2) 롯의 때와 같이 사람들이 먹고, 마시고, 사고팔고, 심고 집을 짓는다(눅 17:28).
　　① 롯이 소돔에서 나가는 날 하늘로서 불과 유황이 비 오듯 멸하였다(눅 17:29).
　　② 인자의 임함도 이와 같이 오신다(눅 17:30).
　(3) 홍수로 멸하기까지 깨닫지 못하듯, 인자의 임함도 이와 같다.
　(4) 깨어 있으라 말씀하셨다, 예비하고 준비하라 하신다(마 24:42,44; 막 13:33; 눅 21:36).
　　① 깨어 있으라 하는 말씀은 모든 사람에게 말하는 것이다(막 13:37).
　　② 도적같이 오신다(마24:43), 생각지 않을 때 인자가 오신다(마 24:44).
　　③ 충성되고 지혜 있는 종은 주인이 올 때까지 깨어 있다. 그래서 복을 받는다(마 24:45,46).

④ 스스로 조심하지 않으면 방탕함, 술취함, 생활의 염려로 둔하여지고 덫과 같이 임한다(눅 21:34).

⑤ 이 날은 온 지구상에 거하는 모든 사람에게 임한다(눅 21:35).

14) 하나만 데려간다

(1) 밭에 있는 두 사람 중 하나만, 매를 갈고 있는 두 여자 중 하나만 인자가 데리고 간다(마 24:40,41 ; 눅 17:35).

  * 두 남자가 한 자리에 누워있으면 하나만 데려가고(눅 17:34).

15) 깨에 있지 못하면 슬피 울며 이를 간다(마 24:47~51)

(1) 엄히 맞고, 외식하는 자가 받는 율(벌)을 받으며, 슬피 울고 이를 간다(마 24:51).

(2) 좋은 집 주인이 홀연히 올 때 자고 있는 것을 보고 있지 않도록 하라(막 13:34~36).

CLC 도서 안내

요한계시록의 주해
김성수 | 신국판 양장 | 616면

저자는 요한계시록의 내용을 구속사의 관점에서 하나님 나라와 교회에 초점을 두고 설명한다. 말씀을 전하는 목회자(영적 지도자)들이 쉽게 가르칠 수 있도록 도움을 주고, 성도들에게는 쉽게 이해함으로써 이단에 미혹되지 않고 위로와 소망을 갖고 신앙 안에서 믿음으로 굳게 세우려는 목적으로 쓰여졌다. 학문적인 접근보다는 요한계시록에 대한 설교식 주해로써 이해와 접근이 용이하며, 이단적 요소를 배격하는 해석에 초점을 두었다.

요한계시록 강해설교
김선만 지음 | 신국판 | 408면

마지막 때를 살아가고 있는 성도들에게 꼭 필요한 복음의 본질과 목적이 담긴 강해설교집으로, 성경 본문에 충실할 뿐 아니라 역사적 문법적 해석까지 놓치지 않고, 이해하기 쉽도록 강해하고 있다. 본서는 21세기의 어둡고 불확실한 영적 상황 가운데 살고 있는 오늘날의 성도들에게 영광스런 하나님 나라의 비전의 위로와 소망을 제공할 것이다.

요한계시록 저서

요한계시록과 구약의 대화
송영목 지음 | 신국판 | 400면

본서는 요한계시록의 구약 사용에 대한 연구를 집대성한 책으로, 다양한 해석학적 견해들과 함께 그리스도 완결적 성경해석을 제공하며, '간 본문적'(inter-textual) 연구를 통해 요한계시록이 구약의 다양한 본문들과 교류하고 있음을 보여줌으로써 오늘날의 독자들에게 새로운 이해의 장을 제공하고 있다.

요한계시록 큰 날
나동원 지음 | 신국판 | 328면

요한계시록 주석에 매우 중요한 근거를 제공하고 있을 뿐 아니라, 지금껏 교계에서 논쟁의 중심에 있는 천년설과 인, 나팔, 대접재앙을 매우 성경적으로 이해시키고 있다는 점에서 매력적이다. 저자는 성도들 사이에서 이해하기 어려웠던 요한계시록을 독자들에게 차분한 해설과 함께 도움이 되는 도표들을 배열함으로 보다 쉽게 접근할 수 있는 다리를 제공하고 있다.

요한계시록 묵상: 이기는 자에게
A Meditation on the Book of Revelation: To him that overcometh

2018년 1월 25일 초판 발행

지은이 | 다니엘 제이 왕

편　　집 | 변길용, 정재원, 정희연, 곽진수
디 자 인 | 신봉규, 서민정
펴 낸 곳 | 사)기독교문서선교회
등　　록 | 제16-25호(1980. 1. 18)
주　　소 | 서울시 서초구 방배로 68
전　　화 | 02) 586-8761~3(본사)　031) 942-8761(영업부)
팩　　스 | 02) 523-0131(본사)　031) 942-8763(영업부)
홈페이지 | www.clcbook.com
이 메 일 | clckor@gmail.com
온 라 인 | 기업은행 073-000308-04-020, 국민은행 043-01-0379-646
　　　　　예금주: 사)기독교문서선교회

ISBN 978-89-341-1748-3 (03230)

* 낙장 · 파본은 교환해 드립니다.

이 도서의 국립중앙도서관 출판시 도서목록(CIP)은 서지정보유통지원시스템 홈페이지(http://seoji.nl.go.kr)와 국가자료공동목록시스템(http://www.nl.go.kr/kolisnet)에서 이용하실 수 있습니다.
(CIP제어번호: CIP2017032411)